2018浙江省中小企业发展报告

杜华红 岳 阳 主编

浙江工商大学出版社
ZHEJIANG GONGSHANG UNIVERSITY PRESS
·杭州·

图书在版编目(CIP)数据

2018浙江省中小企业发展报告 / 杜华红,岳阳主编.
—杭州:浙江工商大学出版社,2019.8
ISBN 978-7-5178-3405-2

Ⅰ. ①2… Ⅱ. ①杜… ②岳… Ⅲ. ①中小企业—企
业发展—研究报告—浙江—2018 Ⅳ. ①F279.243

中国版本图书馆 CIP 数据核字(2019)第169250号

2018浙江省中小企业发展报告
2018 ZHEJIANGSHENG ZHONGXIAO QIYE FAZHAN BAOGAO
杜华红 岳 阳 主编

责任编辑	徐 凌
封面设计	林朦朦
责任印制	包建辉
出版发行	浙江工商大学出版社
	(杭州市教工路198号 邮政编码310012)
	(E-mail:zjgsupress@163.com)
	(网址:http://www.zjgsupress.com)
	电话:0571-89995993,89991806(传真)
排 版	杭州朝曦图文设计有限公司
印 刷	杭州宏雅印刷有限公司
开 本	787mm×1092mm 1/16
印 张	19.5
字 数	434千
版印次	2019年8月第1版 2019年8月第1次印刷
书 号	ISBN 978-7-5178-3405-2
定 价	69.00元

前　言

　　近两年来,我省按照高质量发展要求,以"数字经济"为引领,多措并举助推中小企业提质升级,实现了全省中小企业运行总体平稳,主要经济指标稳中有进。《2018浙江中小企业发展报告》(以下简称为《报告》)在此背景下,记录了我省中小企业在经营发展中的现状、亮点、特点及有关重点工作,也客观反映了中小企业发展中的困难、前进中的问题、成长中的烦恼,并寻找从多角度进行解读、探讨,以期促进我省中小企业持续健康、高质量发展。

　　今年,我们尝试在《报告》的结构布局和内容选择上做一些优化和创新。改变往年以"章"为主线的结构,从"篇"上来布局。《报告》大致分为五大篇:《发展概况篇》《发展指数篇》《发展提质篇》《发展环境篇》和《发展经验篇》。从现状、成长、质效、环境、经验五个方面来反映和解读浙江中小企业发展情况。"篇"下面再细分为十三章,使《报告》框架结构更加合理,脉络更加清晰,内容更加丰富。比如增加了一些新的专题研究,包括"双创"、发展空间等内容。

　　《发展概况篇》主要介绍了2017年浙江规上工业中小企业发展概况,首先梳理了2017年规上工业中小企业发展总体概况,接着从中小企业生产、效益、出口、创新等主要指标分析探讨规上中小企业的发展特点与态势。同时,介绍了2017年规下工业小微企业发展情况,再选取部分行业进行点面结合解读。

　　《发展指数篇》利用统计局历年数据和经信数据平台的监测数据与问卷数据形成小微企业年度指数,分析研究了小微企业综合发展情况、主要行业发展情况,创新情况等,从指数角度把握小微企业发展中的新现象、新动态、新趋势。

　　《发展提质篇》介绍了我省传统制造业改造提升情况,小微企业上规升级以及专精特新"隐型冠军"培育发展状况。分析研究了如何打造浙江"双创"升级版,调研了小微园区数字化转型情况,还选取农民工这一特殊群体的创业问题进行分析。作为"中国电子商务之都",我们单独用一章分析研究了浙江电子商务发展。

　　《发展环境篇》从中小企业服务载体出发,介绍小微企业园、众创空间、中小企业服务平台现状,再解析当前中小企业生存发展环境,以及我省融资担保、股改上市的推进情况。

　　《发展经验篇》选取了省内各地在促进中小企业发展方面的有益探索和代表性做法,引他山之石,供大家交流、学习,期望大家有所启发,以便更好推动中小企业工作。

　　以上是我们本年度中小企业发展报告的基本框架和主要内容,希望通过这些内容真实地反映浙江中小企业发展的特点与脉络,给社会各界提供不同视角和一些参考。

　　最后,对参与编写和提供稿件的单位和个人表示感谢。由于时间紧迫,加之编写人员工作和研究领域有限,本报告难免存在不足之处,真诚地欢迎业界人士与广大读者批评指正。

编写组

2019年3月

目　录

第五篇　发展经验篇

第一篇

发展概况篇

本篇详细介绍了 2017 年规上工业中小企业的发展概况及规下工业小微企业概况,再选取几个行业剖析中小企业发展现状,以期勾画出 2017 年中小企业发展情况的大致轮廓。

第一章
浙江省中小企业发展概况

2017年末,浙江省共有工业中小企业(单位)总数81.79万家,平均从业人员合计1128.49万人。其中,规模以上工业中小企业4.03万家,实现主营业务收入50939.46亿元,同比增长12.19%,从业人员555.68万人;规模以下企业25.17万家,实现主营业务收入9134.00亿元,同比增长7.7%,平均从业人员287.58万人;个体工业生产单位52.59万家,平均从业人员285.23万人。规上中小企业完成工业增加值10501.53亿元,同比增长7.5%;规下工业增加值4738.10亿元,同比增长7.7%。中小板上市企业138家,创业板80家,"新三板"挂牌企业1031家,浙江股权交易中心累计挂牌企业4700多家。本章将概述2017年浙江工业中小企业发展概况(分规上工业中小企业和规下小微工业企业),重点从生产情况、效益情况、出口情况和创新情况四个方面对规上工业中小企业进行详细分析,概述规下小微工业企业总体运行概况、面临问题,并提出几点对策建议。

第一节 浙江省规上工业中小企业生产概况

本节从总产值、产销率两个指标出发,对浙江省规上工业中小企业的生产情况进行分析,并比较了不同年份、不同地区、不同行业之间的差异。结果显示,2017年浙江省规上工业中小企业总产值增速明显加快、产销率稳步提升,总体情况较好,但不同地区、不同行业间呈现出一定的差异性。

一、生产增速明显加快

2017年,浙江省规上工业中小企业实现总产值53849.32亿元,同比增长13.56%,增速较上年提高10.33%,处于近5年来最高水平,如图1-1所示。2015年以来,浙江省规上工业中小企业总产值增速稳步提升,2017年加速特征明显,反映了浙江省规上工业中小企业逐步走出了2015年的低迷状态,生产稳中向好态势明显。

分地区看,2017年浙江省11个设区市中,宁波、杭州、绍兴、嘉兴4个设区市规上工业中小企业总产值超过5000亿元,分别为10412.31亿元、8551.25亿元、7034.42亿元、6712.72亿元,共计占全省规上工业中小企业总产值的60.74%;总产值低于3000亿元的设区市有3个,分别是衢州1293.77亿元、丽水1252.79亿元、舟山940.51亿元。从规上工业中小企业总产值增速看,湖州、嘉兴、台州、宁波、衢州、绍兴6个设区市高于全省平均水平(13.56%),分别为

18.44%、17.40%、16.75%、16.24%、14.98%、14.15%；丽水、温州、杭州、舟山、金华5个设区市低于全省平均水平，分别为11.97%、11.69%、9.33%、9.16%、7.30%。如图1-2所示。

图1-1　2013-2017年浙江省规上工业中小企业总产值

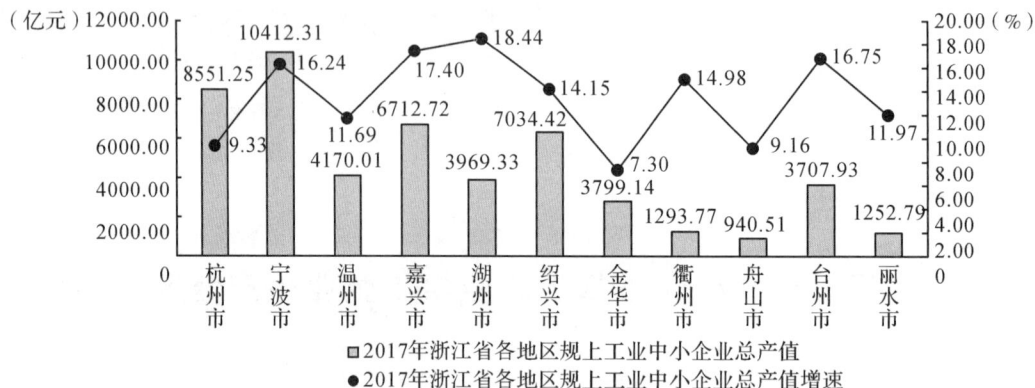

图1-2　2017年浙江省各设区市规上工业中小企业总产值

从行业来看，2017年，浙江省38个工业行业中，规上工业中小企业总产值规模排名前10的行业为化学原料和化学制品制造业、电气机械和器材制造业、纺织业、电力热力生产和供应业、通用设备制造业、汽车制造业、橡胶和塑料制品业、金属制品业、有色金属冶炼和压延加工业、计算机通信和其他电子设备制造业，其总产值分别为5037.89亿元、4995.27亿元、4971.07亿元、4854.72亿元、3817.45亿元、2545.40亿元、2208.76亿元、2206.19亿元、2064.94亿元、1942.08亿元，合计占全部规上工业中小企业总产值的64.33%。从增速来看，18个行业总产值增速快于全省平均水平，煤炭开采和洗选业、石油加工炼焦和核燃料加工业总产值增速均高于50%，分别为66.21%、53.74%；黑色金属矿采选业、造纸和纸制品业、燃气生产和供应业、化学原料和化学制品制造业、烟草制品业这5个行业规上工业中小企业总产值增速在20%以上，分别达到33.55%、23.72%、23.29%、22.47%、22.24%；纺织服装服饰业、废弃资源综合利用业2个行业规上工业中小企业总产值处于低速增长，分别增长1.89%和1.22%；有色金属矿采选业是唯一出现负增长的行业，增速为-6.25%。

二、产销率保持稳步提升

2017年,浙江规上工业中小企业产销率为96.98%,较上年提升0.53个百分点,该指标在2013—2017年呈现明显的先下滑后上升的"V"形走势,反映了浙江规上工业中小企业景气指数。如图1-3所示。

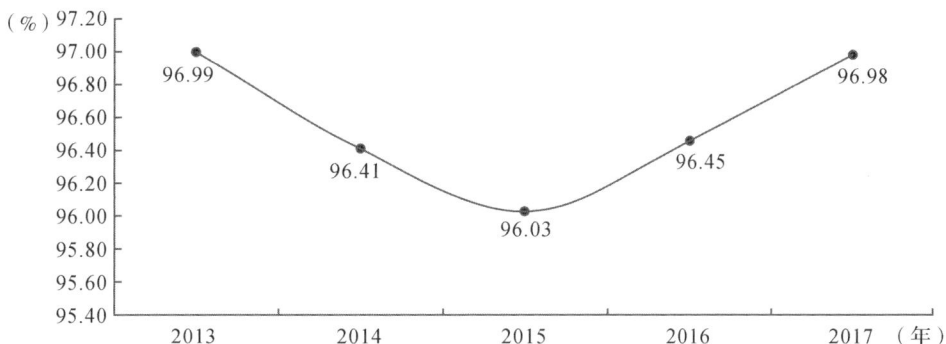

图1-3 2013-2017年浙江省规上工业中小企业产销率

从地区看,2017年浙江11个设区市中,杭州、嘉兴、湖州3个设区市规上工业中小企业产销率高于全省平均水平(96.98%),分别为98.33%、98.00%、97.17%。丽水、温州、金华、台州4个设区市规上工业中小企业产销率低于全省平均水平1个百分点以上,分别为94.32%、94.99%、95.78%、95.95%。如图1-4所示。

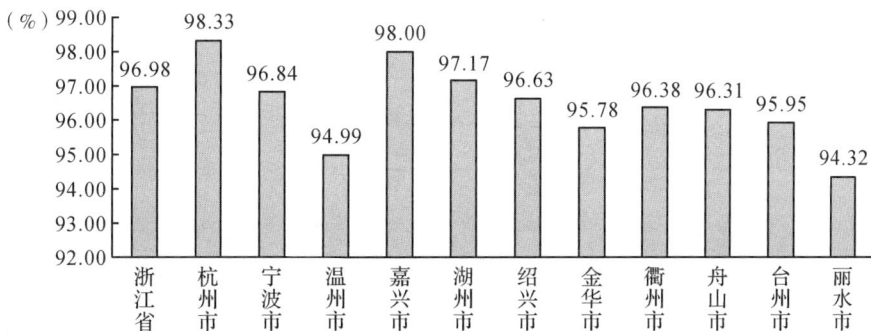

图1-4 2017年浙江省各设区市规上工业中小企业产销率

从行业看,2017年38个工业行业中,18个行业规上工业中小企业产销率高于全省平均水平,其中电力热力生产和供应业、废弃资源综合利用业、金属制品机械和设备修理业、黑色金属矿采选业4个行业规上工业中小企业产销率均高于99%,分别为99.82%、99.79%、99.43%、99.31%;规上工业中小企业总产值规模排名前10的行业中,化学原料和化学制品制造业、纺织业、金属制品业3个行业产销率也较高,分别为97.95%、97.16%、97.07%。仪器仪表制造业、皮革毛皮羽毛及其制品和制鞋业、文教工美体育和娱乐用品制造业、电气机械和器材制造业、专用设备制造业、其他制造业、食品制造业、农副食品加工业、烟草制品业、医药制造业这10个行业规上工业中小企业产销率低于全省平均水平1个百分点以上,分别为95.88%、95.84%、95.67%、95.64%、95.63%、95.45%、95.34%、95.33%、93.83%、92.17%。

第二节　浙江省规上工业中小企业效益概况

本节从主营业务收入、利润总额、主营业务收入利润率、亏损面4个指标出发,分别从年份、地区、行业角度对浙江规上工业中小企业效益情况进行了分析。结果显示,2017年浙江规上工业中小企业效益情况总体较好,主营业务收入大幅提升,利润保持较快增长,主营业务收入利润率达到近5年最高水平,但地区、行业间分化明显,上游原材料行业受到供给侧改革和原材料价格上涨利好的刺激,效益情况明显好于其他行业。

一、主营业务收入大幅提升

2017年,浙江省规上工业中小企业累计实现主营业务收入50939.46亿元,同比增长12.19%,增速比上年大幅提升9.14个百分点,处于近五年来最高水平,这反映了浙江规上工业中小企业市场景气度在逐步回升,中小企业效益出现明显好转。如图1-5所示。

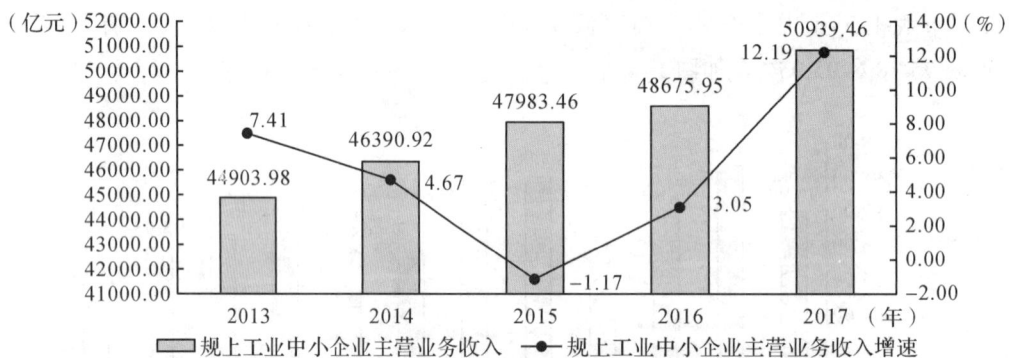

图1-5　2013-2017年浙江省规上工业中小企业主营业务收入变化情况

从地区看,2017年浙江11个设区市中,宁波、嘉兴、湖州、台州4个设区市规上工业中小企业主营业务收入增速高于浙江平均水平,分别为17.80%、18.06%、17.48%和16.39%,增速处于浙江第一方阵。杭州、温州、绍兴、金华、衢州、舟山、丽水7个设区市规上工业中小企业主营业务收入增速低于浙江平均水平(12.19%),分别为11.18%、4.97%、11.01%、0.25%、8.86%、4.93%、-4.18%,其中丽水规上工业中小企业主营业务收入为负增长,金华、温州、舟山处于较低增长态势。如图1-6所示。

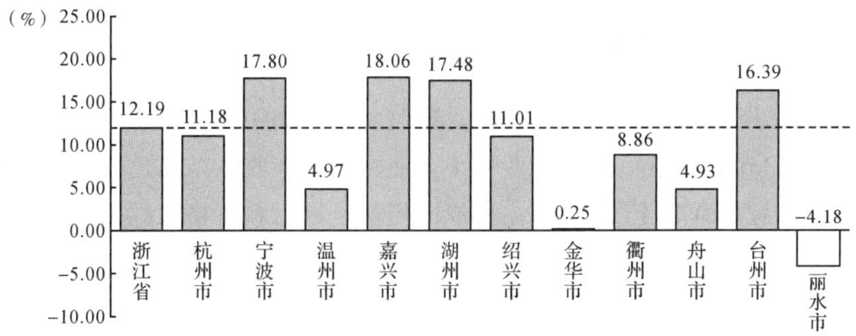

图 1-6 2017年浙江省各地区规上工业中小企业主营业务收入增速情况

从行业看,2017年38个工业行业中,34个行业规上工业中小企业主营业务收入实现正增长,其中15个行业主营业务收入增速快于浙江平均水平,上游原材料领域中小企业主营业务收入增速尤为迅速,石油加工炼焦和核燃料加工业、煤炭开采和洗选业2个行业主营业务收入增速大于70.00%,分别达到94.28%和73.37%;化学原料和化学制品制造业、燃气生产和供应业、非金属矿物制品业、黑色金属矿采选业、化学纤维制造业、有色金属冶炼和压延加工业、黑色金属冶炼和压延加工业7个行业规上工业中小企业主营业务收入增速在15.00%以上,分别达到28.60%、20.77%、20.05%、17.24%、16.84%、16.21%、15.10%。此外,部分行业主营业务收入出现明显下滑,纺织服装服饰业、皮革毛皮羽毛及其制品和制鞋业、烟草制品业和有色金属矿采选业4个行业规上工业中小企业主营业务收入出现负增长,增速分别为-1.69%、-5.49%、-7.03%和-27.01%;农副食品加工业、食品制造业、铁路船舶航空航天和其他运输设备制造业、木材加工和木竹藤棕草制品业4个行业规上工业中小企业主营业务收入处于低速增长,增速仅为1.12%、0.96%、0.83%和0.61%。如图1-7所示。

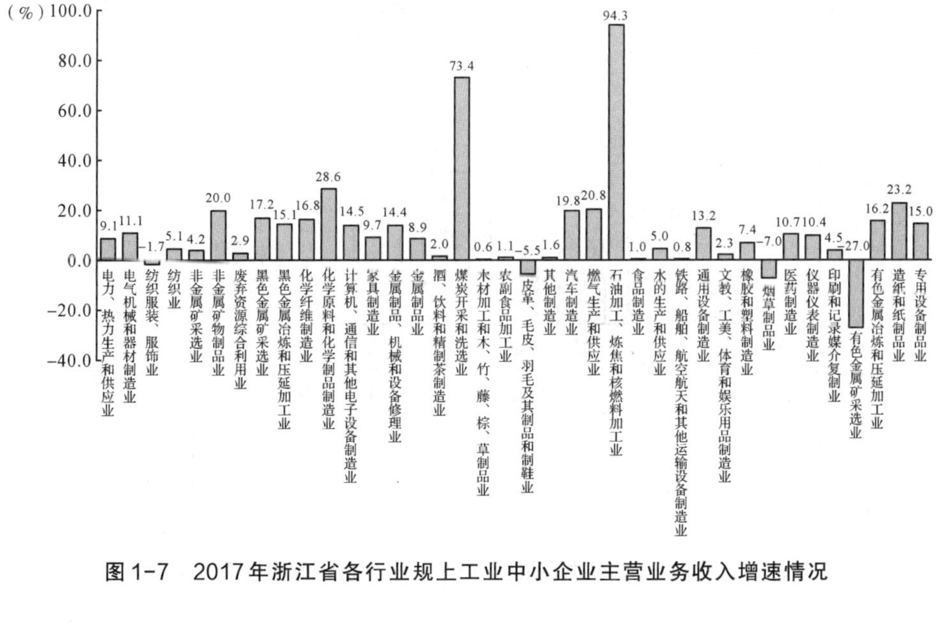

图 1-7 2017年浙江省各行业规上工业中小企业主营业务收入增速情况

二、利润保持较快增长

2017年,浙江规上工业中小企业累计实现利润总额2919.61亿元,同比增长13.66%,增速略低于上年0.31个百分点。规上工业中小企业主营业务收入增速比上年提升9.14个百分点,而利润总额增速反而较上年下滑,主要原因可能是原材料价格大幅上涨挤压了中小企业利润空间。如图1-8所示。

图1-8　2013-2017年浙江省规上工业中小企业利润变化情况

从地区看,2017年浙江11个设区市中,宁波、嘉兴、湖州、绍兴、衢州和台州6个设区市规上工业中小企业利润增速高于浙江平均水平(13.66%),增幅分别为18.52%、24.91%、32.38%、21.48%、17.52%和13.74%,其中湖州规上工业中小企业利润增速在30.00%以上,为浙江最高。舟山、丽水、金华3个设区市规上工业中小企业利润处于负增长,其中舟山受船舶行业不景气影响,整个产业链中中小企业基本处于亏损状态,舟山地区规上工业中小企业利润总额同比下降38.54%,丽水同比下降3.64%,金华同比下降0.95%。此外,杭州地区规上工业中小企业利润处于低速增长,增速仅为2.33%,低于浙江平均水平11.33个百分点。如图1-9所示。

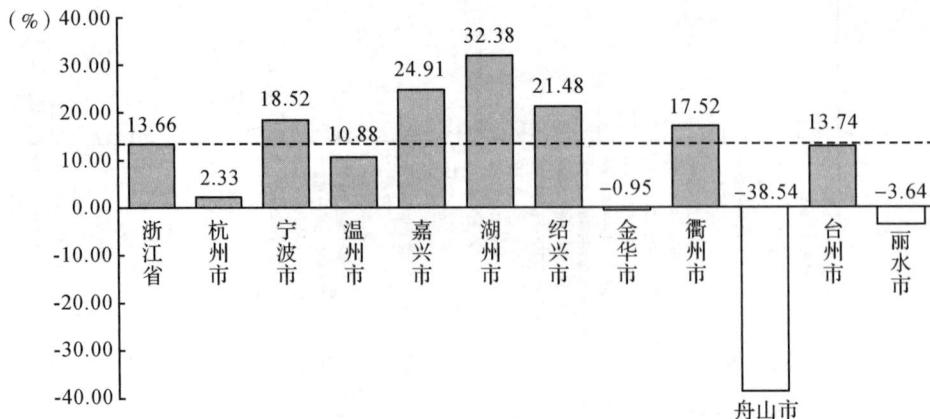

图1-9　2017年浙江省各地区规上工业中小企业利润总额增速情况

从行业看,2017年38个工业行业中,27个行业规上工业中小企业利润实现正增长,其中18个行业规上工业中小企业利润增速快于浙江平均水平,11个行业利润处于负增长。具体分析可知,上游原材料行业受到供给侧改革、原材料价格快速上涨利好刺激,获益非常明显。煤炭开采和洗选业、黑色金属矿采选业、石油加工炼焦和核燃料加工业、有色金属矿采选业、废弃资源综合利用业、非金属矿采选业、水的生产和供应业、非金属矿物制品业、化学纤维制造业、有色金属冶炼和压延加工业和化学原料和化学制品制造业这11个行业规上工业中小企业利润增速明显,分别增长2064.48%、280.74%、180.35%、157.95%、87.06%、65.89%、64.72%、57.09%、46.44%、45.79%和40.29%。传统制造业利润则因原材料价格上涨受到较大挤压,食品制造业、农副食品加工业、纺织服装服饰业、家具制造业、酒饮料和精制茶制造业、皮革毛皮羽毛及其制品和制鞋业、铁路船舶航空航天和其他运输设备制造业这7个行业利润下滑明显,分别增长-3.26%、-5.07%、-7.36%、-8.30%、-14.43%、-19.18%、-33.39%。

三、利润率创近5年新高

主营业务收入利润率是最能反映企业盈利能力的财务指标。2017年,浙江规上工业中小企业主营业务收入利润率达5.73%,比上年提高0.07个百分点,处于近5年来最高水平,这反映了浙江工业中小企业盈利能力不断提升的情况。不过,跟大型工业企业相比,浙江工业中小企业仍然存在一定差距,2017年浙江规上工业中小企业主营业务收入利润率低于大型工业企业4.49个百分点,低于浙江规上工业0.07个百分点。如图1-10所示。

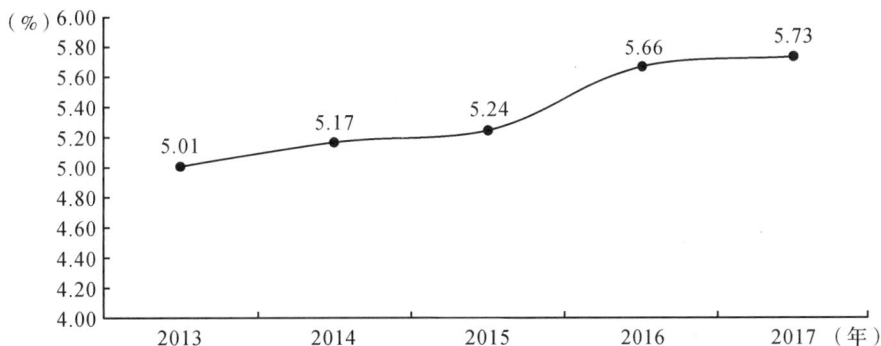

图1-10 2013-2017年浙江省规上工业中小企业主营业务收入利润率变化情况

从地区看,2017年浙江11个设区市中,杭州、嘉兴、湖州、绍兴、衢州和丽水6个设区市规上工业中小企业主营业务收入利润率高于浙江平均水平(5.73%),其中湖州和丽水地区规上工业中小企业主营业务收入利润率最高,分别为7.16%和7.42%,湖州地区主营业务收入、利润总额增速位列浙江第一,主营业务收入利润率位列浙江第二,反映了湖州转型升级的突出成效。丽水地区主营业务收入和利润增速均为增长,且主营业务收入利润率在浙江处于第一高位,反映了当地绿色生态发展理念成效初步显现。宁波、温州、金华、舟山、台州5个设区市规上工业中小企业主营业务收入利润率低于浙江平均水平,其中舟山和金华地区规上工业中小企业主营业务收入利润率最低,仅为2.15%、4.35%,分别低于浙江平均水平3.58个、1.38个百分点。如图1-11所示。

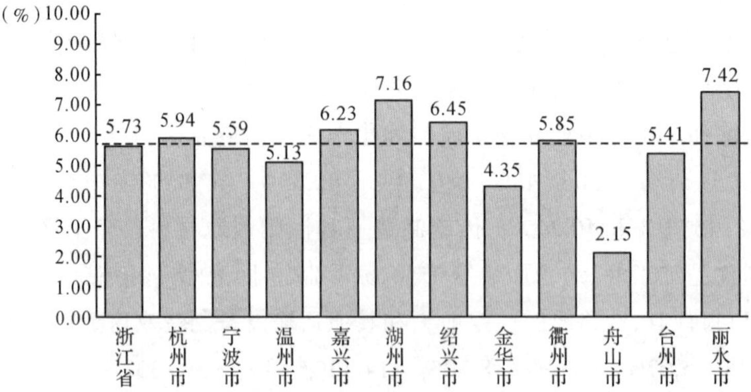

图1-11 2017年浙江各地区规上工业中小企业主营业务收入利润率情况

从行业看,2017年38个工业行业中,17个行业规上工业中小企业主营业务收入利润率高于浙江平均水平,21个行业规上工业中小企业主营业务收入利润率低于浙江平均水平。具体分析可知,医药制造业、煤炭开采和洗选业、酒饮料和精制茶制造业、金属矿采选业、仪器仪表制造业这5大行业规上工业中小企业主营业务收入利润率均大于10.0%,处于较高水平,其中医药制造业主营业务收入利润率最高,达15.81%。皮革毛皮羽毛及其制品和制鞋业、废弃资源综合利用业、铁路船舶航空航天和其他运输设备制造业、金属制品机械和设备修理业、黑色金属矿采选业这5大行业规上工业中小企业主营业务收入利润率较低,均低于3.00%,其中黑色金属矿采选业规上工业中小企业主营业务收入利润率最低,为-11.52%。如图1-12所示。

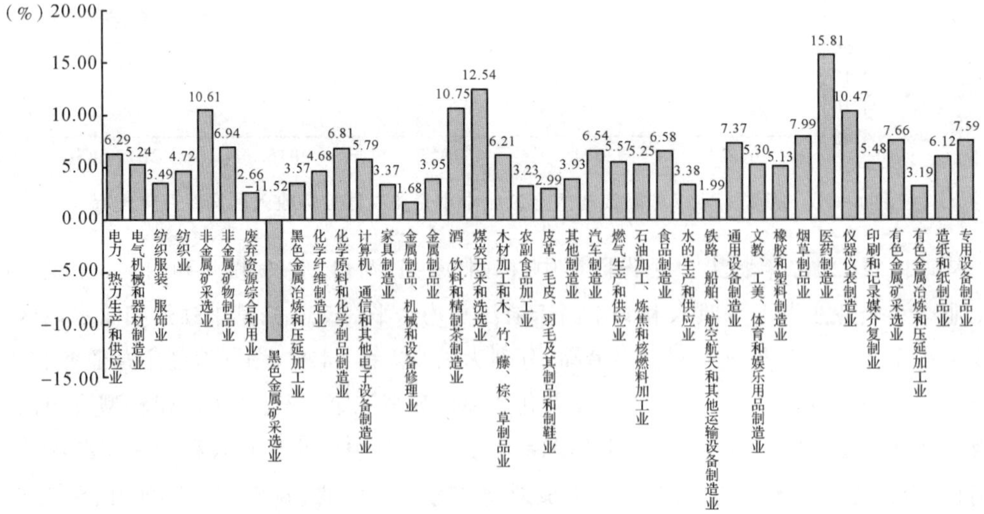

图1-12 2017年浙江省各行业规上工业中小企业主营业务收入利润率情况

四、企业亏损面略有回升

截至 2017 年年末,浙江规上工业中小企业共有 40286 家,亏损 5651 家,亏损面为 14.03%,比上年略微提高,为 0.75 个百分点,高于大型企业 6.25 个百分点,规上工业中小企业亏损面总体平稳。如图 1-13 所示。

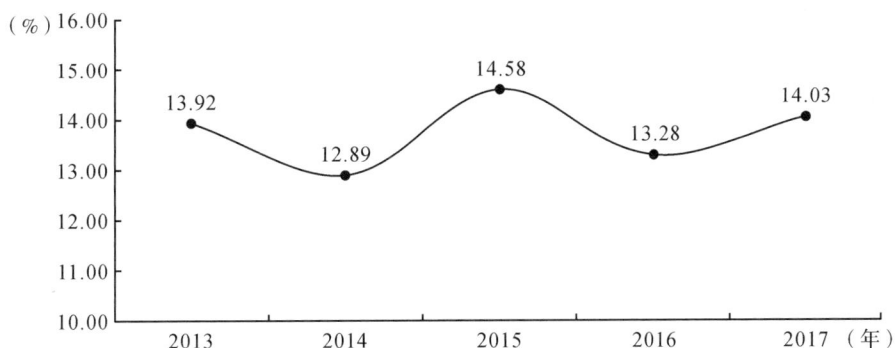

图 1-13 2013-2017 年浙江省规上工业中小企业亏损面变化情况

从地区看,2017 年浙江 11 个设区市中,温州、嘉兴、湖州、绍兴、台州和丽水 6 个设区市规上工业中小企业亏损面低于全省平均水平(14.03%),其中丽水地区亏损面最低,为 7.24%,其次为湖州地区,亏损面为 7.57%,再次为温州地区,亏损面为 8.64%;杭州、宁波、金华、衢州和舟山 5 个设区市规上工业中小企业亏损面均高于全省平均水平,其中舟山地区亏损面最高,达 28.34%,其次为衢州地区,亏损面为 23.99%。如图 1-14 所示。

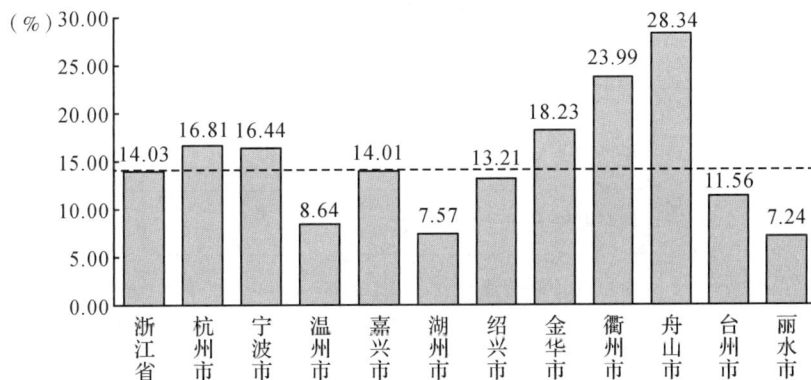

图 1-14 2017 年浙江省各地区规上工业中小企业亏损面

从行业看,2017 年 38 个工业行业中,28 个行业规上工业中小企业亏损面高于浙江平均水平,10 个行业规上工业中小企业亏损面低于浙江平均水平。具体分析可知,金属制品机械和设备修理业、水的生产和供应业、废弃资源综合利用业、黑色金属矿采选业、食品制造业和纺织服装服饰业 6 大行业规上工业中小企业亏损面均高于 20.00%,分别为 41.30%、33.33%、

32.19%、28.57%、23.05%和20.11%。煤炭开采和洗选业、烟草制品业2个行业没有亏损,亏损面为0。如表1-1所示。

表1-1　2017年浙江规上工业中小企业亏损面排名前后10个行业

（单位:%）

类　别	行　业	亏损面
亏损面最大的10个行业	金属制品、机械和设备修理业	41.30
	水的生产和供应业	33.33
	废弃资源综合利用业	32.19
	黑色金属矿采选业	28.57
	食品制造业	23.05
	纺织服装、服饰业	20.11
	非金属矿采选业	19.35
	铁路、船舶、航空航天和其他运输设备制造业	19.35
	家具制造业	18.55
	农副食品加工业	17.99
亏损面较小的10个行业	皮革、毛皮、羽毛及其制品和制鞋业	12.27
	纺织业	11.92
	化学纤维制造业	11.74
	汽车制造业	10.90
	通用设备制造业	10.81
	电力、热力生产和供应业	10.59
	仪器仪表制造业	9.58
	其他制造业	9.30
	煤炭开采和洗选业	0.00
	烟草制品业	0.00

第三节 浙江省规上工业中小企业出口概况

本节主要从出口交货值这个指标出发,分别从年份、地区、行业角度对浙江省规上工业中小企业的出口情况进行分析。2017年,浙江省规上工业中小企业出口情况向好发展,出口交货值增速提升明显,但地区发展不平衡、行业发展不平衡问题仍然存在。

一、出口呈现较快回升

2017年,浙江省规上工业中小企业累计实现出口交货值8761.90亿元,同比增长7.93%,增速较上年提高6.28个百分点,增速达到近5年来最高水平,从增速变化趋势看,近几年浙江省规上工业中小企业的出口处于上升通道,出口发展向好。如图1-15所示。

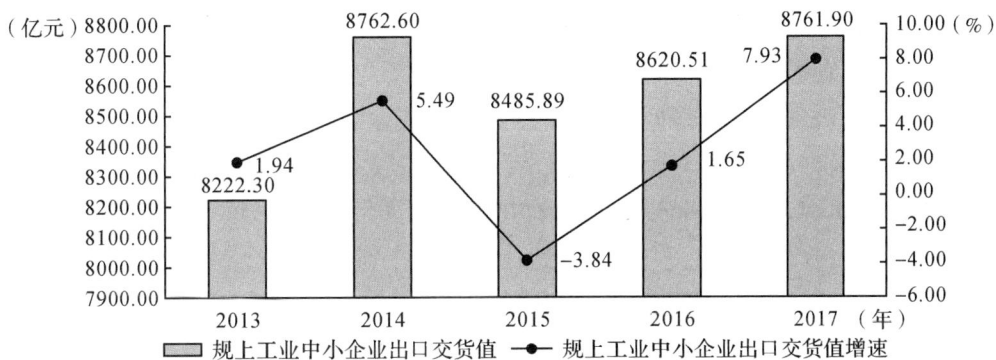

图1-15 2013-2017年浙江省规上工业中小企业出口交货值变化情况

从地区看,2017年,宁波市、杭州市、嘉兴市规上工业中小企业分别实现出口交货值2123.06亿元、1257.89亿元、1200.86亿元,均超过1000亿元,占全省比重分别为24.23%、14.36%、13.71%,为第一梯队;绍兴市、台州市、金华市、温州市、湖州市规上工业中小企业分别实现出口交货值896.48亿元、880.64亿元、847.48亿元、622.33亿元、528.63亿元,均超过500亿元,占全省比重分别为10.23%、10.05%、9.67%、7.10%、6.03%,为第二梯队;舟山市、丽水市、衢州市规上工业中小企业分别实现出口交货值180.00亿元、121.73亿元、102.79亿元,均低于200亿元,占全省比重分别为2.05%、1.39%、1.17%,为第三梯队。各设区市规上工业中小企业出口交货值总量水平差距较大,两极分化明显。如图1-16所示。

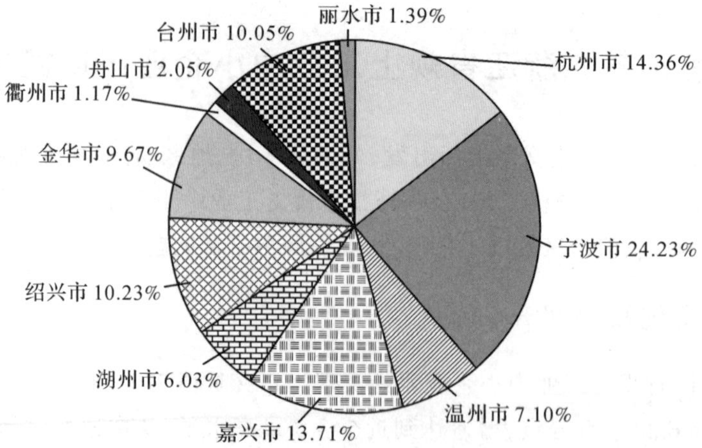

图1-16　2017年浙江省各设区市规上工业中小企业出口交货值占比

2017年,嘉兴市、湖州市、衢州市、舟山市、台州市、丽水市6个设区市的规上工业中小企业出口交货值增速高于全省平均水平(7.93%),分别为14.36%、12.15%、14.46%、14.59%、9.09%、19.86%,其中丽水市的增速远高于其他设区市,接近20%。杭州市、宁波市、温州市、绍兴市、金华市5个设区市的规上中小企业出口交货值增速低于全省平均水平,分别为4.40%、7.85%、5.92%、4.21%、3.36%,其中杭州市、绍兴市、金华市的增速较低,低于5%。

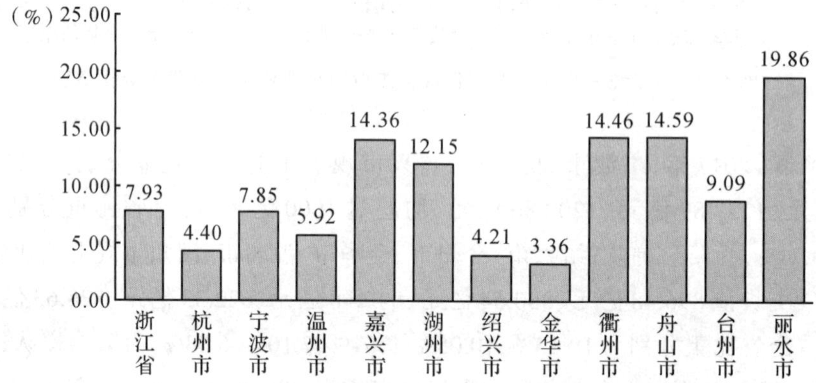

图1-17　2017年浙江省各设区市规上工业中小企业出口交货值增速

从行业看,2017年,规上工业中小企业38个行业中,电力、热力生产和供应业,黑色金属矿采选业,煤炭开采和洗选业,燃气生产和供应业,有色金属矿采选业这5个行业没有出口,出口交货值为0,其余33个行业均有出口。2017年,浙江省规上工业中小企业有出口的33个行业中,电气机械和器材制造业实现出口交货值1040.17亿元,在行业中排名第一,远超其余行业;纺织业、通用设备制造业、纺织服装、服饰业、金属制品业分别实现出口交货值841.73亿元、814.58亿元、661.49亿元、644.07亿元,均超500亿元,为第二梯队;计算机通信和其他电子设备制造业、化学原料和化学制品制造业、皮革毛皮羽毛及其制品和制鞋业、文教工美体育和娱乐用品制造业、橡胶和塑料制品业、汽车制造业、家具制造业、专用设备制造业分别实现出口交货值497.86亿元、481.66亿元、442.84亿元、432.70亿元、430.45亿元、365.41亿元、363.46亿元、323.72亿元,均超过300亿元,为第三梯队;医药制造业、铁路船舶航空航天和其他运输设备制造业、农副食品加工业、有色金属冶炼和压延加工业、仪器仪表制造业分别实现出口交货值195.59亿元、167.40亿元、162.97亿元、134.58亿元、132.74亿元,为第四梯队;剩余的15个行业出口交货值均小于100亿元,为第五梯队。如表1-2所示。

表1-2 2017年浙江省规上工业中小企业出口交货值额度较大的行业

(单位:亿元、%)

行　业	出口交货值	增速
电气机械和器材制造业	1040.17	6.92
纺织业	841.73	1.17
通用设备制造业	814.58	10.16
纺织服装、服饰业	661.49	−3.44
金属制品业	644.07	13.96
计算机、通信和其他电子设备制造业	497.86	15.20
化学原料和化学制品制造业	481.66	18.97
皮革、毛皮、羽毛及其制品和制鞋业	442.84	2.50
文教、工美、体育和娱乐用品制造业	432.70	0.09
橡胶和塑料制品业	430.45	7.89
汽车制造业	365.41	10.59
家具制造业	363.46	7.77
专用设备制造业	323.72	14.98
医药制造业	195.59	17.56
铁路、船舶、航空航天和其他运输设备制造业	167.40	10.11
农副食品加工业	162.97	7.41
有色金属冶炼和压延加工业	134.58	33.55
仪器仪表制造业	132.74	13.63

2017年,浙江省规上工业中小企业有出口的行业中,水的生产和供应业这个行业的出口交货值实现了从无到有的突破,实现出口交货值2.15亿元;废弃资源综合利用业出口交货值增速较高,为173.98%。2017年,出口交货值额度较大的18个行业中,有色金属冶炼和压延加工业出口交货值增速最快,为33.55%;化学原料和化学制品制造业、医药制造业、计算机通信和其他电子设备制造业出口交货值增速分别为18.97%、17.56%、15.20%,均大于15%,增速较快;专用设备制造业、金属制品业、仪器仪表制造业、汽车制造业、通用设备制造业、铁路船舶航空航天和其他运输设备制造业出口交货值增速分别为14.98%、13.96%、13.63%、10.59%、10.16%、10.11%,均大于10%;纺织服装、服饰业行业的出口交货值出现了负增长,为-3.44%。

二、出口占比不断提升

浙江省的经济类型为外向型,中小企业是浙江省出口创汇的主力军,并且近年来中小企业出口占全部工业的比重不断提升。2017年,浙江省规上工业企业累计实现出口交货值11585.48亿元,同比增长9.43%;其中,规上中小企业累计实现出口交货值8761.90亿元,占全部出口交货值的75.63%,规上中型企业累计实现出口交货值3744.86亿元,规上小微企业累计实现出口交货值5017.04亿元,分别占比32.32%和43.30%;大型企业的累计实现出口交货值2823.59亿元,占全部出口交货值的24.37%,从出口金额和出口比重上,中小微企业均超过大型企业。如图1-18所示。

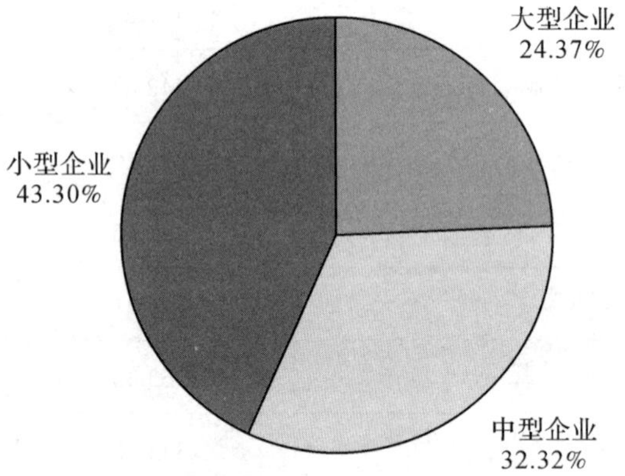

图1-18　2017年浙江省规上不同规模企业出口占比情况

近5年,规上工业中小微企业的出口占比由2013年的72.17%上升到2017年的75.63%,2017年首次超过了75%,大型企业的出口占比则呈不断下降趋势,可见,规上中小微企业为浙江省出口创汇做出了重要的贡献。如表1-3所示。

表1-3　2012-2017年浙江省规上不同规模企业出口占比变动情况

（单位:%）

年份 出口占比 企业类型	2013	2014	2015	2016	2017
全部规上企业	100	100	100	100	100
大型企业	27.83	27.73	27.50	26.54	24.37
规上中型企业	32.66	32.34	32.23	33.28	32.32
规上小微企业	39.51	39.93	40.27	40.18	43.30
规上中小企业	72.17	72.27	72.50	73.46	75.63

第四节　浙江省规上工业中小企业创新概况

本节从规上科技活动经费、科技活动经费占主营业务收入比重、新产品产值、新产品产值率4个指标出发,分别从年份、行业、地区3个层面对浙江规上工业中小企业创新情况进行分析。2017年,浙江规上工业中小企业创新活力较强,但行业、地区分化较为明显,计算机通信电子、医药等部分战略性新兴产业创新较突出,机械、纺织等传统行业创新活力提升较快。新形势下,经济下行压力增大,创新已成为浙江省中小企业转型升级适应新常态的重要途径。

一、科技活动经费投入大幅提高

浙江中小企业的创新意识不断加强,在创新方面的投入明显加快,2017年,浙江省规上工业中小企业科技活动经费累计支出达到778.67亿元,占全省规上科技活动经费支出的比重达66.06%,同比增长18.04%,增速比上年提升2.56个百分点;规上中小企业科技活动经费占主营业务收入比重为1.53%,比上年提升了0.22个百分点,为近5年内最高。如图1-19所示。

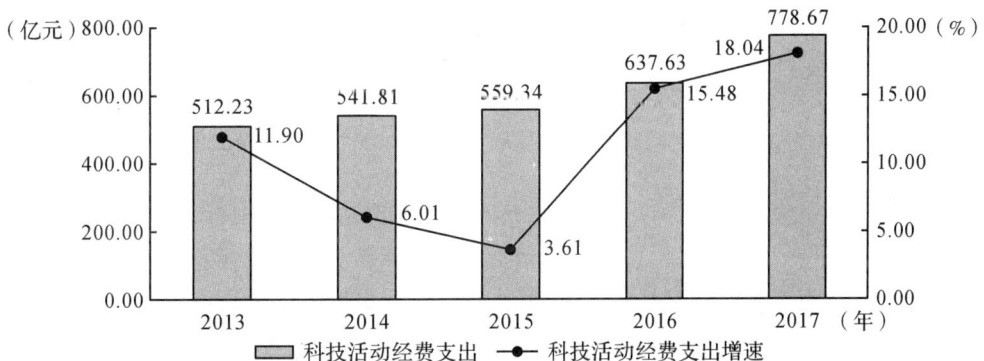

图1-19　2013—2017年浙江省规上中小企业科技活动经费支出情况

从行业看,2017年38个工业行业中,29个行业规上工业中小企业科技活动经费支出实现正增长,其中16个行业规上工业中小企业科技活动经费支出增速超过全省平均水平,非金属矿采选业、燃气生产和供应业两个行业的科技活动经费支出增速尤为迅速,分别为272.55%、620.62%;8个行业规上工业中小企业科技活动经费支出增速为负增长,其中烟草制品业、有色金属矿采选业2个行业分别为-44.05%、-94.85%。从科技活动经费支出占主营业务收入比重来看,38个工业行业中,电气机械和器材制造业、化学原料和化学品制造业、计算机通信电子、汽车制造业、船舶航空航天和其他运输设备、通用设备、橡胶和塑料、医药、仪器仪表制造业、专用设备制造业这10个行业的科技活动经费支出占主营业务收入比重超出全省平均水平(1.53%),分别达2.52%、1.55%、2.91%、2.24%、1.87%、2.48%、1.66%、3.73%、4.00%、3.24%,其中医药、仪器仪表、专用设备的科技活动经费支出占主营业务收入比重高出全省平均水平1倍以上。非金属矿采选业、黑色金属矿采选业、金属制品机械和设备修理业、煤炭开采和洗选业、农副食品加工业、燃气生产和供应业、石油加工炼焦和核燃料加工业、水的生产和供应业、烟草制品业、有色金属冶炼和压延加工业10个行业的科技活动经费支出占主营业务收入比重较低,均低于0.5%。

从地区看,2017年浙江11个设区市中,温州、嘉兴、湖州、绍兴、丽水5个地区规上工业中小企业科技活动经费支出增速较快,均高于全省平均水平(18.04%),分别为34.86%、22.60%、30.17%、20.03%、35.47%。杭州、宁波、金华、衢州、台州5个地区规上工业中小企业科技活动经费支出增速低于浙江平均水平,分别为12.74%、13.64%、7.95%、5.75%、12.16%。舟山地区规上工业中小企业科技活动经费支出增速为-8.37%。如图1-20所示。

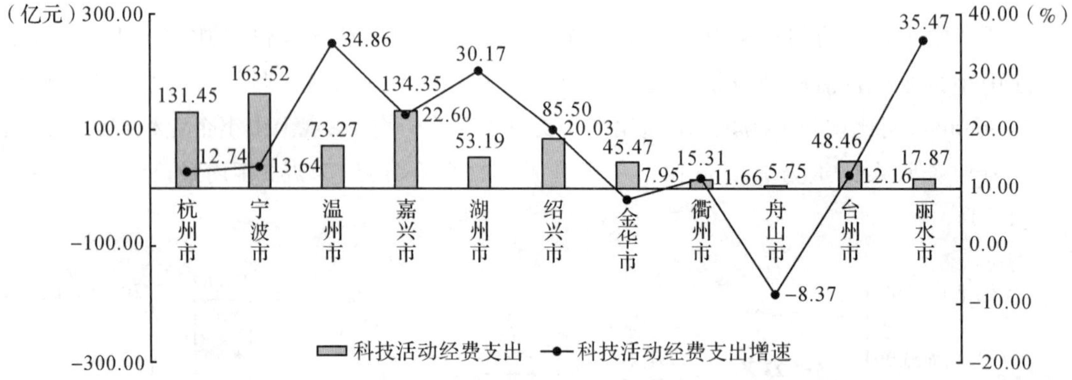

图1-20　2017年浙江省各地区规上中小企业科技活动经费支出情况

从科技活动经费支出占主营业务收入比重来看,11个设区市中,宁波、温州、嘉兴、丽水4个地区规上工业中小企业的科技活动经费支出占主营业务收入比重高于全省平均水平,杭州地区规上工业中小企业科技活动经费支出占主营业务收入比重与全省持平,湖州、绍兴、金华、衢州、舟山、台州6个地区规上工业中小企业科技活动经费支出占主营业务收入比重低于全省平均水平,其中舟山地区规上工业中小企业科技活动经费支出占主营业务收入比重最小,不到1%。如图1-21所示。

图1-21 2017年浙江省全省及各地区规上中小企业科技活动经费支出占主营业务收入之比

二、新产品产值企稳回升

2017年,浙江省规上工业中小企业新产品产值实现15976.49亿元,占全部规上企业新产品产值(24679.43亿元)的64.74%;从新产品产值增速来看,2017年规上工业中小企业新产品产值同比增长20.01%,在2014年、2015年、2016年增速均下滑的情况下,首次实现增速大幅提升,比2016年提高了9.58个百分点,这说明2017年规上工业中小企业创新活跃程度较高;从新产品产值率来看,2017年,规上工业中小企业新产品产值率为29.67%,比2016年低0.27个百分点,近5年规上工业中小企业新产品产值率总体处于平稳增长态势。如图1-22所示。

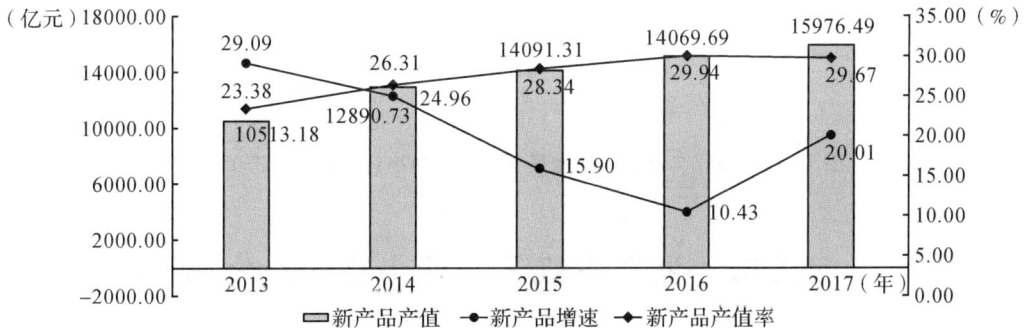

图1-22 浙江省规上工业中小企业新产品产值及新产品产值率

从行业看,规上工业中小企业新产品产值增速排在前五位的是金属制品机械和设备修理业、有色金属矿采选业、石油加工炼焦和核燃料加工业、烟草制品业、造纸和纸制品业,分别为1711.15%、345.28%、87.02%、58.44%、36.95%,共有16个行业的规上工业中小企业新产品产值增速超过全省平均水平(20.01%),酒饮料精制茶制造业、其他制造业、农副食品加工业、铁路船舶航空航天和其他运输设备制造业4个行业规上工业中小企业新产品产值低速，燃气生产和供应业和废弃资源综合利用业的规上工业中小企业新产品产值增速为负增长，分别为-41.97%和-13.65%。从新产品产值率来看，电气机械和器材制造业、纺织业、化学纤维制造业、化学原料和化学制品制造业、计算机通信电子、家具制造业、金属制品业、汽车制造业、铁路船舶业、通用设备、文教体育业、医药、仪器仪表、专用设备业14个行业的规上工业中小企业新产品产值率较高，超出全省平均水平（29.67%），其中计算机通信电子、仪器仪表、专用设备、电气机械、医药行业的新产品产值率位居前5，可见浙江部分新兴领域的创新活力较强，而电力热力、煤炭开采和洗选、燃气生产、水的生产等部分工业能源领域规上中小企业新产品的产值较低。如图1-23所示。

从地区看，8个设区市的新产品产值增速超过全省平均水平（20.01%），其中温州、衢州、湖州、绍兴4个地区分别超出全省12.2个、8.84个、6.34个、6.30个百分点，杭州、金华、舟山规上工业中小企业新产品产值增速相对较低，不足10%。从新产品产值率来看，2017年，11个设区市中，杭州、湖州、嘉兴、丽水、绍兴、温州6个地区的规上工业中小企业新产品产值率高于全省规上工业中小企业新产品产值率水平，舟山市的新产品产值率相对较低，仅为5.36%，低于全省平均水平24.31个百分点。

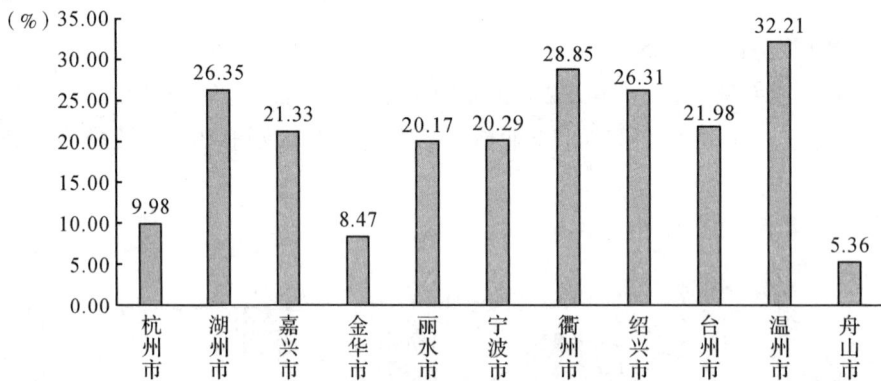

图1-23　2017年浙江省各地区规上工业中小企业新产品产值增速

第五节　浙江省规下工业小微企业发展

2017年，浙江规模以下工业生产经营呈逐季稳步向好发展态势。但企业仍然面临成本压力大、生产用地受限、结构性用工短缺等问题，因此，需进一步完善小微企业扶持政策，继续推进产业优化升级，助力企业转型升级，多方面促进小微企业健康发展。

一、发展基本特点

(一)生产经营呈逐季稳步向好

2017年,全省规模以下工业实现增加值4738.1亿元,比上年增长7.7%,增幅高于江苏、山东、广东等周边发达省份。全年呈逐季稳步向好态势,如图1-24所示。

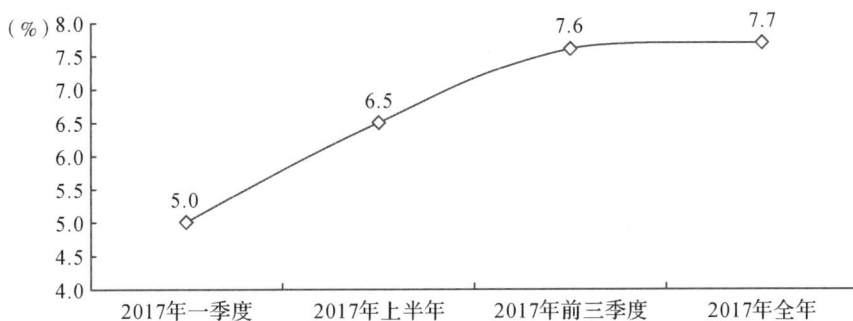

图1-24 2017年浙江省规模以下工业增加值增长速度

此外,据6881家正常生产经营的样本企业问卷调查,22.8%的企业认为四季度综合经营状况良好,认为一般的占65.5%,不佳的占11.7%。经营良好的企业占比分别比前一、二、三个季度提高5.7个、1.4个、0.8个百分点,占比明显上升,小微工业企业生产经营在上年企稳的基础上呈进一步向好态势,如图1-25所示。

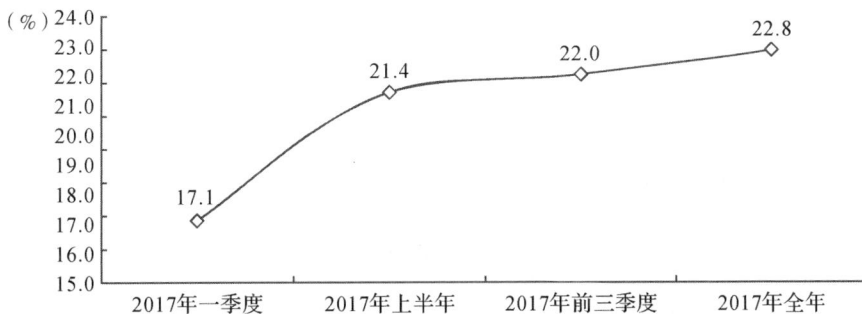

图1-25 2017年浙江省各季度经营情况良好的样本企业占比

(二)企业用工规模稳中有升

2017年末,浙江规模以下工业企业从业人员287.58万人,较上年同期增长2.1%。企业员工月人均薪酬为3172元,同比增长4.5%。相比2012—2016年,浙江规模以下工业企业人均月薪酬分别为2212元、2459元、2665元、2863元、3035元,同比分别增长12.5%、11.2%、8.4%、7.4%、6.0%,增幅逐年回落,如图1-26所示。

图1-26　2012-2017年浙江省规模以下工业企业月人均薪酬

(三)企业税费负担有所减轻

近年来,政府为减轻企业税费负担,出台了一系列小微企业税收优惠政策,受政策利好因素影响,浙江工业小微企业税费负担有所减轻。一是企业享受税收优惠政策的机会增多。据抽样调查问卷显示,2016年以来一系列政府税收优惠政策实施后,享受到优惠政策的企业占比已经从2016年一季度的38.2%提高到2017年末的58.3%,如图1-27所示。据温州调研,温州税务部门曾通过线上线下多种渠道开展了广泛的指导宣传,如征税平台提醒、业务培训会讲解、微信公众号和短信推送等方式,调研走访的企业不论是否符合小型微利所得税减半增收条件,均表示知晓该项优惠政策,知晓率达到100%。二是企业非税缴费压力有所减小。非税费用包括社保缴费、水利建设基金、地方教育费附加、教育费附加、排污费等十几项收费。随着浙江省非税缴费项目的逐步规范,企业成本支出有所减少。如2016年11月1日起,浙江省对企业暂停征收地方水利建设基金。又如2017年5月1日起,浙江省企业失业保险费率由1%下降到0.5%,劳动密集型企业负担有所减轻。

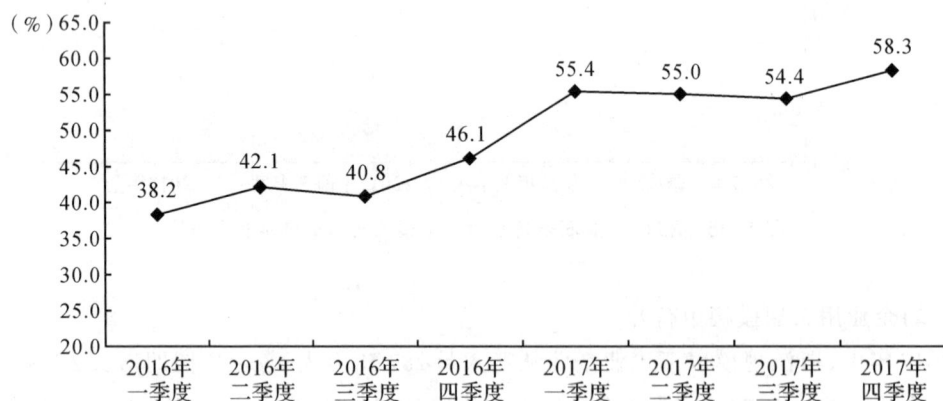

图1-27　2016-2017年浙江省规模以下工业企业享受税收优惠情况

(四)环保倒逼转型升级初见成效

近年来,浙江省委、省政府大力推进环境整治工作,淘汰了一批不符合环保要求的落后企业,推动了规下工业结构优化。关停企业的订单需要其他企业消化,优质企业也因此得益,订单增加,产能利用率提高。据2017年四季度问卷调查,反映生产能力(设备)利用率"高于"或"处于"正常水平的企业比重为82.9%,分别比上年同期、上季度提高了4.0、0.7%。据调研,碳酸钙是衢州市上方镇传统主导产业,2006年曾被授予"中国碳酸钙基地"称号。但是由于当地碳酸钙企业多数为灰钙企业,普遍存在规模小、工艺落后、耗能高、无任何污染治理设施,烟尘污染严重,导致周边环境不断恶化,严重影响了当地群众正常生产生活。自2014年开启环保整治工作以来,经过两年多的阵痛期,钙产业整治升级开始逐步显现成效,部分企业重组整治升级改造完成,改变了当地该产业粗放、落后的生产模式。据嘉兴某五金生产企业表示,由于环保整治部分小作坊的关闭,2017年企业订单明显增多,企业产能利用率进一步提高。

(五)"机器换人"促进企业提质增效

当前,劳动力成本年年递增,加之招工难、员工流动性大等问题,劳动密集型企业同时面临安全生产问题。面对重重压力,浙江小微企业积极推进"机器换人"策略,积极面对新常态下的企业发展问题,同时提升产品质量。据2017年四季度问卷调查,全省6881家正常营业的企业中,有1072家正常营业的企业有投资,占15.6%,比上季度提高了1.5%。有投资的企业中,有51.3%的企业将投资用于开发新产品,有34.9%的企业将投资用于设备升级改造,有27.2%的企业将投资用于扩大生产规模。据台州调研,台州市某鞋业有限公司2017年订单量比上年同期增长1倍,企业在面临工人难招、员工难养时果断进行"机器换人",购买几套智能机器设备,实现了没有增加招工也能完成生产的目标,企业节约了人工成本近200万元。并且,智能装备通过精密计算,能将原材料充分利用,减少浪费。新自动化设备降低能耗约40%,实现边角废料和印花、油膜等污染物的"零排放"。

二、存在的主要困难和问题

(一)生产要素成本压力持续增大

2017年四季度问卷调查显示,在浙江规模以下工业企业面临的突出问题中,原材料成本高和用工成本上升快分别占50.2%和45.2%,居第一、第二位。小微企业规模小,利润极易受到成本要素价格的影响。2017年,规模以下工业企业主营业务成本同比增长13.6%,增幅比主营业务收入高0.4个百分点;企业主营业务收入利润率仅为2.5%,明显低于规模以上工业企业利润率(在6%以上)。

1. 原材料价格持续上涨

自2016年10月以来,浙江工业生产者购进价格已连续15个月高于工业品出厂价格。从走访调研情况看,大多数企业表示原材料价格进入第四季度以来逐渐趋向平稳,但价格仍处于高位。主要原因有二:一是因供给侧改革、去产能力度不断加强,钢铁、稀土、有色金属等原材料价格上涨幅度大;二是因环保工作力度不断加大,纸箱、化学工业原料等原材料的价格持续推升。据各地调研,开化某泡沫厂主要原材料聚苯乙烯(EPS)从2017年初的每吨

9000多元上涨到现在的每吨13000多元,涨幅达45%,企业的生产经营成本压力巨大。据多家以铝为原材料的企业反映,铝的价格从2017年年初的12000元/吨一度涨到17000元/吨,2017年年底回落到14000元/吨,但仍比年初时高近20%。此外,纸箱价格上涨10%-15%,塑料原料价格上涨近20%。原材料成本大幅增加,产品销售提价却很难,这对企业资金周转、产品利润都产生极大的影响。

2. 劳动力成本逐年上升

近年来,劳动力成本上涨在经济运行中呈常态化趋势,小微工业企业大多数是劳动密集型的传统行业,人工成本压力逐年增大。2017年,浙江规模以下工业企业员工月人均薪酬为3172元,同比增长4.5%。据宁波调研,鄞州某服饰有限公司现有员工70多人,薪酬支出占到生产经营成本的17%,加之目前的针织服饰行业利润微薄,企业月销售额要达到150万元以上才能勉强维持保本经营,人工成本压力较大。

(二)结构性用工问题依然突出

2017年第四季度调查显示,29.9%的企业有招工需求。在有招工需求的企业中,仅有18.6%的企业招到了全部所需员工,有35.0%的企业招到了大部分所需员工,30.0%的企业招到了少部分所需员工,还有16.4%的企业没能招到所需员工。小微企业受限于地域和工作环境劣势、员工发展前景受限等因素,导致结构性招工难问题突出,主要体现在一线员工流动性强、高端人才难招难留。从调研情况来看,随着内陆地区经济的发展,这些地区劳动力外出打工的意愿明显减弱,并且新一代的85后、90后外来务工者对用工单位的期望值明显变高,只要对工作内容或工资略有争议便立马甩手走人的情况屡见不鲜。多数劳动密集型的企业还是希望能招本地人,因为稳定性相对较好。而本地人一般倾向于选择工作时间相对较短、能够顾家的企业或者行业。对于本地人不太愿意选择的工种,基本以外来务工者为主。除了一线工人流动大的问题,如何引进并留住高端人才、科技核心人才也是小企业面临的一大困扰。据调研,宁波某金属制品公司因工厂所在的村人口密度不高,餐饮、商贸等服务业发展不足,生活配套设施不完善,即使提供较高时薪,并有法定节假日带薪休假等优厚条件,仍然招不到工人,外来员工大多选择在镇里上班。

(三)用地问题持续困扰企业发展

用地问题也是企业反映较为集中的问题:一是用地贵。有企业反映土地使用税费负担逐年升高,从最早的3元/平方米上升到6元/平方米,个别地区的土地使用税甚至超过9元/平方米,给企业的生产经营带来较大压力。二是用地难。宁波某服饰公司厂房面积为1500平方米,与满足企业生产规模扩张的需求存在较大缺口。鉴于用地难与劳动力成本高这两大因素,企业计划赴柬埔寨筹建新厂。三是环保发展带来的影响。诸暨市某机械公司因环保政策调整,自有土地不能继续使用,需租用工业区厂房,但因相应政策影响工业区厂房租金上升快,企业进园区的生产经营成本上升压力大。

(四)小微园区基础设施建设和管理能力有待进一步加强

在全省"三改一拆"、环境整治的大背景下,为促进和规范小微企业发展,小微企业园区建设得到有力推进。随着小微园陆续建成投产,企业入驻后,园区的管理显得尤为重要。据调研,目前具有成熟工业园区运营管理经验、能够提供园区公共服务的园区管理公司较少。例如温州龙湾永兴南园小微园仅以提供物业管理为主,企业等有关方面反映,园区不能很好给入园企业提供公共信息、科技研发等公共服务平台。部分园区的基础设施配套建设也有待进一步加强。如舟山渔业小镇内的水产加工企业反映,小镇建设以来,成立了大量的水产加工企业,但生产污水处理设施等投入不足,小镇内原有的公共污水处理站已经难以满足企业生产的需要,而新处理站的建设又迟迟没有进展,使得企业生产的部分污水只能通过运输车辆运到外地的污水处理厂,既影响生产,又增加企业成本。

(五)个企税收政策差异因素等影响竞争关系扭曲

据"中国螺杆之乡"舟山金塘镇的山潭、东垛、西垛和沥平4个村调查结果,2017年新增螺杆制造个体户40多家,比上年同期增长20%以上,而同期规下螺杆制造小微企业仅增5家。螺杆制造新增个体户比企业明显多,其成因为:一方面得益于整体行业形势好转,产品附加值较高;另一方面,税负政策差异等因素影响是关键。目前个体工业户无须填报财务报表,且能够享受每月3万元的增值税免征额,若月开票金额低于3万元就无须纳税,仅需缴纳几百元的城建税。个企税收政策的差异形成了两者竞争关系的不对等。有调研企业反映,低税负低成本优势使得个体户生产可以用更低的价格获取订单。如某螺杆制造公司的负责人表示,金塘镇内生产螺杆的企业和个体户众多,并且个体户与小微企业的产品质量差异不大。因此,客户往往按产品报价低下订单,个体户竞争优势明显。税负低也有利于个体户提高员工薪资水平,技术工在个体户中从业的月薪普遍要比企业高1000元以上。因而,在螺杆制造业普遍遭遇"用工荒"的情况下,个体户的用工情况要好于企业。目前螺杆制造生产开办企业的积极性不高,主要以个体户的形式开办。

三、几点建议

(一)整顿和扶持同步,助推产业转型升级

1. 加强政策引导,推动产业转型升级

工业化的发展必将迈向高度化、集约化,小微工业尽管是创业富民的重要途径,是技术创新的重要力量,但其占全社会的比重和地位必将呈现规律性的下降。当前小微工业的发展各级政府应合理引导、适当干预,推进产业链完善、产品链延伸,加快产业转型升级。可设立专项扶持基金,为企业转型升级提供支持,帮助有潜力的小企业渡过整治、转型阵痛期。

2. 理顺市场竞争机制

理顺市场竞争机制,让市场在资源配置中起基础性作用,促进优质企业发展,淘汰落后企业,从而推动整个产业转型升级。

(二)多措并举,破解小微企业生产要素制约

1. 加大政府支持力度,助力企业破解用人短板

调研企业普遍反映存在结构性用工问题,一些企业由于找不到合适的技术人才,新购设

备处于闲置状态,无法顺利推进转型升级。为此,企业希望政府助力,在完善企业人才供需对接平台上,对高端技术人才、科技骨干实现如个人所得税奖励,实现人才公租房、人才培训计划等方面的政策支持。政府投入建设技术用工培训基地、完善社会培训机制、鼓励高校与用人单位加强校企合作等可破解用工结构性短板问题。

2. 创新用地方式,破解小微企业用地瓶颈

调研中,一些小企业反映一方面用地难,另一方面因购地成本过高,没有能力扩大生产规模,希望建立用地弹性出让方式,根据产业周期,确定用地出让年限,鼓励租赁、先租后让、短期出让等方式,破解工业用地瓶颈。此外,一些企业希望创业初期能获得低租金的政策扶持,同时建议园区建设时预留小微企业发展用地,通过充分发挥集聚效应,在减轻租金、物流成本的同时,提高生产效益。

3. 加大技改投入,助力企业"机器换人"

加大企业技改投入,提高自动化程度,是企业破除用工成本高的有效之举。如台州市某纸箱厂是纸箱包装装潢制造企业,由于上游企业需求订单增加较多,企业改进工艺投入新设备,产品质量和效益提高较多,2017年主营业务收入比上年同期增长54.5%。各级政府应多方面支持优质小微企业更新改造技术设备,加快实施"机器换人"策略,提高产品的科技含量,提高劳动生产率,降低企业成本,不断提高产品市场竞争力。

(三)加强小企业文化建设,用温度破冰"用人留人难"

调研发现,越来越多的小微企业除通过传统的加工资、加大激励等方式以"待遇留人"外,也开始重视和加强企业文化建设,努力实现"用感情留人"。如湖州某食品公司为稳定用工,定期开展员工交流会,让员工更快融入本地的生活环境,防止因不适应本地生活而带来的人员流失。舟山市某食品有限公司在企业内部建立了困难员工互助基金,当员工遇到困难需要资金时,可以向企业提出申请。还有的企业通过微信等拉近与员工之间的距离,企业员工可以在微信群里直接反映问题和情况,对那些在过年过节加班的员工,企业老板还会通过微信红包等方式给予奖励。

第二章
浙江省部分行业中小企业发展状况

浙江省中小企业是浙江经济的主力军,在各经济领域展现出蓬勃的活力,是稳就业、稳金融、稳外贸、稳投资、稳预期的重要力量。量大面广的中小企业分布在各行各业中,本章将重点分析浙江省农产品加工业、钟表行业、服务业等行业中小企业的发展状况、存在问题并提出建议。

第一节　浙江省农产品加工龙头企业现状与建议

农产品加工企业连接着第一和第二产业,是构建现代农业产业体系的重要主体。为了解浙江农产品加工业发展现状及存在问题,研究人员于2018年4月抽选了部分农产品加工龙头企业开展走访调研。调研显示,浙江农产品加工龙头企业运营总体平稳、前景看好,大部分企业已建立了产品质量安全追溯体系,产品质量和品牌优势明显,但存在原料基地建设滞后、种养及工艺人才短缺、技术创新不足、综合竞争力不强等问题。

一、龙头企业重视优质优品,发展良好并促农民增收

本次调研共抽取53家农产品加工龙头企业,其中国家级农业龙头企业10家,省级33家,市级8家,县级2家。选取的农业龙头企业以代表本地特色的精制茶加工、坚果加工、水产品加工和黄酒制造等行业为主。

(一)龙头企业发展良好

1. 龙头企业盈利状况良好。2017年,53家农产品加工龙头企业户均资产3.1亿元,同比增长9.3%;户均主营业务收入和从业人员分别为2.4亿元和282人,同比基本持平;企业户均盈利1148.4万元,同比增长15.0%;盈利企业48家,盈利面90.6%。调查显示,当前浙江农产品加工龙头企业盈利状况良好,整体运营平稳健康。

2. 龙头企业看好发展前景。53家农产品加工龙头企业经营状况良好,产品销售价格稳中上升,对本行业和本企业发展前景总体持乐观态度。有32家企业认为经营状况"很好"或"较好",占60.3%;有17家认为一般,占32.1%;有4家认为不好,占7.6%。企业主要产品销售价格稳中有升,9家企业的产品价格上升,占17.0%;42家基本持平,占79.3%;仅2家下降。企业对于行业发展前景普遍持乐观态度,有30家企业认为前景乐观,占56.6%;18家持中立态度,占34.0%;仅5家企业认为不乐观,占9.4%。

(二)龙头企业产品质量和品牌优势明显

首先,龙头企业产品质量和品牌优势明显。调查显示,在本企业产品价格、质量、技术、品牌、销售、规模等多项竞争优势选项中,81.1%的企业认为自身具有质量竞争优势,64.2%的企业认为自身具有品牌竞争优势。这表明当前龙头企业的质量和品牌优势明显,并普遍把提高质量和塑造品牌作为提升企业竞争力的核心举措,并涌现出如冠军集团、舟山水产、开化龙顶、塔牌绍兴酒、青莲食品等品牌含金量高、消费者认知感强、市场占有率高的农产品加工著名品牌。被调研企业表示,通过对农产品本身的质量管控(比如生猪不使用抗生素、农作物优选等),实现产品质量优势,建立消费者良好口碑,同时通过品牌建设,形成良好的品牌形象(比如五芳斋、膳博士和桐香猪等),完成产品在市场中的中高端定位。

其次,近九成企业建立追溯体系护航产品质量。建立产品质量安全追溯体系,从原材料采购、筛选、加工、包装、仓储、运输到销售等各个环节建立相应质量安全控制和监督,有利于把控产品质量,提升品牌形象,拓宽销售渠道。53家企业中有46家企业已建立产品质量安全追溯体系,占86.8%,户均投入成本110.8万元。浙江天和食品有限公司反映,公司销售的任何一份菌类产品都能查找到其原材料的生产基地、种植时间、加工时间等一系列信息,企业对每一份产品质量都充满信心。但仍有13.2%的企业未建立产品质量安全追溯体系,主要原因是投入成本较大、技术不够成熟等。

(三)龙头企业联结基地和农户,促进农民就业和增收

农产品加工企业联结基地和农户,既稳定了原料来源又有利于原材料质量控制,同时解决了农民就业、促进农民增收和乡村发展等问题。在53家被调查企业中,有联结基地或农户的共49家,49家企业至2017年年末户均联结基地16个,户均联结农户6318户,同比分别增长5.7%和5.3%。农产品加工企业通过产业带动和自身用工需求,有效地解决了当地农村剩余劳动力就业问题,增加了农民收入。浙江五芳斋实业股份有限公司拥有2000多名职工,三分之一职工来自农村,有效实现了周边农民就业,吸引了部分外来劳动力定居农村成为新居民。衢州某水产食品科技开发有限公司主要从事鲟鱼鱼子酱及鱼肉加工,通过"基地+农户+标准化"的示范带动形式,以公司实地培训、技术输入、订单养殖、保护价收购、产业带动发展鲟鱼渔家乐的休闲渔业发展等措施,带动周边312户农户参与鲟鱼全产业链发展,辐射面积近1000亩,养殖鲟鱼近1200吨,周边农民增收达1600万元,取得了显著的社会效益和经济效益。

二、龙头企业生产经营中存在的主要困难

(一)土地之困

当前城镇化快速推进,可供开发的土地资源日渐稀缺。农产品加工业对土地资源的依赖性强,厂房扩建需要土地,基地的拓展也依赖土地资源,"用地紧""用地贵"制约企业发展。浙江某食品工业有限公司反映,用地紧张困扰企业发展,企业在江苏省徐州市拥有一家生产基地,用地成本低于当地,因而打算将生产全部搬迁至省外。台州某食品有限公司反映,企

业在 2018 年以 3000 万元高价买了附近一块 13 亩的工业用地,亩均价格为 230.77 万元,工业用地价格已远远超过国内其他大城市郊区的价格。另外,因产业兴起,部分村民惜地。永嘉县因铁皮石斛效益较好,当地农民惜地不愿出租,造成龙头企业基地难以进行规模化生产。

(二)用人之困

一是"人才缺"。懂农业知识,从事研发设计、质量管控、电商管理等熟练技能的实用型人才非常紧缺。一方面农产品加工行业所需人才高等院校培养不足,另一方面农产品加工龙头企业普遍位于郊区、乡镇,工作环境不佳,薪资水平不高,留不住人才。浙江某茶业有限公司反映,因茶艺师短缺,企业聘请兼职顾问通过电话等方式指导茶粉生产,在生产过程中遇到问题。二是"用工贵"。农产品加工龙头企业属劳动密集型行业,人工成本上涨带来很大压力。58.5% 的调研企业认为在企业经营成本中"人工成本上升较快",认同率最高。浙江老何农产品开发有限公司反映,人工成本每年都在提高,2017 年香榧青果采摘人工费达到每人每天 300 元,小工费每人每天 150 元。三是"效率低"。食品生产离不开手工操作,手工操作的效率容易遇到瓶颈。浙江五芳斋实业股份有限公司生产粽子,端午是销售旺季,但裹粽无法"机器换人",效率无法大幅提升。四是"季节性"。农产品加工季节性明显。桐乡新何保健品有限公司所需的原材料杭白菊主要是农户零散种植和自行采摘所得,如果企业进行规模化种植,采摘期出现会"招工难、用工贵"问题,企业难以承受。

(三)原料之困

农产品加工龙头企业对原料基地的依赖性非常强,受调研的龙头企业面临原材料收购供应不足和价格过高的双重压力。在回答"农产品原料是否能满足生产需求"的问题时,53家企业中有 25 家企业表示"不能满足",占 47.2%;23 家表示"基本满足",占 43.4%;只有 5 家企业表示"满足",占 9.4%。在回答"本地农产品原料收购存在的问题"时,35.8% 的企业认为"原料供应不足",认同率最高;其次为"原料价格过高",认同率为 30.9%。浙江联盟食品工业有限公司主要为国内大型企业(如娃哈哈、汇源、可口可乐等)提供果汁、果浆等半成品原料。企业负责人反映,台州黄岩蜜橘随着种植面积和产量的下滑,产品竞争力和影响力逐渐衰退,而临海的涌泉蜜橘由于价格太高不适合作为果汁或者罐头的原料。2017 年生产需要的原料仅 20% 源于本地,15% 源于省内其他地方,65% 的原料源于省外。浙江塔牌绍兴酒有限公司反映,目前黄酒生产用的原材料(主要是糯米和小麦)全部从安徽某国有农场采购,该农场有 5 万亩土地,其生产的粮食专供塔牌公司原料需求。由于公司采购需求量大,而本地的农田基本以个体经营为主,分散采购,产品质量得不到保障,食品安全无法保障,通过与安徽国有农场合作,能更为规范地采购到保质保量的原材料。

(四)技术之困

浙江农产品加工龙头企业在国内行业发展中不乏排头兵,技术创新也有优势,但对比国际同行,还是以规模和数量为主,企业产业链延伸不足,缺乏对新产品的开发能力,产品更新慢,产品附加值不高。受创新成本高、创新成果市场前景不确定、创新风险太大、创新实力和人才不足等因素影响,企业技术创新乏力。53 家企业中,有 37 家认为产品附加值低是企业发展劣势,认同率达69.8%。老何农产品开发公司反映,当前企业发展最大的瓶颈就是加工技术难以提升,机械化仅体现在炒制和包装的工序上,青果采摘、去皮和坚果去壳等工序仍然依靠人工操作。企业虽然与浙江农林大学、中国计量学院等高等院校合作研发机械设备,但开发情况仍不太理想。又如浙江是茶叶生产大省,但与国际茶品牌相比,茶叶的综合利用率低、固守传统、缺少关键的技术和创新,很难与国际上的品牌茶叶争夺国际市场。

(五)税费之困

农产品加工企业享有税收优惠政策,如农产品初加工企业可免征企业所得税,但仍有企业反映税费负担过重,需要完善补贴政策。53家企业中有28家认为"政府扶持力度不够",认同率达52.8%;有25家认为"迫切需要解决费用过高问题",认同率达47.2%。企业希望得到更多的税收优惠。舟山某食品有限公司反映,现在企业每年缴纳40多万元的土地税和房产税,2018年预计缴纳的增值税达到200万元,税负较大;也有企业提到希望政府对环保改造、项目研发的补助能及时到位。部分企业反映,产品销售费用居高不下,流通环节费用过多过杂。浙江某茶业有限公司从事精致绿茶、花茶、养生茶加工,产品主要通过大润发、欧尚、乐购等大型连锁超市设专柜的方式销售,全国经销点超过600家,一个经销点每年需要支付超市场租费2-3万元,2017年企业场租费用约占主营业务收入14.5%。此外,超市搞大型促销等活动还会不定时收取几百到几千元的海报制作费、广告费等费用。

三、几点建议

(一)加大对龙头企业的政策支撑力度

一是加大对企业在融资、税收、补贴等方面的扶持力度,规范发放各种龙头名号、名牌产品等名头的补贴,重点加大对具体项目的补贴力度,包括技术改造、人才引进、技术创新等。二是净化市场环境,促进龙头企业健康发展。加大假冒伪劣产品打击力度,支持企业提升产品质量、强化身份识别、创建知名品牌。通过政府协助建立商会、合作社等方式,加强行业自律,坚决打击生产假冒伪劣产品、以次充好的不法企业和业主。三是帮助企业留住人才。在重视搭建"用工"服务平台的基础上,完善外来员工公共服务政策,解决外来员工就医、子女就学等问题,帮助企业"留住人"。

(二)加快推进龙头企业核心技术转型升级

鼓励企业加大研发力度,提高产品技术含量、提升产品质量,引导农产品加工业向精深加工和综合利用方向发展,拉长产业链和产品链,提高产品附加值。推动机器设备升级,提升加工工艺和技艺。强化人才培养,开展加工行业人才培训,加快培育一批创新领军人才、创新团队和技能人才。推动"产学研"联结,构建技术创新平台,解决共性技术问题。加快建设农产品深加工,如针对柑橘深加工产品转向囊胞、果胶、柠檬苦素医药产品上,将柑橘加工业从初加工向深加工、精加工转型,从传统农业向生物医药产品转型,做成具有特色的生物科技产业。

（三）加快完善"公司+基地+农户"联结机制

加快完善"公司+基地+农户"联结机制,让农户和公司的利益更紧密地联系在一起,使双方在劳力、基地、资金、技术等方面实现优势互补。可从以下几方面探索:首先是发展订单农业,规范合同,引导企业与农户形成相对稳定的购销关系;其次应鼓励企业开展定向投入、定向服务等方式,为农户提供技术、信息、农资等多种服务;再次是探索更有效的利益联结机制,可以尝试租赁、托管、二次返利和股份合作、多方合作等方式,帮助农户提高抗避风险的能力,引导农户有效地适应市场,突破一家一户分散经营的局限性和农业生产的不稳定性。

第二节　浙江省钟表业发展现状与建议

钟表业是高精密机械与信息技术相结合的先进制造业,长期服务于高端装备制造、航空航天等重要领域,业内有"钟表强则精密制造强"之说。同时,钟表兼具时尚特征和文化内涵,是品牌价值尤为凸显的特殊消费品。发展钟表业,对带动精密制造发展、加快品牌强省建设、扩大文化时尚消费具有重要意义。

一、浙江钟表业现状:省内规模较小,浙商在省外创造的产值远高于省内

（一）省内钟表业发展迅速,但规模依然偏小

改革开放40年来,浙江省钟表业发展迅速,成为全国乃至世界钟表整表和零部件的重要供应地之一。产品种类丰富、性价比高,钟表设计、配件和机芯生产能力居全国前列。据中国钟表协会统计,2017年底,浙江省有钟表生产企业100多家,年产值约50亿元;流通企业200多家,年销售额100多亿元。借助互联网发展优势,浙江省已成为钟表产品电子商务交易中心。杭州手表公司等企业具备批量生产陀飞轮、超薄型、计时码表等复杂机械手表的能力,产品技术、性能、稳定性等接近瑞士、德国水平。但总体来看,浙江省钟表业规模偏小,据国家统计局数据,2017年全国钟表业规模以上企业主营业务收入433.3亿元,浙江省钟表业规上企业产值10亿元,仅占全国2.3%。

（二）省外浙商发展好,产值规模远高于省内

受多种因素影响,浙江省不少企业往广东、瑞士等地发展,省外发展势头较好。据中国中小商业企业协会钟表商会估算,仅在深圳的浙商钟表企业年产值约240亿元,是浙江省钟表业产值的近5倍,其中,浙商创立的全国著名钟表品牌中,格雅、雷诺、保时捷、古尊等均在广东。同时,新光集团、杭州正驰达公司等企业通过参股或成立公司等形式在瑞士设立企业,注册了几十个钟表品牌,且发展较好。瑞士著名钟表品牌英格纳即为宁波李惠立家族控股。国内唯一中高端钟表品牌万希泉的掌门人为杭州商人。

二、与深圳相比,浙江钟表业发展差距明显

(一)从规模品牌看,深圳钟表业发展水平较高

浙江省钟表产业规模偏小,尚没有名气较大的钟表品牌。杭州手表公司以生产机械机芯和零配件为主;义乌等地企业生产的礼品表等则以低端为主。而深圳是我国钟表企业最主要聚集地,2016年其产值就超过600亿元,占据全国钟表业半壁江山。"深圳制造"钟表有自主品牌100多个,占国产品牌的60%以上;全国钟表业中国驰名商标有8个在深圳,其中3个为浙商品牌;中国钟表10强企业有6家在深圳;参加全球顶级专业钟表展的"中国军团"有80%来自深圳。深圳飞亚达更是以自有品牌开辟了欧洲32个国家市场。

(二)从技术水平看,深圳钟表业创新能力较强

浙江省缺乏高品质钟表研发团队,无高等院校承担钟表设计研发,企业自主研发能力较弱,产品迭代升级步伐较慢。而深圳得益于科技创新环境和政策支持,钟表业创新能力和科技含量不断增强,汇集了众多钟表业人才,在研发设计上领先一步,且利用在时尚钟表领域的优势,大举进军智能穿戴行业,尤其专注于精密制造企业,创新设计层出不穷,与互联网深度融合,助推钟表业向价值链高端迈进。2016年,深圳智能穿戴产品产值200亿元,占钟表产值的三分之一。

(三)从政策支持看,深圳钟表业被列为重点产业

浙江省钟表业产值体量小,技术水平低,未引起各级政府重视关注,支持钟表业发展的政策极少。而深圳将钟表业作为战略性、时尚新兴产业重点打造,制定出台了一系列产业政策,建立"产业推广、技术创新、信息研究"3大体系21个服务平台支撑体系,将钟表产业集聚基地作为九大先进制造业基地之一,打造"中国时间谷",是商务部确认的首批两个"国家转型升级示范基地"之一。2011年开始,深圳每年举办"中国·钟表文化周",助力钟表品牌走出国门。

(四)从产业集聚看,深圳钟表业形成了完整产业链

浙江省钟表业主要集中杭州、义乌等地,2014年临安被中国轻工业联合会和中国钟表协会授予"中国钟表配件之乡"。但总体看,钟表企业分布较为分散,未能形成完整的产业链,无法发挥产业集聚效应。而深圳以钟表产业集聚基地为依托,已经形成了覆盖精密加工设备制造、机芯、表壳、表盘、表带、芯片、电路板等研发设计、加工制造、试制检测等内容的完整产业链,成为全球主要钟表品牌的生产和配套基地,吸引了众多国内外知名品牌和企业落户。

(五)从行业组织看,深圳钟表业协会作用较大

浙江省钟表行业协会建设薄弱,近年来,中国中小商业企业协会钟表商会已连续5年举办国际钟表珠宝商业大会,但影响力偏弱。而深圳钟表业协会在产业园区建设、公共服务平台搭建等方面发挥了重要作用,连续主办28届中国(深圳)国际钟表展览会,在国际国内影响力巨大;制定《深圳市钟表行业知识产权规范公约》,规范企业经营,参与国际竞争。

三、推进浙江钟表业高质量发展建议

（一）着力增强创新能力，加快转型升级

钟表业技术与时尚兼具，在当前互联网快速发展、居民消费升级的大背景下，浙江省钟表业必须加强技术创新、品牌设计和研发投入，依托文化创意和高校平台，建设高水平研发设计中心，满足消费升级需求，提供多样化、个性化、时尚化产品。推动钟表与老字号、非遗技艺、旅游资源有机结合，开发"艺术+钟表""文化+钟表"产品，弘扬优秀文化。推动"电商平台+钟表制造"，拓展销售渠道。积极融入全球钟表供应链体系，借助"一带一路"契机，生产具有异域文化的特色产品，抢占中高端特色钟表市场。

（二）着力打造工匠精神，提升技术含量

2016年，李克强总理在政府工作报告中提出要"培育精益求精的工匠精神"。党的十九大报告中提出要"建设知识型、技能型、创新型劳动者大军，弘扬劳模精神和工匠精神，营造精益求精的敬业风气"。钟表业是最能体现工匠精神的行业，浙江省钟表行业要借鉴世界钟表强国和知名企业质量控制方法，以质取胜，树立工匠精神标杆，重视工匠精神打造；要强化职业教育建设，提高高级技能人才待遇，开展设计大师、制作大师评选，在全社会树立尊重技艺、崇尚工匠的良好氛围。

（三）着力发展创业平台，推进协同发展

习近平主席在两院院士大会上指出："要通过补短板、挖潜力、增优势，促进资源要素高效流动和资源优化配置，推动产业链再造和价值链提升。"浙江省钟表业要以临安钟表配件产业为依托，深度挖掘资源禀赋，鼓励有条件的地区以钟表为特色，打造集文化旅游、生产制造、购物消费于一体的"钟表小镇"。着力发展创业平台，推进产业链招商，吸引钟表产业链上下游企业入驻，引进高端、核心制造环节和知名钟表品牌及机芯企业，打造高水平精密制造产业集群。

（四）着力改善营商环境，有效利用资源

钟表业是高端制造和数字创意产业的重要组成，与现代轨道交通、智能装备制造、信息产业密切关联。各级政府要高度重视，聚合各种资源，在政策上予以支持，为机械、智能腕表和高端装备制造提升奠定基础。目前众多浙商钟表企业有回浙创业的意愿，要积极创造条件，吸引其回浙创建高品质品牌。要充分利用与瑞士汝拉州建立的友好关系，建立钟表产业合作机制，引进精密装备企业，提升钟表制造水平。要加大对中国（杭州）国际钟表珠宝展会的支持力度，强化品牌推介宣传，进一步扩大影响力。

第三节　浙江省服务业经济发展概况

2017年，浙江坚持稳中求进工作主基调，积极推动供给侧结构性改革，全面推进"最多跑一次"改革，转型升级系列组合拳效应进一步显现，形成动力转换、结构优化、质量提升的良

好局面。本书开展的采购经理调查结果显示,2017年浙江省服务业经济延续了2016年下半年以来较快增长的走势,服务业商务活动全年保持扩张态势,市场需求趋稳回升,物流、金融、信息等生产性服务业领先发展,居民服务、零售、住宿餐饮等生活性服务业稳定增长,为全省经济整体向好提供了重要动力。

一、服务业商务活动指数全年保持扩张态势

2017年,浙江省服务业商务活动指数12个月均高于50%,全年保持扩张态势;均值为53.7%,比上年高2.0%,比全国高0.2%,服务业经济表现不俗,如图2-1所示。

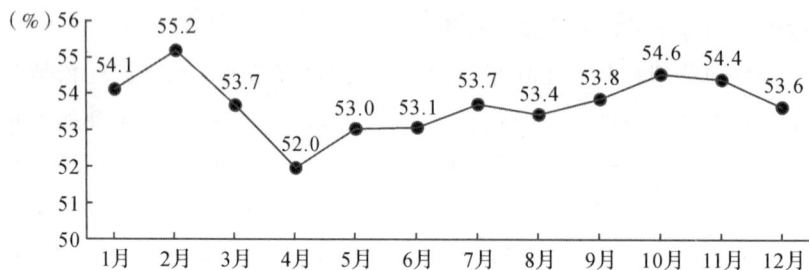

图2-1　2017年各月浙江省服务业商务活动指数

2017年各月的商务活动指数显示,服务业经济全年走势较为平稳,最高点是2月份的55.2%,最低点是4月份的52.0%。从各月连续走势看,自2016年下半年以来,该指数已经连续18个月运行在52%以上。分季度看,2017年4个季度商务活动指数均值分别为54.3%、52.7%、53.7%和54.2%,第一季度和第四季度因受春节、"十一黄金周"、全球"双11"狂欢节、"双12"促销以及年末各类促销活动等因素影响,服务业相对更景气。

二、服务业经济运行特点

(一)市场需求回暖走势得以延续

2017年服务业新订单指数均值为51.4%,比上年均值(49.8%)提高1.6%,回升到临界点上方。分月走势看,1-2月趋升,创出年内高点53.3%,3-4月趋降,创出年内低点49.1%,5月份回升至临界点附近,6月份再次回升至51.9%,进入扩张区间。下半年该指数一直保持在51.5%和52.7%之间的扩张区间,表明服务业市场需求回暖走势得以延续,如图2-2所示。

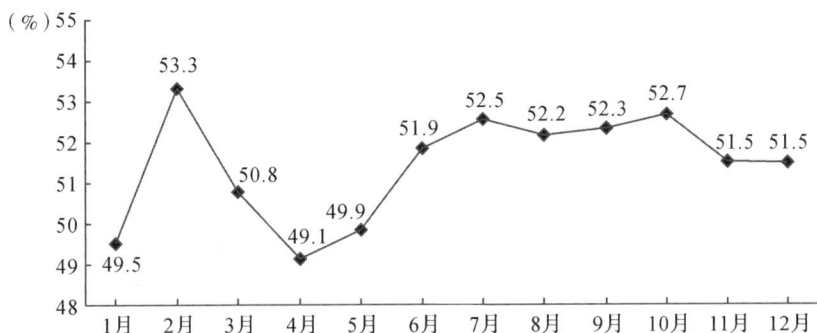

图2-2　2017年各月浙江省服务业新订单指数

（二）用工持续收缩态势有所减缓

2017年，服务业从业人员指数均值为50.0%，处于临界点，比上年均值49.6%提高0.4%，收缩程度有所放缓。分月走势看，最高为7月的51.4%，主要是受到了7月份大学毕业生集中入职的提振；最低为10月的48.5%，全年有5个月处于扩张区间；其余月份均在临界点下方。服务业企业从业人员指数持续收缩，反映了近年来在劳动力成本不断上涨、管理和技术逐渐进步的情况下，企业主动缩减成本、压缩用工的状况。如图2-3所示。

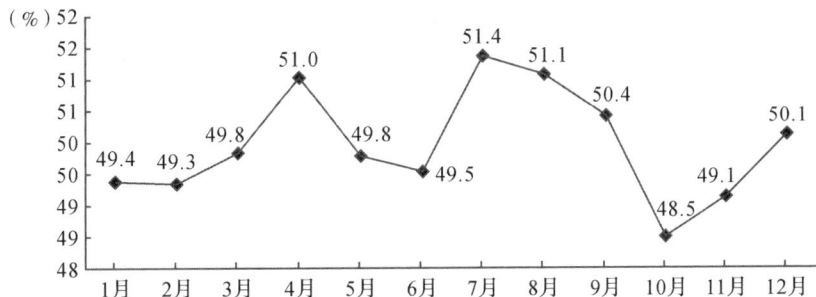

图2-3　2017年各月服务业从业人员指数

（三）供过于求市场格局未有改观

2017年服务业投入品价格指数均值为52.8%，比2015年和2016年分别提高2.9和0.9%，呈逐年上升走势。分月走势看，全年起伏较大，该指数自1月份高点55.6%起，逐月走低，至6月份回落至全年的最低点51.0%；7月份后又逐步走高，9月份达到下半年高点54.2%，随后徘徊在53%上下，到12月份略微回落至52.5%。

2017年服务业销售价格指数均值为50.7%，已经处于临界点之上，而2015年和2016年分别为47.1%和49.9%，均处于收缩区间。分月看，上半年波动较大，高点为2月份的51.6%，低点为3月份的48.0%，4-6月在49.6%-50%之间窄幅波动，下半年则上了一个台阶，在51.2%-51.8%之间波动。

2015-2017年,两大指数均值的"剪刀差"分别为2.8%、2.0%和2.1%,这表明服务业企业成本价格涨幅持续大于销售价格涨幅,服务业市场总体供过于求的格局没有改观。如图2-4所示。

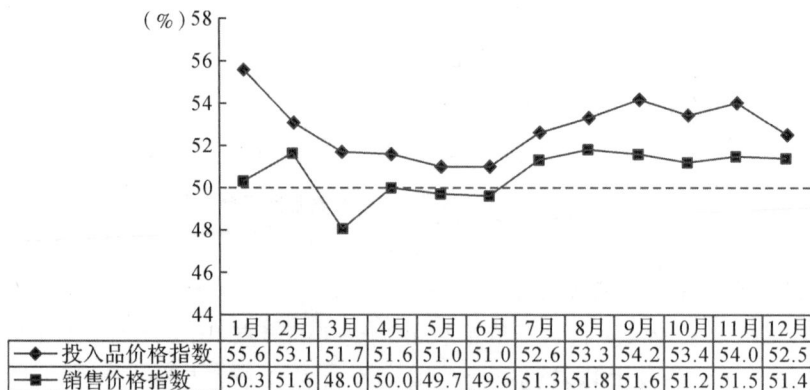

	1月	2月	3月	4月	5月	6月	7月	8月	9月	10月	11月	12月
◆投入品价格指数	55.6	53.1	51.7	51.6	51.0	51.0	52.6	53.3	54.2	53.4	54.0	52.5
■销售价格指数	50.3	51.6	48.0	50.0	49.7	49.6	51.3	51.8	51.6	51.2	51.5	51.4

图2-4 2017年各月服务业投入品价格和销售价格指数

(四)七大行业门类中唯有房地产业商务活动指数均值处于收缩区间

服务业内部七大主要行业门类中,2017年商务活动指数均值处于扩张区间的6个行业为信息传输、软件和信息技术服务业,金融业,交通运输、仓储和邮政业,社会服务业,住宿和餐饮业,批发和零售业,唯一处于收缩区间的是房地产业。

250余次密集调整,100多个城市出台房产限购政策,2017年的中国房地产市场经历了最严厉的政策调控。浙江也坚决贯彻中央关于"房子是用来住的,不是用来炒的"的定位,积极推进房地产市场综合调控。受此影响,2017年以来全省商品房销售面积增幅呈现不断回落的运行态势,全年同比增幅11.1%,比2016年回落33.2%。2017年房地产业商务活动指数除8月份(51.9%)外,其余11个月均处于收缩区间;全年均值为47.0%,也处于收缩区间。

(五)生产性服务业助推制造业经济扩张

2015-2017年,生产性服务业商务活动指数均值分别为52.3%、53.5%和55.9%,均保持在扩张区间,且均值逐年上升,上升幅度逐年提高;与整体服务业商务活动指数三年均值相比,分别高出0.5%、1.8%和2.2%;与制造业PMI三年均值相比,分别高出1.9%、2.3%和3.0%,这表明生产性服务业对整体服务业的贡献逐年加大,助推制造业经济扩张动能不断释放。如图2-5所示。

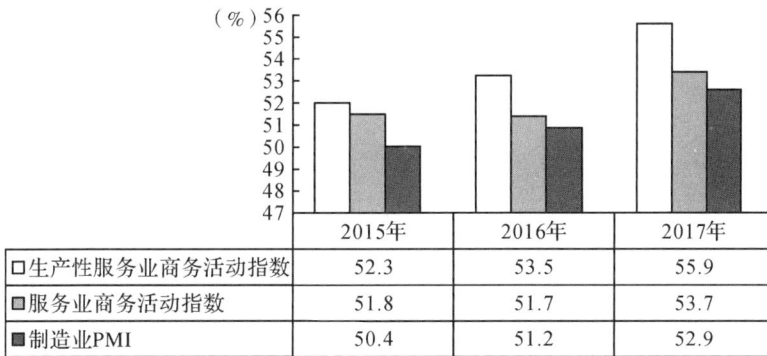

	2015年	2016年	2017年
□生产性服务业商务活动指数	52.3	53.5	55.9
▨服务业商务活动指数	51.8	51.7	53.7
■制造业PMI	50.4	51.2	52.9

图2-5　2015-2017年生产性服务业商务活动指数等均值

　　细分行业大类看,2017年,支撑实体经济发展的主要行业物流业、金融业、信息服务业和商务服务业,都比前几年有更好的发展,有力地促进了制造业的扩张,如表2-1所示。

表2-1　2015-2017年构成生产性服务业的主要行业商务活动指数均值

(单位:%)

主要行业类别	2015年	2016年	2017年
物流业	56.5	55.8	58.0
金融业	57.8	52.9	58.6
货币金融服务业	57.7	53.4	60.0
资本市场服务业	51.0	33.3	46.8
保险业	57.7	60.1	55.1
信息服务业	58.1	55.3	59.6
电信、广播电视和卫星传输服务业	59.3	55.6	59.4
互联网和相关服务/软件和信息技术服务业	56.7	54.9	59.0
商务服务业	50.4	51.9	52.0

　　物流业作为国民经济的动脉系统,连接经济的各个部门并使之成为一个有机的整体。2015-2017年,物流业商务活动指数均值分别为56.5%、55.8%和58.0%,均处于快速扩张区间。物流业的快速发展和优质服务大大降低了物品流转时间,促进了生产环节的相互衔接,减少了库存量,加速了流动资金周转,使得制造业有更多的精力、物力和财力发展核心业务,提高竞争力。

　　金融业在国民经济中处于牵一发而动全身的地位,具有优化资源配置和调节、反映、监督经济的作用。2015-2017年,金融业商务活动指数均值分别为57.8%、52.9%和58.6%,其中,货币金融服务业商务活动指数三年均值分别达57.7%、53.4%和60.0%,保险业商务活动指数三年均值分别达57.7%、60.1%和55.1%,成为金融业不断扩张的两大支柱力量。资本市场服务业商务活动指数由2015年的扩张区间跌入2016年和2017年的收缩区间,拖了金融业扩张的后腿。

信息服务业是连接信息设备制造业和信息用户之间的中间产业,对生产与消费的带动作用大,主要包括信息传输服务业、IT服务业(信息技术服务业)和信息资源产业。2015-2017年,信息服务业商务活动指数均值分别达58.1%、55.3%和59.6%,是服务业七大行业门类中扩张速度最快的行业。其中,电信、广播电视和卫星传输服务业商务活动指数三年均值分别达59.3%、55.6%和59.4%,互联网和相关服务/软件和信息技术服务业商务活动指数三年均值分别达56.7%、54.9%和59.0%,两者齐头并进。

商务服务业包括企业管理服务、法律服务、咨询与调查、广告业、职业中介服务等行业,不仅在引导生产、促进消费等方面效果显著,而且对于促进商品流通与服务交换有着很大的"乘数效应"。2015-2017年,商务服务业商务活动指数均值分别为50.4%、51.9%和52.0%,逐年上升,有力地促进了制造业经济的发展。

(六)生活性服务业保障民生功不可没

2015-2017年,生活性服务业商务活动指数均值分别为50.4%、50.7%和54.2%,与整体服务业商务活动指数相比,2015年、2016年分别降低1.4个百分点和1.0个百分点,2017年则提高了0.5%,发展势头喜人,在浙江服务业经济"稳增长、扩内需、促就业、惠民生"的发展进程中功不可没,如图2-6所示。

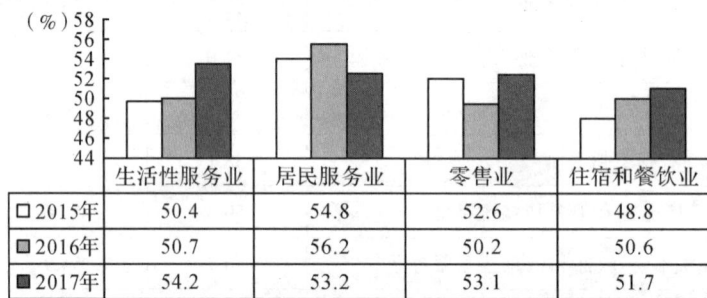

(%)	生活性服务业	居民服务业	零售业	住宿和餐饮业
□2015年	50.4	54.8	52.6	48.8
▨2016年	50.7	56.2	50.2	50.6
■2017年	54.2	53.2	53.1	51.7

图2-6 2015-2017年生活性服务业及其主要行业商务活动指数均值

细分行业大类看,与居民日常生活密切相关的行业发展良好:

居民服务业商务活动指数2015-2017年均值分别为54.8%、56.2%和53.2%,2016年快速增长,2015年、2017年较快速增长,是生活性服务业中发展最好的行业大类。

零售业占据着居民日常消费的主要份额,商务活动指数三年均值分别为52.6%、50.5%和53.1%,2017年经营形势最好。近年零售业处于从传统实体店向网络零售、连锁便利店等新业态的转型中,零售业的整体发展,在直接满足居民消费升级需要的同时,也有力地拉动了制造业中消费品行业的发展。

住宿和餐饮业商务活动指数2013-2017年均值分别为44.8%、46.6%、48.8%、50.6%和

51.7%,前3年均值处于收缩区间,2016年均值升至临界点上方,2017年走势更好,表明该行业经历几年调整后,已经逐步走出低谷,持续稳定发展。

三、服务业企业经营的主要困难

调查数据显示,当前浙江服务业企业经营发展面临的主要困难是"劳动力成本上涨""市场需求不足""资金紧张"和"原材料价格上涨",其中,2017年"劳动力成本上涨""原材料价格上涨"这两大困难比上年有所加剧。从服务业内部7个行业门类看,住宿和餐饮业,交通运输、仓储和邮政业,批发和零售业,社会服务业这4个行业的困难较大,信息传输、软件和信息技术服务业,房地产业这2个行业的困难一般,金融业的困难相对较小,如表2-2所示。

表2-2 2016、2017年服务业及其七大行业门类主要困难认同率均值

(单位:%)

行业	年份	劳动力成本上涨	市场需求不足	资金紧张	原材料价格上涨
服务业	2017	39.5	38.1	28.1	19.0
	2016	37.6	44.2	32.0	15.9
批发和零售业	2017	35.6	47.8	32.1	24.2
	2016	35.7	53.6	35.9	19.7
交通运输、仓储和邮政业	2017	55.3	36.8	33.9	16.8
	2016	50.4	38.5	33.8	10.5
住宿和餐饮业	2017	65.5	45.8	22.1	40.0
	2016	55.9	55.4	30.2	35.5
信息传输、软件和信息术服务业	2017	39.2	30.9	17.4	9.7
	2016	39.3	29.8	13.3	9.4
金融业	2017	20.4	22.2	22.9	6.8
	2016	14.6	29.6	16.3	5.4
房地产业	2017	33.9	33.0	33.5	14.8
	2016	24.8	48.6	47.3	11.4
社会服务业	2017	44.7	36.2	27.0	16.1
	2016	47.1	33.3	27.0	16.2

（一）劳动力成本上涨，且呈加剧态势

2017年，服务业企业"劳动力成本上涨"以39.5%的认同率均值居企业反映的四大困难之首，比上年上升1.9个百分点，说明困难的波及面有所扩大。其中，住宿和餐饮业，交通运输、仓储和邮政业，社会服务业这3个行业门类受影响较大，认同率均值分别达65.5%、55.3%和44.7%，与上年相比，前两者分别提高了9.6个百分点和4.9个百分点，后者则下降了2.4个百分点。

（二）市场需求不足，但矛盾有所缓解

2017年，服务业"市场需求不足"的认同率均值为38.1%，比上年下降6.1个百分点，影响面有所缩小。近5年来，该问题认同率从2013年的42.1%逐步上升到2014年的44.5%和2015年的44.7%，2016年下降至44.2%，显示了近年来新产业、新业态、新商业模式兴起，并通过行业结构调整优化、企业优胜劣汰带动了服务业市场需求的逐步回暖。其中，批发和零售业、住宿和餐饮业这2个行业"市场需求不足"的困难较大，认同率均值分别达47.8%和45.8%，但与上年相比，仍分别下降了5.8个百分点和9.6个百分点。

（三）资金仍然紧张，但程度逐年缓解

2013-2017年，服务业企业"资金紧张"的认同率均值分别为33.0%、35.5%、34.7%、32.0%和28.1%，在2014年达到高点后，近3年呈逐年下降走势。这表明当前服务业企业资金紧张状况有所缓解，影响面缩小。分行业门类看，交通运输、仓储和邮政业，房地产业，批发和零售业这3个行业影响面相对较大，认同率均值分别为33.9%、33.5%和32.1%，与上年相比，前者提高了0.1个百分点，后两者则分别下降了13.8个百分点和3.8个百分点。

（四）原材料价格持续上涨，波及面有所扩大

从2015年以来，服务业企业"原材料价格上涨"的认同率逐年提高，从14.7%提高到2016年的15.9%、2017年的19.0%，这说明近年制造业领域中原材料的涨价因素已有部分传导到服务业领域，加大了服务业企业成本压力。其中，住宿和餐饮业、批发和零售业这2个行业影响较大，认同率均值分别达40.0%和24.2%，与上年相比均提高了4.5个百分点。

四、服务业企业对未来经营发展有信心

目前，我国服务业占比虽然已超过50%，但与发达国家70%以上的占比仍有较大差距，发展前景非常广阔。全面小康建设进入决胜期，城镇化步伐加快，居民收入增加，消费结构升级，都会在消费端产生强大的刚性需求，这都将是我国服务业乃至国民经济增长的强大推动力；现代信息技术的广泛应用，推动产业融合发展，都会在供给侧和需求侧创造新的供给和新的需求；电信消费、金融服务业、商务服务业等现代服务业仍将是服务业快速发展的突出亮点。各种积极有利因素将促使我国服务业在未来一段时期继续保持稳定较快的发展。因此，服务业企业对未来经营发展表现出较强的信心，2017年浙江服务业业务活动预期指数均值达到58.9%，处于较强景气区间，比上年提高1.0%；其中，业务预期指数均值处于强景气区间的是信息传输、软件和信息技术服务业，金融业，分别达65.8%和65.3%，比上年均值分

别提高了 0.4 个百分点和 3.3 个百分点,如图 2-7 所示。

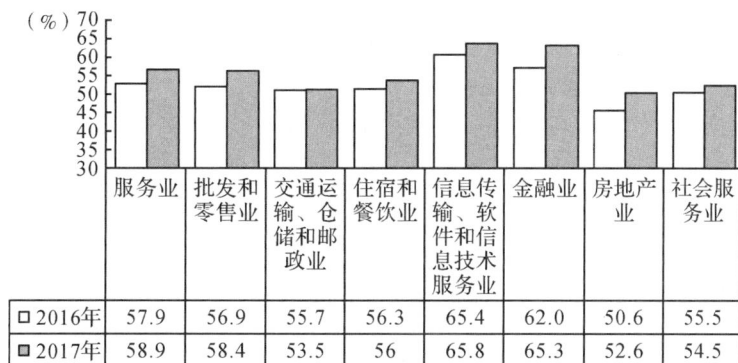

（%）	服务业	批发和零售业	交通运输、仓储和邮政业	住宿和餐饮业	信息传输、软件和信息技术服务业	金融业	房地产业	社会服务业
2016年	57.9	56.9	55.7	56.3	65.4	62.0	50.6	55.5
2017年	58.9	58.4	53.5	56	65.8	65.3	52.6	54.5

图 2-7　2016、2017 年服务业及其七大行业业务活动预期指数均值

第四节　浙江省服务业小微企业创新研究

创新一直是当今时代最为鲜明的主题。多年来,浙江始终以创新驱动发展,大力推进创新强省建设。浙江规模以下服务业虽然经济总量不大,但数量庞大,且增长后劲足,在全省经济发展中的作用和地位越来越不容小觑。船小好掉头,小微企业在创新大潮中有先天优势,也有后天诉求。本节通过对浙江省服务业小微企业发展与创新情况的分析,对比不同地区、行业之间创新特点,深入分析制约创新发展的问题,并提出对策和建议,为推进小微企业创新发展提供参考。

一、浙江省服务业小微企业的基本情况

近年来,浙江服务业小微企业呈现"一快两稳"的发展局面,在浙江经济社会发展中的贡献不可小觑。

（一）企业数量快速增长

浙江省在实施《小微企业三年成长计划(2015-2017)》的背景下,深入推进"放管服"各项工作,加快商事制度改革,取消非行政许可审批,不断优化企业生存环境,拓宽发展空间。截至 2017 年 6 月,全省服务业小微企业数量增长到 27 万家,是 2013 年的 1.8 倍,年均增速 18%,其中 2017 年 6 月企业数较上年同期增长 29%,企业数量增长势头强劲。

从企业分布来看,杭州(40.6%)、宁波(16.3%)和温州(10.1%)三地集中了超过全省三分之二的服务业小微企业。这些数据表明企业分布呈现大城市聚集效应,但发展相对滞后地区的服务业小微企业数量增长仍是当地经济领域的重要补充。衢州、嘉兴和湖州等地企业数同比增速都在 38% 以上,远高于全省平均增速。发展相对滞后地区服务业大中型企业比较缺乏,服务业小微企业成为这些地区第三产业中重要的力量之一。

（二）企业经营稳中向好

2015年至2017年上半年的数据显示，样本企业户均资产持续增长，分别是11.7%、10.5%和7.2%。户均营收稳中向好，受宏观经济影响，2015年同比略降2.3%，2016年同比增长5.7%，2017年上半年同比增长10.9%。

从分市情况来看，以2016年数据为例，除湖州、绍兴外，其余9个地级市均实现了增长，其中杭州、衢州和舟山这3个地级市增速超过了平均水平。在11个地级市中，杭州的样本企业户均营业收入增速最快，为18.9%。

二、浙江省创新型服务业小微企业分布情况

（一）有创新活动的服务业小微企业比重不高

通过对规下服务业样本企业2017年一季度抽样调查数据分析，在3731家规模以下样本企业中，开展过各类创新活动的企业有728家，占19.5%，跟发达国家的数据相比明显偏低。

在728家有创新活动的企业中，27.9%的企业综合经营状况良好，61.8%的企业综合经营状况一般，仅10.3%的企业反映综合经营状况不佳。从扶持政策受惠覆盖情况看，66.1%的企业享受了税收优惠政策，其中一成企业享受了免税政策。

（二）服务产品创新是最主要的创新领域

产品（服务）创新、管理创新、营销创新是服务业小微企业在实施创新活动中的主要着力点。调查反映，服务业小微企业往往在多个领域开展创新活动。其中向市场推出全新的或有重大改进的产品或服务的企业最多，占45.2%；紧随其后的是实现了全新的组织管理模式或组织结构的企业，占42.6%；实施了全新的营销渠道、促销方式、产品包装或定价方法的企业数排第三，占37%；此外，还有18.7%的企业采用了全新的或有重大改进的生产工艺、技术手段，2.3%的企业进行了其他创新活动。

企业将创新的着力点聚焦在产品（服务）、管理、营销三个方面，说明服务业小微企业在经营中能有效地对市场变化和客户需求及时回应并进行动态调整。

（三）企业发展阶段与创新参与程度呈明显的相关性

通过对2017年一季度规模以下服务业抽样调查数据的分析，我们发现，处于创业阶段的服务业小微企业中，23%的企业有创新活动，其中54.8%的企业向市场推出了全新的或有重大改进的产品或服务，47%的企业实施了全新的营销渠道、促销方式、产品包装或定价方法；处于发展阶段的创新企业占比为22.4%，其中46%的企业实现了全新的组织管理模式或组织结构，43.3%的企业向市场推出了全新的或有重大改进的产品或服务；而处于成熟阶段的创新企业占比仅为12%，其中45.8%的企业向市场推出了全新的或有重大改进的产品或服务。数据体现的创新参与度及参与面反映了服务业小微企业在创立初期往往会有较强的创新意愿，受到的创新制约因素相对较少，且不少企业发家于产品（服务）创新。随着企业发展壮大，企业更注重管理模式的创新。

三、创新型服务业小微企业的两大重点

在全省的服务业小微企业中,杭州地区的企业和新兴行业的科技型企业是创新企业中的重点和亮点。深入分析这两大创新重点,对于进一步洞察全省服务业小微企业的创新情况具有重要意义。

(一)杭州地区是浙江企业创新发展的主力

第一,杭州服务业小微企业有创新活动的比例最高。杭州是全国15个小微企业创业创新基地示范城市之一,小微企业一直保持良好的创新发展势头。从创新活动比重看,杭州服务业小微企业有创新活动的比例最高,为23.9%,超过全省平均水平4.4%。此外,衢州(23.5%)、丽水(22.2%)、绍兴(21.3%)、宁波(20.4%)、舟山(19.9%)、湖州(19.7%)等地有创新活动的企业数比重超过全省平均水平。从数量来看,杭州拥有创新型企业226家,占全省31%,比第二名宁波市多114家。而温州等其他9个地级市创新企业数均少于70家。

第二,杭州市有创新活动的服务业小微企业中,高新技术企业较多。按照国家有关认定,在有创新活动的服务业小微企业中,杭州市有27.3%的被调查企业属于高新技术企业,分别比同期参与调查的宁波、温州高6.7%和23.3%。从注册地看,杭州市有28.9%的被调查企业注册在高新技术产业开发区,比重较同期参与调查的宁波、温州两地略高。

第三,技术创新是创新活动的主流。杭州市的创新型服务业小微企业中,有15.2%的企业有产品或工艺创新,14.4%的企业有组织或营销创新。而同期参与调查的宁波、温州两市的企业在创新方面都是组织或营销创新企业多于产品或工艺创新企业。可以认为,在目标群体中,杭州地区的技术型企业的比重更高。

第四,创新发展规划意识超前。杭州市有创新活动的企业中,约占96%的企业有创新发展规划,比宁波高2%,与温州相当。但规划的侧重不同,杭州地区的企业创新发展规划主要体现在开发新产品(服务)上,93.4%的企业在开发新产品上有规划,比宁波、温州分别高19.2%和45.4%。而在"获取新技术"方面,杭州企业有规划的比重(58.7%)同宁波相当,比温州高6.7%;在"引进新设备"方面,杭州企业有规划的比重(43.8%)比宁波(36.3%)高,比温州(52%)低。此外,杭州企业在"涉足新的行业或领域"方面有规划的比重达50.4%,分别比宁波、温州高出9.5%和10.4%。从"开发新产品""涉足新的行业或领域"两项规划的企业认同度可见,杭州服务业小微企业创新意愿明显强于宁波、温州。

第五,创新相关政策覆盖面广。公开资料显示,近年来杭州市先后出台《杭州市小微企业创业创新基地城市示范工作方案》《杭州市小微企业创业创新基地城市示范竞争性资金管理办法(试行)》以及《杭州市小微企业创业创新基地城市示范服务券和活动券管理办法(试行)》,扎实推进小微企业创业创新基地城市示范工作。调查表明,66.9%的企业享受了创新相关政策优惠,其中超过一半的企业享受了税费减免。

(二)科技型企业是服务业小微企业创新领域的龙头

第一,不同行业间企业创新活跃度差距明显。创新型服务业小微企业主要集中在新兴

产业、科技型产业上,信息服务业和科教文卫服务业创新参与程度高。数据显示,信息传输、软件和信息技术服务业中31.7%的企业开展了创新活动,位居被调查的10个行业之首,其次是科学研究和技术服务业(29.1%)、卫生和社会工作(25.8%)、文化、体育和娱乐业(23.9%),超过全行业平均水平的还有居民服务业(20.2%)、教育(19.6%)。房地产业、水利环境和公共设施管理业、交通运输业创新参与程度较低。

由各行业之间的创新比重的差距可见,科技型服务业小微企业是小微企业创新中的排头兵、先行者,是推动小微企业创新发展的主要驱动力。

第二,科技型服务业小微企业经营状况平稳向好。根据杭州、宁波和温州等9个地级市的61家服务业小微科技型企业创新情况调研结果(下同),全省科技型服务业小微企业发展状况良好。2016年,61家样本企业实现营业收入40.7亿元,同比增长11.2%,高于服务业小微企业的一般水平;营业成本同比增长5.0%,远低于营业收入增速。问卷显示,16.4%的企业生产经营状况良好,增长速度较快;72.1%的企业生产经营情况正常,保持平稳增长;3.3%的企业生产经营状况不佳,增速放缓;8.2%的企业生产经营困难,出现亏损。

第三,科技型服务业小微企业对发展前景看好。2016年,样本企业新产品(新服务)销售收入在主营业务收入中达到了57%。当年实现利润总额6.6亿元,同比增长36.7%。创新和盈利带来了持续的投资欲望,如杭州星月生物科技股份有限公司作为一家医疗器械研发企业,投资了1亿多元用于建设办公和科研用房,表明了企业对发展前景的信心。调研的样本企业中有86.9%的企业有继续招工用人的需求,用人需求处于旺盛阶段。

第四,科技型服务业小微企业研发资金快速攀升,拥有专利数量增多。2016年,企业用于研发资金1.5亿元,比2015年多3154万元,同比增加25.7%,且企业预计2017年研发资金投入将达到1.8亿元。企业研发费用占当年营业收入的20%,处于较高水平。调查显示,93.4%的企业在2015—2017年持续投入研发资金,企业的创新意愿和动力较强。61家企业中有43家企业拥有自有技术专利产权,占70.5%。其中,拥有发明专利61项、实用新型专利61项、外观设计专利61项。

第五,科技型服务业小微企业公共服务接受良好,扶持政策惠及较广。调查显示,78.7%的企业了解公共服务机构。在了解公共服务的企业中,89.6%的企业接受过服务机构提供的服务。97.6%的接受过服务的企业对所接受服务评价较好,不满意的只有1家。在扶持政策方面,有85.2%的企业享受政府扶持政策。调研还发现,杭州未来科技城等科技企业集聚区还对入园企业提供租赁补贴或低租金的办公科研用房,并对企业研发投入和人才引进给予财政补助。

四、服务业小微企业创新方面存在的问题

(一)内部环境对小微企业创新的制约

从2016年四季度的规下服务业抽样调查数据看,小微企业自身的局限是创新的内在制约因素。企业"小"在多数情况下是企业创新的劣势,这一劣势产生的问题在大部分小微企

业身上都有所体现。

第一，粗放式发展的问题。当前服务业小微企业中73.6%的企业是私营企业。多数私营企业股权结构单一、家庭式管理普遍、自我积累滚动式发展等状况较为明显，经营受市场要素波动影响大。近年来，劳动力和原材料价格大幅上涨，即便一些大企业的生产发展都出现困难，与之相配套的服务业小微企业更是难以为继。

第二，前沿创新难以被小企业捕捉。2016年底的数据显示，84.5%的服务业小微企业没有获取新技术等科技成果的途径。一方面，企业本身缺乏高科技人才，一般员工甚至企业主对前沿科技的了解缺乏有效渠道，通过网络等公共平台获得的信息往往有滞后性，不能较好地抓住市场发展的最新动态。另一方面，一些最新的专利技术价格较高，小微企业基于成本、风险的考量，难以承担创新失败的后果。

第三，内在创新动力的缺失。当前环境下，小微企业进入门槛低，企业数量众多，但市场的空间并非足够大，僧多粥少的情况难免存在。面对激烈的竞争压力，保守经营意识较浓，一些企业出现畏惧扩张的情况，在市场中采取保守策略，创新等属于激进措施的手段没有得到有效施展。这从企业融资和转型升级意愿不强这一点上也能反映出来。据2017年三季度的规下服务业抽样调查数据，有76.6%的企业表示无融资需求，仅8.2%的企业考虑转型升级。一些企业即便进行研发投入，也主要集中在层次较低、投入产出较快、同质化严重的产品，同时难以持续、成规模地保持投入，效益低下。

（二）科技型服务业小微企业在创新过程中遇到的实际困难

尽管小微企业创新有诸多劣势，但总体来看科技型企业是小微服务业企业中政府扶持力度较大、扶持政策受惠较多的一类群体，也是最有创新意愿和创新实力的群体。不可否认，这些企业仍然面临不少实际困难。总结在发展与创新中存在的问题对了解和掌握小微企业的情况具有强烈的借鉴意义。问题主要在四个方面：

第一，融资难题难破解。调查显示，在科技型服务业小微企业中，60.6%的企业有融资需求，有45.9%的企业缺乏研发资金。其中，在融资需求企业中能获得全部所需资金的仅占16.2%，能获得大部分的占16.3%，仅获得少部分的占24.3%，未获得的占43.2%。从融资来源看，多数企业从银行贷款，少数企业向其他企业借款或从小额贷款公司、担保公司、典当行等渠道融资。从融资利息及费用率看，银行贷款的年利息及费用率为6.16%，远高于银行一年期基准利率4.35%；从民间借款的费用则更高，月利息率为1%。融资难和融资贵的问题导致企业财务费用的激增，2016年样本企业财务费用为3073万元，同比增长13.5%。

尽管当前政府出台了各类金融政策以扶持小微企业创新，但金融企业普遍倾向于大型企业，一些小微企业难以跨过银行贷款的门槛。即便部分企业能从银行获得贷款，利率也比大型企业高出不少。

第二，人才需求难满足。人才是企业创新的关键，目前市场中的人才供应尚不充分。在有招工需求的企业中，能招到全部所需员工的占7.5%，能招到大部分的占45.3%，仅招到少部分的占43.4%，没能招到的占3.8%。除了招工难，留人难也成为企业发展中面临的问题，

50.8%的企业反映留人难,59%的企业反映缺乏技术人员。

在人才供应紧张、生活成本高涨的环境下,用工贵也随之而来。2016年样本企业应付职工薪酬为3.1亿元,同比增长10.1%,远高于用工人数增速,且有82%的企业反映劳动力成本上升。在调研中也发现,一些科技型创新企业的主要支出在人才费用上。小微企业对高技术人才需求与人力成本高企的矛盾,在与大企业的人才争夺中更加突出。

第三,市场前景难把握。调查显示,57.4%的企业反映市场竞争压力加大,32.8%的企业反映转型升级压力加大,26.2%的企业反映市场需求不足,27.9%的企业反映对市场前景把握不准,21.3%的企业反映市场秩序混乱,14.3%的企业反映宏观经济政策频繁变动。这些问题从不同方面反映了企业对后续发展存在观望或焦虑情绪。此外,14.7%的企业认为自身缺乏长期战略规划,这对创新企业更好立足市场无疑是一个不可忽视的问题。

第四,瓶颈因素难消除。除了资金、人才和市场因素,制约企业创新的体制机制问题或漏洞也是必须引起高度重视的问题。调查显示,45.9%的企业认为税费负担过重,34.4%的企业认为缺乏有针对性的技术服务支撑,23%的企业认为中小企业知识产权保护成本高,9.8%的企业认为缺乏技术标准,8.2%的企业认为缺乏产学研合作渠道资源,还有6.6%的企业认为获得政策扶持手续烦琐。科技型中小微企业本身影响力有限,很难在这些问题上自行采取有效措施。

五、助力服务业小微企业创新发展的对策和建议

面对内部和外部的双重困境,服务业小微企业固然要促进自身逐步优化,但更离不开政府这只有形之手发挥作用。在推动服务业小微企业创新发展上,政府应积极鼓励和支持,企业应主动响应和推动。

(一)政府层面:打通四大渠道,进一步优化创新创业环境

第一,进一步畅通融资筹款渠道。要鼓励搭建服务小微企业的融资平台,加大投融资引导,完善创新贷款评价机制,探索银行等机构面向小微企业建立专门的融资模式或信贷产品,引导保险机构对创新产品提供保险服务。杭州军动科技有限公司建议成立对口担保部门,杭州在信科技有限公司建议减少担保手续,其他企业在融资担保政策和融资信息渠道方面也提出了想法。要健全和完善财政扶持政策,优化财政补助资金的申请、评估和拨付流程,提高企业经费使用的自主性。绍兴千欣电子技术有限公司建议安排扶持中小企业发展专项资金并落实到企业层面,杭州民生药物研究院有限公司建议对企业多些项目资金的支持,部分企业建议加强针对小企业财政相关政策的宣传并及时通知到企业相关人员。

第二,进一步畅通人才引进渠道。要健全有利于小微企业的人才政策,有针对性地提供人才信息共享和技术人才专业培训平台,加大从浙江大学等国内外知名高校引进人才,满足企业的人才需求。艾诺电子科技有限公司建议提供专业人才平台,快服科技有限公司建议加大对高学历人才在住房、医疗、子女教育方面的各类补助。要改善就业环境,在招工留人方面加强政企合作,打好感情牌、待遇牌、政策牌,对在小微企业中开展创新的高精尖人才实

施专项补助计划,允许小微企业对引进人才的合理支出在税前抵扣。百变电子科技有限公司建议对有技术无职称人才进行适当补助,蒙特信息技术有限公司建议配套人才公寓,减少员工生活成本,部分企业还建议在浙江三四线城市加强人才扶持,避免大城市虹吸效应加剧人才流失。

第三,进一步畅通公共服务渠道。要以"专业化、企业化、产业化、国际化"为发展方向,引进、培育和集聚发展一批"补短板"的科技服务机构,并通过政府购买服务的方式降低服务机构的收费标准。要加强知识产权与标准服务,开展对小微企业知识产权的免费专题培训,提高中小企业的知识产权意识和管理能力。在知识产权信息查询与分析、专利申请、知识产权保护及纠纷处理等方面为小微企业提供法律咨询服务,并降低咨询服务的收费标准。要引导专业性公共机构、相关行业协会对企业治理方式、发展模式提供有针对性的咨询,诊断小微企业发展存在的问题,促进企业内部转型升级。

第四,进一步畅通创新合作渠道。要支持和鼓励科研院校等机构服务科技型中小企业,引导教学科研资源向企业倾斜,支持省内高校重点实验室、大型科学仪器设施设备向小微企业开放,推进高等学校、科研院所建立专门的技术成果转化或转移机构,在校企、院企合作方面提供便利。星月生物科技有限公司认为高校实验室等设施设备齐全,开展合作能降低企业科研成本,赛宝信息产业技术研究院有限公司建议建立健全产学研合作机制。要加大对创新成果的激励政策,鼓励企业在新技术、新产品、新领域方面做出更多探索和实践。迪安医学检验所有限公司建议增加对创新企业的奖励力度,奥奈斯特软件公司建议政府多给中小企业申报科技项目的资格。

(二)企业层面:健全两大机制,进一步提升内在创新能力

第一,健全面向市场的创新机制。制定以创新为核心的市场策略,要主动了解市场需求,充分把握小微企业的市场定位,发挥"船小好调头"的优势,及时调整产品(服务)内容,努力尝试个性化、定制化的产品(服务)供给,满足客户需要。要从供给侧发力,以新的服务拉动新的消费,以新的消费扩大客户群体,充分运用新的概念、新的体验、新的手段培育和拓展市场,引导小微服务业企业的新潮流。注重吸收创新,主动吸取先进企业、发达市场的溢出效应,善于从中学习和借鉴,挖掘有利于自身的营销模式、销售战术、团队管理经验,在本地市场中结合运用。

第二,健全创新人才激励机制。小微企业的创新取决于人才,企业员工是第一资源,不能以学历作为唯一衡量标准。符合小微企业的创新智慧和能力往往来自于一线员工。要推动全员创新,完善创新人才的奖励机制,努力为员工发展搭建平台,形成员工与企业领导者之间的信任合作关系,从小改善、小发明、小创新等员工行为中发现人才、用好人才。要加强对员工的教育引导,通过股权激励、利润分红、合作加盟等方式,引导员工自觉创新、主动创造。

第二篇

发展指数篇

对于常规统计指标无法描述或概括的情况,需要引入指数进行分析评价,本篇主要对三个指数进行详细介绍,其中第三章、第四章介绍浙江省小微企业综合与行业发展指数,第五章介绍浙江省小微企业运行发展指数,第六章介绍浙江省小微企业创新指数。浙江省小微企业综合发展指数主要用于评估浙江省小微企业综合发展状况;浙江省小微企业运行发展指数主要用于小微企业的月度动态监测;浙江省小微企业创新指数主要用于了解分析浙江省小微企业创新发展的现状与问题。

第三章
2018年浙江省小微企业综合发展指数测评[①]

2018年浙江省小微企业综合发展指数测评数据来源于浙江省11个设区市小微企业2017年的最新统计数据及截至2018年上半年的小微企业发展问卷调查数据及财务状况动态监测数据。通过分别计算各市工业小微企业发展指数、小微企业经营信心指数、动态监测小微企业发展指数三个分类指数,然后根据专家咨询权重法进行加权计算,得到2018年浙江省11个设区市小微企业综合发展指数,最后运用最小二乘法预测得到2019年浙江省小微企业综合发展指数。编制浙江省小微企业综合发展指数,对浙江省小微企业综合发展状况进行深入剖析,有助于及时把握当前浙江小微企业发展的最新动态趋势及存在的问题,有助于建立浙江小微企业健康持续发展的长效机制,为推动浙江小微企业创新发展提供决策参考。

第一节　浙江省小微企业综合发展指数编制流程及评价方法

浙江省小微企业综合发展指数的编制流程包括确定评价对象、构建分类指数指标体系、数据收集整理及预处理、综合指数计算与结果讨论四个步骤,如图3-1所示。

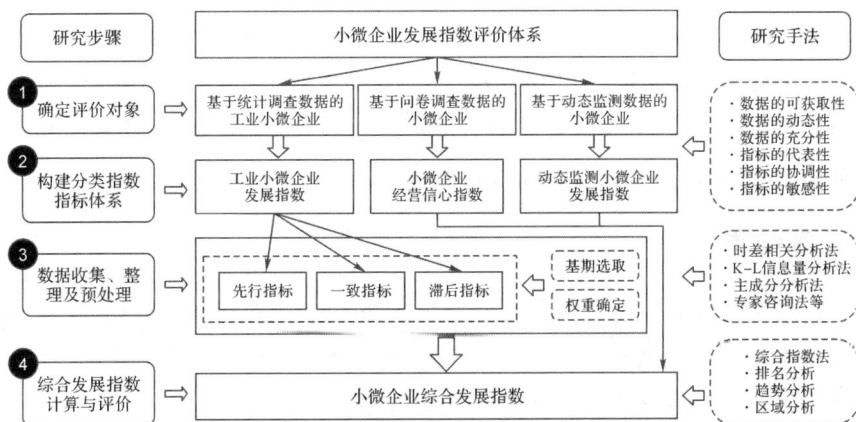

图3-1　小微企业发展指数评价体系

[①] 本研究为浙江省经济和信息化委员会委托项目成果,同时为国家社会科学基金重大项目(17ZDA088)、国家社会科学基金项目(14BJY084、16CSH014)、浙江省哲学社会科学规划课题重点项目(13NDJC004Z)、浙江省新型重点专业智库中国中小企业研究院重点资助项目的阶段性研究成果。

浙江省小微企业广义上包括以下四类:小型企业、微型企业、家庭作坊式企业和个体工商户。为了尽可能全面地反映浙江省小微企业发展状况,本书将以下两类企业作为评价分析对象:基于政府统计数据的规模以上工业小微企业和基于问卷调查和动态监测数据的小微企业。

本指数主要以数据的充分性、可获取性、动态性和指标的协调性、灵敏性及代表性为构建指标评价体系的基本原则,以浙江省11个设区市历年统计年鉴及最新官方调查统计数据为浙江省工业小微企业综合发展指数的主要依据。其中,企业经营信心指数、动态监测企业的原始数据分别来源于浙江省小微企业培育监测平台的问卷调查数据和小微企业财务状况监测数据。数据预处理的关注点一方面在于尽量保证数据的完整性,避免缺少某一年份或是某一地区的具体数据;另一方面在于消除孤立数据和极端数据造成的影响。由于收集的数据规模较大,本指数在数据整理的过程中对所收集的数据进行了无量纲化、消除季节性因素以及剔除非常规数据等统计学处理。主要采用专家咨询法与主成分分析法确定指标权重,通过层次分析法和专家咨询法确定三个分类指数权重,合成小微企业发展指数。

第二节 浙江省工业小微企业发展指数测评

浙江省工业小微企业发展指数是基于浙江省统计局提供的规模以上工业小微企业统计数据计算而得。根据经济的重要性和系统数据收集的可行性,从获取的工业企业相关统计数据中选取了总资产、流动资产、固定资产、所有者权益、实收资本、税金、负债、利息支出、主营业务收入、利润、总产值、企业数量、从业人员13个指标反映工业小微企业内部资源、股东状况、财务状况、生产经营效益和企业规模5方面的情况。然后,采用时差相关系数法,选取工业小微企业总产值作为基准指标。综合K-L信息量法、文献综述法、马场法、聚类分析法、定性分析法和专家意见,确定浙江省工业小微企业的先行、一致和滞后指标,并根据主成分分析法求出先行指标组、一致指标组和滞后指标组小类指标的权重,最后采用专家咨询法确定先行指标组、一致指标组和滞后指标组大类指标的权重。

一、计算结果

本书根据权重法计算获得浙江省11个设区市2017年工业小微企业的先行、一致与滞后指数以及工业小微企业发展指数,进而基于迄今积累的2009-2017年的系列数据,运用最小二乘法预测得到了2018年工业小微企业发展指数,如表3-1所示。

表3-1　浙江省11个设区市工业小微企业发展指数

先行指数	宁波市	杭州市	温州市	嘉兴市	绍兴市	台州市	金华市	湖州市	丽水市	衢州市	舟山市
2011	194.39	179.13	101.72	96.98	98.46	63.68	71.92	51.69	17.75	17.94	11.47
2012	196.84	181.24	102.83	98.36	99.52	64.53	72.17	52.37	17.92	18.12	11.63
2013	197.56	183.59	102.83	98.99	100.28	64.85	72.92	52.48	17.98	18.15	11.63
2014	186.16	201.93	104.68	100.34	101.99	74.04	74.01	53.04	18.08	18.30	11.79
2015	199.64	181.40	101.93	97.35	98.66	64.25	71.63	51.71	17.81	17.99	11.51
2016	200.56	182.48	103.34	100.35	100.98	65.64	74.10	53.38	18.15	18.46	11.73
2017	201.53	182.52	102.85	101.30	101.88	66.13	73.64	53.81	18.14	18.61	11.60
一致指数	宁波市	杭州市	温州市	嘉兴市	绍兴市	台州市	金华市	湖州市	丽水市	衢州市	舟山市
2011	159.24	167.75	89.85	87.07	80.04	68.59	61.81	55.80	20.42	20.32	8.98
2012	159.76	169.87	90.41	87.98	80.57	69.24	62.18	56.39	20.59	20.33	9.04
2013	160.79	171.54	91.01	88.70	81.52	69.68	62.80	56.99	20.74	20.36	9.05
2014	173.63	163.73	92.67	89.57	82.48	70.78	63.46	57.33	20.81	20.52	9.22
2015	158.92	168.49	90.63	87.52	80.25	69.33	62.17	56.16	20.48	20.08	8.98
2016	157.91	166.38	90.19	87.15	79.67	68.95	61.81	56.15	20.53	20.06	8.99
2017	159.10	167.30	90.42	88.24	80.55	69.53	61.64	56.70	20.45	20.25	8.95
滞后指数	宁波市	杭州市	温州市	嘉兴市	绍兴市	台州市	金华市	湖州市	丽水市	衢州市	舟山市
2011	199.39	164.87	103.32	104.84	88.24	72.42	72.54	51.05	21.94	17.79	10.51
2012	201.43	166.72	104.55	106.83	89.00	73.35	73.13	51.66	22.11	17.87	10.64
2013	202.12	168.53	104.58	107.27	90.16	73.73	73.84	51.97	22.22	17.97	10.69
2014	172.72	208.53	107.39	109.41	92.16	75.43	75.28	52.76	22.47	18.12	10.88
2015	200.82	166.06	103.97	106.03	88.65	73.41	73.14	51.12	21.99	17.68	10.61
2016	202.92	167.39	104.05	107.90	89.31	73.90	74.02	51.43	22.15	17.85	10.66
2017	203.86	167.64	103.66	108.90	90.05	74.30	73.82	51.70	22.20	18.00	10.58
发展指数	宁波市	杭州市	温州市	嘉兴市	绍兴市	台州市	金华市	湖州市	丽水市	衢州市	舟山市
2011	177.82	170.59	96.11	93.60	87.21	67.88	66.99	53.62	19.92	19.10	10.03
2012	179.22	172.65	96.96	94.86	87.94	68.65	67.37	54.24	20.09	19.18	10.14
2013	172.28	173.65	94.73	92.62	86.14	69.12	65.93	55.59	20.34	19.68	9.73
2014	176.05	175.85	96.54	93.71	87.35	71.90	66.75	56.01	20.43	19.83	9.90
2015	171.25	170.83	94.45	91.71	85.11	68.95	65.45	54.92	20.14	19.47	9.67
2016	179.71	171.41	96.91	95.26	87.99	68.95	67.94	54.38	20.14	19.14	10.14
2017	180.78	171.93	96.79	96.29	88.85	69.46	67.67	54.84	20.11	19.31	10.07
2018(E)	177.99	172.23	96.31	95.14	87.80	70.01	67.26	55.26	20.23	19.43	9.96

注：基于浙江省各年度统计数据计算而得。2018年工业小微企业发展指数为预测值。

如图3-2所示,浙江省工业小微企业发展指数排名总体呈阶梯状分布。第一梯队由宁波和杭州组成,工业小微企业发展指数远高于其他地市。杭州作为浙江省省会,资源集聚,基础设施完善,工业发展基础良好。2018年,杭州大力发展高新技术产业,工业转型升级势头良好。宁波作为港口城市,具有独特的发展优势,2018年前三个季度,宁波市规模以上工业增加值同比上升7.1%,规模以上工业行业35个大类中,25个行业增加值实现正增长,工业发展势头良好。

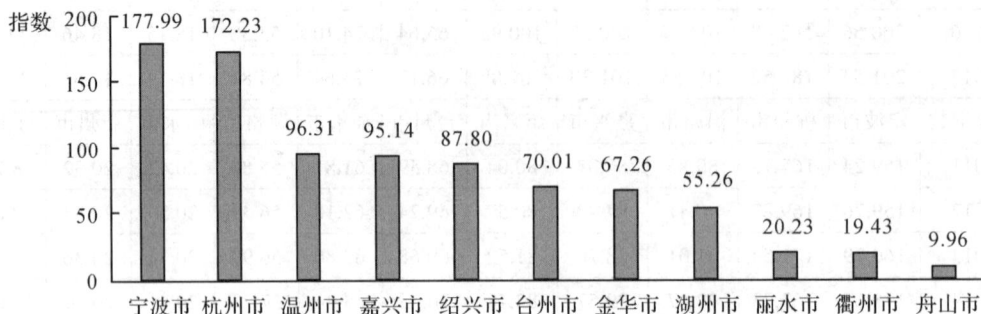

图3-2　2018年浙江省11个设区市工业小微企业发展指数及排名

第二梯队包括温州、嘉兴、绍兴、台州、金华、湖州6市。温州民营企业发展基础良好,同时,温州大力发展高科技产业,发布规模以上工业企业科技创新"三清零"行动计划实施方案,推动了温州企业的良好发展;嘉兴2018年前8个月全市共完成市级及以上淘汰项目47项,淘汰落后产能涉及企业2951家,分别完成全年目标任务的100%和590.2%,规上工业总产值增长16.0%;绍兴通过对小微企业提供税收优惠,对出口贸易提供政府扶持等推动小微企业发展,2018年绍兴规模以上工业增加值同比增长了6.9%,可见温州、嘉兴、绍兴小微企业的发展都保持了良好的态势。台州、金华、湖州以传统工业为主,受要素资源影响较大,小微企业发展指数相对较低。

第三梯队包括丽水、衢州和舟山。丽水工业产品单一,创新要素缺乏,同质化竞争严重;衢州以重工业为主,资源依赖性严重;舟山因其主要发展船舶制造和捕鱼业等传统行业,收益低,受自然条件环境影响较大,工业发展水平较低,工业小微企业发展指数相对滞后。

2018年工业小微企业发展指数相较于去年有所变动,但幅度不大,不同地市之间排名并无变化。第一梯队的平均指数远超于第二梯队和第三梯队,其中工业发展指数最高的宁波市和最低的舟山市之间相差近18倍,这表明浙江省不同地市的工业小微企业发展水平悬殊。与2017年相比,宁波和杭州工业小微企业发展指数之间的差距进一步拉近,第二梯队的嘉兴、绍兴、台州工业小微企业发展指数有所回落。

二、走势分析

2017年工业小微企业发展指数实测值均值为79.65,2018年工业小微企业发展指数预测均值为79.24,较上年略有上升。

2017年,浙江省沿着"八八战略",加大"放管服"改革力度,推动经济转型升级,振兴实体经济,推动产业结构优化,"三去一降一补"改革取得新的进展,新动能发展加快。同时,浙江省政府大力推动传统制造业改造升级,加快制造业与互联网融合发展,浙江省工业小微企业发展势头良好。

2018年,浙江经济保持平稳增长。但受到中美贸易战复杂性、长期性等因素影响,市场对经济增长前景不确定性的担忧进一步增强。面对复杂严峻的国际国内经济环境,浙江省委、省政府科学决策、精准调控、综合施策,坚定不移地打好转型升级系列组合拳,积极推进供给侧结构性改革,全省工业经济运行总体平稳,呈现出稳中有进、效益回升、结构优化、动能转化的向好态势。在新旧发展动能转换的关键时期,浙江狠抓自主创新投入,工业发展动力主动从增量扩能为主转向调整存量、做优增量并存,新动能加快成长。"亩均论英雄"改革深入开展,通过企业"亩均效益"综合评价和资源要素差别化配置,推动资源要素向优质高效领域集中,实现效益最大化和效率最优化,以此加快推动经济高质量发展。为了更好地支持推动小微企业发展,浙江省政府积极实施小微企业提质行动,高质量推进小微企业上规升级;实施小巨人培育行动,推动中小微企业"专精特新"发展;实施中小企业信息化推进工程,提升两化融合水平。这些措施使得2018年浙江省工业小微企业发展指数得到提升。

第三节　浙江省小微企业经营信心指数测评

小微企业经营信心主要体现在小微企业家对当前微观经营状况判断结果和对宏观经济环境的信心。小微企业经营信心指数基于浙江省小微企业监测专题调查问卷数据,运用专家咨询权数法通过打分计算而得。

一、计算结果

2018年浙江11个设区市小微企业经营信心指数的测评结果及排名情况如表3-2和图3-3所示。

表3-2　2018年浙江省11个设区市小微企业经营信心发展指数排名

地区	指数	排名	地区	指数	排名
台州市	116.27	1	舟山市	102.06	7
宁波市	114.47	2	杭州市	101.86	8
湖州市	108.02	3	温州市	100.72	9
金华市	106.47	4	绍兴市	100.53	10
丽水市	104.44	5	嘉兴市	98.29	11
衢州市	103.77	6	全省平均	105.17	

研究结果显示,2018年浙江省11个设区市小微企业经营信心指数平均指数为105.17,相比上年有所上升,反映了2018年中国宏观经济下行背景下企业经营信心上升的总体趋势。2018年浙江省11个设区市中,台州、宁波和湖州3市排名经营信心发展指数前三位。金华、丽水、衢州、舟山排名靠前,杭州、温州、绍兴和嘉兴排名靠后。与上年相比,排名波动较大。

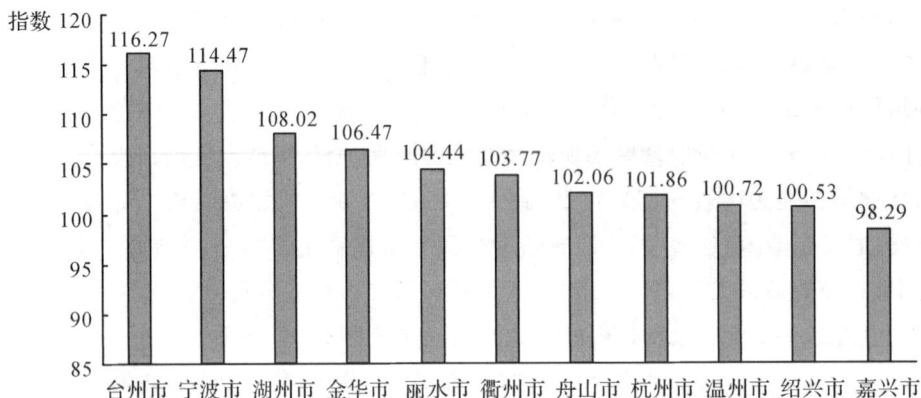

图3-3　2018年浙江省11个设区市小微企业经营信心发展指数排名

台州市小微企业经营信心指数为116.27,连续两年排名全省首位。2018年,台州市出台老旧工业区快改造的指导意见,以促进节约集约用地和经济转型升级为主线,实现土地利用效率明显提高、有效投资快速增长、生态环境明显改善、经济结构优化升级的目标;推动小微企业工业园建设,完成老旧工业点改造,提升园区服务功能;提出通过追加投资、转让出租、整合改造、收购储备、并购重组、有序清退等方式,推动低效企业改造提升"一三五"行动方案;出台小微企业三年成长计划,着力打造"小而专,小而新,小而精,小而美"的微企业群,优化小微企业创业创新发展环境;深化一般企业投资项目"最多跑一次"改革,实施推进企业上市和并购重组"凤凰行动"计划;设立台州市优化升级产业基金,促进传统产业优化升级,高端制造布局落地,重大产业项目加快建设。这使得台州的小微企业家对未来发展更充满信心。

宁波市小微企业经营信心指数为114.47,位居浙江省第二。2018年,宁波出台优化营商环境80条,在简化企业办事程序、压缩企业办事时间、降低企业经营成本、健全营商法治保障、优化政务服务体系上均有新动作;切实降本减负,提高企业盈利能力,提升金融服务,缓解企业融资难,优化营商环境,破除企业发展壁垒;创新资源配置,助推企业转型升级;优化开放环境,提升企业国际化水平;完善法治环境,保护企业合法权益;出台工程建设项目审批改革新政。同时,"一带一路"建设、大湾区建设等都为宁波带来了新的发展机遇,提振了宁波小微企业的发展信心。

湖州市小微企业经营信心指数为108.02,排名第三。2018年湖州深入实施"金象金牛"

大企业、"高技术高成长"企业和科技型小微企业成长等培育计划;全面推进"中国制造2025"试点示范城市建设,设立15亿元的专项资金,以绿色制造、智能制造引领工业转型升级;全面深入推进"六重"工作(重大项目、重点工程、重大平台、重点产业、重大政策和重点要素),迈出"十三五"发展征程的第一步。为推动产业结构转型升级,湖州市政府一手抓传统产业改造提升,一手抓新兴产业培育。"互联网+""机器人+""标准化+""数字化+"概念不断融入,"建链、延链、补链、强链"文章不断做大做强。这些积极措施都为湖州市的小微企业带来发展信心。

全省11个设区市中,温州、绍兴和嘉兴小微企业经营信心指数排名后三位。随着原材料价格上升,劳动力成本走高,国际市场变化及印度、越南等新兴经济体的兴起,固守传统小商品产业的温州逐渐失去了传统产业优势,而迟迟未走上正轨的市场环境也使得温州小微企业的经营信心指数较低。绍兴主要发展印染、化工等传统产业,污染严重,发展质量效益不优,面临新旧动能转化问题,社会创新力不足,小微企业经营信心受挫。嘉兴传统行业受到五大攻坚战、"五水共治""五气共治"等政策措施的冲击,关停了化工、印染、纺织等许多污染企业,影响了整个产业链上下游的效能,小微企业经营信心指数出现回落。

二、走势分析

2018年,浙江省小微企业经营信心指数平均指数为105.17,较上年(104.64)略有回升,指数值保持在100以上,总体处于发展指数的合理区间。2018年,浙江小巨人培育行动和创新型中小微企业培育工程的开展正引导中小微企业向"专精特新"方向发展,打造一批细分行业的"隐形冠军"。同时,浙江将深入推进中小企业中外合作区建设,吸引外国资本及经验;优化财政专项资金的分配和使用方式,发挥专项资金的引导和扶持作用,支持小微企业上规升级、"专精特新"发展、服务体系和小微企业园区建设等;积极推广小微企业服务券模式,推动中小微企业提质创新发展。此外,浙江将建设一批示范平台和机构,实施中小微企业经营管理者素质提升工程。这一系列举措预计会使浙江省小微企业经营信心指数出现回升。

第四节　浙江省动态监测小微企业发展指数测评

动态监测小微企业发展指数的基础数据来自浙江省小微企业培育监测平台。本项分指数从近20项监测项目中,最终选取工业总产值、产成品、财务费用、资产总计、主营业务收入、利润总额、应收账款、负债合计、从业人员平均数9个监测指标为评价指标,同时确定以小微工业总产值为基准指标,根据主成分分析法,确定先行、一致和滞后指标及其权重,最后合成浙江省动态监测小微企业发展指数。

一、计算结果

结合2018年的半年度数据估算出2018年浙江省11地市动态监测小微企业发展指数，如图3-4所示。

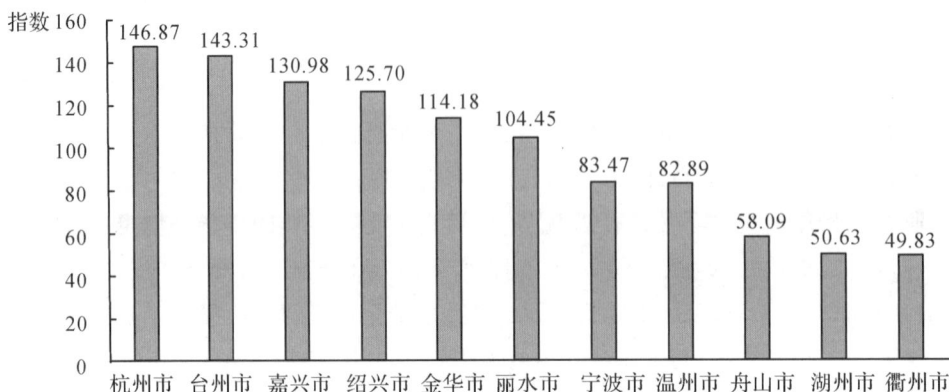

图3-4　2018年浙江省11个设区市动态监测小微企业发展指数

2018年浙江省动态监测小微企业发展指数地区差异依旧十分显著，其中杭州发展指数超过湖州、衢州近100。由图3-4可以看出，2018年杭州市和台州市动态监测小微企业发展指数位列前两位，分别为146.87、143.31，湖州市和衢州市动态监测发展指数位列末两位，分别为50.63、49.83。

杭州一直是浙江小微企业建设最为积极的城市之一，同时也是各项政策的先行区。2018年杭州市发布了建设国际一流营商环境、争创民营经济高质量发展示范区的动员令，明确要在新旧动能转换、产业平台建设等5个方面做到全国领先示范；探索形成了一条以传统制造业改造提升为主要领域，以产业数字化为主要路径，以深化"亩均论英雄"改革为主要动力，以小微企业园建设提升为主要载体的"传统动能改造提升"之路，提出打造全国数字经济第一城的目标。2018年前三季度，杭州共完成"机器换人"项目422个，推广应用工业机器人1367台；开展工厂物联网和工业互联网试点项目236项；实施上云企业3.93万家，上云企业累计达8.08万家。这大大推动了小微企业的转型进程。此外，《杭州市关于小微企业园建设管理的实施意见》正紧锣密鼓地起草制订中，杭州正因地制宜地发展适合本地特色的小微企业园区，为小微企业的健康可持续发展提供助力。

台州市是浙江民营经济最为活跃的地区，同时也是小微企业建设活动活跃的城市。为扶持民营小微企业发展，台州开展了一系列全国专项试点：全国小微企业信用体系建设试验区、社会信用体系建设示范城市、土地经营权抵押贷款试点……建立了以民营经济为主导、小微企业为主体、与实体经济相匹配的金融服务体系。同时，台州市还构建了"两平台一基金"，即信用信息共享平台、商标专用权质押融资平台和小微企业信用保证基金，有效提升了小微企业融资获得率。截至2018年6月底，台州小微企业申贷获得率为93.98%，同比提高

5.38个百分点;截至同年9月末,全市设立小微企业专营机构327家、社区支行99家,信用贷款占企业贷款18.7%,比2015年底试验区获批时上升8.28%。发展科技金融,出台《台州市科技型企业信贷风险补偿基金管理办法(试行)》,首期基金2000万元已启动运行。成立总规模1亿元的科技型中小企业转贷基金,首期已到位3000万元。在给小微企业提供良好融资政策和发展环境的同时,台州市积极推进小微企业产业园区建设,逐步改变传统行业小、散、乱的状况,形成具有特色的小微园区。2018年初全市整合提升和开工建设各类小微园区共计158家,其中已建成各类小微园109家,入驻小微企业4612家。在这些政策助力下,台州小微企业群体蓬勃发展,2018年上半年,新增小微企业14 335家,新增八大产业小微企业4120家,小微企业始终保持较快增长态势。

湖州、衢州两市受历史与现实因素影响,小微企业发展基础较为薄弱,且大多仍依靠传统产业,产业结构尚需得到根本性调整,同时对小微企业的政策扶持力度也需要加强,并且存在着相关政策落实不到位的现象,导致动态监测小微企业发展指数较低。

二、走势分析

继2017年浙江省动态监测小微企业发展指数出现回升后,2018年动态监测小微企业发展指数实测均值为99.13,仍处于上升区间。

2018年,浙江开展了新一轮"小微企业三年成长计划",组织实施市场主体提质、创新发展、育新扶优、融资破难等九大行动,同时积极响应习近平主席在民营企业座谈会上的谈话内容,新增小微园区税收优惠政策,推动"六个方面政策举措"落地生根,坚决打好以提振民营企业信心、提升民营企业竞争力为重点的稳中求进组合拳,为小微企业的发展提供了强大助力。继续贯彻实施凤凰行动、雏鹰行动、雄鹰行动,做大做强市场主体,持续深化"最多跑一次"改革,拓宽民间资本投资渠道,为小微企业的成长营造健康的环境。此外,浙江还重视发展数字经济、智能制造等新兴产业,承办世界互联网大会,建设智能制造示范基地,加速省级全面创新改革试验区建设,推动"两化"融合,为小微企业成长提供更多的机遇。但是,浙江小微企业的发展依然面临着诸多挑战。世界贸易保护主义抬头、中美贸易战的持久化将对贸易行业的小微企业造成不可避免的影响,且浙江小微企业规模小、转型速度慢、抗外部风险能力较差,在国内外市场环境难以预测、复杂多变的背景下,其面临的矛盾挑战不容忽视。

第五节　浙江省小微企业综合发展指数测评

本节对工业小微企业发展指数、小微企业经营信心指数和动态监测小微企业发展指数这三种分类指数进行加权计算,最后计算求得小微企业综合发展指数,公式如下:

浙江小微企业综合发展指数=工业小微企业发展指数×50%+动态监测小微企业发展指数×30%+小微企业经营信心指数×20%

在此基础上,为了全面反映2012-2018年浙江省小微企业综合发展状况,本书结合历年浙江省各地市小微企业发展数据,运用最小二乘法预测计算,得到了2019年的浙江省小微企业综合发展指数。

一、计算结果

如表3-3所示,2018年浙江省11个设区市小微企业综合发展指数总体仍存在较大差异,其中排名最高的杭州市的发展指数(150.55)是排名最低的舟山市(42.82)的近四倍。杭州市是浙江省的中心城市,产业基础扎实,又是互联网产业、数字经济产业的先行区,从而其经济发展情况优于其他地市。而衢州、舟山等排名末尾的城市,自身产业基础较为薄弱,对传统产业依赖性大,且转型升级阻力较大,进程缓慢,因而小微企业综合发展指数较低。

表3-3 2018年浙江省11个设区市小微企业综合发展指数排名

地区	综合发展指数	排名	地区	综合发展指数	排名
杭州市	150.55	1	金华市	89.18	7
宁波市	136.93	2	湖州市	64.42	8
嘉兴市	106.52	3	丽水市	62.34	9
绍兴市	101.71	4	衢州市	45.42	10
台州市	101.25	5	舟山市	42.82	11
温州市	93.17	6	全省平均	90.39	

此外,11个地市之间发展层次分明。11个设区市大致可以分为四个层次,每个层次之间差异显著。第一层次为杭州市、宁波市和嘉兴市,小微企业综合发展指数值都在105以上,是发展较为高速的成长层次;第二层次为绍兴市、台州市、温州市,这三市的小微企业综合发展指数值都在90-110之间,且绍兴、台州两市指数值突破了100,属于发展较为良好的成长层次;第三层次包括金华市和湖州市,小微企业综合发展指数值在64-90之间;第四层次包含衢州市、丽水市和舟山市,小微企业综合发展指数值都在64以下,是发展较为低迷的层次。如图3-5所示,小微企业综合发展情况呈现明显的"沿湾"格局,即沿杭州湾地区的杭州、嘉兴、宁波三市小微企业发展情况最优,包揽了小微企业综合发展指数的前三位;其余沿湾、沿海城市与之形成良好抱合之势,绍兴、台州、温州三市小微企业活力迸发;内陆城市的小微企业综合发展指数普遍较低。各地市的经济发展进程有明显差距,这是由于各地产业结构与经济基础的差异造成的。

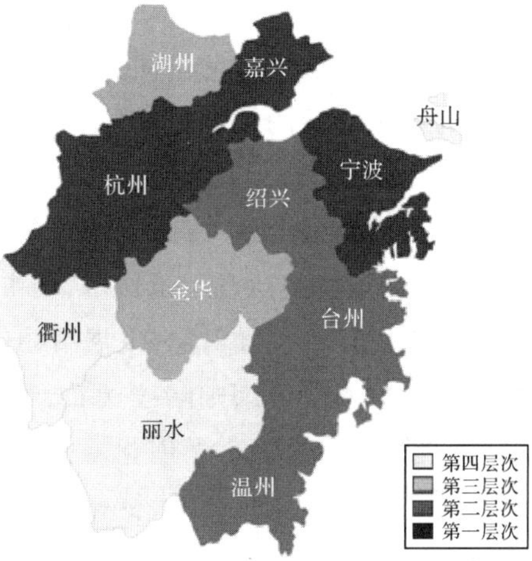

图3-5　2018年浙江省11市小微企业综合发展指数排名分布

2018年全省小微企业综合发展指数的平均值有所上升,这意味着浙江小微企业整体还是在稳健发展的。尽管全球经济复苏超出市场预期,但其面临的不稳定性不确定性仍然突出,深层次的结构性矛盾尚未得到根本解决,国内宏观经济仍面临诸多挑战。浙江省内各地区应当坚持宏观调控,开展新一轮的小微企业行动计划,努力加强产业优化升级,进一步推进"小升规"等整治"低、散、乱"活动,深化贯彻落实各项减负措施,做小微企业发展最坚强的后盾。

二、11个设区市小微企业综合发展指数走势分析

(一)杭州市

2018年杭州市小微企业综合发展指数为150.55,位居浙江省首位,继续维持着上升趋势,但上升幅度有所放缓。如图3-6所示。

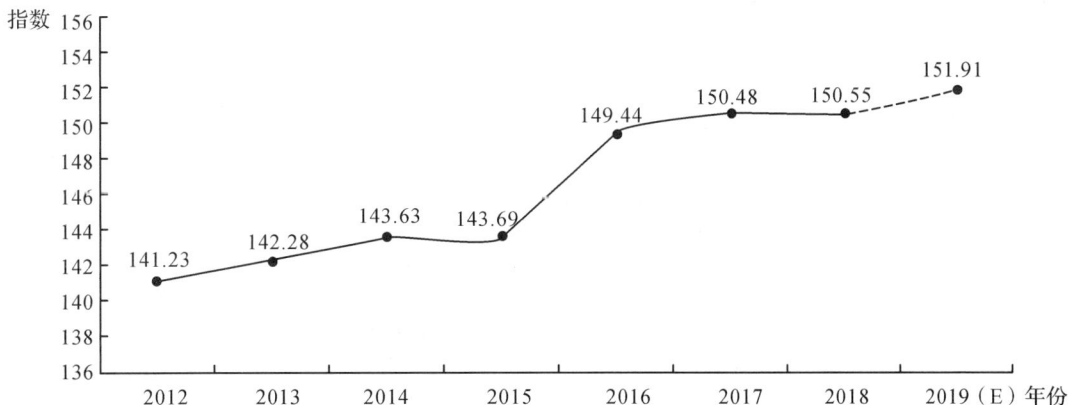

图3-6　杭州市小微企业综合发展指数走势

注:2019年综合发展指数为预测值

061

杭州市是长江三角洲城市群中心城市之一、环杭州湾大湾区城市、中国重要的电子商务中心之一,作为浙江省的省会,拥有得天独厚的区位优势和丰厚的资源优势。市内如阿里巴巴、网易等平台型大企业汇集,为小微企业的发展提供了更好的对接平台。同时市内坐落着众多的科技园区与科研机构,为小微企业提供了优质技术服务。此外杭州市还集聚了全省最优良的教育资源,浙大等一批高校为小微企业输送了优质人才。

2018年初,杭州入选首批社会信用体系建设示范城市,全市信用体系建设工作进一步推进,打造国家"制造强国"和"网络强国"两大战略融合发展引领区、杭州湾经济区智能制造主导区、杭州拥江发展协同创新区等相关政策细则陆续颁布,为小微企业发展营造了良好氛围。杭州市出台了新一轮的就业创业政策,将小微创业园更名为创业陪跑空间,并对相关人员都予以一定的租房与用地补贴。在创业贷款方面,杭州同样跟进了一系列措施,在市区创办企业、个体工商户(含经认定的网络创业)或民办非企业等经营实体的,可申请不超过30万元贷款;对科技成果转化、研发,文化创意类项目或未来产业领域的创业者,给予创业担保贷款贴息,贴息贷款的本金最高不超过50万元。

2018年11月,杭州市出台"4+0"政策组合拳,"4"指四大百亿元计划,即建立规模为100亿元的上市公司纾困基金,组建注册资本为100亿元的市融资担保有限公司,组建首期规模为100亿元的战略性新兴产业投资基金,扩大产业重大项目投资基金规模至100亿元。"0"是指加快推进涉企行政事业性收费"零收费",降低企业成本。同时,杭州还将在全市上下开展"走亲连心"服务企业活动,对全市所有规模以上企业和高科技、成长性好的小微企业实行领导走访服务全覆盖,为广大企业鼓劲加油、排忧解难。随着这些措施的陆续颁布与落实,2019年杭州小微企业发展指数将保持上升态势,并预期会有显著提高。

(二)宁波市

2018年宁波市小微企业综合发展指数为136.93,较上年有所回升,在浙江省11个地级市中排名第二。如图3-7所示。

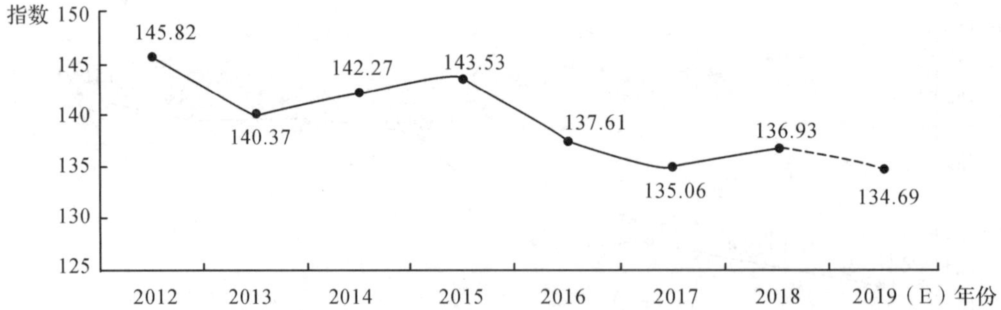

图3-7 宁波市小微企业综合发展指数走势

注:2019年综合发展指数为预测值

　　宁波是世界第四大港口城市,是长三角五大区域中心之一,长三角南翼经济中心和化学工业基地,浙江省的经济中心之一。宁波对外贸具有很强的依赖性,小微企业尤甚。2018年全球经济充满变数,中美两大世界经济体贸易战、保护主义的升温、经济增长后劲不足等问题对世界贸易产生强大冲击,同样也影响了宁波市小微企业的发展。面对严峻的国际环境,宁波市积极应对,2018年1–10月全市贸易出口额4567.9亿元,增长12.3%,实现累计顺差2029.6亿元。2018年11月5日,宁波市正式发布《关于进一步推进降本减负促进实体经济稳增长的若干意见》,这是自2016年以来宁波市出台的第二轮企业降本减负政策,包括降低企业税费成本、降低企业用工和物流成本、加大金融支持实体经济力度等方面内容共10条政策条款,新增减负额约为13.92亿元,推动小微企业园区建设,加速小微企业转型集聚。在这些措施的推行下,2018年宁波市小微企业综合发展指数有所回升。

　　但是,国内宏观经济下行压力依旧存在,世界经济下行风险增大,保护主义依然威胁全球贸易稳定增长,这将对宁波市的小微企业产生更加持久的影响,同时小微企业自身转型进度缓慢,出口结构没有明显改善,其所面临的形势将会更加严峻,同时各项利好措施的落实尚需一定的时间,2019年受内外不利因素的影响,预期宁波市小微企业综合发展指数会有所下降。

(三)嘉兴市

　　2012–2018年嘉兴市小微企业综合发展指数呈现波动上升的走势,2018年嘉兴市小微企业综合发展指数为106.52,在浙江省地级市中排名第三。

　　嘉兴市地处江河湖海交会之位,是沪杭、苏杭交通干线中枢,交通便利,是长三角城市群、上海大都市圈重要城市,环杭州湾大湾区核心城市,为杭州都市圈副中心。嘉兴市的皮革业、服装业、木业在国内外市场均占有重要地位。

　　2017年嘉兴市正式全面深化与上海市全方位、深层次、宽领域的交流与合作。2018年更是开展各项工作,为这一进程按下了"快进键"。同年6月,嘉兴市举办"上海·嘉兴周"活动,首日便有12个产业平台项目和7个科技创新项目签约,2017年上半年,全市引进上海科技载体14家、科技合作项目69个,引进上海高层次人才128名,引进内资项目29项,实到内资总额49.8亿元。同时扎实推进G60科创走廊建设,全面启动建设嘉兴驻沪孵化器总部,与10余所在沪大院名校广泛建立合作,这些举措都为小微企业的发展提供了良好的发展机会。2018年1月下旬,袁家军省长在《省政府工作报告》中,提出把抓好嘉兴科技城建设列为2018年浙江省要启动实施的一批重大战略举措之一,这为科技型小微企业提供重大利好。同时,嘉兴市开展新一轮的小微企业成长计划,提出改革商业银行考核机制,将小微企业贷款增量列入考核内容,小微企业贷款增量占全部贷款增量比重不低于20%。通过引导基金、融资担保、贷款贴息等方式,强化金融对小微企业成长的支持。在这些举措的帮扶之下,2018年嘉兴市小微企业综合发展指数有了明显的上升。如图3-8所示。

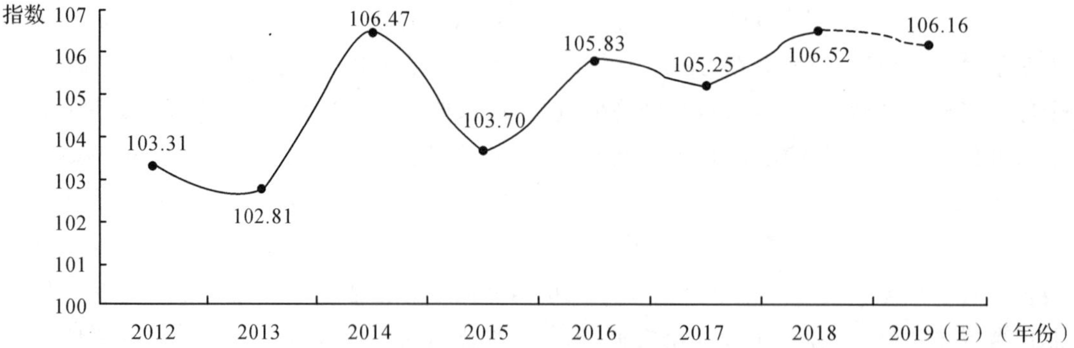

图3-8　嘉兴市小微企业综合发展指数走势

注：2019年综合发展指数为预测值

　　然而嘉兴市小微企业目前对传统产业依赖性仍比较大，作为其经济支柱的纺织业、服装业等劳动密集型产业的转型升级之路任重而道远，同时在人才、资金方面仍存在着欠缺，小微企业的扶持政策刚刚出台，见效尚需时日。受复杂多变的国际市场环境和日趋严峻的贸易环境影响，嘉兴市小微企业的进出口和引进高端投资将受到一定程度的打击。预计2019年嘉兴市小微企业综合发展指数将会出现小幅下降。

（四）绍兴市

　　2018年绍兴市小微企业综合发展指数达到101.71，在全省名列第四，名次较上年提升一位，处于稳步上升的状态。

　　绍兴市在"十三五"建设期间，大力发展信息经济、先进装备、金属制造等新兴产业，同时也加强对传统制造业的改造，进一步关停印染厂和热电企业。为促进民营企业发展，绍兴进一步加大企业减负的力度，2018年上半年共为企业减负70.01亿元，其中各类税收和规费达45.65亿元，营造了宽松良好的经营氛围，有利于广大小微企业创业活力充分迸发。

　　2018年绍兴市入选新一批国家开展创新型城市建设的名单，同时成为"银商合作助推小微高质量发展"省级试点，建设小微企业云平台，搭建了"一库一宝一卡"三个"银商合作"的新载体，为小微企业融资提供新方法，同时探索小微企业债务担保先行赔偿制，努力拓宽小微企业融资渠道。此外，绍兴市依托小微企业园，引进好苗子，通过构建创新创业生态系统，推动小微企业加快走上高质量发展轨道。在这些政策细则的推力下，2019年绍兴市小微企业综合发展指数将会进一步提升。如图3-9所示。

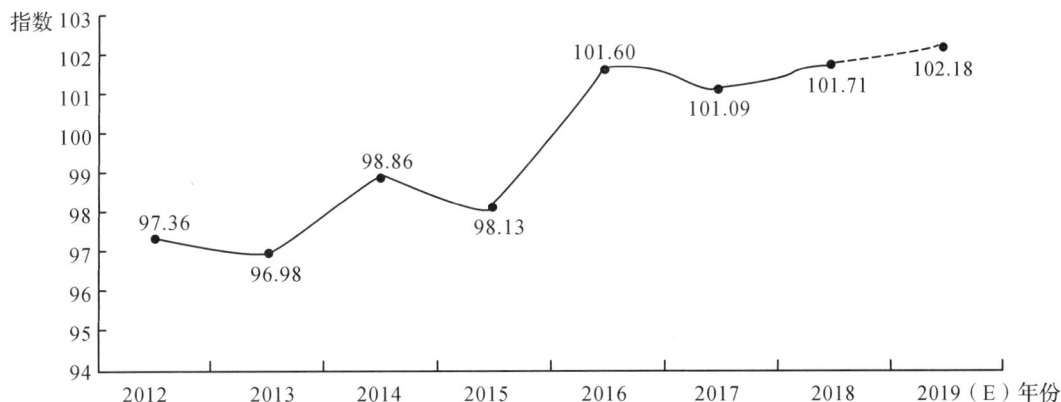

图 3-9 绍兴市小微企业综合发展指数走势

注：2019年综合发展指数为预测值

(五)台州市

自2015年以来，台州市小微企业综合发展指数一直保持着上升的趋势，2018年台州市小微企业综合发展指数为101.25，上升幅度有所放缓。如图3-10所示。

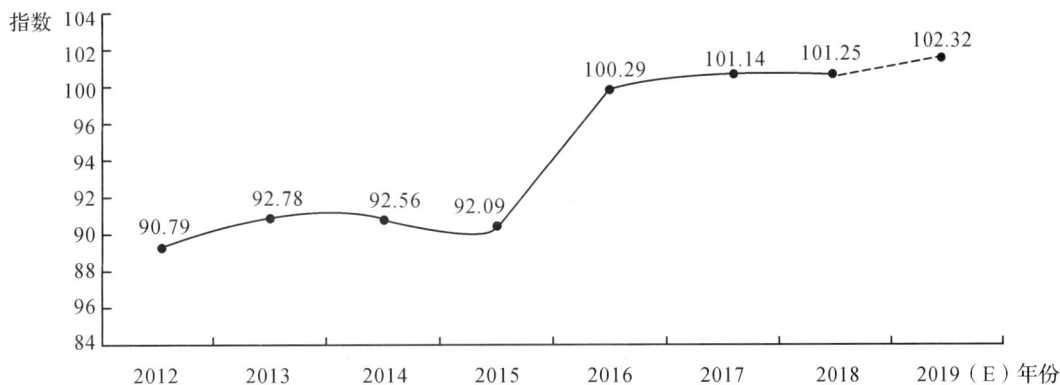

图 3-10 台州市小微企业综合发展指数走势

注：2019年综合发展指数为预测值

台州是国家级小微金融改革试点以及浙江省首批创新型试点，民营经济发达，小微企业发展较快，已经形成了以医化、装备、材料为支撑的循环产业链，产业基础扎实，同时大力培育新能源等新兴产业；在竞争激烈的全球市场中，台州也有较强的竞争力，其在海洋运输、港口物流等领域表现突出。台州传统产业转型升级态势良好，数字经济发展高效，且各产业之间相互支持、相互促进，这也使得近年该市小微企业综合发展指数得以稳健增长。

作为国家级小微金融改革试点，台州一直在寻求破解小微企业发展难的方法。2017年台州市颁布"股改新政10条""上市新政10条"，条条政策引领企业优化升级，积极对接多层次资本市场,积极寻求破解小微企业融资难的方法。2018年,《台州市政策性融资担保业务风险补助实施细则》出台,填补了台州市融资担保行业风险补助政策上的空白。同时,台州市大力推动银企互动,创新还款方式,2018年上半年全辖银行业通过银税合作对小微企业授信2474户,授信余额35.54亿元,全市小微企业信用贷款余额185.11亿元。截至2018年8月末,小微企业信用保证基金累计担保授信金额177.61亿元,在保余额63.02亿元,这些举措都将有利于解决小微企业融资难的问题。此外,台州市启动小微企业工业园建设改造三年计划,全面改造老旧工业点,降低小微企业的运营成本与商务成本。这些政策的推进落实都将推动小微企业更好地发展,预计2019年台州市小微企业综合发展指数将继续上升。

(六)温州市

温州市小微企业综合发展指数一直处于动态稳定状态。继2016年温州市小微发展指数大幅下降后,2017-2018年温州市小微发展指数基本保持平稳,如图3-11所示。

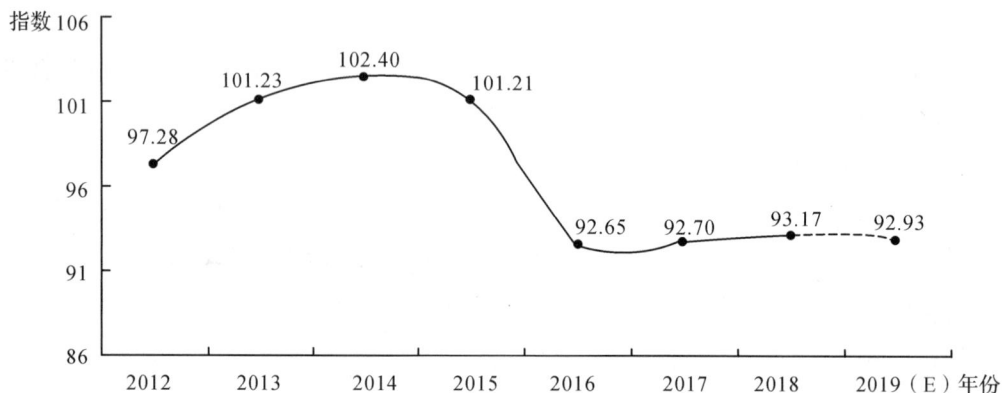

图3-11 温州市小微企业综合发展指数走势

注:2019年综合发展指数为预测值

近年来,温州与时俱进创新发展以"小商品、大市场"为特征的"温州模式",形成了以纺织、皮革、化工、塑料等传统产业为主,以新能源、新技术等新兴产业为辅的多元产业结构,"两化融合"成效显著,规模效益迈上新台阶,使得温州市小微企业综合发展指数整体向好。2017年,温州狠抓实体经济,从"风险先发"到"率先突围",以打造创新创业平台为切入点,积极应对局部金融风波下遇困企业脱困、低端产业转型升级、落后产能淘汰、房产业健康发展等区域性重点工作,着力优化经济结构,取得了供给侧结构性改革的初步成效,2017年温州市小微企业综合发展指数些许回升。2018年,温州获批国家自主创新示范区,着力推动高新技术、智能装备等新兴产业,全面布局智能化、信息化、时尚化、证券化改造,使得小微企业发展指数保持平稳发展。预计2019年温州市小微企业综合发展指数将保持稳定。

(七)金华市

金华市小微企业综合发展指数总体稳定,2017年金华市小微企业综合发展指数89.03,

与2016年相比有所回升,2018年发展指数继续稳步上升,排名全省第七,如图3-12所示。

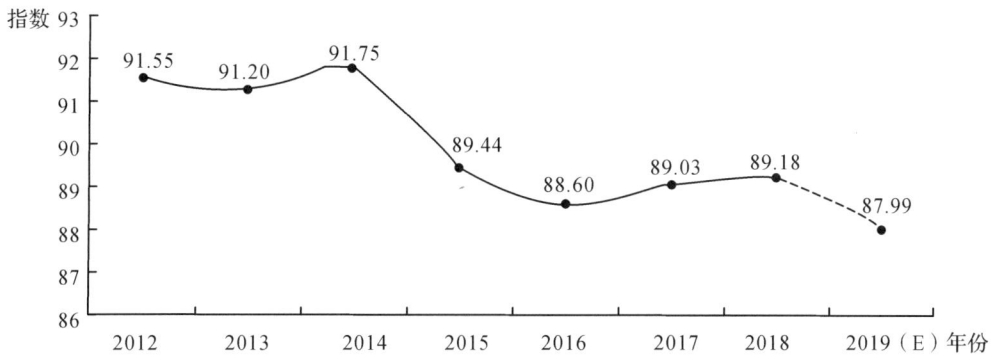

图3-12　金华市小微企业综合发展指数走势

注:2019年综合发展指数为预测值

　　金华拥有小商品市场——义乌、五金名城——永康、东方好莱坞——横店,以"前店后厂,贸工联动"的发展模式形成了制造业、贸易业、文化业多元化产业结构,促进金华小微企业综合发展指数稳定运行。2017年,金华全面推进综合交通、金义科创、浙中生态三大廊道建设,深化智慧城市、海绵城市、公交都市试点,推进重点区块建设,不断加快城乡融合发展;区域新旧动能转换加快,传统产业改造取得成效;聚力推动"义新欧""义甬舟""金满俄"等国际物流运输大通道和金华、上海、宁波、舟山口岸间的集装箱海铁联运通道建设,国际商贸优势进一步巩固,使小微企业综合发展指数有所回升。2018年,金华市入选发改委新一批创新型城市建设名单,先进制造业和现代服务业双轮驱动战略行动计划实施加快。同年8月,金华市进一步制定小微企业三年成长计划,大力推动小微企业产业结构的优化升级,并支持小微企业金融服务创新,这均使金华市小微企业发展形势良好,2018年小微企业综合发展指数稳步上升。

　　但在信息经济持续裂变式增长催生各类新业态、新模式的同时,金华市的金融风险抵御能力无法有效同步,传统产业转型升级平台基础也尚不稳定,加上中美贸易战所导致的出口贸易影响深化,预计2019年金华市小微企业综合发展指数将有所下滑。

(八)湖州市

　　湖州小微企业综合发展指数总体稳定,2018年台州市小微企业综合发展指数为64.42,与上年保持稳定,如图3-13所示。

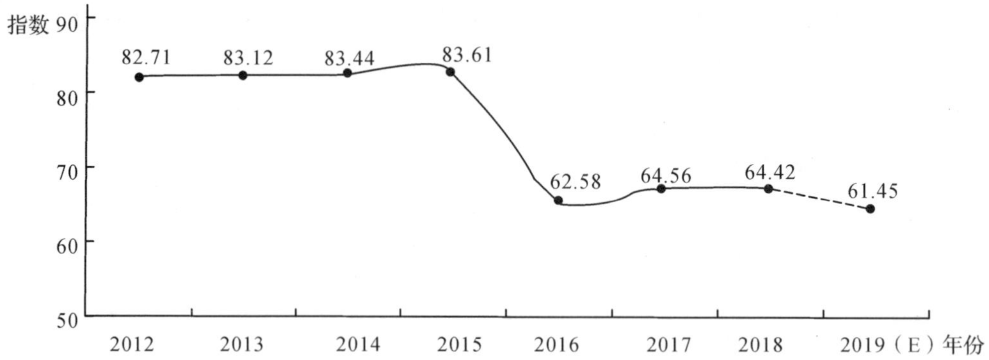

图 3-13　湖州市小微企业综合发展指数走势

注:2019年综合发展指数为预测值

　　湖州拥有信息服务、智能装备、旅游、生物医药四大主导产业,以及金属新材、绿色家居、特色纺织等六大特色产业,整体集聚效应凸显,产业结构特色鲜明,市场规模也不断扩大,使得湖州市小微企业综合发展指数较为稳定。2017年,湖州作为全省唯一的农业供给侧结构性改革集成示范试点,在全省率先开展"标准地"和企业投资项目发改委"一窗服务"试点工作的同时,深入实施"金象金牛"大企业、"高技术高成长"企业和科技型小微企业成长等培育计划,实现培大育强突破性进展。加上湖州市全方位推进国家绿色金融改革创新试验区建设,深入实施"1+N""人才新政"以及新一轮南太湖人才工程,使得2017年小微企业综合发展指数有所回升。2018年,湖州市根据《湖州市加强小微企业园区建设管理的十条意见》规定,安排小微企业园建筑面积补助200万元;发布《湖州市"小微企业三年成长计划"(2018—2020年)》,积极推动纺织、服装、皮革等传统制造业改造提升,引导小微企业从事八大万亿产业,发展电子商务、物联网、云计算、大数据、智慧物流等新技术和新业态。这些均使得湖州市的综合发展指数维持在较为稳定的状态。但是,湖州行业增加值两极分化趋势愈发明显,较多短板尚未解决,预计2019年小微企业综合发展指数将有些许下滑。

(九)丽水市

　　丽水市小微企业整体综合发展指数偏低。2018年丽水市小微企业综合发展指数为62.34,较上年略有上升,排名浙江省第九,如图3-14所示。

　　丽水市一直以来坚持以生态环境为第一载体,突出转型绿色发展,但整体旅游产品的技术性与创新性较弱,同质化现象较为严重,而政府扶持力度有限,融资渠道狭窄,导致丽水市小微企业综合发展指数整体偏低。2017-2018年,丽水市以农业版"浙江制造"为契机,将绿色发展综合改革创新区从理念转变成了实践,"治城治乡"覆盖全域,"生态+"供给侧结构性改革成效也较为显著,再加上腾讯"互联网+"创新基地落户丽水,创新驱动持续加力,"国家公园+美丽城市+美丽乡村+美丽田园"的市域空间不断融合发展,现代化生态产业体系建设加快,使得小微企业综合发展指数得以缓慢回升。此外,丽水市还发布了《关于加快小微企业园高质量发展的实施意见》,指出要进一步加快建设高质量小微企业园,以此促进小微企业高质量发展、培育新动能、解决"低、散、乱",推动经济转型升级。在政府大力扶持之下,不符合发展方向的产业和低效落后的企业仍旧是丽水小微企业整体发展的一大阻碍,预计2019年丽水小微企业综合发展指数将有所下滑。

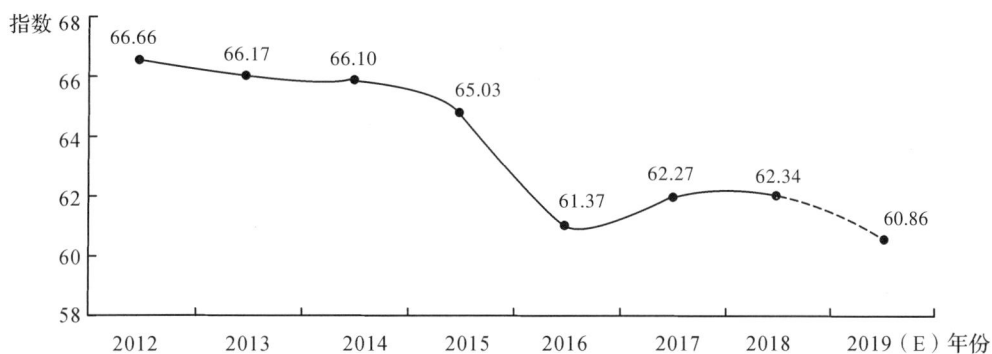

图3-14　丽水市小微企业综合发展指数走势

注:2019年综合发展指数为预测值

(十)衢州市

衢州小微企业综合发展指数整体较低,2018年衢州市小微综合发展指数为45.42,基本与上年持平,排名浙江省第十,如图3-15所示。

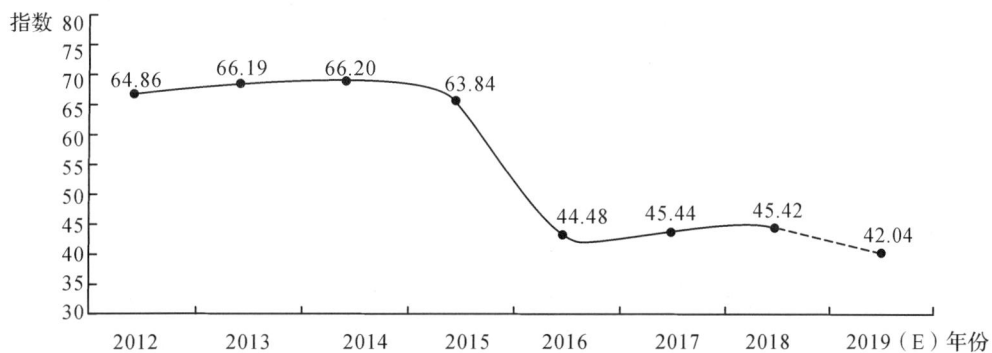

图3-15　衢州市小微企业综合发展指数走势

注:2019年综合发展指数为预测值

衢州作为浙江重要工业阵地,造纸及纸制品业、装备制造业两大主导产业就占据工业主营业务收入的七成之多。但从整体产业结构而言,衢州以工业发展为主,结构较为单一,资源依赖性较高,市场灵活性较低,企业绿色发展程度也较低。加上衢州信息化水平、创新能力无法同步,小微企业融资难、招工难、盈利难,导致衢州市小微企业综合发展指数偏低。2017-2018年,衢州谋划推进高铁新城、杭深高铁近海内陆线和浙西航空物流枢纽三大战略性项目,使得"东融杭州、杭衢一体"进程加快;强化规划赋能、项目赋能、人气赋能,着力打造特色小镇群落以及便民服务等重大项目,入选联合国首批可持续发展示范城市;成功引进阿里巴巴大数据等高端项目与创新团队,积极培育智慧产业,加快传统产业转型升级,使得2017-2018年衢州市小微企业综合发展指数有所回升。受中美贸易战影响,加之衢州产业结构相对单薄,市场应对能力偏弱,衢州整体对外贸易出现瓶颈。此外,衢州政府着力稳增长、调结构、防风险的同时,原材料成本居高不下、企业用地难、用地贵等小微企业发展问题仍旧存在,预计2019年发展指数将略微下降。

(十一)舟山市

舟山小微企业综合发展指数长期处于低位运行状态,2018舟山市小微企业综合发展指数为42.82,较上年略有回升,排名浙江省第11名,如图3-16所示。

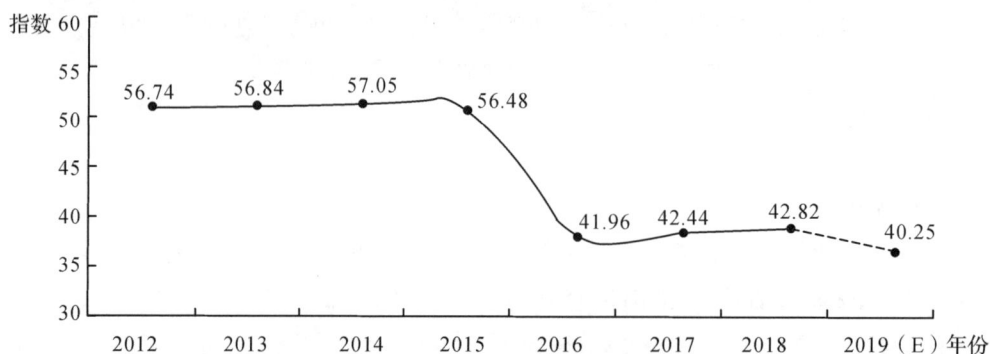

图3-16 舟山市小微企业综合发展指数走势

注:2019年综合发展指数为预测值

舟山小微企业作为海洋产业集聚地,水产品加工业、船舶制造业和化学制品制造业是其三大主导产业。但近年来,水产品国际贸易逐步市场化,全球航运市场低迷;而土地、淡水、能源资源等的缺乏,同步制约了舟山大规模的经济建设,使得舟山小微企业发展指数始终处于低位,产业结构亟须优化升级。2017年,舟山以港产城联动发展为重点,以自由贸易试验区挂牌为契机,全面推动123项建设任务,启用国际贸易"单一窗口",同时,义甬舟开放大通道,金塘物流园区以及中澳现代产业园等建设不断深化。2018年,舟山着力深化产业结构优化升级,围绕国际物流岛建设,科学谋划海铁联运枢纽中心建设,并积极发展海岛旅游新业态。同年,舟山市发布《舟山市中小微企业服务补贴券管理暂行办法》,启动中小微企业服务补贴券项目,安排2018年市级财政资金"服务券"200万元,并委托舟山市中小企业公共服务平台作为服务券运营管理单位,具体负责服务券的制作、发放、登记、审核、兑现及结算等工作。但是,舟山发展投资项目的支持力不足,短期内新的经济增长点较为缺乏,船舶业等主要行业发展基础也尚不稳定,小微企业融资难、融资贵等问题持续存在,预计2019年舟山市小微企业综合发展指数将有些许回落。

三、全省小微企业综合发展指数走势分析

本书通过对11地市平均计算得到2018年小微企业综合发展指数,并结合历年小微企业综合发展数据,通过最小二乘法预测得到2019年的浙江省小微企业综合发展指数,如图3-17所示。

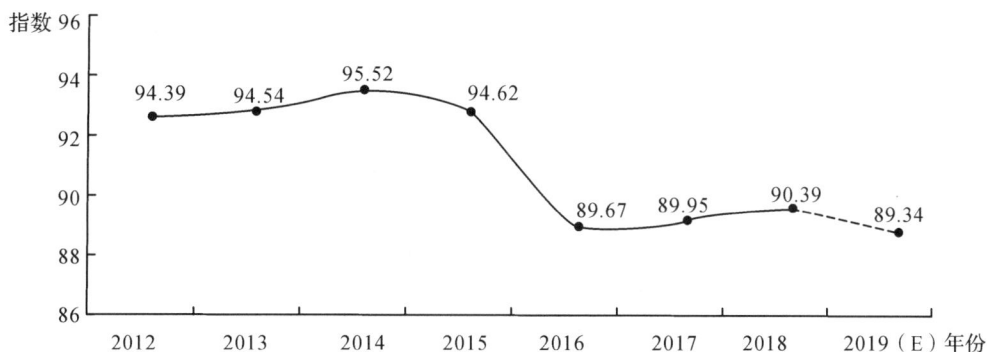

图3-17　浙江省小微企业综合发展指数走势

注:2019年综合发展指数为预测值

从图3-17可知,2012-2014年浙江省小微企业综合发展指数小幅度上升,2014年浙江省综合发展指数达95.54,2014-2016年发展指数持续回落,但2017-2018年发展指数开始回升,2018年小微企业综合发展指数为90.39。预计2019年浙江省小微企业综合发展指数将有所下滑。

浙江省是小微企业大省,高度重视小微企业发展。2012年浙江省推进国务院关于《进一步支持小微企业健康发展意见》,致力于规范担保、解决融资难、孵化创业园区、全力招商引资。2013年浙江省全面推进"小升规"工作,鼓励和引导小微企业走"专精特新"之路。2014-2016年,小微企业转型升级进入新阶段,由于宏观经济下行,小微企业"小、弱"等特点使其所面临的转型升级的痛点更为明显,小微企业综合发展指数连续下滑。2017年浙江省推动重大开放举措落地,推进国际平台建设,引导中小企业参与"一带一路"建设等,继续深化小微企业扶持政策,大力推进财税支持力度,完善健全融资服务体系及融资担保体系,为小微企业的发展带来新动力。2018年浙江省人力优化中小企业发展环境,推进"最多跑一次""五证合一,一照一码""互联网+政务服务"等政策审批改革,推进中小企业创业创新发展;围绕小微企业组织开展"机器换人"、电商换市、创新培育、智能制造、绿色制造、协同创新和协同制造、管理提升等专项行动,建立"小升规"重点企业培育库等。同年4月,浙江省发布"小微企业三年成长计划",为各地级市提供了指导方针;6月,浙江省印发《关于促进小微企业创新发展的若干意见》,从融资创新、财税支持等具体方面为小微企业的创新发展提供了支持;11月,浙江省市场监管局召开服务民营经济高质量发展实务公示会,会议推出了服

务民营经济高质量发展20项举措,涉及市场准入、质量提高、融资帮扶等多个方面。总体来看,2017-2018年小微企业综合发展指数回暖,但受经济发展的压力和宏观不利因素影响,预计2019年综合指数将稍微回落。

四、综合探讨与展望

(一)"最多跑一次"改革助力浙江小微企业发展稳健回升

近年来,浙江小微企业综合发展指数总体运行平稳。2015-2016年,随着经济下行压力增大、融资困难等问题频繁出现,浙江省小微企业综合发展指数有所回落。2017年,浙江省深化供给侧结构性改革,创新实施"最多跑一次"政策,结合国家"一带一路"等重大战略建设,增加了小微企业发展活力。2018年,浙江省顺应十九大新时代发展号召,结合杭州湾湾区经济、数字经济发展新趋势,滚动实施小微企业三年成长计划,致力于深化开展创新发展、育新扶优、集聚集约发展、融资破难等九大行动,将"最多跑一次"改革深化到底,推进产业创新服务综合体和小微企业园区建设,着力实现小微企业质效提升,使得小微企业综合发展指数稳健回升。

(二)数字经济助力小微企业转型升级

数字经济就是以数字化的知识和信息为关键生产要素、以现代信息网络为重要载体,通过广泛应用大数据、人工智能等技术,并与各类经济活动深度融合,显著优化经济运行环境,提升经济运行质量和运行效率。数字经济是创新经济、绿色经济、开放经济、共享经济,也是充满活力、代表未来的新经济。从全社会角度看,数字经济是推动经济变革、效率变革和动力变革的"加速器"和"放大器"。换言之,面对市场的瞬息变化,小微企业必然需要依赖数字化的信息平台精准洞悉消费者需求所反映的潜在机会,结合智能化的产业装备,提高产业链效率,最终实现经济绩效增长。

2017年,浙江省大力实施"中国制造2025浙江行动纲要",联动推进"数字化+""互联网+""智能化+""标准化+",全面推进智能制造和"十万企业上云"行动,积极培育网络化协同、个性化定制、在线增值服务、分享制造等"互联网+制造业"新模式,加快传统产业数字化、智能化,全面振兴实体经济。2018年,浙江省省长袁家军作政府工作报告时提及,今后5年,浙江将大力发展以数字经济为核心的新经济,聚焦数字技术、生物技术等实施一批省重大科技创新项目,大力发展互联网、物联网、大数据、人工智能等新技术、新产业和一批重量级未来产业,做大做强数字经济;深入实施"中国制造2025浙江行动",全面实施标准化战略,制定实施3000个"浙江制造"标准,统筹推进标准强省、质量强省、品牌强省建设,以工业互联网、企业上云、智能化改造推动传统产业转型升级;高水平建设100个特色小镇,打造全面践行新发展理念的高端平台。

(三)杭州湾大湾区建设为浙江小微企业提供了创新发展空间

2018年全国两会期间,杭州湾作为长三角南最大的战略支点,以其发达的民营经济、独特的海湾资源、丰富的文化底蕴、多元的信息平台等优势,成为浙江省政协委员和人大代表关注的焦点,也为浙江省小微企业带来了新的发展机遇与创新空间。

2017年6月浙江省第十四次党代会明确提出,加快建设环杭州湾城市群,谋划实施"大湾区"建设行动纲要,重点建设杭州湾经济区,加强全省重点湾区互联互通,推进沿海大平台深度开发。2017年10月,浙江省加快实施全面改造提升传统制造业行动计划,积极推出《浙江省推进企业上市和并购重组"凤凰计划"》,不断提升直接融资比重,争取在2020年浙江股权交易中心挂牌的中小企业达到5000家,实现资本市场和实体经济、金融资本和产业资本形成双向对接,提升金融服务,全面振兴新实体经济,为小微企业转型发展带来了新的生机。2017年11月,浙江省首次发布了浙江大湾区建设路径,以及120个大湾区建设项目,总投资约1.5万亿元,旨在通过打造世界级创新型产业集群、现代金融高地、现代科创中心、现代智能交通体系、现代开放门户、现代化高品质国际化城市、国际一流优美生态环境、服务型法治政府、提升公民素质、推进区域一体化这十大举措,将杭州湾建设成为全国现代化建设的新样板、全球新经济革命的重要策源地、长三角区域创新发展的新引擎,力争到2035年建成现代化世界级大湾区。2018年,浙江省以服务"一带一路"建设为方向,积极对接全省大湾区建设行动纲要,强化城市综合功能,打造自身的特色和优势,推动"一核三引擎四廊带十平台"大湾区空间形态格局建设。

(四)"新时代"浙江省小微企业发展机遇与挑战并存

2017年10月党的十九大的召开,明确昭示着中国特色社会主义进入历史新时代,我国经济也由高速增长阶段转向高质量发展阶段。2018年作为新时代发展的开局之年,浙江省政府提出了一系列小微企业发展的重点工作指示,以期抓住新时代背景下数字经济、"一带一路"新机遇,为浙江小微企业的高质量发展提供不竭动力。

然而,面对复杂多变的国际环境,机遇无限,挑战仍存。从大背景看,浙江作为全国经济发展先锋地,已率先进入消费主导的新发展阶段,但反观浙江小微企业,因受制于成本压力大、盈利能力差、竞争力弱、融资困难、营销渠道窄、经营模式单一等问题,仍难以应对消费升级所带来的冲击与挑战,转型升级迫在眉睫;其次,在浙江"互联网+""智能制造"的大环境下,众多小微企业迫切需要更高效、更精准、更普惠的金融服务,以满足企业数据能力和新技术的补充,帮助企业由线上线下经营日益一体化、规模化、标准化的业态向个性化转变,以支持实体经济的稳健发展;再者,浙江省推动小微企业发展时虽然坚持"培大育强"、以点带面的渐进式高质量发展,但仍需要注重纵向产业平衡发展、横向区域平衡发展,实现高新技术产业与传统特色产业相互融合、高效发展,缩短浙江各市级地方单位的发展差距;此外,浙江较多地市发展依赖于对外贸易,却有较多小微企业缺乏国际相关法律意识,投资项目受挫、目标无法实现等现象频发,影响企业"走出去";与此同时,以东京湾区一级集中所带来的区域产业"空洞化",一级港口钢铁、化工等工业产业所带来的公害污染后遗症为教训,浙江在加快建设以高新科技为核心的小微企业创新发展的同时,必须保持生态经济建设同行。

第四章
2018年浙江省小微企业行业发展指数测评[①]

浙江省小微企业行业发展指数测评有助于及时了解和把握浙江省小微企业主要行业发展的最新现状和发展趋势。浙江小微企业行业发展指数测评数据主要来源于浙江省小微企业培育监测分行业数据以及小微企业发展问卷调查分行业数据。

第一节　浙江省小微企业行业发展指数评价指标体系

浙江省小微企业分行业监测指标主要包括工业总产值、出口交货值、用电量、营业收入、营业成本等16个项目。为了使监测数据能够得到充分的利用,运用峰谷对应法对16个项目进行时差分析,在确定各指标的时间性质后,再从同一类型指标中剔除相关性较强的指标,从而最终确定了10个监测指标,并根据指标特性确定了先行指标、一致指标和滞后指标及其权重,具体如表4-1所示。

表4-1　浙江省小微企业行业发展评价指标

指标类别	行业发展监测指标	小类指标权重	大类指标权重
先行指标	固定资产投资额	0.484	0.30
	财务费用	0.516	
一致指标	工业总产值	0.203	0.50
	用电量	0.191	
	营业收入	0.203	
	利润总额	0.203	
	应交税费	0.200	
滞后指标	负债总计	0.339	0.20
	应收账款	0.339	
	从业人员	0.322	
合计			1.00

[①] 本研究为浙江省经济和信息化委员会委托项目成果,同时为国家社会科学基金重大项目(17ZDA088)、国家社会科学基金项目(14BJY084、16CSH014)、浙江省哲学社会科学规划课题重点项目(13NDJC004Z)、浙江省新型重点专业智库中国中小企业研究院重点资助项目的阶段性研究成果。

第二节　浙江省小微企业主要行业发展指数测评

本节主要对主要行业的小微企业发展指数进行了分行业测算,将各细分行业归类为纺织产业、原材料工业、装备制造业、轻工业和其他行业五大类行业,分别测算每个行业的小微企业发展指数。

一、数据收集及样本选取

浙江省小微企业数量众多,行业分布广泛。浙江省小微企业行业发展指数测评数据基于浙江省小微企业培育监测平台的财务数据及问卷调查数据。在收集和处理监测数据时,首先参考国家工信部、国家统计局以及各类以行业、产业为研究对象的行业监测调查指标,比对浙江省小微企业培育监测平台监测数据中的行业类别及企业数量,将各细分行业归类为纺织产业、原材料工业、装备制造业、轻工业和其他行业五大类行业。其次,按大类将各月报表中的行业企业明细进行汇总整理,统计各细分行业的月度监测企业样本数量,最终选取了12个月中监测企业数最多的行业作为本章研究的行业样本,如表4-2所示。

表4-2　2018年浙江省小微企业分行业月均监测企业数量

(单位:家)

行业大类	行业细分	企业数量	行业大类	行业细分	企业数量
纺织产业	纺织业*	849	轻工业	农副食品加工业	166
	纺织服装、服饰业	556		食品制造业	72
	化学纤维制造业	38		酒、饮料和精制茶制造业	43
原材料工业	石油加工、炼焦和核燃料加工业	9		皮革、毛皮、羽毛及其制品和制鞋业	412
	化学原料和化学制品制造业	335		家具制造业	267
	非金属矿物制品业	232		造纸和纸制品业	308
	黑色金属冶炼和压延加工业	151		文教、工美、体育和娱乐用品制造业	354
	有色金属冶炼和压延加工业	155		橡胶和塑料制品业*	988
装备制造业	通用设备制造业*	967	其他	金属制品业*	752
	专用设备制造业	367		木材加工和木竹藤棕草制品业	288
	汽车制造业	389		印刷和记录媒介复制业	190

行业大类	行业细分	企业数量	行业大类	行业细分	企业数量
装备制造业	铁路、船舶、航空航天和其他运输设备制造业	121	其他	医药制造业	117
	电气机械和器材制造业	567		其他制造业	1275
	计算机、通信和其他电子设备制造业	179		废弃资源综合利用业	28
	仪器仪表制造业	78		金属制品、机械和设备修理业	47

注:*表示2018年度浙江小微企业培育与监测平台月均监测企业数量较多的行业。

二、数据整理及预处理

根据表4-2的数据,选择浙江省小微企业培育与监测平台监测企业数量最多的橡胶和塑料制品业(988家)、通用设备制造业(967家)、纺织业(849家)以及金属制品业(752家)四大行业作为研究行业发展指数的测评对象。

在整理四大主要行业监测数据时,先将四个行业每月的数据筛选出来,再按行业归并,得到每个行业连续24个月的源数据。然后将源数据按照每月上报企业占最大企业数的比例进行放大,得到一致化的数据,并且将四个行业每月的16个指标数据汇总成季度数据,进行发展指数的计算。在数据处理过程中,对于异常指标(如指标值异常大,运算得到的季度数据出现负值等情况)按统计学方法进行预处理。同时,确认企业数据是否存在误报,对误报数据多的企业样本做剔除处理。

三、行业发展指数的计算方法

本章采用合成指数的方法,分以下三步计算浙江省小微企业行业发展指数。

首先,运用峰谷对应法确定备选的16个指标与参与指标的峰谷对应情况,选用工业总产值作为参照指标,运用Excel软件绘出折线图,观察各指标上升和下降的变化趋势,与参照指标的变化趋势做比较,将指标进行归类,最终筛选出10个指标,具体如表4-1。然后,运用层次分析法计算得到每个指标的权重,用于合成指数的计算。

其次,运用合成指数方法计算每个行业的先行指数、一致指数、滞后指数,并按照3:5:2的权重合成计算出浙江省小微企业行业发展指数。将小微企业行业发展指数与企业家信心指数按照4:6的权重进行合成计算,得到小微企业主要行业发展指数。

最后,运用2012-2018年浙江省7年小微企业主要行业发展指数的数据,通过回归分析得到2019年发展指数的预测值。

四、行业发展指数的计算结果及总体特征

根据以上方法,计算得到2012—2018年浙江省小微企业主要行业发展指数以及2019年的预测值,如表4-3所示。

表4-3　浙江省小微企业四大主要行业发展指数

主要行业	2012	2013	2014	2015	2016	2017	2018	2019(E)
纺织业	114.62	114.25	108.91	112.88	115.65	119.45	118.05	118.75
金属制品业	134.56	130.86	121.37	124.96	108.53	109.85	111.63	102.59
通用设备制造业	137.55	127.55	114.54	123.80	99.37	99.66	100.05	88.44
橡胶和塑料制品业	128.96	128.71	141.73	132.27	85.27	86.61	89.97	76.56

注:2018年发展指数通过上半年数据计算而得,2019年发展指数值为预测值。

从表4-3可以看出,浙江省四大主要行业2018年发展指数有升有降。其中,橡胶和塑料制品业发展指数上升幅度最大,同比上升3.88%。其次是金属制造业,2018年发展指数同比上升1.62%。通用设备制造业发展指数的回升较为缓慢,同比上升0.39%。而纺织业发展指数呈下降趋势,同比下降1.17%。预测2019年总体发展指数将有所下降。

第三节　浙江省小微企业主要行业发展指数波动趋势分析

本节主要对纺织业、金属制品业、通用设备制造业和橡胶和塑料制品业等浙江省四个传统优势行业的小微企业发展指数波动情况及趋势进行分析。

一、纺织业

浙江作为中国纺织印染产业第一大省,一直将纺织业作为支柱行业发展,许多纺织公司在杭州(萧山、建德等)、海宁、绍兴、宁波、金华(浦江、义乌等)等城市聚集,逐渐形成了完整的产业链,城与城之间建立了跨区域合作关系网。近几年来,纺织业发展势头不减,作为纺织工业大省,有效地监控各年发展指数,预测未来发展态势,可使浙江省的纺织业健康稳定地发展,立于全国不败地位。如图4-1所示,浙江省纺织业在2012—2013年发展情况较为平稳,2014年出现小幅下滑,2015—2016年发展指数稳中有升,2017年持续走高,2018年发展指数未能维持上升趋势,呈小幅下降。

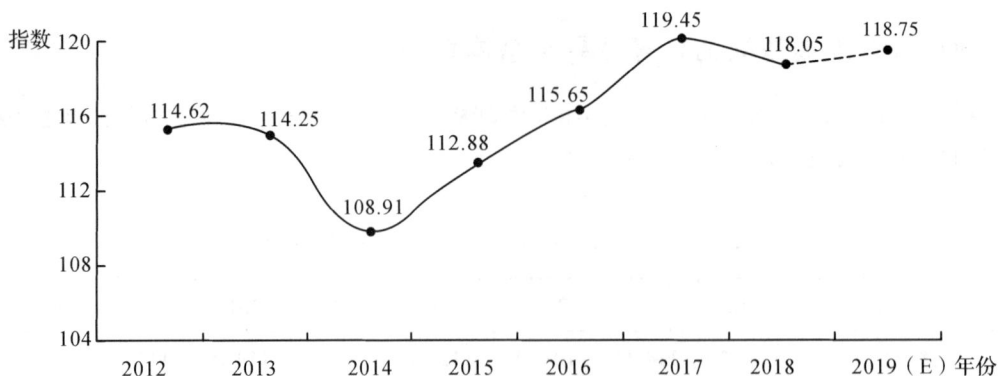

图4-1　浙江省纺织业发展指数波动趋势

注：2019年发展指数为预测值

　　2017年为了进一步规范印染行业管理，国家加大对印染行业的管控，加快行业结构调整和转型升级，工业和信息化部修订并印发了《印染行业规范条件（2017版）》和《印染企业规范公告管理暂行办法》两个新版文件，废止了旧版文件。浙江省积极响应国家号召，大力推进纺织业转型升级，规范印染行业生产经营和投资行为，同时推进节能减排清洁生产，引导印染行业向技术密集、资源节约、环境友好型产业发展。这些利好政策使得2017年浙江省小微企业纺织业发展指数持续走高，达到历史最高点。

　　《中华人民共和国环境保护税法》于2018年1月1日起施行，依照该法规定征收环境保护税，不再征收排污费。环保成本和疯狂上涨的染料价格让印染企业的生存和发展陷入了新的困境。2018年以来，因为环保督查问题，分散染料的价格调整多次，在数月之内价格翻了好几番，同时随着中央及地方政府出台更多政策进一步提高环保标准，印染行业再次进入产能收缩期，产能的缩减直接影响了订单的出货速度，导致交期的延长。这些因素对原本就肩负着节能减排重担的印染企业造成了巨大的影响，让印染企业的发展困难进一步加大。因而，2018年浙江省小微企业纺织业发展指数较上年相比有所下降，但整体发展指数仍高位运行，预计2019年指数将保持平稳。

二、金属制品业

　　金属制品产业是国内的主导产业，占工业的半壁江山。金属制品行业主要包括结构性金属制品制造、金属工具制造、集装箱及金属包装容器制造、不锈钢及类似日用金属制品制造等。浙江省是金属制品生产大省，是国内最大的五金产品制造基地和产品集散中心。虽然近年发展态势逐渐下滑，但历年发展指数仍在100点以上，这表明金属制造业在浙江省制造业的地位仍不容小觑。如图4-2所示，金属制造业在2012-2014年呈稳定下降的趋势，2015年出现拐点，由降转升，但仍阻挡不住发展指数下滑的趋势，2016年大幅下降，2017-2018年发展指数呈缓慢上升趋势。

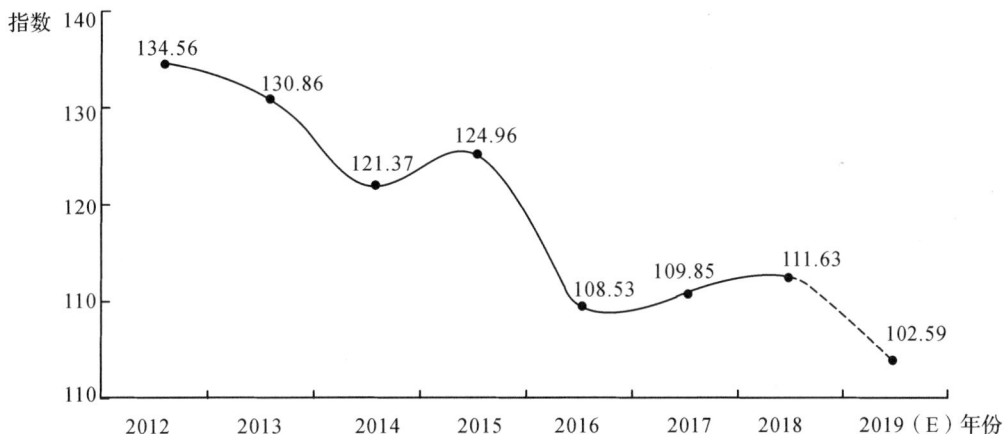

图 4-2 浙江省金属制品业发展指数波动趋势

注：2019年发展指数为预测值

国家质检总局、国家标准委于2017年发布了最新修订的《国民经济行业分类(GB/T4754-2017)》，将"31黑色金属冶炼和压延加工业"大类和"32有色金属冶炼和压延加工业"大类中调整到"33金属制品业"大类下。自此，金属制品业的范围更加广泛，行业未来发展更具潜力。

2018年，随着国家"互联网+"政策的出台，各行各业纷纷响应，建立互联网思维，传统的金属制品企业迎来了转型升级的新机遇。多地创建了"金属制品"互联网平台，借助互联网、大数据、物联网等先进技术，充分整合行业资源，打通线下线上渠道，汇集金属制品行业资讯、产品信息、市场供求、优质厂商等信息，打造了专业的行业资讯和交易平台。"互联网+金属制品"的发展模式，打破时间地域限制，开拓了市场营销渠道，动态掌握市场信息和消费需求，是未来行业发展的必然趋势，发展空间巨大。因此，2018年浙江省小微企业金属制品业发展指数同上年相比小幅上涨。在金属制品行业市场饱和，产能过剩的影响下，预计2019年发展指数将有所下滑。

三、通用设备制造业

通用设备制造业是装备制造业中的基础性产业，为工业行业提供动力、传动、基础加工、起重运输、热处理等基础设备，钢铁铸件、锻件等初级产品和轴承、齿轮、紧固件、弹簧、密封件等基础零部件。行业产品应用领域广泛，主要涵盖航空航天、交通运输、石油化工等市场。浙江作为通用设备制造业大省，十分重视其未来的发展。如图4-3所示，浙江省通用设备制造业发展指数在2012-2014年间大幅下降，2015年有所回暖由降转升，而2016年又大幅下降，2017-2018年呈小幅上升趋势。

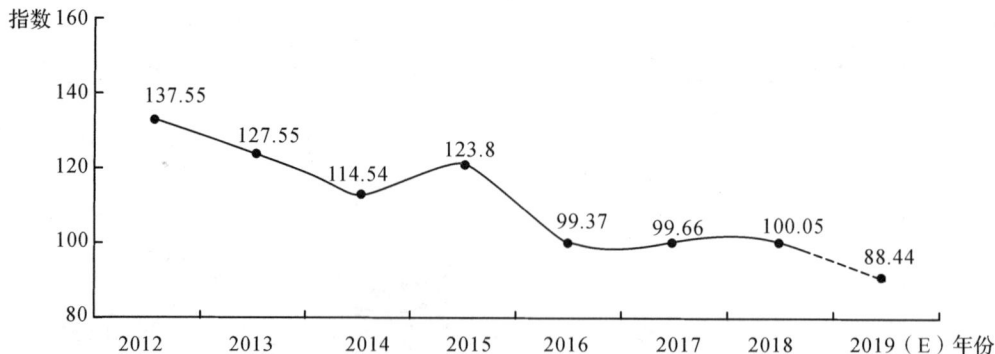

图4-3　浙江省通用设备制造业发展指数波动趋势

注：2019年发展指数为预测值

2017年浙江省通用设备制造业发展指数继上一年的断崖式下降后有小幅回升，但仍然达不到前几年的高度，主要是因为以下几方面因素仍然制约着浙江省通用设备制造业的发展：首先，浙江省通用设备行业以小微企业为主，产成品以齿轮、轴承紧固件等中低端产品为主，产品附加值较低，行业发展指数受原材料的价格影响较大。继2016年螺纹钢触底反弹之后，国内螺纹钢供应略显紧张，这使得螺纹钢价格在2017年重回历史高位。原材料价格的上涨，无疑加大了小微企业的生产成本，缩减了企业利润上升的空间。其次，市场需求的不足，导致2017年通用设备制造业主要产品产量延续着自2015年以来的下降趋势。行业投资额下降，资产报酬率不高，资金投入扩大生产的意愿不足，主要产品产量的持续减少，都使得通用设备制造业未能走出困境。

根据国家统计局数据显示，截至2018年10月我国通用设备制造业出口交货值达4328.80亿元，比上期同期增长8.4%。出口交货值的增长表明通用设备制造业国内外市场需求提高，产业核心竞争力增强。因而2018年浙江省小微企业通用设备制造业发展指数同上年相比有所增长。但随着国际贸易争端的日益升温，2019年通用设备制造业发展指数有可能继续出现下滑。

四、橡胶和塑料制品业

近些年来，橡胶和塑料制品已经广泛应用于人们生活、国际经济、国防军工和高科技等领域。中国的塑料行业主要是把塑料制品的加工作为核心，主要包括塑料加工、磨具以及机加工等。橡胶工业为区别于作为原料的天然橡胶和合成橡胶生产业，又将它称为橡胶加工工业。浙江省橡胶和塑料制品制造业起步早、发展快，已形成较好的产业基础，是中国重要的橡胶和塑料制品生产基地。如图4-4所示，浙江省橡胶和塑料制品业发展指数在2012-2013年间走势平缓，在2014年达到最高点，之后呈断崖式下降，2016年下降至历年最低，2017-2018年小幅上升，但与2014年相比仍位于谷底。

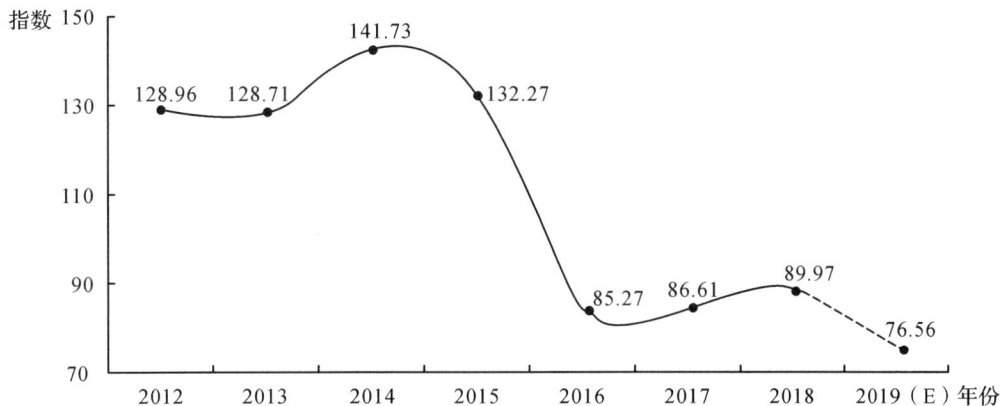

图4-4　浙江省橡胶和塑料制品业发展指数波动趋势

注：2019年发展指数为预测值

2017年浙江省政府印发了浙江省《橡胶和塑料制品制造业改造提升实施方案（2017-2020年）》，该方案旨在剖析橡胶和塑料制品业的产业现状以及制定该行业至2020年的目标要求。该方案指出，浙江省橡胶和塑料制品业产业规模占比较高，产品种类覆盖较广，产业集群效应明显，龙头企业竞争力较强，但质量效益水平不高，技术创新能力不够，中高端产品供给不足。橡胶和塑料制品业的发展指数虽然继上一年的断崖式下降后有所回升，但仍然达不到前几年的高度。

2018年，经过新一轮的产业结构调整，我国橡胶和塑料制品业有效地提高了企业竞争力，增加了国内外市场的占有率，稳定和扩大了出口。为适应日益激化的国际市场竞争，走集团化、国际化的路子，打破我国"低端"发展的路线，逐渐走向高端化的产品竞争，橡胶和塑料制品业仍要进一步加快推动技术创新，优化产业结构，培育优质企业并积极推广智能制造。根据浙江省统计局数据统计，截至2018年8月，橡胶塑料制品业行业增加值同比增长5.3%，表明2018年该行业的发展趋势较上年相比有所好转。预计2019年发展指数将继续保持低位小幅增长。

第四节　浙江省小微企业主要行业发展指数综合分析

本节主要对纺织业、金属制品业、通用设备制造业和橡胶和塑料制品业等浙江四个传统优势行业的小微企业发展指数波动的总体特征和原因进行了分析。

一、近几年浙江省主要行业发展指数波动的总体特征

本书通过分析并处理浙江省小微企业的动态监测数据，得到了浙江省纺织业、金属制品业、橡胶和塑料制品业和通用设备制造业四大主要行业的发展指数。如图4-5所示，2016年橡胶和塑料制品业、金属制品业和通用设备制造业的发展指数遭遇"滑铁卢"，尤其是橡胶和

塑料制品业的发展指数急转直下,创历史新低。2017年金属制品业、通用设备制造业、橡胶和塑料制品业三大主要行业发展指数相对于2016年均有所回升但仍达不到前几年的平均水平,其中纺织业呈缓慢上升趋势,发展指数达到小高点。2018年三大主要行业发展指数在上年的增长趋势下继续上涨,而纺织业整体趋于平缓。

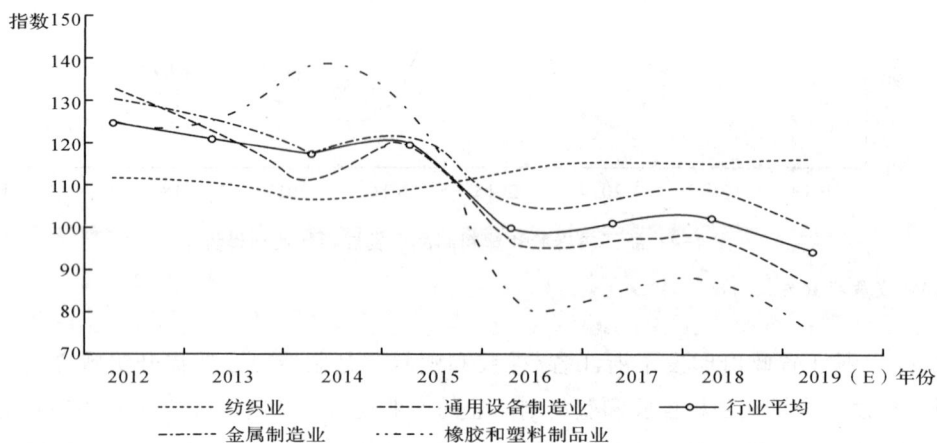

图4-5　浙江省小微企业四大主要行业发展指数比较图

注:2019年发展指数为预测值

二、浙江省主要行业发展指数波动的原因与对策

受国家宏观调控的影响,2017年浙江省四大主要行业发展指数平均值较2016年略微回升。其主要原因有:一,国家及浙江省政府制定了一系列制造业改造方案及中小企业促进措施,以保障小微企业的正常运行及发展。如浙江省政府出台《浙江省全面改造提升传统制造业行动计划(2017-2022年)》,重点启动纺织、服装、皮革、化工、化纤、造纸、橡胶塑料制品、非金属矿物制品、有色金属加工、农副食品加工这10个制造业改造提升工作。二,浙江深度融入"一带一路",统筹利用资源和产能优势,带动周边城市经济的发展,搭建高端平台,通过项目工程,鼓励"新浙商"再次走出去,为小微企业发展注入新活力。三,浙江省加大力度推进智能制造的发展,引导各地聚力发展智能制造,加快提高制造业供给质量效率,积极探索形成智能制造的标准支撑和可复制、可推广的行业应用范例,推动制造业转型升级和提质增效发展。

2018年浙江省四大主要行业发展指数平均值较2017年有所上升,其主要原因如下:一,为深化企业减负担降成本工作,浙江省在2018年出台了《关于进一步减轻企业负担增强企业竞争力的若干意见》,该意见涵盖了35条举措,涉及降低企业税费负担,降低用能、用工、物流、融资、用地、涉企中介服务收费、制度性交易等方面成本。该项政策进一步减轻了企业负担,优化了企业营商环境,激发了各类市场活力、内生动力和内需潜力,助力企业轻装上阵。二,"城"与"镇"是浙江省行业发展的根本所在,而省内持续推进特色小镇的建设,不仅推动了"产、城、人、文"融合,还为破解空间资源瓶颈、产业转型升级、改善人居环境、推进新型城镇化提供了有力的抓手。

　　基于上述分析,本书对进一步促进小微企业行业发展提出三点相关的政策建议:一,应对复杂多变的市场环境,企业应积极转变发展方式,加速技术转型升级,提高产品创新力与质量功能,提升品牌价值,不断向更高端的价值链攀升。同时,要积极响应国家及浙江省的号召,严格控制废气废水废渣的排放,做好节能减排的第一道防线。二,浙江省应努力建立与完善中小企业行业发展的公共服务平台,做好服务工作。同时,平台应本着积极推动中小企业"一带一路"参展抱团走出去、加强政府与中小企业对话交流的态度,充分发挥企业和政府之间的纽带作用。三,政府应尽快建立健全小微企业发展制度保障机制,深入了解小微企业发展的难点和痛点,支持和帮助小微企业化解行业管制的政策壁垒,为制造业转型升级提供强有力的金融支持和人才保障。同时,积极培育发展科技型小微企业,努力打造国家小型微型企业创业创新示范基地,引领小微企业向"专精特新"发展,构建小微企业健康发展新格局。

第五章
2018年浙江省小微企业运行发展指数

浙江省小微企业运行发展指数源于浙江省经济和信息化数据服务平台万家小微企业动态监测数据,主要用于小微企业的月度动态监测。本章将详细解释指数指标体系构建过程,并对指数结果及检验进行报告。

第一节　浙江省小微企业运行发展指数指标体系构建

在借鉴国内外相关指数基础上,以波特价值链理论为理论基础,并遵守指数构建的导向性、系统性、可比性、可操作性等原则,浙江省小微企业运行发展指数由运行指数和发展指数2个一级指标构成,其中运行指数包含生产、市场、效益3个二级指标,发展指数包含投资、研发、信心3个二级指标。

一、借鉴参考

对中小微企业相关指数的研究,国内外已经有不少成果。中国中小企业景气指数(池仁勇,2013)、江苏中小企业景气指数等通过对宏观数据、上市公司财务数据、中小企业问卷调查数据的年度分析,反映了中小企业当年的景气情况;美国NFIB小型企业信心指数、渣打中小企业信心指数、湖南中小微企业信心指数通过对企业(主要是企业负责人)的问卷调查,反映了中小企业对未来的预期与判断;交行–复旦中国中小企业成长中指数、浙江省工商局小微企业成长指数等通过对中小企业年度或半年度的调查数据并综合其他宏观数据,评价了中小企业的成长性情况以及影响中小企业成长的因素;中国中小企业发展指数(SMEDI)、经济日报–中国邮政储蓄银行小微企业运行指数、浙江中小企业发展指数通过对影响企业发展的各方面因素的调查,评价了中小企业的综合发展水平与趋势。

借鉴参考以上相关指数的构建经验,并根据浙江省小微企业运行监测的实际情况,形成了浙江省小微企业运行发展指数指标体系。

二、理论基础

价值链理论是哈佛大学商学院教授迈克尔·波特于1985年提出的。波特认为,"每一个企业都是在设计、生产、销售、发送和辅助其产品的过程中进行种种活动的集合体。所有这些活动可以用一个价值链来表明。"企业的价值创造是通过一系列活动构成的,这些活动可分为基本活动和支持性活动两类,基本活动包括投入性活动、生产性活动、产出性活动、市场与销售、售后服务等,支持性活动则包括采购、研究与开发、人力资源管理和企业基础设施等。这些互不相同但又相互关联的生产经营活动构成了一个创造价值的动态过程,即价值链。如图5-1所示。

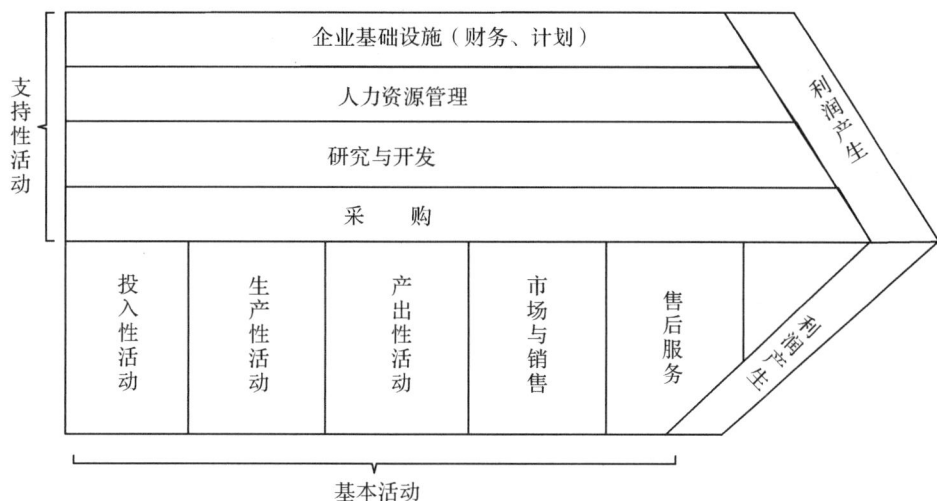

图5-1　波特价值链图

本章小微企业运行发展指数构建的理论基础就是企业价值链理论。在开发浙江小微企业运行发展指数过程中,根据波特价值链理论,从企业价值创造的环节出发,结合浙江省小微企业实际,将企业核心的生产经营活动作为开发指数的依据。具体而言,对应企业价值链的生产活动,提出了生产指数;对应企业价值链的市场和销售活动,提出了市场指数;对应企业价值链的投入性活动,提出了投资指数;对应企业价值链的研究和开发活动,提出了研发指数;对应企业价值链的最终成果利润,提出了效益指数;此外,还基于企业对未来的预期提出了信心指数,基于企业经营的各项成本提出了成本指数。

三、构建原则

指标体系的建立是小微企业运行监测的核心部分,是影响监测结果可信度的关键因素。构建科学合理的小微企业运行监测指标体系应遵循以下原则:

(一)导向性原则

入选指标要能真实地体现和反映运行监测的目的,能准确地刻画和描述监测对象的特征,要涵盖为实现监测目的所需的基本内容。同时,入选指标也要为监测对象实现更高更好的运行目标提供努力和改进的方向,即入选指标在体现监测目的的基础上应具有一定的导向性。

(二)系统性原则

小微企业运行发展指标体系是一个结构复杂的大系统,由众多相互联系的子系统即构成要素组成。但这一系统并不是各个子系统简单相加,而是要使各个子系统科学地整合以求得系统"整体最优"。因此,必须运用系统论的观点和方法,按总目标系统和子系统构建小微企业运行发展指标体系的系统结构。

(三)可比性原则

可比性原则指指标体系能用于不同地区之间的横向比较和纵向比较。通过横向比较能找出不同地区之间监测指标差别及其原因,通过纵向比较能客观地反映各地监测指标的动态变化。

(四)可操作性原则

可操作性是指监测指标的可观测性以及观测成本的问题。首先,指标体系中的每一个监测指标,无论是定性指标还是定量指标,都要求指标能够被观测与可衡量;其次,监测指标数据应尽可能地公开并能客观获取;最后,监测指标的数据应易于采集,观测成本不宜太大。

构建原则从顶层对小微企业运行发展指标体系的构建提供指导。导向性、系统性、可比性、可操作性分别从不同层面较完整地反映出监测指标体系构建需要满足的基本要求。其中,导向性是综合监测指标体系构建的第一原则,其主要体现了监测对象的实质及价值主体的偏好。

四、指标体系

全面反映浙江省小微企业的运行发展状况,是小微企业运行发展指数的使命。根据波特价值链理论,企业的运行状况是由企业现阶段生产状况、市场销售状况、盈利能力及决定企业未来潜力的投资状况、创新能力和企业家的信心等因素综合决定的,鉴于此,我们构建了"6+1"模式的浙江省小微企业运行发展指数。"6"主要指小微运行指数的6个二级指标:生产指数、市场指数、效益指数、投资指数、研发指数、信心指数;"1"指的是小微运行指数的第7个二级指标成本指数。由于成本的上升或者下降与经济运行高低不具备单调关系,故不参与小微企业运行发展指数的合成,小微企业运行发展指数由"6"合成得到。如表5-1所示。

表5-1 浙江省小微企业运行发展指数指标体系

一级指数	二级指数	具体指标	指标解释
运行指数	生产指数	总产值	反映企业生产变化情况
	市场指数	订单数	反映订单的变化情况
		销售收入	反映企业营收的变化情况
	效益指数	利润	反映企业的盈利变化趋势
发展指数	投资指数	投资	反映企业下一阶段的投资意愿
	研发指数	研发投入	反映企业创新投入趋势
		新产品产值	反映企业创新产出趋势
	信心指数	宏观环境信心	反映企业对下一阶段宏观环境的信心
		行业发展信心	反映企业对下一阶段本行业发展的信心
		企业发展信心	反映企业对下一阶段本企业发展的信心

一级指数	二级指数	具体指标	指标解释
成本指数	用工成本指数	用工成本	反映企业劳动力成本的变化
	融资成本指数	融资成本	反映企业融资成本的变化
	原材料成本指数	原材料成本	反映企业原材料成本的变化

运行指数表示小微企业当月的生产、销售及效益等经营状况,反映的是当前的运行状态。其中生产指数表示的是企业总产值的变化情况;市场指数表示的是企业的销售收入及订单的总体变化情况;效益指数表示的是企业利润的变化情况。发展指数表示的是小微企业的目前的投资、创新及企业主信心状况,反映的是企业下一阶段的发展潜力。其中投资指数表示的是企业投资意愿的变化情况;创新指数表示的是企业研发投入和新产品产值的总体变化情况;信心指数表示的是企业对当前宏观经济环境、所在行业、本企业的信心的总体变化情况。

第二节　浙江省小微企业运行发展指数评价与检验

本节主要对浙江省小微企业运行发展指数的评价方法进行说明,并对指数的历史运行结果进行检验。

一、评价方法

进行指数评价时,由于指标体系中各指标对最终评价目的的作用类型不同,需要对指标做一致化处理。同时各指标的计量单位也不尽相同,甚至相差很大,为了消除计量单位不同造成不可比、不能综合的影响,需要对指标进行无量纲化处理,再依据各指标对最终评价结果的影响大小不同,对指标赋予不同的权数,最后选择合理的测算模型进行评价。

(一)评价指标的预处理

指标预处理的目的是使具有不同类型和量纲的指标可以进行综合汇总,对指标的预处理包括指标的一致化处理和指标的无量纲化处理,其实质是把不能相加或相乘的指标值转化成可以相加或相乘的评价指标值。

指标的一致化处理。按照指标值的变化对评价目标的不同影响,可将指标分为正指标、逆指标。正指标是指标值越大越好的指标,逆指标是指标值越小越好的指标。在进行综合评价之前必须将指标的类型做一致化处理,一般的做法是将逆指标和适度指标转化为正指标。对逆向指标正向化公式为:

$$y_{ij} = \max_{1 \le i \le n} \{x_{ij}\} - x_{ij} \quad \text{或} \quad y_{ij} = -x_{ij}$$

对适度指标正向化公式为:

$$y_{ij} = \max_{1 \leqslant i \leqslant n} |x_{ij} - k| - |x_{ij} - k| \quad \text{或} \quad y_{ij} = -|x_{ij} - k|$$

指标的无量纲化处理。所谓无量纲化,是通过数学变换消除原始指标单位及其数值数量级影响的过程,这是进行指标综合评价的前提。无量纲化过程就是将指标实际值转化为指标评价值的过程。指标的无量纲化方法很多,实际工作中一般采用线性无量纲方法。具体来讲,当综合评价的指标值都是客观数值时,使用均值化方法对指标进行无量纲化,其公式为 $y_{ij} = \dfrac{x_{ij}}{\bar{x}_j}$;当综合评价的指标值是主观分数时,用标准化方法对指标进行无量纲化,其公式为 $y_{ij} = \dfrac{x_{ij} - \bar{x}_j}{\sigma_j}$,其中 $\bar{x}_j$ 和 σ_j 分别是指标 x_j 的均值和标准差,y_j 是无量纲化后指标。

(二)指标权重的确定

综合评价中的权重,是指每项指标对总目标实现的贡献程度,它是反映各指标在评价对象中价值地位的系数。确定权重的方法很多,根据计算权重时原始数据的来源不同可以分为主观赋权法和客观赋权法。

主观赋权法。主观赋权法主要有专家咨询法和层次分析法。其基本原理是:较重要的指标应赋予较大的权重,各指标的权重由专家根据自己的经验和对实际情况的主观判断给出。其优点是可以根据指标的重要性给予相应的权数,重要的指标赋予较大的权数,不重要的指标较小的权数,比较符合权数的本质。但由于指标的权重直接由有关专家给出,因此权数的合理性受到专家主观认识的影响,难免带有很强的主观性。

客观赋权法。客观赋权法主要有变异系数法、熵信息法和多元统计的方法。其基本原理是利用指标的观测值进行赋权,权数的确定完全由统计数据得出。这类方法切断了权重系数的主观性来源,使系数具有绝对的客观性。但却容易出现"重要指标的权重系数小而不重要指标的权重指标系数大"的不合理现象。

浙江省小微企业运行发展指数权重处理采用主观赋权法中的专家咨询法。

(三)评价模型的选择

在对指标体系的各指标进行完预处理和确定了各指标的权重之后,就需要通过一定的评价模型,把评价对象多个指标的评价值合成一个整体性的综合评价值,以便对评价对象做出综合评判。概括地说,就是构造综合评价模型。综合评价模型的种类有综合指数评价法、理想点综合评价法、模糊综合评价法、灰色系统评价法、功效系数法等。

综合指数法是利用一种规则将数据无量纲化,然后区别各个指标的相对重要性,并采用某种方法赋予一定的权数,然后加权计算得到综合指数。功效系数法是根据多目标规划原理,对每一项评价指标确定一个满意值和不允许值,以满意值为上限,以不允许值为下限,计算各指标实现满意值的程度,并以此确定各指标的分数,再经过加权平均进行综合,从而评价被研究对象的综合状况。

浙江省小微企业运行发展指数采用综合指数法评价模型。

二、指数检验

在科学的构建原则与理论基础之上构建的小微企业运行发展指标体系,经过综合评价后能否得到与实际经济状况比较吻合的小微企业运行发展指数,仍然是不确定的,需要对指数运行结果进行检验,来验证构建的指数的合理性。

浙江省小微企业运行发展指数的前身是景气指数,2015年8月构建完成并于当年9月开始在浙江省经济和信息化数据服务平台运行。2018年3月,在小微企业景气指数的基础上,构建了浙江省小微企业运行发展指数。与景气指数相比,小微企业运行发展指数设计科学合理,运行结果更稳健,且能全面地反映小微企业的运行发展情况。为了拉长验证时间,将2015年9月至2018年10月的指数结果(2018年3月以前用小微企业景气指数,2018年3月及以后用运行发展指数)与浙江省规上小微企业工业增加值累计增速对比,结果发现:两者长期趋势一致;两者相关程度较高,且在1%的显著性水平上显著;两者的峰值和谷值具备高度的一致性。如图5-2所示。

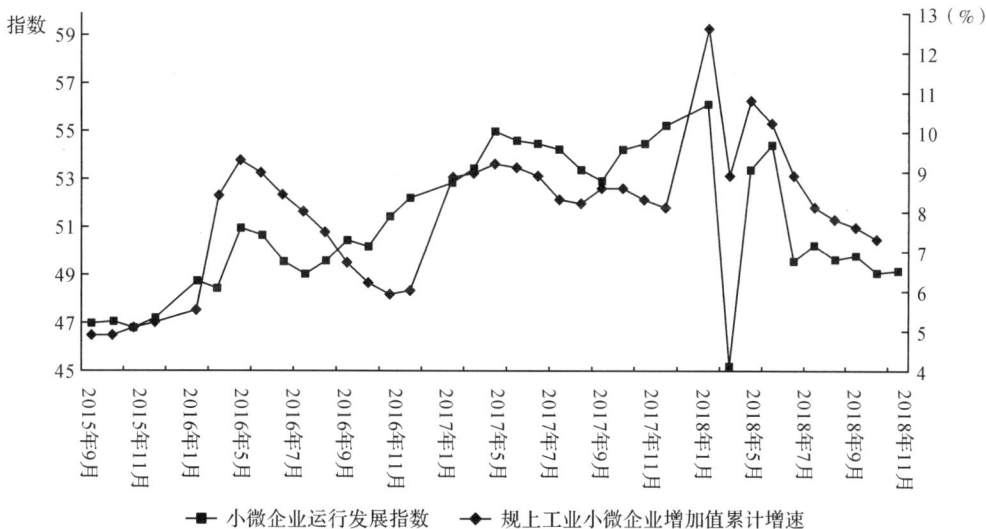

图5-2　浙江省规上小微企业工业增加值累计增速与指数

具体来看,2015年9-12月,低位运行阶段:规上小微企业累计增速低,依次为4.9%、4.9%、5.1%、5.2%,最大值与最小值相差0.3%;景气指数处于衰退区间,在47附近波动,最大值与最小值相差0.3。2016年2-4月,出现转折阶段:规上小微企业累计增速由2月份的5.5%跳升至3月的8.4%,然后继续跳升至4月的9.3%,指数由3月的48.5跳升至4月的51,首次处于景气区间,标志浙江省小微企业增速出现转折,筑底回升;2月增速回升0.3%,但指数回升1.6,体现指数先行性特征。2016年5-12月,震荡整理阶段:规上小微企业累计增速在5.9%-9%之间,处于震荡整理阶段,景气指数处于49.1-52.3的区间震荡,且大部分处于景气区间;11月、12月增速与指数不一致,体现指数先行性特征。2017年2月-2018年2月,向上运行阶段:规上小微企业累计增速由8.9%震荡升至12.6%,处于加速运行区间,景气指数由52.9升至56.2,且所有月份指数均处于景气区间,增速最大值与指数最大值在同1月份出现。2018年3-5月,震荡阶段:3月规上小微企业累计增速由2月的12.6%下滑至8.9%,下滑3.7个百分点;指数由2月56.2下滑至45,下滑11.2个百分点,自2016年9月以来首次跌落至衰退区间;4-5月份指数回升至53.4、54.5,重回景气区间,增速回升至10.8%、10.2%;6月指数下滑至49.6,增速下滑至8.9%。2018年6月-2018年11月,向下运行阶段:6月规上小微企业累计增速由5月的10.2%下滑至8.9%,下滑1.3个百分点;指数由5月的54.5下滑至49.6,下滑4.9%,指数再次跌落衰退区间;7-10月规上小微企业累计增速处于持续下滑状态,指数在49附近波动,一直处于衰退区间。如表5-2所示。

表5-2 浙江省小微企业运行发展指数与累计增速

阶段	时间	规上小微累计增速(%)	指数	备注
低位运行	2015年9月	4.9	47.0	景气指数
	2015年10月	4.9	47.1	景气指数
	2015年11月	5.1	46.9	景气指数
	2015年12月	5.2	47.2	景气指数
出现转折	2016年2月	5.5	48.8	景气指数
	2016年3月	8.4	48.5	景气指数
	2016年4月	9.3	51.0	景气指数
震荡整理	2016年5月	9	50.8	景气指数
	2016年6月	8.4	49.6	景气指数
	2016年7月	8	49.1	景气指数
	2016年8月	7.5	49.6	景气指数
	2016年9月	6.7	50.5	景气指数
	2016年10月	6.2	50.2	景气指数
	2016年11月	5.9	51.5	景气指数
	2016年12月	6	52.3	景气指数

续表

阶段	时间	规上小微累计增速(%)	指数	备注
向上运行	2017年2月	8.9	52.9	景气指数
	2017年3月	9	53.5	景气指数
	2017年4月	9.2	55.1	景气指数
	2017年5月	9.1	54.6	景气指数
	2017年6月	8.9	54.5	景气指数
	2017年7月	8.3	54.3	景气指数
	2017年8月	8.2	53.4	景气指数
	2017年9月	8.6	52.9	景气指数
	2017年10月	8.6	54.3	景气指数
	2017年11月	8.3	54.5	景气指数
	2017年12月	8.1	55.3	景气指数
	2018年2月	12.6	56.2	景气指数
震荡	2018年3月	8.9	45.0	运行发展指数
	2018年4月	10.8	53.4	运行发展指数
	2018年5月	10.2	54.5	运行发展指数
向下运行	2018年6月	8.9	49.6	运行发展指数
	2018年7月	8.1	50.3	运行发展指数
	2018年8月	7.8	49.7	运行发展指数
	2018年9月	7.6	49.9	运行发展指数
	2018年10月	7.3	49.1	运行发展指数
	2018年11月	年	49.2	运行发展指数

　　进一步,将分地区、分行业的指数与对应的累计增速进行比对检验,将分指数与相应的统计指标进行比对检验,发现两者趋势基本一致。尽管浙江省小微企业运行发展指数与规上小微企业工业增加值累计增速范围与含义不完全相同,但从两者一致的趋势、分指数高度

吻合的趋势,尤其是日常工作中的其他相关检验,我们有充足的理由相信:浙江省小微企业运行发展指数能如实反映浙江省小微企业运行发展状况。

第三节　浙江省小微企业运行发展指数特征及运行结果

本节主要对浙江省小微企业运行发展指数的含义及特点进行说明,并报告浙江省小微企业运行发展指数2018年以来的运行结果。

一、浙江省小微企业运行发展指数含义和特点

浙江省小微企业运行发展指数取值范围为0—100,以50为临界点,表示一般状态;指数大于50时,表示小微企业整体运行状况趋好,越接近100表示越好;指数小于50时,表示小微企业整体运行状况趋差,越接近0表示越差。

指数具备以下6个特点:一是全面性,指数分一级指数和二级指数,指标全面,能综合反映小微企业运行发展状况;二是大样本,样本库覆盖浙江省10000余家小微企业,可以分行业、分地区进行横向比较与纵向比较;三是高频率,指数发布频率为月度;四是及时性,指数数据采集为每月1—20号,21号可发布当月指数;五是先行性,指数具备一定的先行性,尤其是分指数发展指数及包含的信心指数;六是准确性,指数准确度高,尤其是在经济出现拐点时,指数能提前预判。

二、浙江省小微企业运行发展指数结果

如表5-3所示,2018年6月以来,总指数及各个分指数均呈现明显的回落态势,表明浙江省小微企业面临下行压力。

表5-3　2018年浙江省小微企业运行发展指数

	3月	4月	5月	6月	7月	8月	9月	10月
企业运行发展指数	45.0	53.4	54.5	49.6	50.3	49.7	49.9	49.1
运行指数	40.1	54.9	56.8	49.3	50.6	50.2	50.5	49.3
生产指数	41.1	57.7	58.4	51.1	52.6	51.5	51.9	50.9
市场指数	41.8	57.0	57.9	49.8	51.4	50.5	50.8	49.8
效益指数	37.3	50.1	54.2	46.9	47.9	48.6	48.7	47.1
发展指数	49.8	51.9	52.2	50.0	49.9	49.3	49.3	49.0
投资指数	46.2	47.7	48.3	45.7	46.0	45.1	45.3	45.4
研发指数	44.3	49.2	49.6	47.6	47.7	47.4	47.8	47.8

	3月	4月	5月	6月	7月	8月	9月	10月
信心指数	58.9	58.8	58.9	56.7	55.9	55.3	54.6	53.7

小微企业运行发展指数反映了企业当前总体生产经营情况以及未来的发展潜力。2018年10月,小微企业运行发展指数为49.1,比上月下滑0.8个百分点,连续3个月处于非景气区间,预示浙江省小微企业运行发展呈现收缩态势,面临下行压力。如图5-3所示。

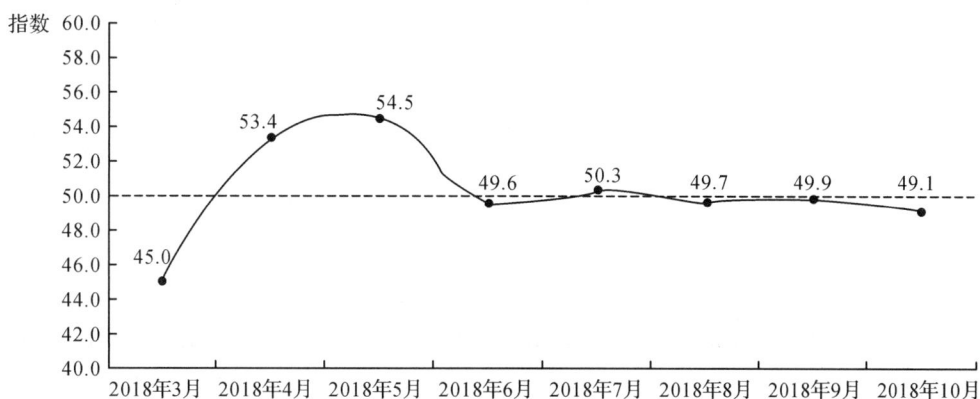

图5-3 浙江省小微企业运行发展指数

其中运行指数为49.3,较9月份下滑1.2个百分点,处于非景气区间,为近4个月以来最低;发展指数为49.0,较上月下降0.3个百分点,继续处于非景气区间。如图5-4所示。

6大分项指数呈现"四降一升一平",生产指数为50.9,环比下降1.0个百分点;市场指数为49.8,环比下降1.0个百分点;效益指数为47.1,环比下降1.6个百分点。投资指数45.4,环比上升0.1个百分点;研发指数47.8,与上月持平;信心指数53.7,环比下降0.9个百分点。

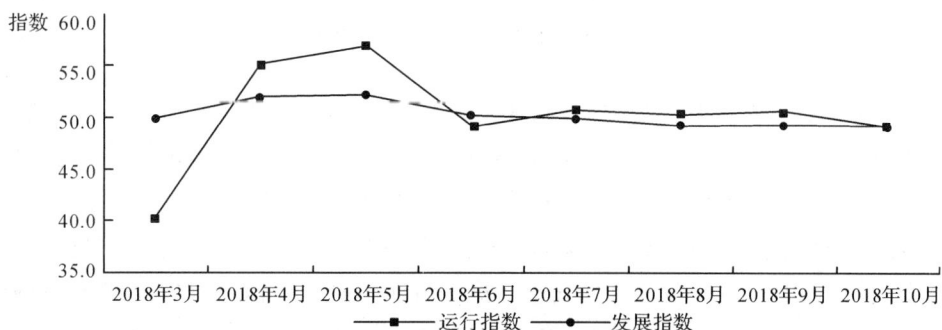

图5-4 浙江省小微企业运行指数和发展指数

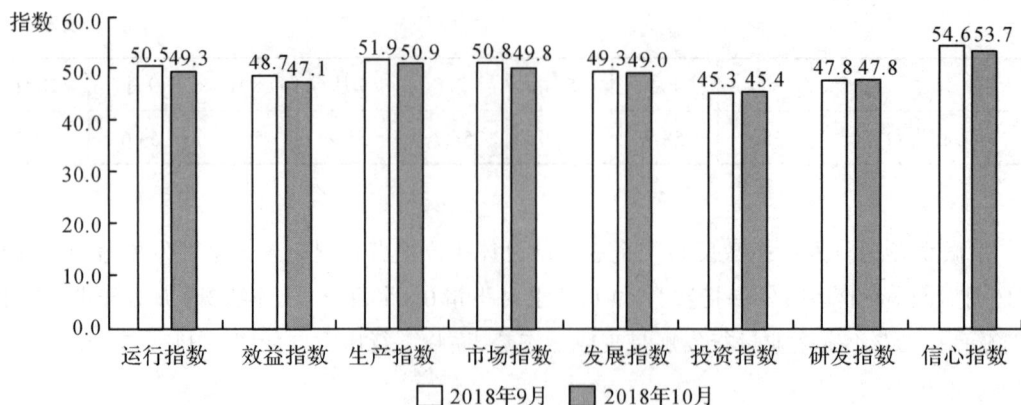

图5-5 浙江省小微企业分项指数情况

（一）生产指数

生产指数反映的是小微企业总产值的变化情况。从生产指数看，2018年以来小微企业生产呈现稳中趋缓态势。2018年10月，小微企业生产指数为50.9，环比下降1个百分点，但仍处于景气扩张区间，已连续7个月处于景气区间，4月、5月生产指数为本年较高水平，分别为57.7和58.4，从6月开始，生产指数大幅回落到51.1，此后一直在51—52区间波动，10月的生产指数为50.9，为4月以来最低。可见，随着中美贸易摩擦扩大升级，小微企业生产经营逐步受到影响，从6月开始小微企业生产增速总体放缓，四季度面临下行压力。如图5-6所示。

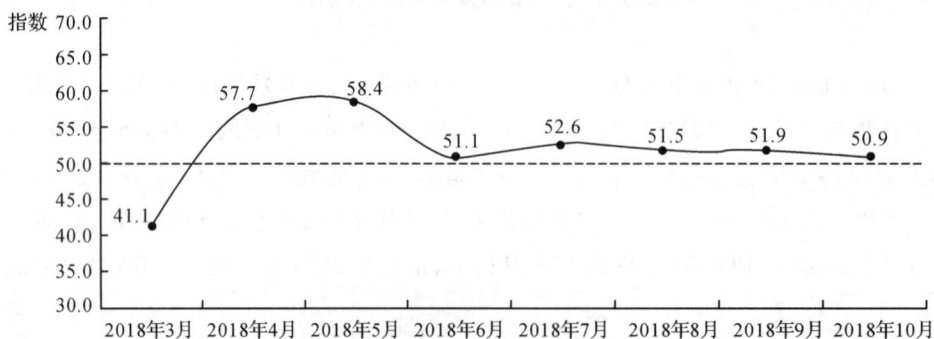

图5-6 浙江省小微企业生产指数

从行业看，2018年10月，31个监测行业中，19个行业生产指数处于景气区间，12个行业处于非景气区间。其中食品（60.0）、医药（56.9）、化工（56.8）、家具（54.8）、非金属矿物制品（54.6）、仪器仪表（54.5）等6大行业生产形势最为乐观，生产指数均在54以上；有色金属（47.1）、酒饮料精制茶（47.6）、废弃资源（47.9）、汽车制造（48.9）这4个行业生产则相对低迷，生产指数均在49以下，处于较不景气状态。31个行业中，20个行业生产指数环比下降，其中废弃资源、农副食品、非金属矿采、计算机通信、皮革毛皮、电气机械、化纤、黑色金属冶炼、通用设备这些行业生产指数下降明显，环比分别下降7.9个、6.5个、5.1个、4.6个、4.1个、4.1个、

3.9个、3.4个和2.5个百分点,预示了下一步多数行业面临生产增速放缓压力。

(二)市场指数

市场指数由销售指数和订单指数2个三级指数组成,其中订单指数又包括国内订单指数和出口订单指数,反映了市场对企业产品的需求情况。从市场指数看,小微企业市场需求三季度较二季度增速放缓,但总体稳定,四季度开始需求呈萎缩趋势。6月市场指数较5月份陡然下滑8.1个百分点后,三季度市场指数均回升到临界值50之上,较4月、5月有较大幅度回落,但仍处于景气区间;10月企业市场指数为49.8,环比下降1个百分点,处于非景气区间。从销售指数和订单指数看,三季度以来,销售指数均处于景气区间,订单指数低于销售指数,基本在临界值附近波动,表明市场指数回落到非景气区间主要受订单指数影响。从出口订单指数看,10月出口订单指数为48.3,环比降低0.4个百分点,已经连续4个月位于临界点以下。市场指数及其分指数销售指数和订单指数总体均呈现下滑态势,尤其是出口订单指数呈现明显下滑趋势,表明受中美贸易摩擦及国内经济下行压力影响,小微企业市场有萎缩趋势。如图5-7至图5-9所示。

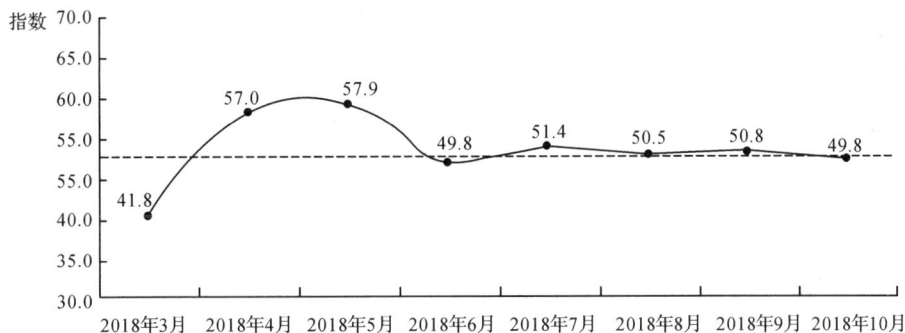

图5-7   浙江省小微企业市场指数

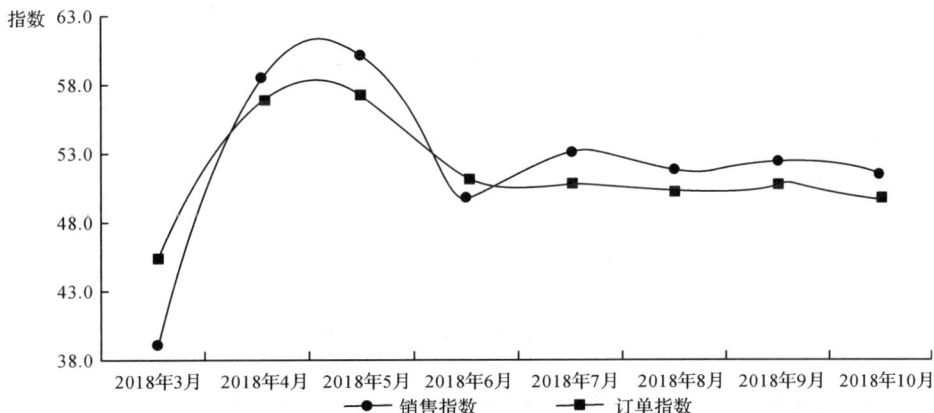

图5-8   浙江省小微企业销售指数和订单指数

图5-9　浙江省小微企业出口订单指数

从行业看,2018年10月,24个有出口的行业中,14个行业出口订单指数位于临界点以下,12个行业出口订单指数环比下降,其中医药、计算机通信、黑色金属、食品、皮革毛皮、汽车、电气机械、铁路船舶航空航天、文教工美体、家具这些行业出口订单下滑明显,出口订单指数环比分别下降6.0个、5.6个、4.8个、4.8个、4.5个、3.6个、3.6个、3.0个、2.9个、2.1个和1.5个百分点。

(三)效益指数

效益指数反映的是小微企业利润的变化情况。从效益指数看,小微企业盈利能力总体较弱,利润受挤压明显。从2018年全年看,除4月、5月外,小微企业效益指数均在临界点以下,同年10月,小微企业效益指数为47.1,环比下降1.6个百分点,连续5个月位于非景气区间,在原材料、人工等综合成本不断上升,贸易摩擦升级背景下,小微企业盈利能力进一步受到挤压,利润收缩态势明显。如图5-10所示。

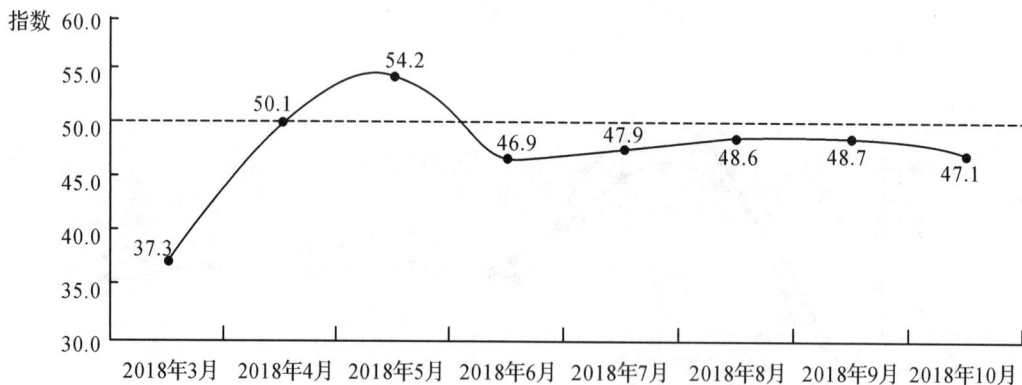

图5-10　浙江省小微企业效益指数

从行业看,2018年10月,31个监测行业中,仅有7个行业效益指数位于景气区间,其中,铁路船舶航空航天、仪器仪表、非金属矿物制品、食品、医药5个行业效益较好,效益指数分别为50.6、50.8、51.9、53.6和60.3;24个行业效益指数在临界点以下,其中非金属矿采、废弃

资源、化纤、酒饮料精制茶、汽车、计算机通信、造纸、农副这8个行业效益指数低于45,企业
盈利能力严重不足。环比来看,31个监测行业中,20个行业效益指数环比下降,其中废弃资
源、酒饮料精制茶、化纤、农副食品、化工、文教工美体、计算机通信这7个行业效益指数下滑
最为明显,环比分别下降14.3个、9.6个、6.5个、6.3个、4.6个、4.4个和4.2个百分点。

(四)投资指数

投资指数反映的是小微企业投资意愿的变化情况。从投资指数看,2018年以来小微企
业投资意愿总体低迷,且处于持续收缩态势。从3月开始,小微企业投资指数连续8个月处
于临界点以下,反映了在内外经济环境不佳状态下,浙江省小微企业投资意愿总体不高、投
资决策较为谨慎的状况,现金为王成为企业重要的财务战略。尤其是从6月开始,美国针对
中国发表了系列加征关税声明,较大影响了企业预期。小微企业投资指数从5月的48.3大
幅下滑至45.7,此后投资指数基本在45左右波动,10月份小微企业投资指数为45.4,环比上
升0.1个百分点,但仍处于非景气区间。如图5-11所示。

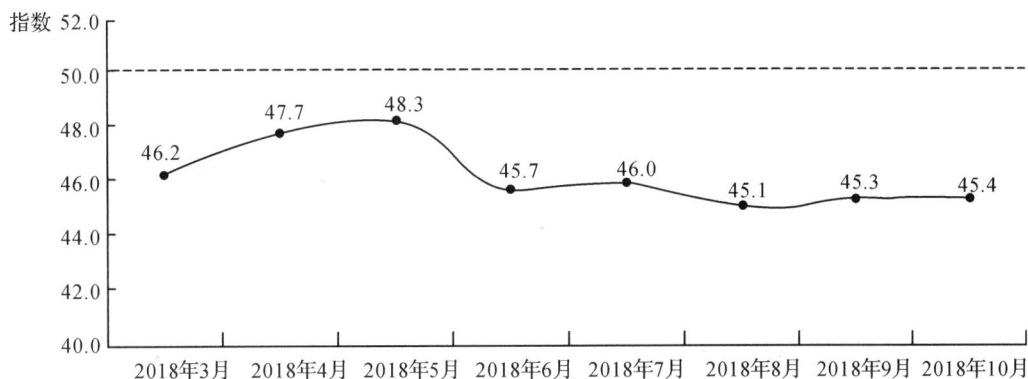

图5-11 浙江省小微企业投资指数

从行业看,2018年10月,31个监测行业中,30个行业投资指数处于临界点以下,其中非
金属矿采(40.0)、有色金属(42.6)、印刷(43.0)、造纸(43.7)、废弃资源(43.8)、计算机通信
(43.8)、黑色金属冶炼(43.9)、汽车(44.0)、铁路船舶航空航天(44.3)、金属制品(44.4)、纺织
服装(44.4)、电气机械(44.5)、仪器仪表(44.7)、纺织(44.8)这14个行业投资指数在45以下。
17个行业投资指数环比下降,其中计算机通信、铁路船舶航空航天、造纸、有色金属、黑色金
属冶炼这5个行业下滑明显,环比分别下降3.9个、1.9个、1.5个、1.1个和1.0个百分点。

(五)研发指数

研发指数反映的是小微企业研发投入和新产品产值的总体变化情况。从研发指数看,
2018年小微企业在研发投入方面较为谨慎。2018年10月,小微企业研发指数为47.8,与上月
持平,连续8个月处于临界点以下,这反映了在盈利能力不足、市场销售不佳、自有资金不足、
外贸环境恶化环境下,小微企业在研发投入方面持较为谨慎的态度,甚至有所收缩。如图5-
12所示。

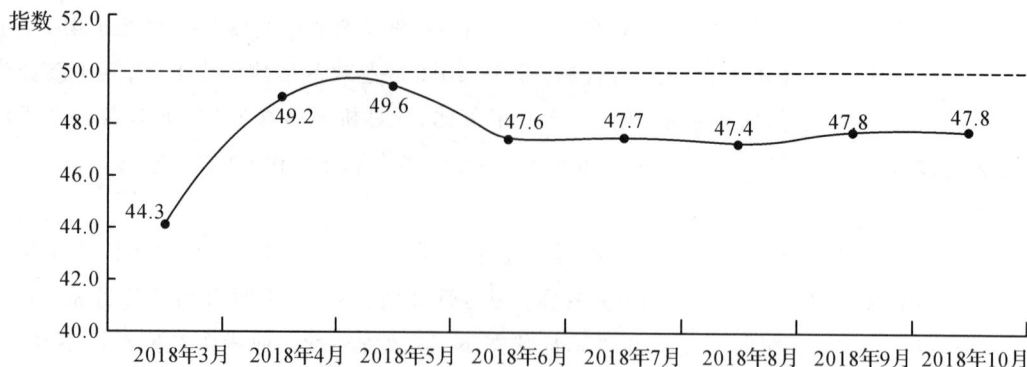

图5-12　浙江省小微企业研发指数

从行业看，2018年10月，31个监测行业中，25个行业研发指数位于临界点以下，6个行业研发指数位于临界点以上，其中纺织(45.8)、纺织服装(46.1)、木材加工(46.3)、黑色金属冶炼(46.5)、有色金属冶炼(46.5)、铁路船舶航空航天(46.6)、皮革毛皮羽毛(47.1)、橡塑(47.1)、金属制品(47.3)这9个行业研发投入较为不足，研发指数均在48以下。化工、酒饮料和精制茶、仪器仪表、汽车、医药这5个行业研发投入较多，研发指数分别为50.3、50.6、50.8、51.7和52.6。不过，2018年10月，31个行业中有14个行业研发投入环比上升，其中铁路船舶航空航天、有色金属冶炼、汽车、食品4个行业研发指数环比上升较快，分别上涨2.2个、2.4个、2.5个和2.8个百分点。

（六）信心指数

信心指数反映的是企业对当前宏观经济环境、所在行业、本企业信心变化情况。从信心指数看，企业信心总体较强，但2018年6月以来处于明显下滑趋势。3月开始，小微企业信心指数连续8个月在临界点以上，表明小微企业信心总体较强。10月，小微企业信心指数为53.7，虽处于景气区间，但环比下降0.9%，已连续5个月处于下滑态势。如图5-13所示。

图5-13　浙江省小微企业信心指数

2018年10月调查显示,对下阶段宏观环境看好的企业占比仅为14.2个百分点,比9月下降1.4个百分点,不看好的企业占比为9.2%,比9月上升0.2个百分点。对下阶段企业所在行业发展看好的企业占比仅为15.6%,比9月下降0.4个百分点,不看好的企业占比为8.4%,比上月上升0.2个百分点。对下阶段本企业发展看好的企业占比仅为16.9%,比9月下降1.9个百分点,不看好的企业占比为7.8%,比9月上升0.5个百分点。从趋势看,小微企业对下阶段宏观环境、行业发展和本企业发展看好的比重均在下降,不看好的比重在逐步上升。这反映当前内外环境不确定性加大对小微企业信心已经造成较大影响,小微企业的信心强中趋弱。如图5-14至图5-16所示。

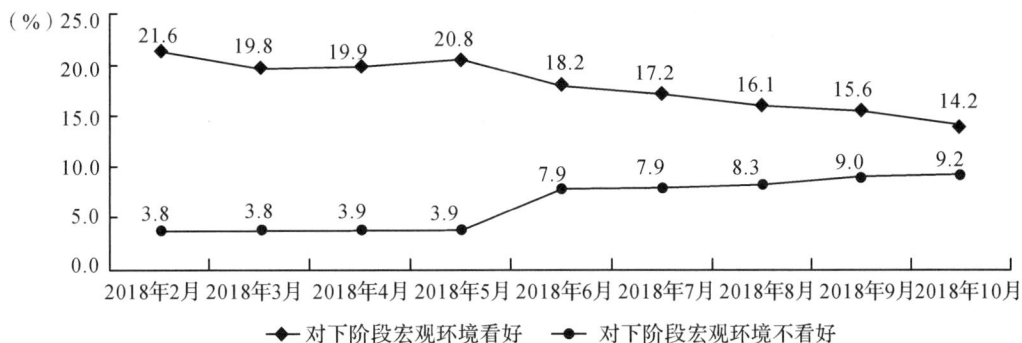

图5-14　小微企业对下阶段宏观环境的看法

图5-15　小微企业对下阶段所在行业发展的看法

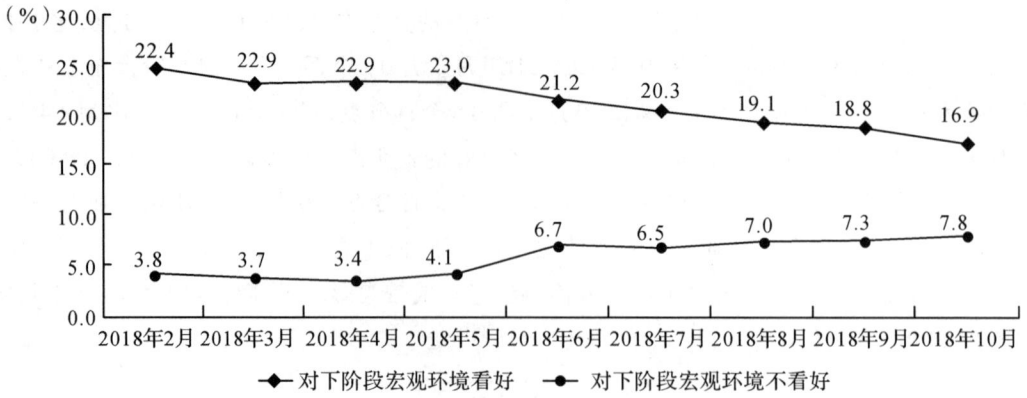

图5-16　小微企业对本企业发展的看法

第六章
2018年浙江省小微企业创新指数

　　本章基于官方统计和非官方调研数据,采用层级分析法和合成指数法计算出浙江省11个设区市的小微企业分类创新指数和创新综合指数,分析了浙江省小微企业创新发展的现状、问题,并提出针对性的政策建议。

　　研究结果显示,从整体来看,2018年浙江省小微企业仍成为催生新技术、新业态、新模式的主力军,创新发展保持了较强的动能,但是受到内外部如去杠杆、国际贸易摩擦等环境恶化与企业预期的影响,与2017年相比,2018年浙江省小微企业创新综合指数略微下降。浙江省11个设区市小微企业创新指数的区域分布总体保持杭甬两翼齐飞、强劲领跑全省创新驱动发展的良好格局。同时,当前浙江小微企业创新发展还存在不少短板和弱项,突出表现为区域创新能力发展不平衡、各种创新平台服务能力有待完善等。

第一节　浙江省小微企业创新指数编制流程及样本处理

　　编制小微企业创新指数是一项系统工程,编制流程包括评价对象确定、分类指标体系构建、数据收集、选取及预处理、综合创新指数计算与评价等。本章构建的浙江省小微企业创新指数评价总体框架如图6-1所示。

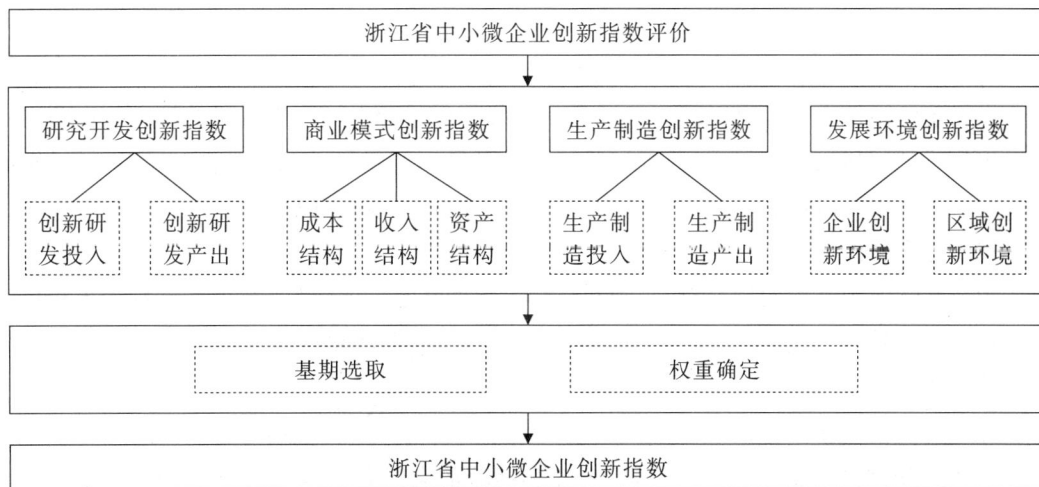

图6-1　浙江省小微企业创新指数评价总体框架

一、确定评价对象

同全国多数省份一样,浙江省的小微企业广义上包括小型企业、微型企业、家庭作坊式企业和个体工商户。为尽可能全面反映浙江省小微企业创新发展状况,本章参照国家统计局关于印发《统计上大中小微型企业划分办法(2017)》的通知,根据统计上大中小微型企业划分办法(2017)界定的小微企业,以政府统计数据的规模以上小微企业、基于问卷调查和动态监测数据的小微企业作为评价分析对象。本章小微企业创新综合指数的评价对象是统计部门界定的从业人员20-300人且营业收入300-2000万元的小型工业企业,从业人员20人以下或营业收入300万元以下的微型工业企业。

浙江省工业小微企业创新综合指数的计算,主要依据浙江省11个设区市历年统计年鉴及官方最新统计调查数据。企业生产制造创新指数和发展环境创新指数的原始数据分别基于浙江省小微企业培育监测平台的发展景气问卷调查数据,研发创新指数和商业模式创新指数的原始数据主要是小微企业财务状况监测数据。

在具体确定评价对象时,主要考虑两方面的因素。一方面,评价对象涵盖的范围通常较广,因此尽量选择代表性广泛和普遍的样本;另一方面,在满足评价指标具有广泛代表性的前提下,还应该充分考虑指标能够反映评价对象的显著性特征,关注特定行业或特定类型企业的具体运行情况。因此,有别于现有其他创新指数构建的研究,本章还增添了行业类别,覆盖一般制造、高端装备制造、节能环保、生产型服务和能源5大产业。

二、指标体系构建

在创新指数评价指标选取过程中,主要遵循科学性、可行性、代表性、动态性等原则,从创新能力、创新制造、创新模式和创新环境4个维度,构建浙江省小微企业创新指数评价体系。不同于现有其他研究,本章编制的小微企业创新指数具有区域和行业比较价值,同时也基于中国创新创业特色嵌入了企业异质性特征。

(一)研究开发创新指数

小微企业经济是否长足发展主要取决于其自主创新能力。而创新研发投入和创新研发支出决定了创新研发的"黑箱",前者包括研发经费投入经费和研发经费投入经费,后者则涵盖科技活动费用支出总额、新产品销售占主营收入比和新增有效专利数。

(二)生产制造创新指数

创新制造实为基于尖端材料、物理和生物科学的信息能力,吸收利用信息自动化和传感网络技术的制造业,包括以设施投入和员工投入为主的智能化投入和基于价值产出和利润产出的智能化产出。

(三)商业模式创新指数

模式创新刻画了企业价值的创造、传递和捕获的全过程。其中财务驱动的因素主要包括反映成本结构的资金成本率和人力资本效率、体现收入结构的创新业务收益率和投资收益率、揭示资产结构的资产周转率和现金比率。

(四)发展环境创新指数

创新环境是创新和创新性企业的场所。衡量创新环境的指标主要包括企业创新环境(包括技术市场、产学研合作平台和企业创新文化氛围)和区域创新环境(即经济人口中大专以上学历、人均GDP、创新服务平台和创新扶持政策)。

浙江省小微企业创新指标评价体系如表6-1所示。

表6-1　浙江省小微企业创新指标评价体系

分类指数	指标含义	评价指标
研究开发创新指数	反映创新研发投入的指标	企业研发人员数
		研发经费投入经费
		科技活动费用支出总额
	反映创新研发产出的指标	新产品产值
		专利授权数
生产制造创新指数	反映智能化投入的指标	智能制造设施投入
		智能制造员工投入
	反映智能化产出的指标	创新制造价值产出
		智能制造利润产出
商业模式创新指数	反映成本结构的指标	资金成本率
		人力资本率
	反映收入结构的指标	创新业务收益
		投资收益利润比
	反映资产结构的指标	资产负债率
		速动比率
发展环境创新指数	反映企业创新环境的指标	技术市场
		产学研合作平台
		企业创新文化氛围
	反映区域创新环境的指标	经济人口大专以上学历
		人均GDP
		创新服务平台
		创新扶持政策

三、指数评价方法

本章采用合成指数的评价方法对浙江省小微企业的创新状况进行综合测评,即首先分别对创新研发、创新制造、创新模式及创新环境四个分类指数进行测评,再基于指数权重法对四个分类指数进行合成,计算得到综合创新指数。

(一)研究开发创新指数

测度投入、产出是测度效率的典型方法。如果把创新研发指数的基数定为1,创新投入与创新产出是并重的两个方面,权重各占0.5;关于创新研发投入,主要表现为人、财、物的投入,故将企业研发人员数、研发经费投入经费和科技活动费用支出总额的权重分别定为0.2、0.15和0.15;关于创新研发产出,主要表现为有形产品产出和无形专利产出,故将新产品产值和专利授权数的权重分别定为0.25和0.25。

(二)生产制造创新指数

一是依据智能制造相关理论中主要的影响因素和现行统计数据进行匹配来设计指数;二是通过查阅关于创新能力评价的文献,借鉴国际上有影响的创新能力评价方案,结合浙江省小微企业创新发展现状及特点进行分析。同时充分考虑评价指标体系的科学性和结构的合理性以及数据的可获取性,尽可能地选择有完整统计数据支撑的指标。将创新制造创新指标体系按二级设立。一级指标是综合目标类指标,主要反映创新制造的宏观发展状况,选取了创新制造投入与创新制造产出2个一级指标;二级指标是具体的量化指标,分别反映对应目标层的具体情况,设有4个二级指标。

(三)商业模式创新指数

根据商业模式九要素的内涵和数据的可得性,我们将这四大系统与企业统计、监测数据(主要为财务数据)相结合,形成了成本结构、资产结构、收入结构三大模块,对企业的商业模式创新成果进行衡量。每个模块中各自包含了2个指标,分别为资金成本率、人力资本效率、创新业务收益率、投资收益利润比、资产负债率、自由现金流。根据多组专家意见形成40%、40%、20%的指标结构,各个模块分值在模块内指标间平均分布。

(四)发展环境创新指数

将创新环境指标体系按三级设立。一级指标是综合目标类指标,主要反映创新环境的宏观发展状况,选取了企业创新环境、区域创新环境这两大模块对浙江省小微企业创新环境进行衡量;二级指标是具体的量化指标,分别反映对应目标层的具体情况,共设有7个二级指标,其中企业创新环境包含了四大指标:技术市场、产学研合作平台、创新人才、企业创新文化氛围;区域创新环境包含了三大指标:创新服务平台、创新扶持政策和人均GDP。

(五)综合创新指数

通过专家咨询并运用层次分析法确定综合创新指数包括研究开发分类创新指数、生产制造分类指数、商业模式分类创新指数、发展环境分类指数,且权重分别为0.20、0.15、0.35、0.30。最后,提出如下浙江省小微企业创新指数评价模型:

$$K = W \times B = \sum_{i=1}^{n} \left(W_i \times B_i \right)$$

其中K为综合指标评价值,W为该层次的指标权重。W_i和B_i分别为层次i项指标的权重和隶属度,B为该层次的指标得分值。将所得统计、调查数据经过整理和过滤,代入上述指标体系和评价模型,并将指数得分通过标准化方法,转变为取值区间在0-100之间的得分值。该指数越高,代表该地区小微企业在创新软指标方面表现越好。

四、样本处理

(一)数据来源及收集

浙江省小微企业创新指数计算数据主要来源于浙江省小微企业统计数据、浙江省经信厅小微企业运行监测数据、浙江省及各地市统计数据、浙江省小微企业调研数据以及部分企业内部资料。样本企业近4万家,涉及行业以工业小微企业为主,同时包括生产性服务业和信息服务业等。区域分布较为均匀地覆盖了浙江省11个设区市。

(二)数据处理

由于统计年鉴及调研数据总体较为庞大,部分年份和地区的某些数据存在缺失值,且不同指标的数据在数量级上的极差较大,为保证后续数据分析和数据挖掘的科学性和严谨性,报告编制小组对数据进行了无量纲化、消除季节性因素以及剔除异常值等处理,以满足数据之间换算与合成的要求。对于调研问卷数据,本研究报告首先将调查问卷问题答案进行五级分制编码,用调研结果汇总后的平均值与答案赋分相乘,得到每个答案的选项分值,再将汇总后的平均值作为问卷各个问题的标准化数据。

第二节 浙江省小微企业创新综合指数评价

本节对2018年浙江省小微企业的创新综合指数进行了测算,并对11个设区市综合创新指数进行排名,同时对浙江省小微企业综合创新的特征进行了总结。

一、浙江省小微企业创新综合指数测评结果

2018年浙江省小微企业创新综合指数计算和省内区域排名结果如表6-2、图6-2所示。浙江省11个地区的小微企业创新综合指数表现出较明显的梯队层次,并与省内经济发展的空间布局紧密关联,形成了小微企业创新综合指数差距明显的四个层次:

表6-2 2018年浙江省小微企业创新综合指数排名

	综合创新指数		排　名	
	2018年	2017年	2018年	2017年
全省	75.81	77.09	——	——

续表

	综合创新指数		排　名	
	2018年	2017年	2018年	2017年
杭州市	88.81	91.96	1	1
宁波市	86.06	88.88	2	2
绍兴市	72.15	71.92	3	3
嘉兴市	71.70	70.67	4	4
温州市	70.12	69.98	5	5
湖州市	69.12	69.87	6	6
金华市	65.59	66.90	7	7
衢州市	63.62	60.25	8	9
丽水市	63.07	56.67	9	11
台州市	58.27	62.17	10	8
舟山市	50.01	57.05	11	10

第一层次,杭州和宁波。与其他9市相比小微企业创新综合指数较高,指数分布为86—89区间,间距为3,形成浙江小微企业创新发展的第一层次。

第二层次,绍兴市、嘉兴市、湖州市与温州市。创新综合指数分布在69—73区间,间距为4(3.05),与第一层次比,下限值相差16.94,上限值相差16.66,第二层次与第一层次小微企业创新综合指数差距较大,第一层次在预期内较为稳定;

第三层次,金华市、衢州市与丽水市。创新综合指数分布在63—66区间,间距为3,形成浙江省小微企业创新发展的第三层次,与第二层次比,下限值相差6.05,上限值相差6.56,第三层次与第二层次有明显差距;

第四层次,舟山市和台州市。两市排名靠后,创新综合指数分布在50—59区间,间距为9,与第三层次比,下限值相差13.06,上限值相差7.32,第四层次与第三层次有差距且较为明显。

第一层次创新综合指数不仅较高,而且区间较小为3,第四层次创新综合指数不仅较低,而且区间间距较大为9。第一名杭州市与最后一名舟山市相比,创新综合指数相差38.8。

从浙江省小微企业创新综合指数的排名与四个层次可以看出,浙江省小微企业创新驱动发展存在明显的区域不均衡性。杭州、宁波两市创新驱动发展水平较高,宁波紧跟杭州仅仅相差2.75,强势追赶杭州,杭州出现被追赶的压力;绍兴市、湖州市、嘉兴市与温州市4市紧随其后,与第一层次相差16左右,追赶第一层次需要倍加努力,但4市之间的指数值间距距仅为4(3.05),形成了你追我赶的竞争态势,推动着几个地市创新驱动发展。

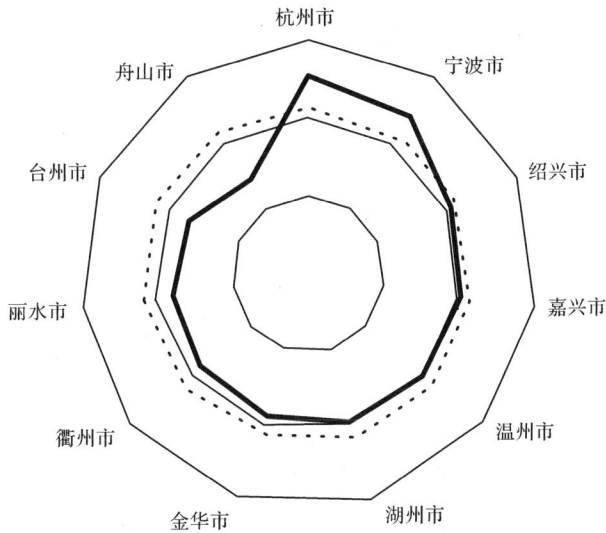

图6-2　2018年浙江省小微企业创新综合指数雷达图

　　第二、三层次的绍兴市、嘉兴市、温州市、衢州市与丽水市小微企业创新综合指数都相应的有所提高,丽水市上升较快,由2017年的11名提升为2018年的第9名;第一层次与第四层次均有所下降,第二、三层次的湖州市、金华市与2017年相比虽然名次没有改变,但指数有所下降;台州由2017年的第8名降为第10名。如图6-3所示。

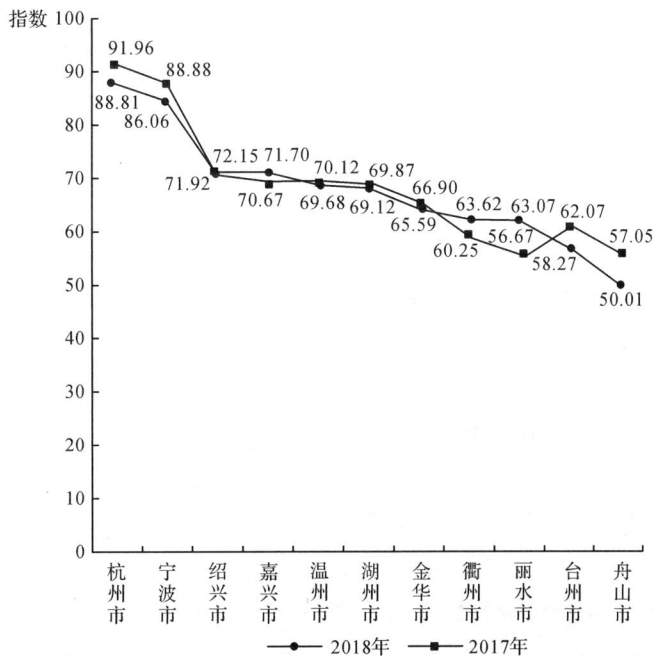

图6-3　浙江省2018年与2017年小微企业创新综合指数折线图

全省各类创新扶持政策的效果明显,受中美贸易摩擦预期和去杠杆对冲的影响,2018全省小微企业创新综合指数平均值为75.81,较2017年的77.09小幅下降1.28。从整体上来看,浙江省2018年小微企业综合创新能力处于较好的水平,说明浙江省创新驱动发展的动力抗压性较强。如图6-4所示。

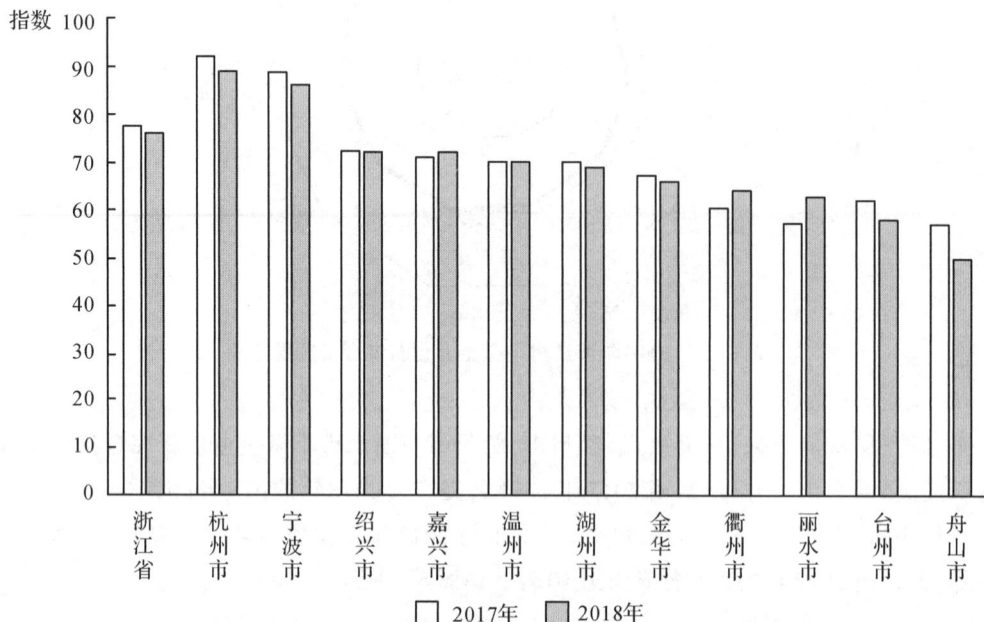

图6-4 浙江省2018年与2017年小微企业创新综合指数

二、浙江省小微企业创新综合指数测评结果分析

(一)浙江小微企业创新水平与区域经济发展水平正相关

杭州市和宁波市作为浙江省两大经济中心,在创新领域有着较好的基础,企业的创新研发水平较高,创新环境较好,排名相对靠前。相对而言,舟山市和台州市受其经济发展水平的制约,特别是台州小微企业研发人员投入显著不足,小微企业在研究开发创新、商业模式创新方面排名靠后,拖累综合创新指数排名。2018年,丽水市中小微企业得益于政府创新政策,综合创新指数较2017有所提升。如图6-5所示。

(二)浙江省小微企业创新综合指数梯队层次清晰

第一层次由杭州和宁波组成,小微企业创新综合指数远高于其他地市。但是,由于杭州、宁波开放程度较高,受外部环境中美贸易摩擦和去杠杆等共同作用与预期的拖累,小微企业创新综合指数与2017年相比均有所下降。

杭州作为省会城市,拥有较好的创新人才、创新政策和创新资源。杭州市政府成立了创业陪跑扶持基金会和杭州大众创业生态联盟,为创业者们提供创业全要素服务,先后打造了"创业社交平台""科技创新公共服务平台"等,降低了小微企业创业创新成本,实施创业担保

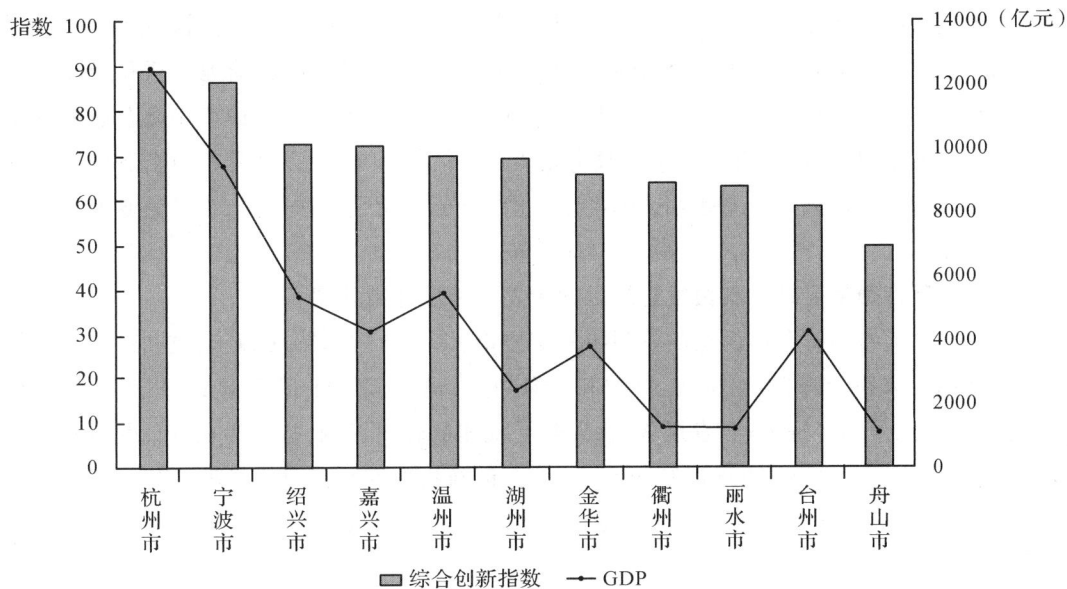

图6-5　2018年浙江省小微企业创新综合指数与GDP关联图

贷款启动新政策,对认定的企业开展创新给予贴息,为小微企业创新创业注入了催化剂,构建起具有杭州特色的创业创新生态。随着杭州国际化水平的提高,越来越多的企业拥有国际化的视野和格局,这为小微企业的发展带来了新的机遇。

宁波依托港口优势,经济的包容性较强,同时,宁波作为"中国制造2025"首批试点城市之一,强化创新驱动强力促转型,提升产业层级,首批科技成果转移转化示范区、国家小微企业创业创新基地示范城市、促进科技和金融结合试点城市相继落户宁波市,宁波强化改革推动,完善企业分类综合评价和要素差别化配置机制,国家级梅山新区开放平台建设,"两环十射四连四疏港"高速公路网的构建帮助宁波进一步融入上海、杭州都市圈的城际协同发展,为小微企业提供了更多创业创新发展机会与空间。

第二层次的嘉兴市、绍兴市和温州市受上海、杭州、宁波的辐射与带动作用,小微企业创新综合指数与2017年相比均有所提升。嘉兴市利用区位优势承接上海的高新技术产业较多,淘汰落后的产能和企业,区域创新能力显著增强;绍兴市近年来积极实行产业转型升级,大力降低产业能耗,充分利用杭州和宁波的创新辐射作用,出台相关创新扶持政策,新兴产业投资保持良好态势,所以两个地区的小微企业保持了较高的创新发展指数。2018年温州市小微企业成为拉动工业增长的主要力量,温州市充分利用其较为发达的民间金融和民间资本,较好地满足了企业创新所需资金的融资需求,但是企业还处在转型升级的阵痛之中。

第三层次包括浙西南地区的金华、衢州和丽水。浙西南地区的传统产业占比较高,多为劳动密集型产业,容易受要素资源的限制,导致创新指数相对低。丽水市产品间同质化严重,缺乏创新性;衢州市则偏向重工业,具有较强的资源依赖性,小微企业创新综合指数相对滞后。但由于浙西南地区开放程度相对较低,受外部影响的程度较小,所以与2017年相比,小微企业创新综合指数仍有所提升,特别是丽水市,由2017年的11名提高到第9名。

第四层次包括舟山和台州。舟山市是浙江唯一的岛屿型行政区,陆地面积和经济总量均为最小,产业结构单一,经济结构与发展水平在一定程度上制约了舟山市小微企业的创新发展。从数据上可以看出,由于台州小微企业研发人员投入不足,以及受小微企业研发创新和商业模式创新方面表现较差拖累,2018年台州综合创新指数有所下降,小微企业创新综合指数排名靠后。

(三)创新指数的区域分布由发达地区向欠发达地区递减显著

第一层次为省内排名前两位的杭州市和宁波市,综合指数都在86以上,杭州高达88.81。第二层次的绍兴市、嘉兴市在杭州、宁波和上海周边,辐射、带动作用明显;温州市原发展基础较好,受近几年的经济影响,发展放缓;湖州受杭州的辐射影响,指数为69.12,也进入第二层次;第三层次的金华市、衢州市和丽水市,综合创新指数在60以上;第四层次主要有舟山市和台州市,创新综合指数在50以上。如图6-6所示。

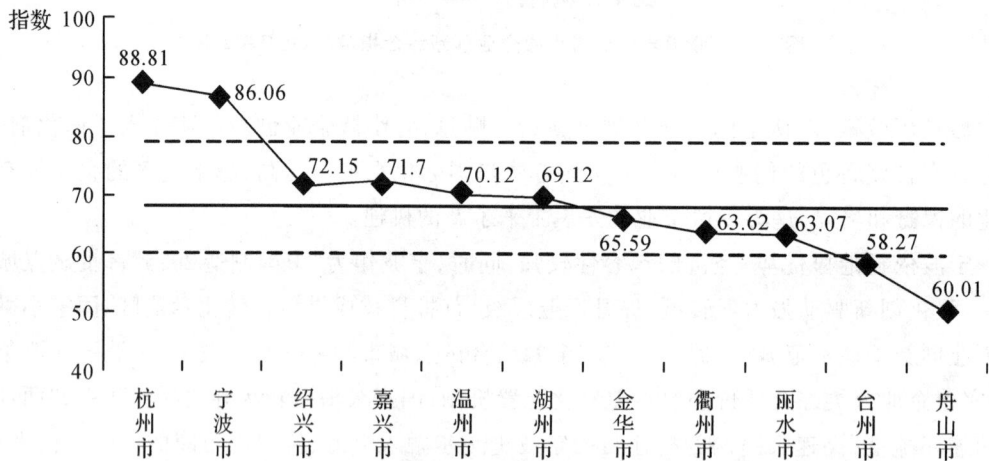

图6-6   2018年浙江省小微企业创新综合指数分层图

(四)小微企业创新发展的"两翼齐飞"格局牢固

从浙江省小微企业创新综合指数结果可以看出,创新综合指数的最大值是88.81,指数的最小值是50.01,平均值为75.81。

第一层次的杭州市和宁波市综合创新指数都超过86;处于第二层次的绍兴市、嘉兴市和温州市的综合创新指数在70以上,都有所上升,但都没有达到80;第三层次的金华市、衢州市和丽水市创新综合指数均高于60,但都低于70,较2017年有所提升;第四层次的台州市和舟山市创新综合指数均低于60,较2017年有所下降,特别是舟山,下滑明显。如图6-7所示。

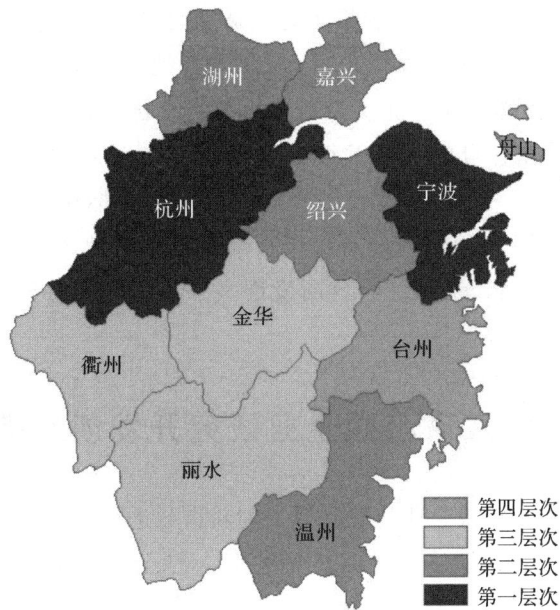

图6-7　2018浙江省小微企业创新综合指数地图

（五）浙江省小微企业创新整体能力处于良好状态

综合评判就是对受到多个要素制约的事物或对象做出一个总的评价,由于从多方面对事物进行评价难免带有模糊性和主观性,采用模糊数学的方法进行综合评判将使结果尽量客观从而取得更好的实际效果。本文采用模糊数学综合评判法,根据模糊评判的基本原理,分别构建评判对象因素集 $U=\{u_1, u_2, \cdots, u_n\}$,评判集 $V=\{v_1, v_2, \cdots, v_m\}$,建立单因素评判矩阵,最后进行综合评判。

我们根据综合创新指数的四个分类指数的具体得分,对数据进行分组,并做数据的归一化,构建评判矩阵:

$$V = \begin{pmatrix} 60以下 & 60-70 & 70-80 & 80-90 & 90以上 \\ 差 & 一般 & 中等 & 良好 & 优秀 \end{pmatrix}$$

$$对象因素集\ U = \begin{pmatrix} 0.18 & 0.18 & 0.36 & 0.18 & 0.09 \\ 0.18 & 0.18 & 0.18 & 0.18 & 0.27 \\ 0.18 & 0 & 0.09 & 0.45 & 0.27 \\ 0.18 & 0 & 0.09 & 0.45 & 0.27 \\ 0.18 & 0.18 & 0 & 0.36 & 0.27 \end{pmatrix}$$

用模糊综合评价法,最终评判矩阵结果如表6-3所示。

表6-3　2017年浙江省创新指数综合评判结论表

较差	一般	中等	良好	优秀
0.1526	0.1526	0.1526	0.2967	0.3289

从评判结论表可以看出,2018年浙江省小微企业创新指数综合评判得分最大值为0.2967,处于80-90的良好等级。总体来看,浙江省各地市小微企业综合创新发展指数表现出比较明显的橄榄型结构,其中杭州和宁波的创新综合指数较为接近,并大幅领先于其他地区,说明这两个市在各自的优势领域中表现比较突出,从这两个城市的分类指标来看,杭州市"发展环境""研究开发"和"商业模式"3个分类指标排名全省第一,而宁波市"生产制造"指标排名全省第一;丽水市和舟山市在综合创新指数的4个分类指标体系中的多个指标排名靠后。总体而言,浙江综合创新发展水平处于良好态势,但仍有进一步提升的空间。

第三节　浙江省小微企业研究开发创新指数评价

本节对2018年浙江省小微企业的研究开发创新指数进行了测算,并对11个设区市研究开发创新指数进行排名,同时对浙江省小微企业研究开发创新的特征进行了总结。

一、浙江省小微企业研究开发创新指数测评结果

2018年浙江省11个地市小微企业研究开发创新指数及排名如表6-4所示。

表6-4　2018年浙江省11个设区市小微企业研究开发创新指数及排名

	研究开发创新指数		排　名	
	2018年	2017年	2018年	2017年
全省	59.17	64.69	——	——
杭州市	85.32	90.74	1	1
宁波市	80.57	85.99	2	2
绍兴市	66.99	68.67	3	3
嘉兴市	66.49	65.24	4	4
湖州市	59.98	63.88	5	5
金华市	59.74	63.78	6	6
衢州市	56.21	49.7	7	11
温州市	51.76	60.38	8	8
丽水市	51.07	51.3	9	9
台州市	36.53	61.93	10	7
舟山市	36.27	49.93	11	10

　　2018年浙江省小微企业研究开发创新指数,受中美贸易摩擦预期和去杠杆等因素共同影响,除嘉兴、衢州有所上升外,其他9市都有不同程度的下滑,各地2017—2018年研究开发创新指数变动如图6-8至图6-10所示。

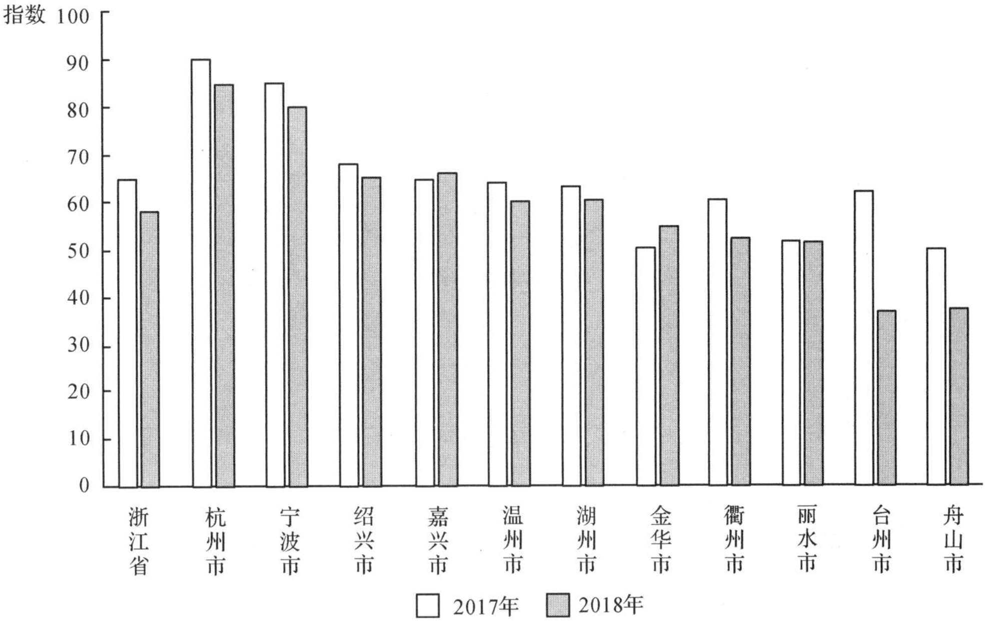

图6-8　2017-2018年浙江省11个设区市小微企业研究开发创新指数柱状图

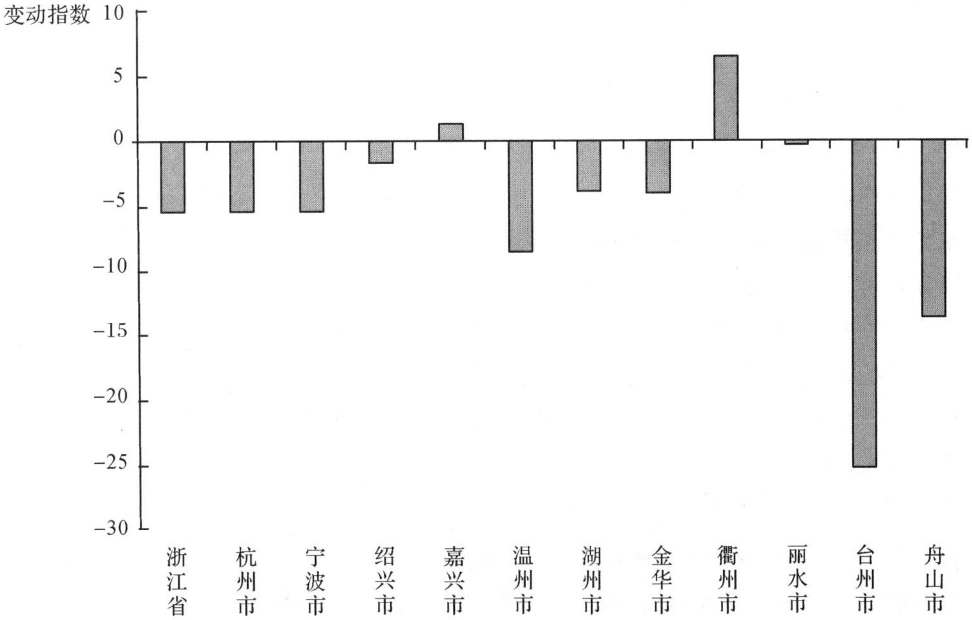

图6-9　2017—2018年浙江省11个设区市小微企业研究开发创新指数变动柱状图

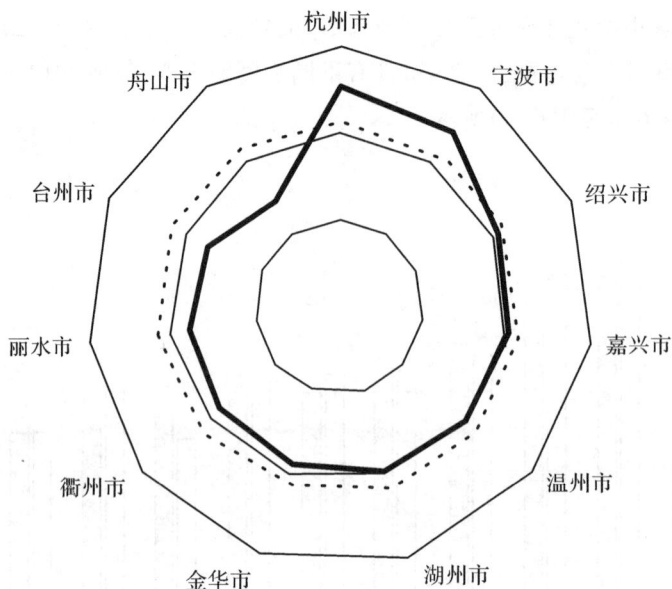

图6-10　2018年浙江省11个设区市小微企业研究开发创新指数雷达图

二、浙江省小微企业研究开发创新指数测评结果分析

由于影响中小企业的国内外形势出现了一些新变化,中小企业预期信心有所下降,因此浙江省11个设区市2018年小微企业研究开发创新指数除嘉兴、衢州外,相对2017年均有所下降,其中台州市下降幅度较大。

从国际形势看,世界经济不确定因素在增加,新兴经济体债务风险有所增大,单边主义和贸易保护主义抬头,特别是美国政府大范围制造贸易摩擦、挑起贸易争端,增加了世界经济增长的风险和不确定性。目前,国际货币基金组织下调了2018年、2019年的全球经济增长预期,认为美国贸易战将导致全球经济增速放缓,美国加息导致的新兴市场国家货币贬值也将拉低世界经济增速。经济不确定性的增加削弱了小微企业研究开发的积极性。

从省内形势看,2018年前三季度,浙江省GDP同比增长7.5%。尽管浙江省宏观经济运行总体保持平稳,经济增长、就业状况、物价水平以及国际收支平衡均处于较为稳定的区间,但另一方面,也必须高度重视浙江省经济结构性矛盾出现的新变化和新问题。受去杠杆等因素对内需的影响,浙江省拉动经济增长的内在动力如投资和消费增长有所放慢;一些地方和企业对创新发展、减少负债、严格环保的高标准不适应,发展和经营存在困难;股市、债市、汇市出现较大波动。

在此背景下,2018年浙江省小微企业研究开发创新指数呈现出如下特点:

(一)总体下滑,市区差异有所扩大

浙江省小微企业创新研发能力的总体较去年小幅下降。两头下滑幅度大,中间两个层次基本稳定。处于第一层次的宁波和杭州均下降5.42,但是排名靠后的舟山和台州下降幅

度较大,分别下降13.66和25.4;处于第二、三层次的除温州下降幅度较大(为8.62)外,其余基本稳定。从企业间的差异看,研究开发创新指数地区间差异较去年有所扩大。

(二)第一层次与其他层次的小微企业研究开发指数依然差距较大

杭州为浙江省省会城市,宁波为首批国家智能制造试点城市,虽然两地小微企业研究开发指数下降幅度明显,但两个副省级城市的经济基础较好、工业和服务业增加值较高、创新研发较快。从创新研发产出与创新能力重要指标的专利授权量可以看出,多数地市虽有所增长,但杭州和宁波的专利授权量远多于其他地市。

(三)创新能力对经济增长的贡献稳步增强

据浙江统计信息网数据,全省科技进步贡献率逐年提高。2017年,全省以新产业、新业态、新模式为主要内容的"三新"经济增加值达1.25万亿元,占生产总值的24.1%,对经济增长贡献率达37.1%;创新设计、共享经济、网络约车、在线医疗、远程教育、网上银证保等新型服务模式给居民生活带来了便利,并进一步拓展了消费领域,也体现出当下创新的时代特征。

三、浙江省小微企业研究开发创新指数分地区测评结果分析

如图6-11所示,分地区看,2018年浙江省小微企业研究开发创新指数呈现以下特点:

(一)梯队层次较为明显

浙江创新能力水平的层次较为明显,基于研究开发创新指数的计算结果,可以将浙江省11个设区市的创新研发能力分成四个层次的梯队:杭州市和宁波市的创新研发能力较强,小微企业研究开发指数在80-86区间,共同构成第一梯队;绍兴市、嘉兴市、湖州市、金华市的小微企业研究开发指数在接近60或在60以上,共同构成第二梯队;丽水市、温州市、衢州市的创新能力相对接近,小微企业研究开发指数在50-57区间,共同构成第三梯队;台州市、舟山市的小微企业研究开发指数较低且比较接近,共同构成第四梯队。同时,根据研究开发创新指数的计算结果,创新研发能力最高的杭州是舟山的2.4倍。

(二)创新研发能力呈现"一轴带动,由北到南递减"区域分布特征

按照浙江省11个设区市创新研发能力的梯队层次,可以发现从第一层次到第四层次的区域变化特征,总体呈现出从北向南减弱的趋势发展。第一层次的杭州和宁波基本上位于浙江省中部同等纬度,构成全省研究开发指数的轴心,第二层次的绍兴、嘉兴、湖州和金华基本上环杭州湾区域,第三层次的衢州、丽水和温州市位于浙南地区,第四层次的舟山位于浙江东北角岛屿,台州位于浙东地区中间地带。

(三)各地市间创新研发要素发展不平稳

杭州、宁波研发人员投入、新产品产值增幅相对放缓;绍兴、嘉兴、湖州的研发人员和研发投入小幅增加,科技活动经费支出和新产品产有待提高;有些地市的创新能力提速较快,但经济规模与企业规模相对较小,创新研发能力效果短期内没有显现出来。总体而言,各地市在加大创新研发人员和研发费用的投入方面不曾放松,创新研发要素的结构性调整正在进行中,创新研发的后续效果逐渐显现。

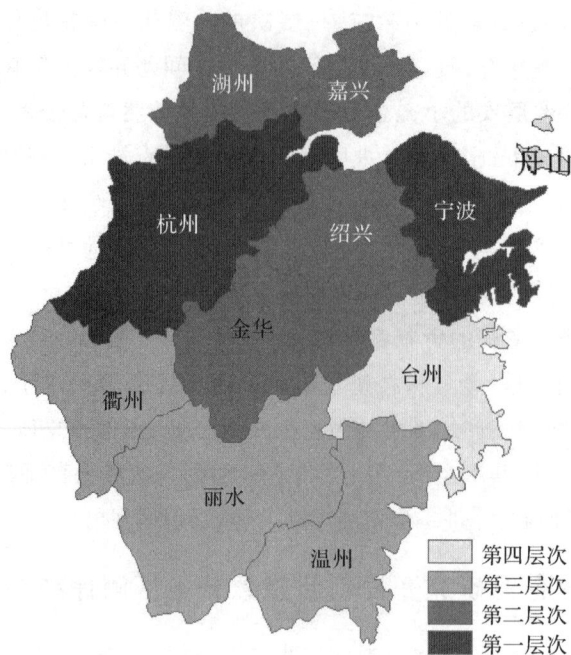

图6-11 2018年浙江省小微企业研究开发创新指数地图

第四节 浙江省小微企业生产制造创新指数评价

本节对2018年浙江省小微企业的生产制造创新指数进行了测算,并对11个设区市生产制造创新指数进行排名,同时对浙江省小微企业生产制造创新的特征进行了总结。

一、浙江省小微企业生产制造创新指数测评结果

2018年浙江小微企业生产制造创新指数计算和省内区域排名结果如表6-5所示。

表6-5 浙江省11个设区市小微企业生产制造创新指数及排名

	生产制造创新指数		排 名	
	2018年	2017年	2018年	2017年
全省	64.73	65.41	——	——
宁波市	88.45	94.22	1	1
杭州市	85.80	86.91	2	2
绍兴市	75.33	80.63	3	3
嘉兴市	71.79	71.12	4	4
温州市	66.14	62.63	5	5

续表

	生产制造创新指数		排　名	
	2018年	2017年	2018年	2017年
湖州市	58.82	60.83	6	7
金华市	56.49	61.95	7	6
台州市	56.22	58.35	8	8
丽水市	55.91	48.34	9	9
舟山市	54.07	47.95	10	10
衢州市	43.02	46.55	11	11

　　2018年浙江省小微企业生产制造创新指数同样受中美贸易摩擦预期和去杠杆等因素的共同影响,除温州、丽水、舟山有所上升外,其他地市相对稳定或有不同程度的下滑;从2018年与2017年小微企业生产制造创新指数排名顺序上看,除湖州、金华两市顺序(第6名、第7名)发生对调外,其他地市的排名顺序没有发生变动,基本保持稳定,且层次间隔明显。各地2017—2018年生产制造创新指数变动如图6-12至图6-14所示。

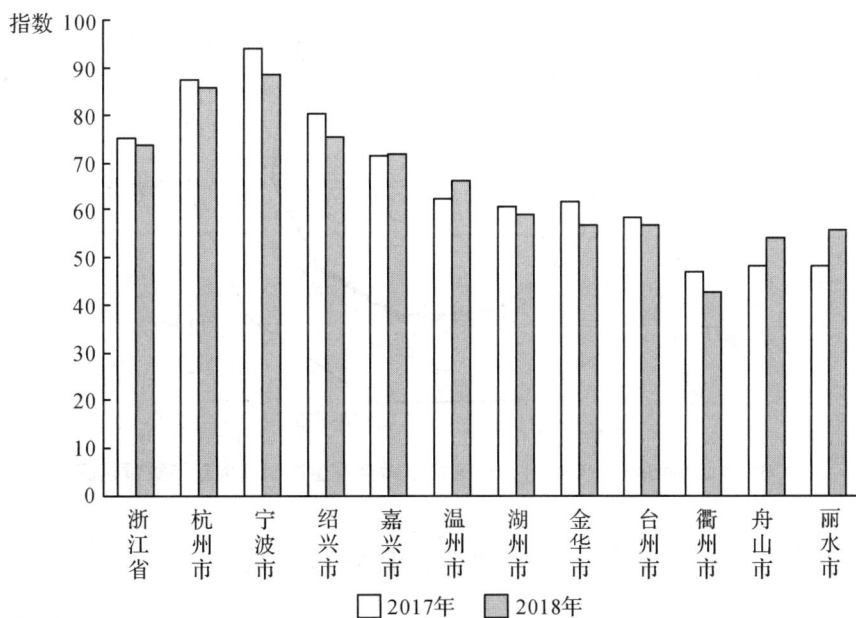

图6-12　2017-2018年浙江省11个设区市小微企业生产制造创新指数差柱状图

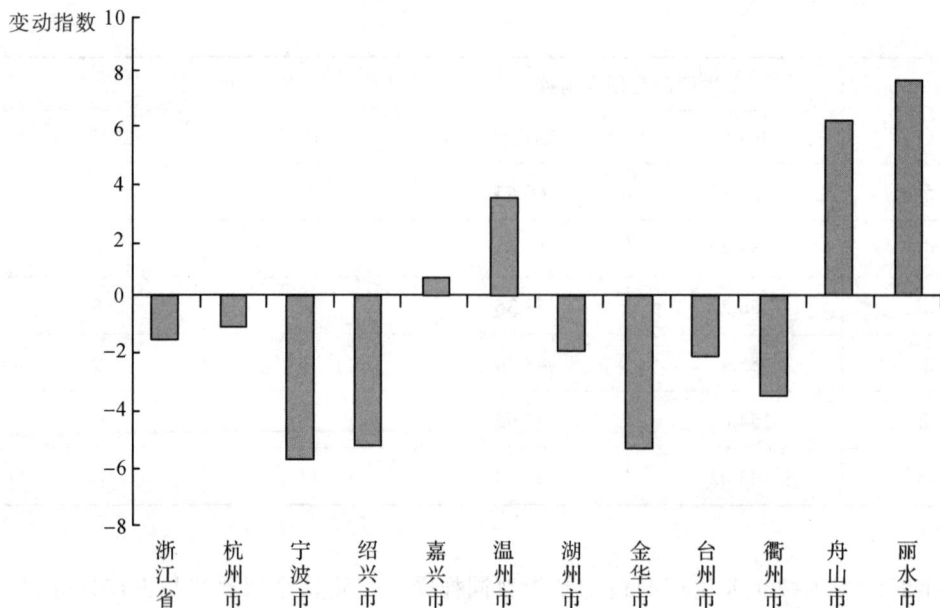

图6-13　2017—2018年浙江省11个设区市小微企业生产制造创新指数对比变动柱状图

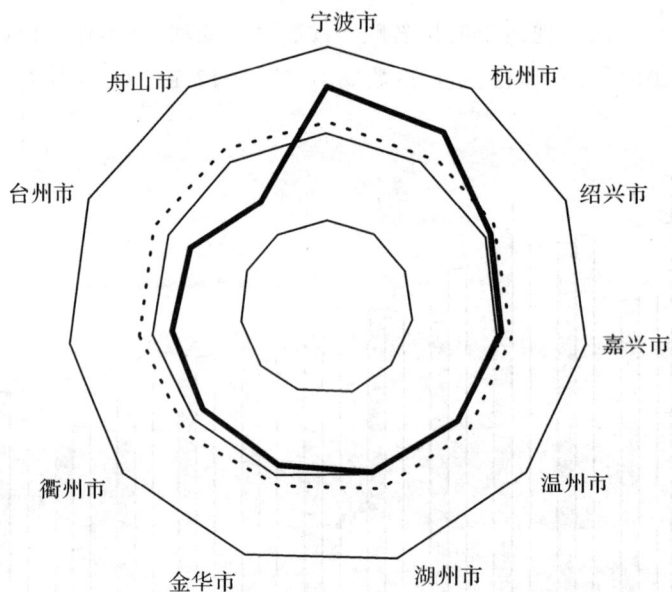

图6-14　2018年浙江省11个设区市小微企业生产制造创新指数雷达图

二、浙江省小微企业生产制造创新指数测评结果分析

将2018年浙江省小微企业生产制造创新指数与浙江省2017年小微企业生产制造创新指数对比,可以发现其具有如下特点:

第一,宁波、杭州领先优势明显,但宁波对杭州的优势在减弱。宁波市作为首批"中国制

造2025"试点示范城市,研究制定了推动制造创新发展的战略规划、实施方案和产业政策,智能制造试点示范工作稳步推进。目前组织国家级试点示范项目7个、自动化(智能化)成套装备改造试点项目13个,推动"机器换人"技改专项项目1200余个,行业区域覆盖广泛,示范作用明显。龙头企业智能化转型和区域集聚加快形成。镇海炼化、海天塑机、上海大众、宁波吉利等龙头企业智能化转型加速,数字化车间、智能工厂初步呈现。宁波均胜、舜宇集团、弘迅科技、慈星股份等行业领军企业在加快智能化转型的同时,逐步发展为本土智能制造系统化解决方案供应商。宁波初步形成了以工业机器人、成套智能设备、伺服电机、数控机床、精密轴承为代表的智能制造装备产业体系。

杭州作为省会城市,人才和资源集聚,数据显示,杭州已经成为人才净流入率最高的城市,2018年一季度人才净流入率达11.78%,杭州同时也是海归人才净流入量最高的城市。先后落地杭州的有中国跨境电商综合试验区、国家自主创新示范区。以创新为核心的信息经济正引领杭州经济的转型升级。

第二,智能制造杭州湾大湾区聚集态势初步形成。湖州、嘉兴、绍兴、台州、温州、台州和舟山地理位置临近宁波、杭州,又同处于环杭州湾大湾区,经济发展迅猛,湾区经济发展强劲,生产制造集聚创新明显。

第三,台州、丽水、舟山及衢州制造创新发展相对缓慢。排名靠后的丽水、舟山及衢州三市工业经济总量大体相当,省内排名靠后。丽水市依赖传统产业的局面尚未改观,产业结构总体偏低,多年来形成以代加工为主的生产方式,以阀门、不锈钢、钢铁为主的黑色金属冶压行业和金属制品业长期占据着工业总量前两位,长期拖累企业创新能力的提升;舟山市小微企业主要以水产加工、螺杆制造和船舶修造业为主,易受外部环境影响;衢州虽规模以上工业战略性新兴产业增加值保持着较快的增长,但由于产业总量不大、产业层次总体偏低、产业发展不平衡等问题,生产制造创新指数仅为43.02,不足宁波(88.45)的二分之一,排名靠后,这也是衢州发展的重要瓶颈之一。

三、浙江省小微企业生产制造创新指数地域特征分析

(一)生产制造创新指数差距明显

各市间小微企业生产制造创新指数差异大。排名第一的宁波生产制造创新指数最高,为88.45,而最低的衢州只有43.02,两者相差2倍以上。这说明浙江省小微企业生产制造创新、智能制造发展存在着较大的不平衡性。如图6-15、6-16所示。

(二)小微企业制造创新发展呈阶梯式分布

如图6-15所示,浙江省各市小微企业生产制造创新指数大体上可以划分为四个层次,且层次间隔明显,层次之间平均间距为9.6。第一层次包括宁波、杭州;第二层次为绍兴、温州和嘉兴;第三层次包括湖州、金华、台州、丽水和舟山;第四层次为衢州,由于衢州制造类产业总量不大、产业层次总体偏低、产业发展不平衡等问题,其生产制造创新指数仅为43.02。

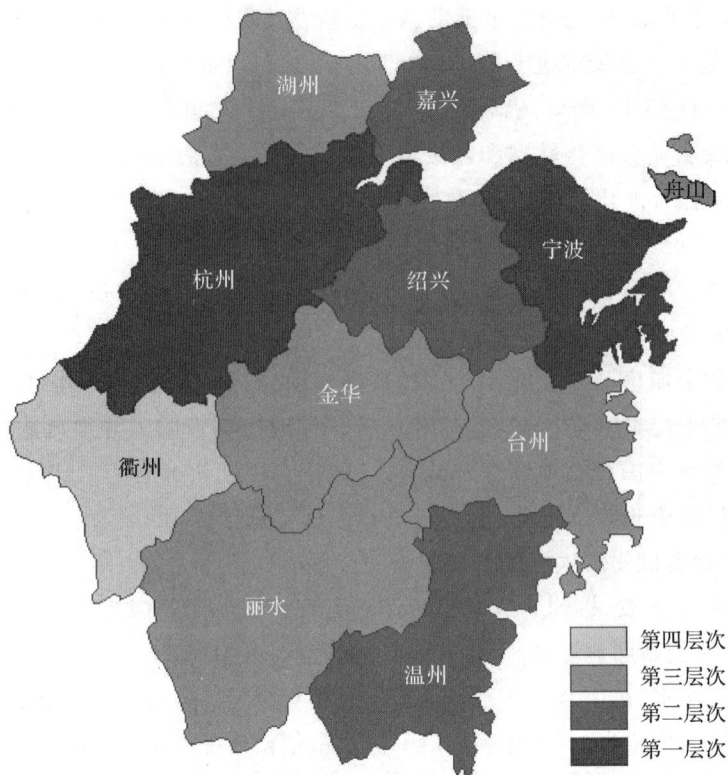

图6-15　浙江省11个设区市小微企业生产制造创新指数地图

（三）小微企业制造创新活跃地区杭州湾湾区聚集显著

从小微企业生产制造创新指数值来看，宁波（88.45）、杭州（85.80）的优势最为明显，其次为绍兴（75.33）、嘉兴（71.79）和温州（66.14）。从地理位置上看，5市同处于环杭州湾地区，区域经济的带动作用十分显著。而其他城市小微企业生产制造创新指数值均未超过全省平均值64.73。

总体来看，浙江省各市间小微企业生产制造创新指数差异较大，小微企业制造创新发展不平衡性较强，湾区集聚现象明显，因此，浙江省对"生产制造创新、智能制造"的创新发展留有较大的发展空间。从小微企业生产制造创新指数数值上来看，经济发达的杭州和宁波排在前列，而区域经济相对滞后的丽水、舟山和衢州则排名靠后。排名靠前的宁波、杭州、绍兴和嘉兴成为浙江省小微企业制造创新的主体。这也说明环杭州湾区域是小微企业在制造创新方面最具活力的地方。

第五节　浙江省小微企业商业模式创新指数评价

本节对2018年浙江省小微企业的商业模式创新指数进行了测算，并对11个设区市商业模式创新指数进行排名,同时对浙江省小微企业商业模式创新的特征进行了总结。

一、浙江省小微企业商业模式创新指数测评结果

2018年浙江省11个地市小微企业商业模式创新指数及较其2017年的排名变化,具体如表6-6、图6-16至图6-18所示。

表6-6　2018年浙江省11个设区市小微企业商业模式创新指数及排名

	商业模式创新指数		排名	
	2018年	2017年	2018年	2017年
全省	63.97	67.77	——	——
杭州市	86.15	93.66	1	1
宁波市	81.90	87.87	2	2
温州市	71.63	74.04	3	3
嘉兴市	65.28	69.05	4	4
衢州市	63.73	66.43	5	5
湖州市	62.50	64.71	6	6
金华市	61.05	64.29	7	7
绍兴市	61.13	62.66	8	8
台州市	54.42	54.42	9	10
丽水市	53.67	53.30	10	11
舟山市	42.21	55.07	11	9

2018年浙江省小微企业商业模式创新指数受中美贸易摩擦和去杠杆等因素共同影响与预期的差别较大。较2017年,除台州持平、丽水稍有提升外,其他地市均有不同程度的下滑,越是经济发达、开放程度越高的地区受影响越大,该指数下滑的幅度也越大;从2017年与2018年小微企业商业模式创新指数排名顺序来看,除台州、丽水、舟山3市的顺序(第9—11名)有所变动外,其他地市的排名顺序没有发生变动,基本保持稳定,且层次间隔明显。

图6-16　2017-2018年浙江省11个设区市小微企业商业模式创新指数柱状图

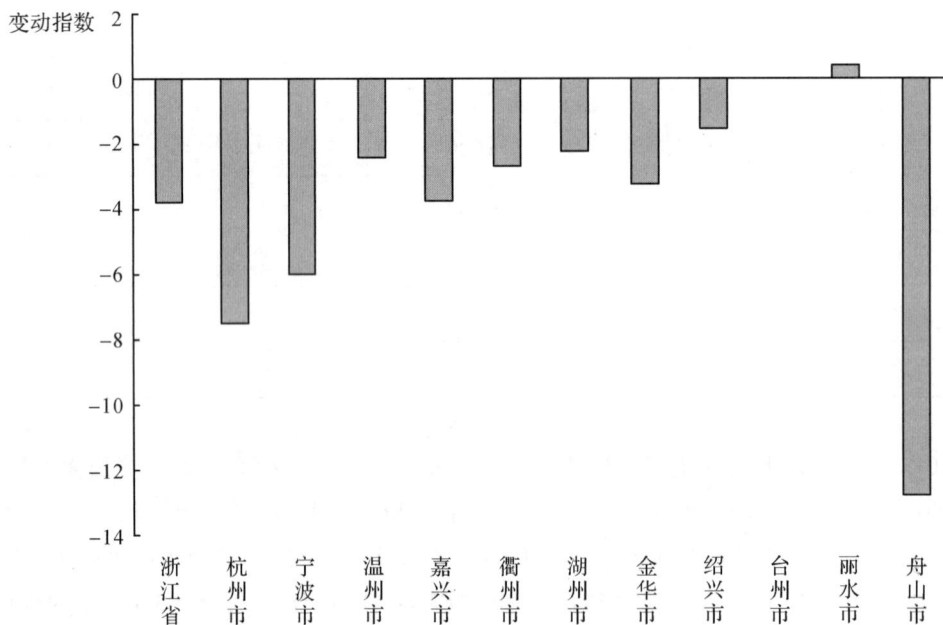

图6-17　2017—2018年浙江省11个设区市小微企业商业模式创新指数对比变动柱状图

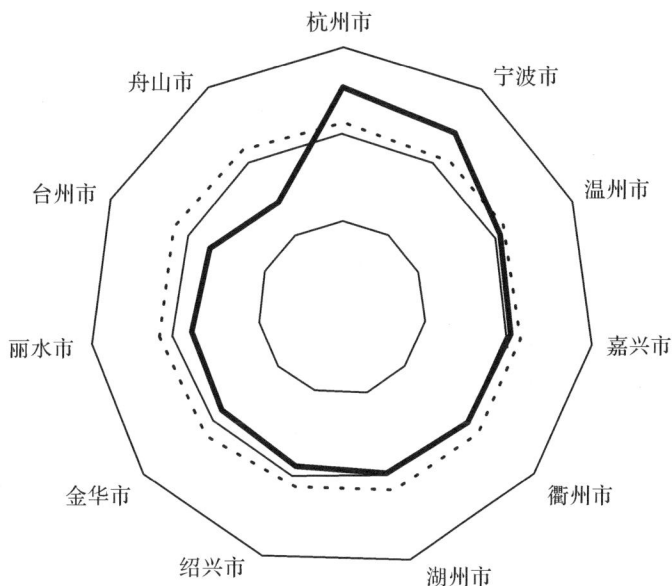

图6-18　2018年浙江省11个设区市小微企业商业模式创新指数雷达图

二、浙江省小微企业商业模式创新指数评测结果分析

将2018年浙江省小微企业商业模式创新指数与2017年小微企业商业模式创新指数进行对比,可以发现其具有如下特点:

(一)商业模式创新水平总体仍处于较高水平,表现出较强的"任性"

小微企业商业模式创新指数虽较2017年小幅下降,但是11个设区市中有9市商业模式创新指数60以上,仅台州、丽水和舟山3市商业模式创新指数在60以下。这反映出浙江省小微企业在商业模式创新方面具有较强的活力与"任性",对浙江省小微企业的发展较为有利。

(二)人力资本效率边际递减

商业模式的创新主要依靠人力资本来完成,人力资本工作效率是衡量商业模式创新效率的重要指标。人力资本是创新的执行者,也是创新的产出者,在企业创新战略中起着核心作用。人力资本的无形性、可持续性与商业模式创新的特点契合,因此人力资本的效率提升在商业模式创新中占据重要地位。在本次调查中,各地区人力资本效率呈现出边际递减趋势。杭州、宁波的人力资本的使用效率下降,数值与温州、湖州、舟山近似,而丽水、绍兴、台州、金华、嘉兴、衢州6市人力资本使用效率出现了一定程度的提升,这也为下一步推进小微企业发展提出了警示。

(三)负债率保持稳定微调下降

资产负债率是衡量企业负债水平的综合指标,能够反映企业的经营活动能力,因此我们选取该指标作为资产结构的指标之一。一般认为,企业资产负债率的适宜水平是40%—

60%,但不同行业有所不同,不同地区由于行业结构、商业模式的不同也有所差异。浙江省各地区小微企业的资产负债率在监测的三年内基本处于50%-60%区间,保持稳定中有微调的态势,2014年有7个地区小微企业的资产负债率在60%以上,2015年为5个,2016年为2个,2017年回升至5个,分别为杭州、宁波、金华、衢州和舟山。尽管区域的产业结构不同,但若地区的平均值达到或超过60%,就说明该地区的某些产业负债率已经超越警戒线,要予以高度重视。

(四)速动比率普遍低于正常水平

一般小微企业的速动比率在1:1是比较合适的,但不排除部分商贸企业应收账款较少,造成其速动比率大大低于1的情况。然而在此次调查中,参与调查的企业基本都是中小制造企业,速动比率低于1,说明浙江小微企业在财务稳健性存在不足。

三、浙江小微企业商业模式创新指数地域特征分析

(一)第一层次领先优势明显

如图6-19所示,杭州、宁波在商业模式创新上具备稳固的优势,继续扮演领头羊的角色;处于第二层次的温州与杭州、宁波差距较大,低于第一层次的杭州、宁波10以上。嘉兴、衢州、湖州、金华和绍兴为第三层次,指数值在60-66区间内,5市之间差距较小。第四层次为舟山、台州和丽水,指数值均在55以下,舟山仅为42.21,不足杭州(86.15)的二分之一。

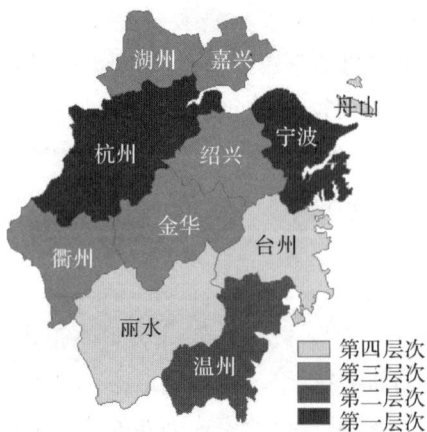

图6-19　2018年浙江省小微企业模式创新指数地图

(二)杭州辐射效应明显

从图6-19可以看出,杭州周边的湖州、嘉兴、绍兴、金华和衢州5市商业模式创新指数较高,体现出杭州在商业模式创新方面具有较强的辐射带动作用。而经济总量排名靠前的宁波和温州尽管自身商业模式创新指数比较高,但是其周边地区的商业模式创新指数较低。

第六节　浙江省小微企业发展环境创新指数评价

本节对2018年浙江省小微企业的发展环境创新指数进行了测算,并对11个设区市发展环境创新指数进行排名,同时对浙江省小微企业发展环境创新的地域特征进行了总结。

一、浙江省小微企业发展环境创新指数测评结果

2017及2018年度浙江省小微企业创新环境发展指数及排名变化如表6-7所示。

表6-7　2017—2018年浙江省11个设区市小微企业发展环境创新指数及排名

	发展环境创新指数		排　名	
	2018年	2017年	2018年	2017年
全省	82.90	77.33	——	——
杭州市	95.76	93.33	1	1
宁波市	93.36	89.34	2	2
湖州市	88.09	84.39	3	3
绍兴市	86.86	80.54	4	4
嘉兴市	82.63	75.96	5	5
温州市	82.58	75.32	6	6
金华市	79.32	74.49	7	7
台州市	79.17	73.29	8	8
舟山市	79.13	68.67	9	9
丽水市	78.74	68.36	10	11
衢州市	66.25	66.94	11	10

2018年浙江省小微企业发展环境创新指数好于上一年,较2017年,除衢州稍有下降外,其他地市均不同程度的提升,从总体来看,各地市在整治企业发展环境方面成效明显,越是经济欠发达、开放程度低的地区受影响环境提升的力度越大,该指数上升的幅度也越大;从2017年与2018年小微企业发展环境创新指数排名顺序上看,除丽水、衢州的顺序(第10名、第11名)对调外,其余地市的排名顺序没有发生变动,基本保持稳定,虽层次间隔明显,但间隔的区间在缩小。这说明浙江省各地市的创新创业环境治理与优化已取得成效,浙江省的创新创业环境优越,营商环境进一步优化,这为小微企业的创新创业发展提供了新动能,也为浙江经济下一步发展奠定了坚实的基础。如图6-20至图6-22所示。

图6-20　2017-2018浙江省11个设区市小微企业发展环境创新指数柱状图

图6-21　2017—2018年浙江省11个设区市小微发展环境创新指数对比变动柱状图

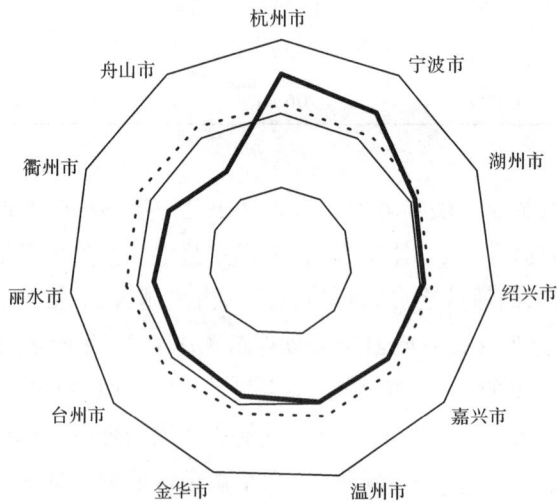

图6-22　2018年浙江省11个设区市小微企业发展环境创新指数雷达图

二、浙江省小微企业发展环境创新指数评测结果分析

尽管2018年浙江小微企业研究开发、生产制造和商业模式创新指数总体上出现小幅下降,但小微企业发展环境指数较2017年进一步上升。

(一)浙江省打造最佳营商环境成效显著

浙江正在实施"打造审批事项最少、办事效率最高、投资环境最优、企业获得感最强"省份战略,先后出台了打造最佳营商环境的政策与举措:如以"最多跑一次"改革为重点撬动各方面、各领域改革,破除制约经济社会发展的制度障碍,加快建设服务型政府,营造有利于企业家干事创业的最佳政务环境;省委、省政府超前谋划和布局人工智能、大数据、云计算等一批重量级未来产业,组建之江实验室、建设杭州城西科创大走廊;《浙江省供给侧结构性改革降成本行动方案》《关于构建新型政商关系的意见》《浙江省"小微企业三年成长计划"(2018—2020年)》、"28条意见"、《关于完善产权保护制度依法保护产权的实施意见》《关于依法服务营造企业家健康成长环境的意见》《关于新形势下加快知识产权强省建设的实施意见》等一系列政策与措施的出台,持续提升与优化了浙江省的营商环境。2017年中国民企500强中,浙江共占120席,连续19年蝉联全国第一,这也说明浙江省是"企业的天堂"。

(二)维护创新企业利益,不断加强知识产权保护

浙江省委、省政府出台《关于完善产权保护制度依法保护产权的实施意见》,强调从产权保护的立法、执法、司法、守法等关键环节着力,加快建立健全产权保护长效体制机制。省检察院也出台了《关于依法服务营造企业家健康成长环境的意见》,要求检察机关依法保护企业家的财产权、人身权、自主经营权、创新权益等,严厉打击侵犯企业家合法权益的各类刑事犯罪,让企业家们更有安全感。浙江还致力打造知识产权保护最严最优省,2017年下半年,浙江省政府出台了《关于新形势下加快知识产权强省建设的实施意见》,加大对知识产权的保护力度,形成了查处知识产权侵权行为快速反应机制。2017年,全省知识产权局系统共办结11 496起假冒、侵权违法案件,并将恶意侵犯知识产权行为纳入社会信用体系。这有力地改善了浙江创新发展的法制环境。

(三)破解要素制约矛盾,供给侧结构性改革效果明显

破解土地要素制约:浙江打出组合拳,淘汰落后产能,整治低效企业,为新产业和好项目腾出优质土地和环境空间。

破解科技资源问题:浙江建立网上技术市场,为企业发布最新技术及成果,搭建起对接平台,对通过网上技术市场转化的项目,按技术合同成交额10%—20%的比例给予产业化经费补助,年补助经费近亿元。

破解人才问题:浙江省委、省政府出台了《高水平建设人才强省行动纲要》,加强优秀企业家的培育,推进"名家"计划,建设一支领军企业家队伍;广泛引进海外高层次人才,打造人才生态最优省。

三、浙江省小微企业发展环境创新指数地域特征分析

(一)浙江省创新发展环境总体水平高,但是南北差异明显

2018年小微企业发展环境创新指数总体处于高水平状态,第一和第二层次的各市发展环境指数在80以上。但是如图6-23所示,我们可以发现浙江发展环境呈现明显的南北地域差异:北部除舟山外,均处于前两个层次,而中南部的金华、丽水和台州处于第三层次,衢州处于第四层次,创新发展环境的南北分化特征明显。

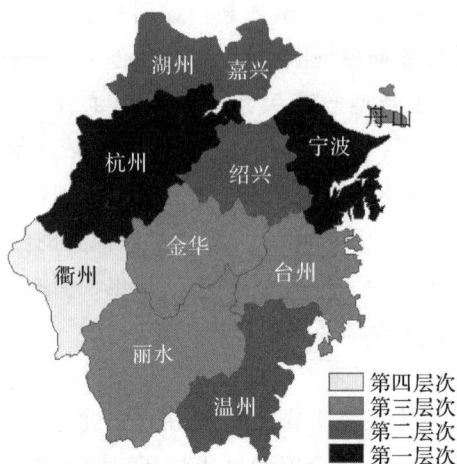

图6-23　浙江省小微企业发展环境创新指数地图

(二)发展环境指数不同层次差别较大,但各具特色

另外,各地市之间发展差别较大,大致可以分为四个层次。第一层次为杭州、宁波,发展环境创新指数值高于90,遥遥领先于其他各市;第二层次包括湖州、绍兴、嘉兴、温州,发展环境创新指数处于80—90之间,且高于省平均值。第三层次为金华、台州、舟山、丽水,发展环境创新指数处于70—80之间;第四层次为衢州,发展环境创新指数低于70。4个不同发展层次基本代表了浙江省各个地区创新环境发展的格局,由于各地产业结构和经济发展基础的差异,导致不同地市之间发展环境创新指数呈现出不同的数值特征。

总体看来,从浙江省发展环境创新指数来看,浙江省企业创新发展提供了优越环境,可以被称为"企业的天堂"。

第七节　浙江省小微企业创新发展的特点、问题及对策

本节对2018年浙江省小微企业创新发展的总体特点、创新发展面临的问题进行分析,并提出促进小微企业创新发展的对策。

一、浙江省小微企业创新发展的特点

(一)小微企业综合创新处于良好状态

根据2017年浙江省创新指数综合评判标准,虽然受到中美贸易摩擦预期和去杠杆等外部因素的共同影响,2018年浙江省小微企业创新综合指数整体小幅下降,全省指数由2017年的77.09下降至75.81,浙江省11个设区市平均值由68.8下降至67.5,最大值和最小值均有所下降,但中位数基本维持不变。2018年浙江省小微企业创新指数综合评判得分最大值为0.2967,处于良好等级。

(二)企业营商环境较好

浙江省推出"最多跑一次"改革,并先后出台了《浙江省供给侧结构性改革降成本行动方案》《关于构建新型政商关系的意见》《浙江省"小微企业三年成长计划"(2018—2020年)》、"28条意见"、《关于完善产权保护制度依法保护产权的实施意见》《关于依法服务营造企业家健康成长环境的意见》《关于新形势下加快知识产权强省建设的实施意见》等一系列政策措施,各部门、各地区相继出台具体方案措施,政策效应持续发力,全省创新创业环境得到明显改善,小微企业创新环境大大改善,全省发展环境创新指数由75.3大幅跃升至87.4。最大值和中位数均有明显提升。预计未来一段时期内,创新环境的不断改善将带动小微企业在创新发展中持续向好。

(三)市地间竞争趋势显现

从目前的指数值来看,市地间竞争趋势主要在第三、四层次,虽然地区排名格局有所松动,但这些地区尚未上升到一、二层次。从小微企业创新综合指数方面分析,衢州市2018年排名由第9名上升至第8名,丽水由11名上升为第9名;台州由第8名下降至第10名,舟山由第10名下降至第11名。从小微企业创新分类指数来看,小微企业研究开发创新指数中,衢州从2017年的第11名跃升至2018年的第7名,台州由第7名下降至第10名,舟山由第10名下降至第11名;从小微企业生产制造创新指数来看,由于生产制造的历史延续性较强,只有金华、湖州的排名在第6、7名调换名次,2018年生产制造创新指数较上年较为稳定,但是预计随着研发创新、创新环境等因素推动作用的逐年增强,势必将拉动生产制造指数差异化的扩大;从小微企业商业模式创新指数来看,台州、丽水分别从第10、11名提升为第9、10名,舟山由第9名下降到11名;从小微企业发展环境创新指数来看,只有衢州、丽水由2017年的第10、11名调换名次,其他地市没有变化。

(四)突破了经济发展水平对小微企业创新的限制

尽管经济发展水平与该地区小微企业的发展、创新密切相关,但是由于小微企业的灵活性较强,浙江小微企业创新指数并没有完全受到地区经济发展水平的制约。如衢州商业模式创新以及研发创新指数处于全省中游水平,而经济发展水平处于中游的台州,其多个创新指数处于全省下游。

二、影响浙江省小微企业创新发展的外部因素问题

(一)去杠杆以及外部贸易环境双重交织期,持续创新力受拖累

在经济调结构、去杠杆以及外部贸易环境恶化背景下,以民营企业为主体的浙江经济发展进一步受到外部压力。中小企业对于经济环境的变动更为敏感,生存状况恶化在导致小微企业创新能力下降的同时,也在一定程度上提高了其创新思维,但受内外部创新环境的诸多不利影响,2018年全省小微企业创新指数整体小幅下滑。

(二)外部环境对外向型经济较强的地市冲击较大

2018年,全球经济遇到的风险和困难逐步增多,主要经济体增长放缓、通胀上升,紧缩货币政策周期开启,与此同时,贸易保护主义开始抬头。整体来看,2018年前三季度全球经济形势较2017年有所弱化,我国面临的外部环境不利因素增多。因此,贸易战对浙江小微企业的影响显著。2018年,全省私营企业1-8月出口同比增长9.2%,进口同比增长28.4%,贸易顺差进一步收窄。鉴于贸易政策影响的滞后效应,预计2018年小微企业受贸易战影响会进一步显现,尤其是外向型经济依赖性较强的地市将更为明显。

(三)全省区域创新发展不平衡现象仍然存在

各地市现有经济与产业基础对创新能力的影响比较深刻,浙江省块状经济仍然有所体现,各地市的工业与服务业发展水平不平衡,杭州与宁波的经济基础与产业优势明显,创新研发投入与产出对创新整体能力的影响比较突出,其他地市的中小企业虽然也在增加创新研发投入,但难以在短期内与杭州、宁波拉平差距。杭州市和宁波市中小企业创新能力突出,无论是综合创新指标还是分类创新指标都远高于其他地市。各地市在综合创新指标上,最高的是90.87,最低为55.73,相差近一倍,而在分类创新指标上,最高地区的生产制造创新指数(94.22)是最低地区(46.55)的2倍多,说明浙江省区域之间中小企业创新能力发展仍不平衡。

三、影响浙江省小微企业创新发展的内部因素问题

(一)创新研发动力不足,创新人才机制不完善

在经济下行压力下,规模以下工业企业创新动能略显不足,资金、技术与人才短缺问题依然存在,创新环境有待进一步改善。调查显示,"人才短缺"已经成为影响企业创新发展的主要因素。在调研过程中,小微企业普遍反映,存在"人才短缺""适用技术短缺"等相关问题。与规模以上工业企业比,规模以下工业企业在生产技术、工作环境、管理制度与企业文化等方面都处于弱势,对专业工人及技术人才的吸引力不强,无法为高技术人才提供更高的发展平台与更广的发展空间,"招人才难,留人才更难"的困境依然存在。

(二)创新扶持精准施策待提升,知识产权保护意识淡薄

企业扶持力度还需加大。当前,国家、省、市先后制定出台了一系列扶持小微企业发展的政策措施,但企业融资难等问题仍然存在,亟待解决。知识产权保护意识淡薄。小微企业往往缺少核心技术,创新能力和持续发展的动力不足,且又缺乏知识产权保护意识。

（三）小微企业管理模式与创新能力仍较弱

浙江省小微企业大多以传统行业为主，以家族企业模式存在，管理方式粗放，企业股权结构单一，多数采用低成本、低价格、低回报的方式。多数小微企业技术上以模仿为主，商业模式以劳动密集型为主，自主创新能力不足，品牌意识淡薄，产品科技含量较低，与产业发展的要求相比差距较大。科技型中小企业虽然有着自己的核心技术、专利、商标，但却在市场培育、品牌打造、市场积累等方面面临困惑。如在硬件投入较少的商业模式创新方面，很多小微企业由于创新管理能力较弱，没有科学分析市场，跟风思想严重，盲目复制大企业的盈利模式，出现了很多山寨产品，对企业的客户价值提升并无帮助，因此带来的所谓"模式创新"效果不佳。除杭州外，其他地区独角兽企业（指成立不满10年，估值超10亿美元且高速发展的新兴公司）十分稀缺。

四、提升浙江省小微企业创新能力的对策

（一）进一步优化小微企业创新创业生态

全面推进简政放权，结合互联网平台，真正降低制度性成本，激发创新创业的热情。强化各类创新创业平台，加快新建、改造、提升一批创新企业园区，加速中小企业的集聚集约发展。加快创新人才支持体系建设，进一步优化人才流动机制、评价机制和激励机制；落实户籍、医疗、子女教育、住房等方面的人才服务政策；强化国内外高层次人才及科研团队的引进；对于中小企业所急需引进的技能人才也能适当放宽人才认定标准，能够做到引得进、留得住。深入推进"最多跑一次"改革。提升融资服务能力，完善中小企业金融服务体系，推进中小企业直接融资，落实支持中小企业融资的优惠政策和奖励措施。完善优化政策服务，推动产业、财政、金融、税收等优惠政策前置。鼓励创新服务机构建立信息中介服务平台，为中小企业提供趋势发布、需求分析、成果查询、专利预警等所需信息的中介服务。

（二）推进"倒逼与激励"措施，培育小微企业创新新动能

一方面，国家和浙江省政府出台了一系列激励中小企业创新创业的举措。2016年，国家"供给侧结构性改革""中国制造2025造""一带一路"等重大战略与举措全面推进，"互联网+""大众创业、万众创新"方兴未艾，多项国家级改革试验落地浙江，浙江省深入开展了"两化深度融合""机器换人""智能制造"等活动，并积极落实"最多跑一次"改革措施，为浙江省中小企业注入了创新新动能，这些措施的完善和落实将会进一步激励小微企业人才的创新动能。另一方面，目前国内外经济发展形势也倒逼中小企业只能走创新驱动发展之路。美国贸易保护主义抬头、英国脱欧、欧盟内部的分裂等一系列政治变动影响了浙江省中小企业的出口贸易，国家"三去一降一补"政策推进，浙江省"五水共治""三改一拆""低小散整治"等一系列举措的实施力度不断加大，"环保风暴"席卷浙江。这些都将倒逼落后产能加快淘汰、低效企业转型转产，中小企业未来发展之路只能走向创新。

（三）发挥第一、二梯队示范作用，推动区域协同创新发展

发挥第一梯队杭州与宁波的双核心作用，带动周边区域城市群落的创新能力提升，将城

市群的创新能力整合、融入自身的发展规划中,注重打造区域优势。第二梯队城市数量较多,分布较广,主要位于浙江省的中部重要地区,是第一梯队与第三梯队的过渡地带,具有承上启下的作用。要提高第二梯队城市的创新水平,积极消化吸收第一梯队杭州与宁波的创新溢出效应,同时,加强第二梯队城市对第三梯队城市的区域带动作用。做好各梯队地市之间创新能力互补,做好一、二、三梯队内部各地市的协同创新,做好杭州与宁波的创新融合,发挥各自的产业优势与区位优势,形成"两翼互补、比翼双飞"的创新示范格局。同时,发挥第二梯队与第三梯队的内部创新要素共享与协同创新。用大项目如长三角一体化战略、杭州湾区经济战略、城市群战略等,以及省委、省政府超前谋划和布局的人工智能、大数据、云计算等一批重量级未来产业等,推动城市之间的协同推进。

(四)强化(政)校企深度融合,重视创新人才培养

小微企业创新发展,创新人才是关键。因此,政府、企业都必须高度重视创新人才的培养工作。一方面,企业积极利用政府人才引进战略,同时加大企业人才引进投入,与地方高校加强产学研用结合,加强建立具有地域特色的高校智库,真正做到协同育人,资源共享。另一方面,加强企业技能人才的培育。企业智能化转型升级中,对员工专业水平的要求也越来越高,特别是能够独立操作智能设备、维修机器运转的高级技术人员。鼓励高校与企业间的校企合作,建立产学研深度融合的基地,支持高等院校为中小企业管理人员和技术人员组织培训和讲座,提升中小企业员工的技能水平与管理水平。

(五)转型与升级相结合,突出产业结构调整

中小企业智能化的升级改造是建立在对制造装备(生产线)及生产流程自动化、信息化改造的基础上实现的,是一个相当漫长的过程。中小企业最期望解决的是当前生产过程中最薄弱环节的技术和装备问题。所需投入的成本要适当,最好能在两三年内收回改造的成本,应根据企业自身实力制定相应的智能化升级改造计划。从简单的加工设备开始,逐步完成制造装备(生产线)和生产流程的技术改造,实现转型升级。

第三篇

发展提质篇

　　推进中小企业转型升级提质发展是落实《中国制造2015浙江行动纲要》、加快传统制造业转型升级提质的需要,也是持续增强浙江经济发展活力和后劲的要求。在新形势下,浙江省中小企业普遍面临较大的转型压力与挑战,浙江省委、省政府高度重视小微企业提质发展,高质量开展"小升规"和"隐形冠军"企业培育工作,全面推进中小企业数字化转型,打造数字化小微企业园,推动"大众创业、万众创新",积极促进电子商务发展,全力推动中小企业提质增效、转型提升发展。

第七章
浙江省中小企业转型提质发展情况

产业结构的优化内在逻辑在于新兴产业培育和现有传统产业的改造。本章主要从"小升规"企业培育、"隐形冠军"企业培育发展情况及传统制造业改造提升情况等方面分析和展现浙江省中小企业转型提质的发展情况。

第一节　浙江省小微企业上规升级情况

浙江是小微企业大省,量大面广的小微企业是浙江经济的特色、优势和活力所在,是浙江国民经济和社会发展的重要基石,在推动创新、吸纳就业、促进经济增长、改善社会民生等方面具有不可替代的作用。推动小微企业上规升级("小升规")是贯彻落实新发展理念、建立现代化经济体系的基础。2013年以来,浙江以"小升规"工作为抓手,大力推进小微企业提质增效、高质量发展,取得显著成效,为浙江统筹推进"稳增长、促改革、调结构、惠民生、防风险"等做出了积极贡献,为小微企业加快转型提升发展提供了浙江经验。

一、"小升规"有效促进经济高质量发展

(一)促进企业升级稳增长

以创新提升发展为引领,引导和推动小微企业开展技术创新、产品创新、管理创新、生产方式创新和营销模式创新,实施"小升规"十大行动,全力推进小微企业上规升级。2013-2017年,全省累计新增"小升规"企业20775家,每年均超额完成省委、省政府下达的目标任务,"小升规"企业均占当年全部进规企业的90%左右。目前,全省规上工业企业统计目录库中"小升规"企业16134家,占全部规上企业的40.3%,有力地保障了规模以上工业企业总数的稳定。2018年1-6月,"小升规"企业合计完成工业总产值5449.59亿元,同比增长21.4%,增幅高于全部规上工业8.7个百分点;实现出口交货值813.66亿元,同比增长25.0%,增幅高于全部规上工业21.2%;实现工业增加值1123.33亿元,同比增长16.0%,拉动全省经济增长2.4个百分点。

(二)推进产业优化调结构

"小升规"工作从粗放式的推进到建立《浙江省"小升规"培育报表制度》实施规范化的培育,从注重升规数量到关注培育质量,从随机选择到程序化筛选,逐步深化为全省结构调整的推进器。以全省制造业重点培育发展的11个领域为重点,筛选确定培育企业,建立企业

培育库,加强培育扶持和跟踪服务。2017年度培育的4781家"小升规"企业中,属于11个重点发展领域的企业有3435家,占当年"升规"企业总数的71.9%,有效地推动了全省规上工业企业的结构优化升级。如,装备制造业企业从"小升规"工作启动时的14294家增加到2017年底的16893家,占比从39.2%提升到42.2%,总产值占比从原来的33.7%提升到39.0%;而高耗能行业的企业数和工业总产值占比则分别从29.3%和37.3%下降到26.6%和33.8%。

(三)保障就业增收惠民生

"小升规"企业累计吸纳就业148.79万人,成为规上工业中创造就业机会的主导力量、新增居民可支配收入的主渠道。2018年1-6月,"小升规"企业新增用工9.33万人,而同期全部规上工业新增用工人数仅7.74万人,"小升规"企业对全省工业用工贡献率超过100%;应付职工薪酬417.81亿元,比去年周期增加66.89亿元,增幅高于全部规上工业6.2%。"小升规"企业实现主营业务收入5291.85亿元,同比增长21.9%,比全部规上工业主营业务收入增幅高8.8%;实现利润总额202.61亿元,同比增长28.8%,增幅比全部规上工业高15.6%;"小升规"企业的主营业务收入和利润总额对全省规上工业增长的贡献率分别达到25.6%和19.0%。

二、当前"小升规"工作中存在的问题

(一)主观认识有待进一步提升

"小升规"工作是规范企业管理,帮扶企业提升竞争力、提高劳动生产效率的有效途径,也是地方政府稳增长、推进社会经济高质量发展的主要抓手。但当前还存在两大认识上的误区:一是部分企业主担心企业升规后报表增多、人员支出费用可能增加、安全和环保等社会责任可能加重等,未能看到企业升规后规范管理带来的长远的经济和社会效益,升规的积极性和主动性不够;二是部分工作人员认为"小升规"工作做了5年,全省规上工业仍只有4万家左右,无非就是原有企业的"升规、退规、再升规、退规"而已,殊不知,企业升规退规一方面有着复杂烦琐的程序,不能随便升规退规;另一方面,近5年升规企业仍在规上企业统计库的有16134家,占全部规上企业的40.3%,也就是说40%以上的规上企业已迭代更新,很大一部分高污染、高耗能、高排放以及不符合产业导向的规上企业已被淘汰出局,这恰恰反映了产业及企业组织结构的持续调整和优化。

(二)服务机制有待进一步加强

一是对象选择压力大。由于规模以下小微企业基础资料的不健全,每年需大面积地筛选纳税企业,同时需要投入大量的人力走访核对相关信息确定培育对象,工作任务重。二是服务能力水平有待提升。企业升规后需求提升,但指导服务工作难以及时跟进,只是"扶上了马,还没能够好好的送一程"。三是地方层层任务加压,导致培育企业鱼龙混杂,有的地方为了完成任务把一些质量较差甚至不符合产业政策导向的小微企业培育成"小升规"企业。

(三)工作基础有待进一步夯实

"小升规"培育工作已逐步常态化,建立了全省统一的"浙江省小升规培育企业报表制度",组建了省市县乡四级培育监测管理服务队伍,初步形成了定期统计监测和指导服务机

制。但是仍难以满足发展的需要。一是基础不稳固,队伍人员变动频繁,缺乏监督机制,服务工作不平衡。二是统计监测指标显得有些单薄,相关信息不完善,难以提供高质量的信息指导服务。三是缺乏常态化扶持手段和扶持力度不足。

三、下一步深化"小升规"工作的建议

(一)加大扶持力度,推进小微企业转型升级

企业进退规,虽然由优胜劣汰适者生存的市场经济规律"无形"之手所支配,但也是政府"有形"之手推进产业结构优化调整的重要抓手。下一步,浙江省将以建立高质量发展体系为目标,加大力度引导小微企业从家族式治理向现代法人治理结构转变,建立产权清晰、权责明确、管理科学的现代企业制度,提升企业家素质,帮助企业家学习和掌握新知识、新技能,尽快适应新常态。鼓励引导发展新经济、新业态和新模式,倒逼落后和过剩产能淘汰,推动存量小微企业加快转型发展、上规升级,重点推进创新型、科技型和新兴产业的小微企业优化升级。

(二)夯实工作基础,健全"小升规"培育机制

全面构建省市县乡四级培育监测管理服务队伍,健全完善培育工作机制和考核办法。研究建立满足多方面工作需要的《浙江省"促进小微企业转型升级"培育报表制度》,形成统计监测、动态调整和跟踪服务相结合的工作机制,运用大数据、互联网等现代信息技术,为企业的发展提供高质量的信息指导服务。

(三)结合"一号工程",推进"小升规"企业数字化转型

鼓励和支持小微企业利用现代信息技术、现代制造技术加快创新发展和数字化转型,以高品质的产品和服务来满足市场需求。引导"小升规"及培育企业开展个性化定制、柔性化生产,培育精益求精的工匠精神,增品种、提品质、创品牌,扩大有效供给,提高供给结构对需求变化的适应性和灵活性,提高全要素生产率,促进经济社会持续健康发展。

第二节　浙江"隐形冠军"企业培育发展状况

"隐形冠军"企业是创新能力强、成长性好、产品在国内外细分市场占有率位居前列的优质企业,是浙江省培育发展新动能、推动经济高质量发展的重要力量。2015年,浙江在全国较早探索开展了"隐形冠军"企业培育工作,建立评价体系,积极开展企业选树工作,形成了一批标杆示范企业。截至2017年,全省共评定了43家"隐形冠军"企业和368家"隐形冠军"培育企业,通过树立标杆、示范带动,有力推动了中小微企业高质量发展。

一、总体情况

(一)发展现状

从行业来看,全省"隐形冠军"企业和培育企业分布于28个行业、94个细分领域。81.0%

的企业集中在11个行业,其中,通用设备制造业(13.3%)、专用设备制造业(12.4%)、电气机械和器材制造业(9.4%)、化学原料和化学制品制造业(7.6%)、计算机通信和其他电子设备制造业(7.6%)、橡胶和塑料制品业(7.3%)等行业的企业分布相对较多。如图7-1所示。

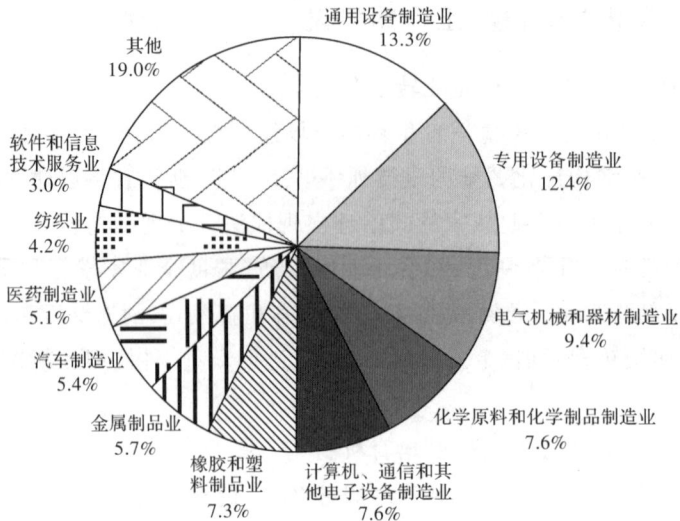

图7-1 "隐性冠军"企业和培育企业行业分布情况

如图7-2所示,从地域来看,"隐形冠军"企业主要集中在杭州(32.6%)、宁波(9.3%)、绍兴(9.3%),三市总和占据全省一半以上。如图7-3所示,"隐形冠军"培育企业分布则相对均匀,除杭州(21.4%)外,温州(15.7%)、金华(11.6%)、嘉兴(10.8%)均占有较高比例企业数,说明各地对"隐形冠军"企业发展的重视程度在不断提升。

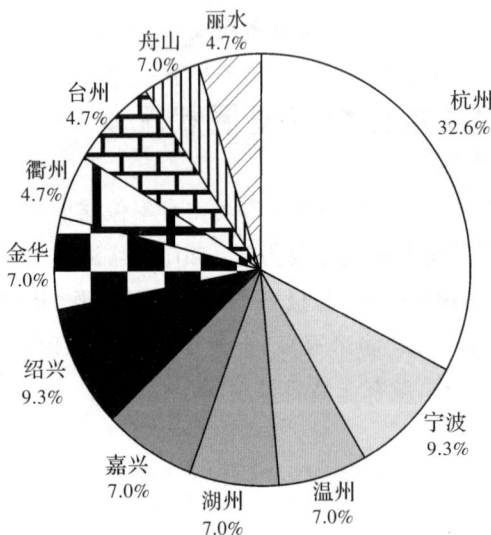

图7-2 隐形冠军企业地域分布情况

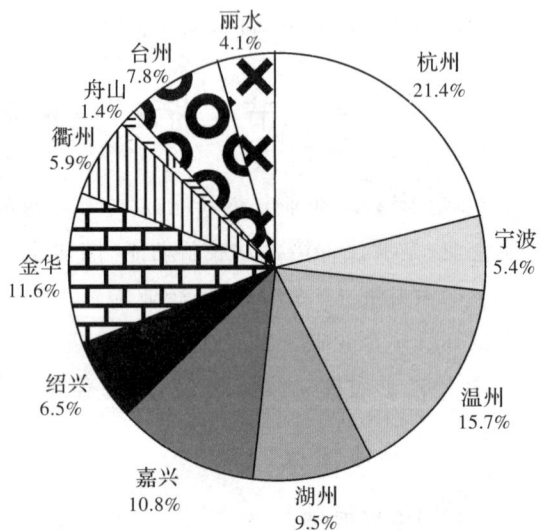

图7-3 隐形冠军培育企业地域分布情况

（二）发展特点

与全省面上企业相比，"隐形冠军"企业和培育企业的质量效益普遍较好，发展优势也较为明显。

1. 资产质量好

一是资产总额高。2017年，"隐形冠军"企业（培育企业）的平均资产总额为2.2亿元，同比增长25.3%，增幅比2016年提高21%；平均资产总额是全省规上工业企业平均资产总额的1.2倍。其中，湖州市企业平均资产总额增速最快（62.7%），绍兴市企业平均资产总额最高（35404.4万元）。二是资产负债率低。"隐形冠军"企业（培育企业）近三年平均资产负债率分别为45.8%、44.7%、42.7%，呈逐年下降趋势，均低于2017年全省规上工业企业平均负债率水平（54.8%）。三是净资产收益率高。"隐形冠军"企业（培育企业）近三年平均净资产收益率分别为12.0%、14.9%、16.2%。24家企业连续三年净资产收益率高于30%，其中15家企业同时实现连续三年负债率低于50%。如图7-4所示。

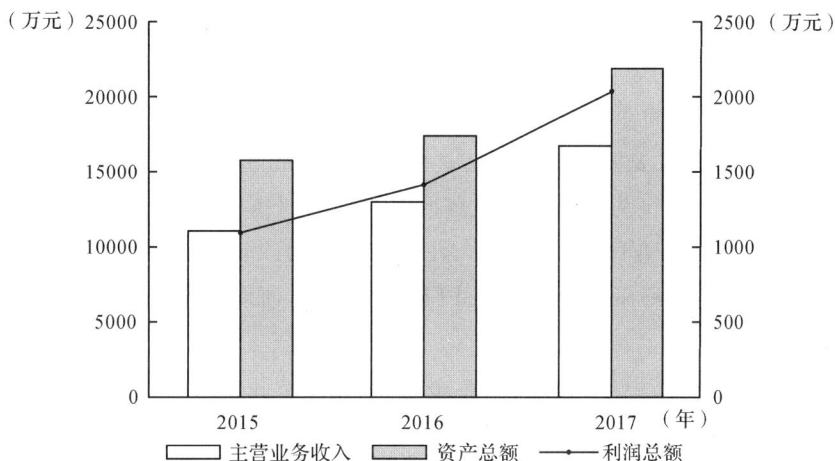

图7-4　隐形冠军企业（培育企业）资产有关情况

2. 综合效益高

从盈利来看，2017年，"隐形冠军"企业（培育企业）平均主营业务收入、平均利润总额分别达到1.7亿元和2042万元，同比分别增长29.0%、41.5%，分别高出规模以上工业企业增速17.2个、24.9个百分点。从社会贡献看，"隐形冠军"企业（培育企业）纳税额逐年递增，近三年平均每家企业缴纳297.1万元、392.2万元、453.8万元，年均增长26.4%，增速远高于规模以上工业企业平均水平；平均吸纳社会就业人数分别为230人、250人、270人，年均增长8.7%。从生产效率看，"隐形冠军"企业（培育企业）平均全员劳动生产率从2015年的66.5万元/人增加至2017年的77.7万元/人，年均增速8.4%。如表7-1所示。

表7-1　2017年隐形冠军企业(培育企业)与规模以上工业企业经济效益比较

	主营业务收入		利润总额		纳税总额		吸纳社会就业人数		全员劳动生产率	
	数值(万元)	增速(%)	数值(万元)	增速(%)	数值(万元)	增速(%)	数值(人)	增速(%)	数值(万元/人)	增速(%)
规模以上工业企业	16406	11.8	1118	16.6	485.4	10.9	163.3	0.6	21.6	7.7
隐形冠军企业(培育企业)	16900	29.0	2042	41.5	453.8	26.4	269.9	8.0	77.7	3.4

3. 市场份额大

"隐形冠军"企业(培育企业)主导产品销售收入占主营收入比重达77.1%,省内市场份额平均超过50%,24.5%的企业国内市场份额在40%以上,27.9%的企业市场占有率在国内排名第一。大部分企业在市场同类产品的竞争中已占据绝对优势,行业影响力不断增强,24.2%的企业获得国家或省级名牌、驰名商标。

4. 创新能力强

"隐形冠军"企业(培育企业)近三年研发经费投入分别达到634.0万元、740.1万元、875.4万元,远高于2017年全省规模以上工业企业平均水平(288.3万元);平均获得发明专利数分别为5.9、7.5、9.6个,增长极为明显。企业获取发明专利的途径除自主研发外,26.0%的企业通过联合开发,6.7%的企业通过技术合作、技术转让。2017年,平均每家企业与1.26家世界五百强企业、国企、央企、科研院所等企业或研究机构开展研发合作。

(三)发展模式

总的来看,浙江"隐形冠军"企业(培育企业)呈现出依托自身、切合实际、形式多样的发展模式,大概分为四种类型。

一是成本领先型。此类企业(12.1%)规模优势明显,通过规模化生产寻求较低的边际生产成本,处于从规模优势向创新优势转化的阶段,主要分布在专用设备制造业,金属制品业,铁路、船舶、航空航天和其他运输设备制造业等行业。例如,浙江特种电机股份有限公司近年来通过持续创新和"机器换人",实现了制造自动化和产品提档升级,摆脱了低档次产品恶意降价竞争的怪圈,形成了以高端电机为主的产品格局,建立起以日本、美国、德国等国的世界500强企业为主要客户的销售网络。

二是创新引领型。此类企业(5.4%)是典型的轻资产企业,发展动力主要源于自主创新,建有较为完善的技术研发体系,创新型人才比重较高,主要分布在专用设备制造业、电气机械和器材制造业等行业。例如,杭州晟元数据安全技术股份有限公司是国内唯一能同时提供生物识别芯片、数据加解密芯片、通用32位MCU的企业,通过不断创新,加强技术交叉应用,产品获得全球市场认同,在国内行业中"坐三望二",特别是指纹识别芯片在全国市场占比超过三分之二。

三是市场引领型。此类企业(60.4%)经历了规模扩张和技术更新,核心产品在细分市场占有较大份额,有一定技术创新能力,但尚未形成核心技术上的完全优势,产品和技术存在被仿制模仿的风险,主要分布在通用设备制造业、专用设备制造业、电气机械和器材制造业、纺织服装服饰与纺织业等行业。例如,海盐宇星螺帽有限责任公司是中国螺帽行业最大的生产厂商之一,可生产符合中国、德国、美国、英国、意大利等多国标准的异形螺帽,是世界众多知名企业的指定配套供货商,客户遍布五大洲,主要产品在国内市场占有率排名前三。

四是资源整合型。此类企业(22.1%)技术创新能力较强,在某领域或某类产品上形成了技术优势,正进入将技术优势转化为产品优势的快速发展阶段,主要分布在医药制造业、化学原料和化学制品制造业、电气机械和器材制造业等行业。例如,杭州新坐标科技股份有限公司注重产品研发创新,近几年新产品产值率均在90%以上,拥有发明专利11项、实用新型专利29项,部分技术已处于国内外领先水平。

二、存在的主要问题

(一)人才短缺限制创新步伐

一是创新人才缺口较大。61.0%的企业反映缺乏创新人才,2017年从业人员中,大学本科及以上学历仅占16.0%,比2016年仅提高1%;技术人员仅占9.7%,比2016年下降9%。二是高素质人才缺口较大。高级专业技术人才、高技能人才和高级管理人才缺口分别达76.1%、46.2%、35.7%。三是人才虹吸效应较为明显。高端人才流入杭州、宁波等中心城市的趋势明显,省内其他地区普遍难以留住高端紧缺人才。四是政策支持还需要进一步加大。55.3%的企业希望政府在高端人才住房安置、子女就学、医疗卫生、项目落地等方面继续加强政策支持,帮助企业引得进、留得住高端紧缺人才。

(二)产品出口压力不断增大

目前,58.0%的"隐形冠军"企业(培育企业)开展出口业务,其中,23.0%的企业出口交货值占主导产品销售产值50%以上,仅2017年出口交货值就达25.1亿美元。但随着中美贸易摩擦愈演愈烈,企业特别是对美出口为主的企业和产品受到的影响不断加大,63.1%的企业认为,本次中美贸易摩擦对自身造成了影响,其中认为造成严重影响的有16家,多数企业对后续的中美贸易合作持消极观望情绪。

(三)生产经营成本上升明显

一方面,企业综合成本上升较快,集中表现在原材料成本(64.1%)、人力资源成本(61.0%)、研发成本(35.1%)、管理营销成本(26.0%)等方面。2017年,52.7%的企业用工成本比上年度增加10%以上,78.5%的企业原材料成本比上年度增长5%以上。虽然总体销售利润增长较快,但利润率和净资产收益率增幅放缓,2017年,"隐形冠军"企业(培育企业)平均销售利润率为12.1%,同比增幅比2016年减少1%。另一方面,企业融资成本不降反升。2018年1-5月全省银行贷款加权平均利率为6.2%,同比上升0.4%。企业普遍反映存在不同程度的资金紧张状况,流动资金缺口增大,11.8%的企业遇到较大的融资困难。

三、有关对策建议

实践表明,加强"隐形冠军"企业培育是推动中小企业发展的重要抓手。各地要将中小企业发展进一步聚焦到"隐形冠军"企业培育和"专精特新"上来,加强精准施策,加快中小企业转型升级,为经济高质量发展不断提供新动力。

第一,进一步认识"隐形冠军"企业对支撑经济高质量发展的重要作用。一是要充分发挥"隐形冠军"企业推动经济高质量发展的支撑作用。进一步巩固"隐形冠军"企业经济效益好、市场占有率高、发展速度快、创新能力强等突出优势,发挥在稳增长、调结构、促转型中的主力军作用,努力形成"浙江制造"新的竞争优势。二是要充分发挥"隐形冠军"企业的标杆示范作用。以点带面,引领和带动更多中小企业践行高质量发展理念,增强自主创新能力,弘扬工匠精神,抢占专业化市场,提升发展质量和水平。三是要充分发挥"隐形冠军"企业在产业协同发展中的核心作用。依托产业链龙头企业,加快两化融合,推进数字化改造提升,增强制造协同和配套能力,努力提升区域产业链和产业集群的国际竞争力。

第二,进一步聚焦中小企业向"隐形冠军"发展的长远战略。一是要在宏观战略层面,将中小企业发展重点聚焦到"隐形冠军"上来,明确将"隐形冠军"作为中小企业发展的主攻方向,将"隐形冠军"企业培育作为当前和今后一个时期中小企业工作的重点。二是要在省级层面,加强顶层设计和总体谋划,制订体系更完备、更适合省情的培育举措。三是要在工作层面,建立完善省市县三级联动的长效工作机制,一以贯之推动中小企业跨越式发展,形成具有较大规模、较高质量的"隐形冠军"企业群。

第三,进一步形成梯度培育发展体系。一是要实施企业梯度培育发展。遵循发展规律,制订企业培育发展方案,推动中小微企业沿着"专精特新"、省"隐形冠军"培育企业、省"隐形冠军"企业、全国"小巨人"企业和世界级"隐形冠军"企业的发展方向梯度发展。二是要建立梯度培育工作方案。按照自下而上的原则,实现省市县三级分级培育,形成导向明确、目标清晰、保障有力的培育机制。三是要加强集群式培育。围绕块状经济和产业集群,鼓励中小企业联合开展产品研发、技术攻关、市场拓展、人才培养、品牌共建等,建立上下游配套协作关系,在产业链中孵化出更多"隐形冠军"企业。

第四,进一步完善"隐形冠军"企业评选标准。对标国际标准,进一步完善全省现行评价指标体系。围绕高质量发展要求,突出市场占有率指标,适当扩大产品创新度、标准制修订等体现创新能力的结果导向型指标权重,让产品市场占有率高、创新能力强的企业尽快脱颖而出。

第五,进一步明确产业发展导向。着力优化目前传统产业和价值链下游"隐形冠军"企业比重过高的现状,围绕数字经济、八大万亿产业、十大传统优势产业和"中国制造2025浙江行动纲要"重点发展产业,以及产业链高端环节,加快培育和优先评定一批"隐形冠军"企业,尽快形成一批世界级"隐形冠军"企业,加快推动产业结构调整和优化。

第六,进一步精准资源要素保障。改变"天女散花式""撒胡椒面式"的扶持方式,将政策扶持向"隐形冠军"企业(培育企业)倾斜,实施精准服务。在人才资源要素方面,探索柔性引才机制,搭建企业和高校、科研机构技术对接通道。建立人才服务绿色通道,为企业高端人才提供住房、医疗、教育、技术成果转化等一条龙服务。在资金要素方面,要积极兑现各类财税扶持政策,深入实施"凤凰行动"计划,引导社会资本更多地参与"隐形冠军"企业发展,加快企业股改上市。在发展空间方面,要加快小微企业园建设提升,完善公共服务配套,优先安排"隐形冠军"企业入园发展,探索建立以产业链为纽带的"隐形冠军"企业园。在资源利用方面,要深化"亩均论英雄"改革,实施差别化资源要素配置,真正发挥出改革的正向激励和反向倒逼作用。在发展环境方面,要深化"最多跑一次"改革,切实减轻企业发展负担,营造企业发展良好氛围。

第三节　浙江传统制造业改造提升情况调研报告

为了解浙江传统制造业企业改造提升现状,本文抽取了137家企业进行调研,涵盖纺织业、纺织服装服饰业、化学原料和化学制品制造业、橡胶和塑料制品业4个传统制造业行业,大型、中型和小微型企业的比重分别为18.2%、44.5%和37.3%。调查结果显示,73%的企业已着手进行改造提升且成效有所显现,各级政府对于改造提升计划的落实情况较好,但还存在土地、劳动力等要素成本过高,引进人才、留住人才难等问题。

一、企业改造提升意愿较强,着手开展面较广

137家传统制造业企业对行业成长发展选择"改造提升"策略的有105家,其中有100家企业已经着手开展"改造提升"行动,分别占样本总量的76.6%和73.0%,这说明浙江传统制造业企业改造提升意愿较强,着手开展面较广。但是仍有27家企业选择了"维持原有经营模式",5家企业选择了"减少产量,缩小规模"或其他经营策略。

(一)企业选择改造提升策略的主要原因是人工成本高招工难、新产品或技术研发成功、环保压力大

从调研结果看,企业选择改造提升策略主要由三个方面因素推动:一是"人工成本高、招工难"迫使企业着手进行设备升级,以"机器换人"降低人工需求,认同率高达50.5%,居首位。二是"新产品或技术研发成功"推动企业改造提升,认同率为44.8%。如衢州杭氧气体有限公司相关负责人表示,公司充分发挥总部在空分设备技术方面的优势,对部分气体项目进行优化运行升级改造,促进了产品技术创新,同时也促进了用气企业进行技术改造。三是"环保压力大"促使企业绿色发展意识普遍增强,环保改造投资不断加大,认同率为38.1%。如捷马化工股份有限公司相关负责人表示,公司因整改环保、能耗、安全不达标被列入淘汰产能淘汰名单,2018年公司将实施年产5万吨草甘膦搬迁技改项目,搬迁至龙游县城南工业区专用的化工区块,项目总投资2.1亿元。

此外,"投入产出效益偏低""发现新的市场机会""产品竞争优势不足"和"市场萎缩、发展

前景黯淡"等原因也倒逼企业进行改造提升,认同率分别为35.2%、33.3%、26.7%和12.4%。

（二）企业没选择改造提升策略的主要原因是研发能力薄弱、缺乏资金支持

没选择"改造提升"策略的32家企业认为主要原因是"研发能力薄弱,缺乏技术支撑"和"缺乏资金支持",认同率为46.9%和43.8%,同时还存在"改造提升后面临产品同质竞争,产能过剩局面"的担忧,认同率为37.5%。

二、企业改造提升举措多样,成效显现

已着手"改造提升"的100家企业,改造提升的主要举措是提升管理水平、技术升级与创新、产品创新,最大的投入是设备增设升级、产品研发、技术创新。经过"改造提升",大部分企业认为自己在市场竞争力、管理水平、盈利能力、人工效率、环保状况等方面取得了一定的成效。

（一）企业改造提升主要举措是提升管理水平、技术升级与创新、产品创新

如图7-5所示,企业在改造提升过程中,提升管理水平、技术升级和产品创新是企业采取的主要举措。从问卷调查情况看,超过八成的企业表示将通过加强内部管理、提升管理水平来进行改造提升,80.0%的企业表示将进一步加强技术升级与创新,68.0%的企业表示将不断加大产品创新,提升产品竞争力和拓宽产业链。

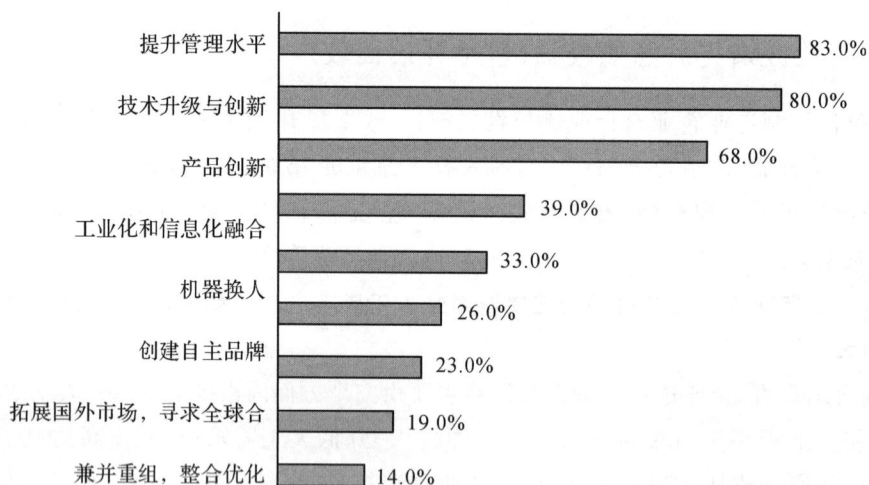

图7-5 企业采取各种改造提升举措认同率

（二）企业改造提升上投入最大的项目是设备增设升级、产品研发、技术创新

如图7-6所示,企业在改造提升上投入最大的项目是"设备增设升级""产品研发"和"技术创新",认同率分别为57.0%、55.0%和50.0%,"环保投入""机器换人"的认同率为37.0%和27.0%。

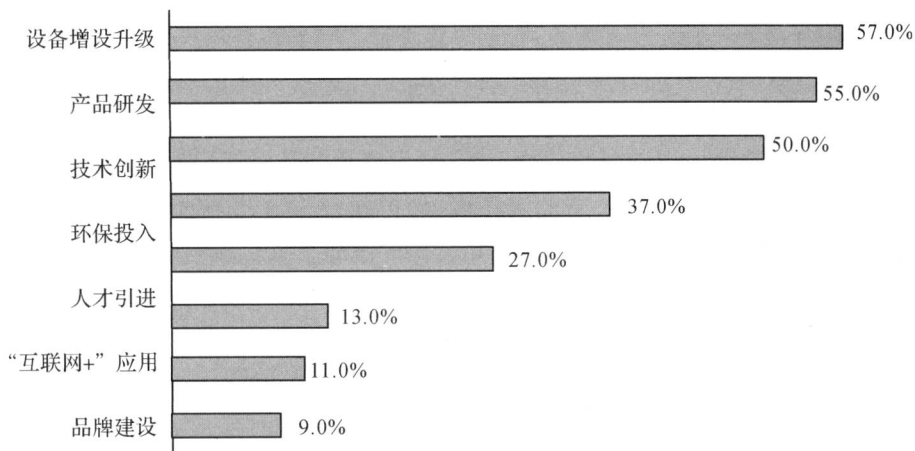

设备增设升级	57.0%
产品研发	55.0%
技术创新	50.0%
环保投入	37.0%
人才引进	13.0%
"互联网+"应用	11.0%
品牌建设	9.0%

图7-6　企业改造提升投入项目认同率

（三）改造提升使得企业环保状况得到改善，竞争力、管理水平、盈利能力等均有所提高

整体来看，改造提升在企业市场竞争力、管理水平、盈利能力、人工效率、环保状况和万元产值能耗六方面都起到了积极作用，其中"环保状况得到明显改善或有所改善"的认同率达99.0%，认为市场竞争力和管理水平有明显提高或有所提高的比例均为98.0%，"万元产值能耗明显降低或有所降低"的比例为91.0%，人工效率和盈利能力有明显提高或有所提高的比例分别为89.0%和86.0%，可见"改造提升"有力地促进了企业经营环境的改观、经营质量的提升。

如浙江钱江生物化学股份有限公司采用新装备替代老装备，电功率减少30%左右，达到了节电、节能效果；湖州富凯丝绸有限公司通过提升管理水平，积极进行技术升级和产品创新，拓宽国内外市场，经营情况显著改善，2017年营业收入5046万元，同比增长134%；温州中瑞集团投入上千万元引进机器设备，改人工操作为人工维护机器运转，一个工人每天平均生产4.4吨胶水，效率是传统模式的10倍多；温州庄吉服饰有限公司投资1.65亿元打造"智慧工厂"，进行设备、生产、销售的智能化改造，服装定制周期从原来的25天缩短为5天，运营成本降低25%以上，生产效率提高至原来的50倍，不良率降低20%。

三、企业对各级政府改造提升工作落实情况的满意度较高

"各级政府对于传统制造业改造提升工作的落实情况"满意度调查结果显示，137家企业总体评价"很好"和"较好"的比例分别为40.1%和46.7%，满意率达86.8%；总体评价"一般"和"不足"的比例分为10.9%和0.7%，"不清楚"的比例为1.5%，没有一家企业认为"很差"。优化平台环境，腾出发展空间方面，"淘汰落后产能，积极化解严重过剩产能，全面整治'低小散''脏乱差'企业（作坊），合理转移和退出低端低效产能，为产业转型升级腾出发展空间"，满意率为86.9%；"以特色小镇理念和方式改造开发园区和产业基地，着力创建国家级、省级先进制造业基地"，满意率为82.4%；打造要素环境，提供高端要素方面，"支持企业应用

减污、节水、节能等先进工艺技术和装备",满意率为86.1%;"实施企业经营管理人才素质提升计划,加大优秀企业家和职业经理人培养力度"和"开展'浙江工匠打造行动',加大高技能人才培育力度",满意率均为77.4%。打造政策环境,提供政策支持方面,"地方政府加大对企业技术改造的财税支持力度,全面落实研发费用加计扣除、专用设备税额抵免等税收优惠政策",满意率为83.2%;打造制度环境,保护创新热情方面,"建立完善知识产权保护机制",满意率为80.3%;打造政务环境,提供优质服务方面,"落实'最多跑一次'改革措施,深化工业企业'零土地'技术改造项目审批方式改革",满意率为85.4%。此外,各级政府在深化"两化"融合、鼓励企业在全球开展精准合作、开启"凤凰行动"鼓励企业股改上市、制定"机器换人"实施方案、完善"亩产论英雄"机制等方面也做出了不懈的努力,得到了企业的肯定。

四、企业目前在改造提升过程中面临的主要困难和问题

在改造提升过程中,137家企业认为最大的困难和问题是"土地、劳动力等要素成本过高",认同率高达71.5%;其次是"引进、留住人才难",认同率为40.9%;认同率在30%-40%的有"研发创新能力薄弱""资金紧张,融资难"和"税负与行政性收费过高",如图7-7所示。

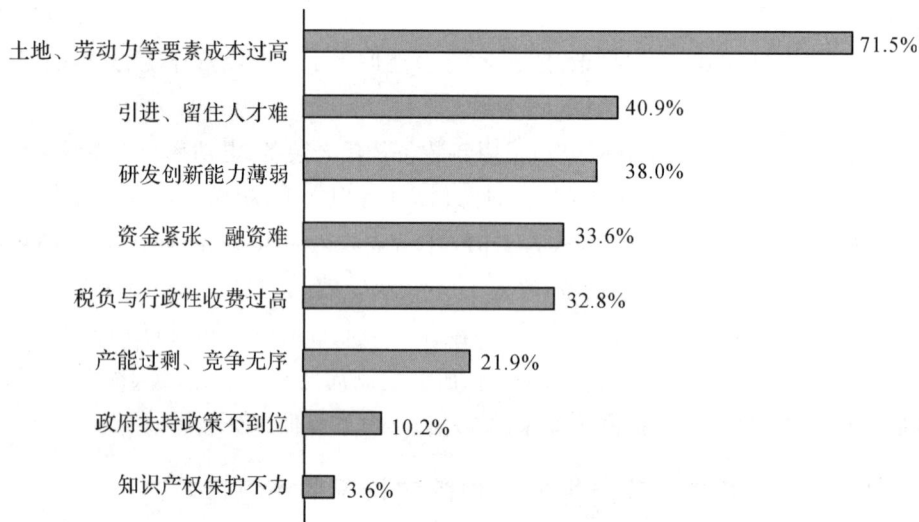

图7-7　企业改造提升过程中遇到的主要困难和问题认同率

(一)土地、劳动力等要素成本过高

当下,土地、劳动力等要素成本过高,已经成为企业转型升级、提升发展最大的"拦路虎"。一是大宗商品价格上涨拉高了企业的原材料成本,给企业生产经营带来较大影响。二是劳动力成本不断上涨。职工工资和社保费用逐年提高,推高了用工成本。三是土地使用税负重。

如浙江元创橡胶履带有限公司反映,税务部门对土地使用税(房产税)重复征收,企业负担较重;衢州市反映,衢州市区土地等级划分为四级,每平方米适用税额分别为16元、12元、8元和4元,虽出台亩产税收减免政策,但企业达到条件比较困难,享受政策优惠面不广。

(二)用工不足和人才缺乏制约企业转型

大力推进"机器换人"是传统制造业企业摆脱招工难和用工贵问题的重要途径。对传统劳动密集型企业,机器设备无法完全替代人工,在部分生产环节上,传统人工仍是生产的主要方式。在劳动力供应不足的大环境下,技术工人缺乏制约企业的改造提升。如温州庄吉服饰有限公司反映,企业推进智能化工厂改造后,设计产能大幅提升,由于技术车工缺口达三成,产能无法充分发挥;温州中瑞集团相关负责人坦言,企业大力度引进设备后,操作和维护人才缺乏成为企业面临的最严重问题;浙江苏泊尔橡塑制品有限公司反映,玉环受地理环境因素影响,人才引进相对困难。同时,很多地区外地员工的户口和子女教育政策落实难度较大,员工"安家落户"的动力不足。

(三)研发创新能力薄弱

此次调研结果显示,样本企业的R&D经费(研究与试验发展经费)支出占营业收入比重平均只有1.2%,达到1.5%以上的比例仅为47.4%;新产品销售收入占营业收入比重平均为30.4%,达到35%以上的比例仅为44.5%,远低于《浙江省全面改造提升传统制造业行动计划(2017—2020年)》提出的目标,企业研发创新投入仍显不足。

(四)资金紧张和融资难

传统制造业改造提升所涉及的设备升级更新、科技创新、新产品开发、品牌建设、"机器换人"、环保投入等都需要大量的资金投入,金融机构"锦上添花"多,"雪中送炭"少,贷款利率在基准利率基础上有不同幅度上浮,企业融资难度加大、融资成本提高。

浙江袜业有限公司反映,公司近年来受担保、互保影响,企业经营压缩,生产业绩下滑,资金压力较大;绍兴彩虹庄针纺有限公司反映,目前传统行业的企业申请新增贷款很难,且融资成本高,企业目前有1亿多元贷款,每年仅支付利息就要上千万元;帕罗羊绒制品有限公司经营者表示,每年主要原材料羊绒采购金额在5000-8000万元之间,占流动资金比例高,企业经营资金需求额大,银行贷款一方面手续较为烦琐,另一方面利率较高。

(五)部分扶持政策力度较小或还不到位

据调研,企业目前已经享受到的政策扶持主要集中在设备投入补贴和税费减免方面,也有部分企业反映政策扶持力度较小、落实不到位等问题。如浙江沽丽雅兰家纺有限公司反映,虽然近年来享受到科技扶持专项资金、其他涉外发展服务支出、环保扶持专项资金、排污费安排支出、地税纳税申报资金等多项政策,但是合计获得的补助、奖励不足20万元,最大的一笔仅为8万多元,对于年产值上亿的企业而言可谓杯水车薪;浙江绍肖印染有限公司前几年响应政府关于印染企业集聚搬迁的号召搬迁至滨海工业区,并于2016年底通过了各项验收,但是政府承诺的应于2017年到位的近200万元的补助资金,至调研时只兑现了一半。

五、企业对改造提升工作的期盼

在传统制造业改造提升过程中,企业最需要各级政府予以支持的是"提升产业平台,引导企业集聚发展",认同率为56.2%;其次是"降税减费",认同率为54.7%;"提供改造提升所需技术信息与支持""创新多层次人才引进培育机制"和"提供改造提升所需资金支持"等也得到不少企业的认同,如图7-8所示。

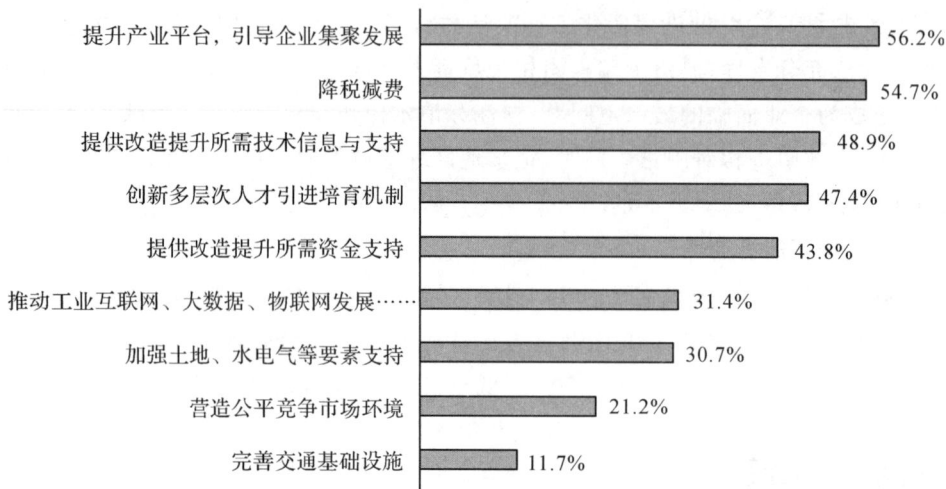

图7-8 企业需要各级政府予以支持的愿望的认同率

(一)加快产业园区建设,形成集聚效应

产业园区能够有效地创造聚集力,通过共享资源、克服外部负效应,带动关联产业的发展,从而有效地推动产业集群的形成。浙江恒逸集团有限公司希望"萧山有独立的化纤产业园区";浙江三维橡胶制品股份有限公司建议"尽快建成橡胶制品产业园区,使三门早日建成国家级橡胶胶带产业示范区";台州市港伯制衣有限公司认为"如果能够形成集聚区,可以增强新型高端人才的吸引力"。

(二)提升产业平台,注重服务个性化

企业希望政府部门在促进产业集聚的同时,注重不同行业不同规模的个性差异,增强政策等的灵活性;对于那些缺少资金和技术、转型方向尚未明确的中小企业,行业协会或政府可参与建立起公共的转型平台,为他们提供切实可行的指导。宁波兄弟服饰有限公司建议,各级政府在制定、出台传统制造业改造提升政策时,应考虑不同行业和企业的实际需求,多实地走访调研,多征求企业意见;嘉兴市华阳纺织染整有限公司等表示,希望政府能提供更多个性化服务,对于传统制造业,不能简单地关停"低、小、散"企业,而应当对有潜力的小企业帮助扶持改造提升;华尔科技集团股份有限公司表示,希望政府帮忙解决专业化高难度的技术指导;浙江双箭橡胶股份有限公司表示,作为在本地区同行业走在前列的企业,在"制造

业与互联网融合应用"等专业技术提升方面,较难找到可以学习的具有同行业特点的模范兄弟企业,希望能够依靠政府的力量,获得更多的技术资源与学习机会。

(三)精准扶持,降低企业改造提升成本和提高资金奖励扶持力度

一是降低企业融资成本,增加融资机会。在定向降准背景下,希望金融监管部门加强对商业银行的监督和管理,减少一头降准降息、另一头提高借款利率上浮幅度或提高借贷再续存担保存款额度的情况。成立改造提升定向基金,为企业改造提升提供融资捷径或进行定向贴息。二是合理降税减费。降低企业改造提升过程中相关审批及安全评价、环境影响评价等环节的中介费;扩大抵扣项范围,如将引进人才的工资、奖金等部分纳入抵扣。三是牵线搭桥,引导社会资金参与企业改造,提升创新发展。

(四)引留培结合,帮扶企业解决改造提升人才短缺

一是退税补贴,降低制造业企业引进人才成本,建议通过向企业返还引进人才的个税,补贴或部分补贴"五险一金"等方式降低企业人才引进成本。二是放宽政策享受标准,提高人才流入意愿,在原有人才住房保障基础上,放宽制造业人才住房保障标准,同时,在落户、子女就学等方面给予适当政策倾斜。三是拓宽渠道,共建共享。制造业企业改造提升技术、产品、模式创新既可以通过人才引进在本企业封闭进行,也可以寻求大专院校、行业专家等外力合作,还可以在政府或者行业协会的协调下共建共享,建立行业研究所等。四是依托本地大专院校培养符合产业发展需求的实用性人才。如电气产业集中的柳市镇,其职业技术学院作为产业集聚地唯一一所职教学院,培养的主要方向是财会、计算机,而不是电气企业需求量比较大的电气自动化、电机与电器、电气维修检测等专业。所以本地大专院校要加大对当地主导产业急需人才的培养,促进传统主导产业的健康发展。

(五)进一步加大政务服务力度

以"最多跑一次"改革为契机,强化行政审批服务,加快"放管服"改革,为企业营造良好的经营环境,为激发企业改造提升动力,如缩短项目申报、审批时间,缩短财政补贴审批时间,及时兑现政策;强化信息公开服务,做到申报、审批公开公正。

第八章
浙江省中小企业数字化转型与创业创新探索

浙江向来是"双创"热土,本章从思考如何利用数字经济浪潮,从小微企业园数字化转型和打造浙江"双创"升级版入手,调研外来创业者的现状及创业空间载体发展,展示浙江在数字化转型和"双创"工作的探索与思考。

第一节　小微企业园数字化转型的调研与思考

小微企业园是小微企业创业、成长、集聚的平台和载体,也是政府扶持、服务和促进小微企业发展的主要抓手。小微企业园的数字化转型既是当前园区发展的一种趋势,也是浙江实施数字经济"一号工程"的组成部分,是推动小微企业高质量发展的着力点。

一、小微企业园及数字化建设概况

(一)小微企业园的概念

小微企业园是指经统一规划建设,具有一定集聚规模,产业定位明确,配套设施完善,运营管理规范,主要为小型微型企业创业创新和集聚发展提供孵化培育平台、生产制造空间和公共配套服务的低成本生产经营场所。小微企业涵盖一二三产业,因此小微企业园也应该是大口径的,包括各类产业的小微企业园。小微企业园从功能上大致可以分为生产制造型和楼宇办公型两大类。

(二)全省小微企业园概况

据初步统计,截至2018年3月底,全省共有各类小微企业园491个,占地面积10.2万亩,建筑面积6101万平方米,入驻企业32083家。从区域分布看,温州99个、杭州78个、嘉兴60个、宁波56个、金华45个、绍兴39个、湖州33个、台州32个、衢州22个、丽水14个、舟山13个,分别占全省的20.2%、15.9%、12.2%、11.4%、9.2%、7.9%、6.7%、6.5%、4.5%、2.9%和2.6%。从行业分布看,以制造业为主的小微企业园有271个,占比55.2%;其他行业的小微企业园有220个,占比44.8%,主要涉及软件信息、工业设计、文化创意、电子商务、金融服务等。

(三)小微企业园数字化建设概况

根据问卷调查,全省小微企业园实行不同程度智慧化管理和服务的园区占30.72%,尚未实行信息化管理的园区占69.28%,可见小微企业园智慧化管理尚未成为主流。从各地情况来看,实行智慧化管理和服务的园区比例从高到低排序依次为宁波(57.38%)、湖州

(46.43%)、杭州(41.38%)、绍兴(35.71%)、嘉兴(30.30%)、温州(24.51%)、舟山(22.22%)、金华(20.20%)、丽水(11.11%)、台州(9.52%)和衢州(4.00%)。从表现形式来看。部分小微企业园实行园区智慧化运营管理;部分小微企业园建立了面向园内企业的信息化服务平台;少数小微企业园建立了产业互联网平台,实现了线上平台与线下园区的有机结合。从政府支持来看,《温州市小微企业创业创新园建设新三年行动计划(2017-2019年)》明确提出积极开展"数字园区""智慧园区"建设试点。杭州萧山区对智能化园区建设给予财政资金奖励。多数地方还没有明确的政策导向。

二、小微企业园的数字化转型

传统小微企业园的功能主要是为小微企业提供生产经营空间和基本的物业管理服务,这种功能单一的小微企业园目前已难以满足小微企业创业创新和转型升级的需要。利用互联网、物联网、云计算、大数据等新一代信息技术,加快小微企业园的数字化转型,从传统小微企业园向数字化小微企业园转型,对提高园区管理效率、构建安全绿色园区、提升公共服务能力、推动"两化"深度融合、促进企业转型发展等具有重要意义。据调研,小微企业园的数字化转型至少应包括以下三个方面的内容:

(一)小微企业园+智慧化管理

完善园区信息化基础设施,运用物联网、大数据等新一代信息技术,建立智慧园区管理系统,通过门禁卡、智能监控、能源监测、智慧消防等手段,对园区的空间租售、人流、物流、能耗、消防、环保、生产安全等进行实时监控和管理,实现园区管理可视化、信息数据化。智慧化管理可以提升园区管理效率,可以快速应急响应确保园区安全,更重要的是可以通过数据分析判断企业的日常生产经营状况和发展趋势,为金融服务等提供依据。

案例一:温州平阳县万洋众创城。与华为、海康威视等企业合作开发建设智慧园区平台。一是实行门禁管理、进出车辆管理、全园区监控覆盖等,与当地派出所信息共享,前置联动,保障生产生活环境的安全稳定。二是为每一位园区员工办理员工卡,既可以用于大门、宿舍、电梯的出入门禁,也可用于园区内各种消费,通过数据分析掌握动态真实的人员流动、迁徙、活动等行为。三是园区全部采用智能水电表,实时掌握企业能耗,结合企业员工规模、访客、车辆、物流、垂直交通等数据,构建稳定的企业模型,数字化实时记录企业经营状态,形成准确的评估和预测。

案例二:温州龙湾区永兴南园小微企业园。利用现代信息技术,建设园区视频监控系统、园区一卡通、信息发布、园区光纤接入、WiFi全覆盖、能耗监测等基础设施,实现园区更高效的运营管理。

案例三:杭州滨江区华业高科技产业园。一是建立覆盖全园区的智能监控系统,实时掌握园区安全、人流、车流信息,一旦发生不安全、不稳定苗头,可及时发出指令进行现场处理,确保园区平安稳定。二是园区使用办公OA系统,实现办公和管理信息化,园内所有租赁合同、物业服务合同、企业重要信息录入系统内,各项收费情况在系统内统一汇总。

案例四:湖州吴兴区中节能环保产业园。建立数字能源平台,在园区设计阶段就融入了低碳能源信息化的设计要求,通过园内企业用能分布、企业用能负荷预测等页面,可以很直观地了解整个园区的用能情况,同时还可以对园区各家企业的用能进行智能分析。该平台可以协助政府提供能源数据监测、能源审计、区域用能预报等服务。

(二)小微企业园+平台化服务

通过建立QQ群、微信群、微信公众号、App等企业服务信息化互动平台,整合汇聚园内园外的各类服务资源,根据园区企业实际需求提供精准有效的服务,促进企业发展。一方面,可以解决政府服务小微企业"最后一公里"的问题,把政府的各项涉企信息和优惠政策及时传导给企业,并提供政务代办、项目申报等服务,提高小微企业的获得感。另一方面,平台可汇聚财务、法律、人才、金融、技术、设计、检测、知识产权、采购、市场拓展等优质的第三方服务资源,为园区企业提供便利化服务。

案例一:杭州西湖区颐高科创园。建立亿脉通一站式创业服务平台,通过整合大量创新服务商,提供线上营销推广、技术开发、创意设计等17大类创业服务产品,以及招商大会、创新创业大赛、游学培训、共享办公、微巢投资、企业虚拟注册、返乡创业解决方案等14大类产业服务产品,为小微企业在创新载体搭载、项目研究规划、落地运营等方面提供全流程服务。

案例二:温州红连创业园。开发建立公共服务平台,通过自建及共建方式,与服务单位签订共建服务合同,形成有效资源整合,打造"产业培育(技术)服务平台""人才培育服务平台""人力资源服务平台""法律服务平台""金融服务平台""企业管理服务平台"6大平台,实现了资源共享、统一对接,统一管理,统一服务的一站式服务模式,有效解决了园区企业的服务需求,降低了企业运营成本,促进共建单位的良性发展,实现园区有机多赢的机制。

案例三:湖州吴兴区中节能产业园。通过园区办事通、项目申报系统、本地化O2O平台、金融服务、电子商务服务等,有效实现园企互动,为园内企业提供一站式高效、透明的政府服务和社会服务。

(三)小微企业园+数字化企业

一般的小微企业园可以通过帮助企业上云,推动企业向数字化转型。产业集聚度较高的小微企业园,尤其是行业龙头企业牵头建设的小微企业产业园,可以通过整合上下游产业链资源,建立产业互联网,实现园区企业之间以及园区企业与园外企业之间的信息共享、协同创新、协同制造,加快企业数字化,形成良性的产业生态圈。

案例一:义乌市新光·聚饰云产业园。由饰品行业龙头企业新光集团开发建设,通过"网络平台+产业基地"双核驱动,整合聚集饰品产业链上的配件商、生产商、成品商、电商、贸易商、设计师、科研机构以及第三方服务商8000多家,为园区饰品企业提供原材料采购、共享设计、共享制造、"互联网+"供应链协作、生产制造、污水废气处理、检验检测、展示展览、仓储物流等一站式综合服务。目前园区已形成完整的饰品产业链和饰品生态圈,帮助园内企业实现工艺升级、产品升级、渠道升级及业务升级。

案例二:余杭区医智汇创新工场。由行业龙头企业中翰盛泰生物技术股份有限公司开发建设,主要聚焦于医疗体外诊断产品(IVD)和精准医学两个细分领域,打造"一张网、两平台、三中心"的产业生态圈,凝聚医疗体外诊断领域智慧,实现园区企业技术互补、上下游渠道合作,帮助入孵企业快速打通医疗垂直领域的发展瓶颈,抱团创业、抱团创新。

案例三:温州平阳县万洋众创城。园区联合华为公司,按照"单一数据中心、独立云、一张网"的规划进行建设,针对中小企业对信息化技术"想用用不起、不会用"的痛点,建立基于园区私有云的信息软件共享机制,针对不同产业有针对性地引入成套信息化软件,园区企业可以通过内网快速稳定访问使用,不需要承担独立数据中心的成本建设和维护成本,低成本有效地提升园内小微企业的信息化水平。

三、加快小微企业园数字化转型的思考

一是认识要提升。我们对小微企业园功能的认识不能仅停留在为企业提供生产经营空间和物业管理的层面,而是要从营造小微企业创业创新和转型升级的平台体系和生态系统的高度,打造高质量的小微企业园。推进小微企业园的数字化进程已经不是讨论必要性和重要性的问题,而是时代发展的趋势和必然,只有顺势而为、与时俱进,才能走在前列、勇立潮头。

二是产业要集聚。小微企业园要有相对明确的产业定位,主导及关联产业的企业集聚度原则上应不低于70%,鼓励产业链上下游企业和服务配套企业入园集聚发展。鼓励行业龙头企业建设小微企业园和产业互联网,线上线下结合,形成产业集群,建立紧密的上下游协作配套关系,带动小微企业发展,实现大中小微企业协同创新、协同制造和融通发展。

三是企业要上云。小微企业的数字化与小微企业园的数字化转型密切相关。推动小微企业上云既能节省小微企业的信息化成本,获得低成本的应用软件和服务,也能加速小微企业的数字化进程。因此要借助十万企业上云计划,优先推进园区小微企业上云工作。组织云平台服务商、云应用服务商入园对接,推动企业了解云平台、加入云平台,从资源上云逐步向管理上云、业务上云、数据上云升级。

四是设施要完善。完善园区网络信息基础设施,推动新一代移动通信、大数据管理系统等信息技术入园,加快新一代信息技术在园区中的应用,提升园区数字化服务能力。

五是政策要扶持。各级政府要将小微企业园数字化建设纳入数字经济一号工程,加强政策引导,享受信息化项目等有关扶持政策。对小微企业园信息基础设施建设项目和数字化园区试点示范项目给予适当补助和奖励。

六是开展数字园区试点。在全省选择一批在智慧化管理、平台化服务、"线上平台+线下园区"等方面条件相对比较成熟的园区,开展数字园区试点,加以重点培育和扶持,形成可供复制的经验,以现场会等形式在全省推广。研究制定数字化小微企业园的标准。

七是建立统一管理平台。按照全省统筹、省市县三级共建、信息共享的原则,开发建立全省统一的小微企业园管理信息系统和电子地图,实施小微企业园备案登记和季度数据报送制度,动态监测和展示全省小微企业园建设、分布、运营和小微企业培育等情况。

2018浙江省中小企业发展报告

第二节　打造浙江"双创"升级版的若干思考

2014年夏季达沃斯论坛上，李克强总理首次发出"大众创业、万众创新"的号召，在全国范围掀起"双创"的浪潮，创业创新成了富民强国的发展之道、动力之源。2018年政府工作报告中，李克强总理提出，要发展平台经济、共享经济，形成线上线下结合、产学研用协同、大中小企业融合的创新创业格局，打造"双创"升级版。当前浙江正在举全省之力发展数字经济，"双创"升级遇上数字经济发展时代浪潮，这是一次千载难逢的机会，发展平台经济、共享经济，打造浙江"双创"升级版成为新时代创业创新的重要路径。

一、浙江发展平台经济、共享经济推动"双创"升级取得初步成效

（一）"双创"活跃度进一步提升

随着一大批基于互联网、大数据和移动技术的平台企业迅速崛起，浙江省平台经济、共享经济趋于多样化，新兴领域已经成为"大众创业、万众创新"的排头兵，推动浙江创业创新的热情持续高涨。2015-2017年，浙江省新设企业数分别达22.9万户、30.8万户和38.6万户，新增企业数量年均增幅高达29.8%，高于全国水平近13%。截至2017年底，全省小微企业数达168.3万家，比2014年增长58.8%。

（二）高端人才逐步成为"双创"主体

平台经济、共享经济推动"双创"过程中，浙江创业创新主体从原来的农民、城镇居民逐步转变为以浙大系、阿里系、海归系、浙商系（创业"新四军"）为代表的知识型、科技型的高层次人才。《2017浙江大学创新创业生态蓝皮书》显示，"浙大系"企业家共掌控393家上市公司（含A股、海外、新三板），总市值65856.41亿元人民币。浙江大学毕业生现任公司创始人、董事长、CEO、总经理级别的达402人，这些大型公司构成了浙江大学毕业生创新创业的强大产业背景，也为他们的创业提供如资金、人才等强有力的资源支持，夯实了创业基础。杭州未来科技城目前已有近3千名符合标准的高层次海外人才汇聚，另有"国千"人才123名，"省千"人才169名。2014年底至2017年中旬，梦想小镇4个园区累计创业项目超过1000个，其中直接由阿里创业人组建的项目约占40%以上。仅良仓孵化器提供的资料显示，旗下100多个项目中有50%团队直接由前阿里人组成。而小镇其他项目乃至整个杭州创业圈中，有前阿里员工直接或间接参与的团队几乎占90%以上。

（三）新经济领域成为"双创"主战场

平台经济、共享经济打破了原有产业边界，产业之间融合、跨界更加显著，从强调价值链上下游分工到提倡价值网络上的交互与协同，从重视领域内的精耕细作到跨界的组合创新，这些都为"双创"提供了广阔的产业领域，极大地推动创业创新领域从原来的传统生产制造和消费品领域向以"新技术、新产业、新业态、新模式"等新经济领域创业创新发展，诞生了大批量、多元化的新兴创新企业。2017年，全省新设八大重点产业有小微企业10.9万家，同比

增长24.8%;信息经济领域小微企业数量达到12.6万家,同比增加27.2%。围绕新零售、新制造、新金融、新技术、新能源等新兴产业领域,浙江小微企业创业热情高涨,新一代信息产业、电子商务和大数据产业、智能装备制造、生物和现代医药、新能源、新材料产业等成为小微创业热点领域,新的商业模式不断涌现,打破了诸多传统的固有格局,为浙江省加快转型升级注入了新生动力。

(四)"双创"载体建设成效明显

在平台经济、共享经济日益蓬勃兴起的背景下,浙江各类创业创新载体加快建设。目前,全省建有各类孵化器161家、众创空间396家,其中省级和国家级科技企业孵化器分别为110家和59家,孵化面积达726万平方米,在孵企业(团队)超过2万家(个),在孵企业集聚"千人计划"高端人才144人,留学人员1973人。平台经济、共享经济下的"双创"载体将迎来新一轮增长高峰。

二、浙江发展平台经济、共享经济打造"双创"升级版的主要路径和模式

通过实地调研、问卷调查和资料梳理发现,当前浙江省发展平台经济、共享经济打造"双创"升级的路径和模式主要有五种。

(一)资源链接整合推动型

此类模式是以互联网企业为主导的资源链接"双创"平台。初期创业创新者普遍面临的现实问题是缺资金、缺人才、缺场地、缺市场、缺资源,不少创业者只有一个想法或者只有一项技术专利,如何实现产品落地并可持续创业创新? 为了破解这一问题,阿里巴巴、网易等大型互联网企业利用互联网技术搭建资源链接"双创"平台,充分发挥平台经济、共享经济优势,整合创业创新主体、银行、创投机构、众创空间、生产制造商、市场渠道商、品牌运营商等大量创业创新资源,推动资源共享、能力分享、协同创新。资源链接"双创"平台,为创业创新者方便、快捷、高效、低成本地对接所需资源,有效解决了初创企业的"痛点",大大提高了创业创新项目的成活率和成功率。

典型案例1:阿里巴巴创业孵化平台"淘富成真"项目

阿里巴巴与富士康联手打造的"淘富成真"项目,帮助创业者快速将一个创意或想法变成现实。阿里巴巴将其云计算和大数据能力、YUNOS能力、互联网营销平台能力开放给创业者,富士康则将其工业4.0小批量智造、工业设计、项目研发、专利服务、供应链管理、检验测试、快速打样等8大服务能力开放出来,银杏谷资本、洛可可工业设计等多方协作为中小企业创业创新插上飞速发展的翅膀。目前集聚各类企业286家,其中涉云企业215家,产业覆盖大数据、App开发、互联网金融、移动互联网等领域,初步形成较为完善的智能硬件创业创新生态。

（二）产业集群拉动型

此类模式是以产业集群为主导的工业互联网"双创"平台。块状经济是浙江经济的特色，也是传统产业最聚集的领域，块状经济具有门槛低、规模小、分布散的特点，同质化高，价格竞争激烈。在消费升级背景下，如何降低成本、提高产品质量、发挥协同优势是块状经济面临的现实问题。浙江部分地区正探索在产业集群内发展平台经济、共享经济推动传统块状经济二次创业、转型升级。集群内龙头企业依托产业集群工业互联网平台，推动块状经济内小微企业线上设计、研发、销售，线下生产制造智能化，实现线上线下相结合，大中小企业融通发展、协同制造，从而整体提升块状经济的创新活力和运作效率。嘉兴秀洲洪合镇的"毛衫汇"工业互联网平台便是这种模式的典型。

典型案例2："毛衫汇"工业互联网平台推动块状经济"双创"升级

嘉兴秀洲洪合镇是中国毛衫产业的主要集聚地，传统的生产销售模式已无法满足小批量、个性化的市场需求。为破解这一问题，当地以洪合毛衫市场众创基地为依托，以打造智慧毛衫生态圈为目标，积极构建"毛衫汇"工业互联网平台，用大数据促进生产企业的工艺优化、流程优化、资源有效对接与应用，打造协同制造体系，推动毛衫产业块状经济转型升级。目前"毛衫汇"平台一期已建成并投入使用，主要完成了设计端的互联网协同创新、流通端的互联网营销、消费端的客户体验在线反馈等，实现了设计、销售、服务等上平台目标，以及线上线下有效对接。2017年底，线上毛衫交易总金额已超过4亿元。"毛衫汇"平台二期建成后，将实现生产设备的数字化、智能化改造，开展大规模个性化定制，实现"实体市场+网上市场+智能制造+大规模数据应用"的全面结合，进一步提升集群竞争优势。

（三）龙头企业带动型

以行业龙头企业为主导的产业链生态"双创"模式。在平台经济、共享经济背景下，商业竞争不再是企业与企业的竞争，而是产业生态与产业生态的竞争。在这种竞争理念下，产业链中的大型企业开始主动构建产业链生态平台，将产业链条中的中小企业纳入自己的生态体系。龙头企业利用数字技术和自身资源优势，将产业链上的研发设计企业、采购商、生产服务商、销售服务商、终端消费者等各环节参与者聚集起来，并将自身核心优势资源开放分享给中小微企业，鼓励中小企业围绕产业链创新。中小企业运用龙头企业搭建的产业链生态"双创"平台，获得创业创新所需的研发设计能力、人力资源、市场渠道、金融支持和商业化能力，降低了创业创新的成本，极大地提升了生产效率。

典型案例3：新光集团"聚饰云"打造产业创新综合体"义乌样本"

饰品的生产、加工、销售是义乌典型的传统产业，近年来，义乌依托饰品龙头企业——新光集团建设国内首个饰品"网络平台+产业基地"双核驱动的产业链垂直平台——聚饰云平台和产城融合一体化产业园区——聚饰云产业园，并以平台为基础培育全省首个饰品产业创新服务综合体。聚饰云平台整合集聚饰品产业链上的配件商、生产商、成品商、电商、贸易商、设计师、科研机构以及第三方服务商等商家入驻，通过构建数字贸易生态圈，并结合线下聚饰云产业园，促使饰品生态圈进入"智慧"时代，有效推动义乌乃至全国饰品行业创新发展。聚饰云线上平台为广大饰品企业提供原材料采购、共享设计、共享制造、"互联网+"供应链协作等综合服务，截至 2018 年 5 月底，聚饰云线上平台注册企业用户已超过 25000 家，用户人数超过 75000 人，原材料交易超过 15000 笔，创意设计成果交易超过 6000 项，共享制造订单超过 3000 单，平台月成交额超过 2 亿元。

(四)创新资源开放推动型

它是以研发机构为主导的创新资源共享"双创"平台。基础创新能力是小微企业最稀缺的资源，需要时间的积累。尤其是一些共性的技术能力，单个小微企业的能力根本不可能在短时间内获得。而这些能力在创业创新中只需要调用一下，便可以节省大量的时间和金钱。为应对这一"双创"困境，浙江部分研发机构或者技术型企业搭建创新资源共享"双创"平台，通过开放平台将自身多年积累的技术能力免费开放给创业者，最大可能地发挥基础创新的价值。中小企业只需要调用接口，就可以调用这些创新能力，大大节省了金钱和时间成本，促进了相关创新成果的广泛应用。

典型案例 4：虹软视觉人工智能开放平台助推中小微企业创业创新

虹软公司是移动计算摄影技术的引领者，其视觉人工智能技术走在行业前列。人工智能近几年来发展迅速，中小微企业离用户最近，离应用场景最近，为帮助中小微企业打破技术壁垒，低成本获取人脸识别技术，开发更多有价值的产品，让人工智能技术为行业赋能，虹软开放视觉人工智能引擎供广大中小微企业免费使用。2017 年，虹软推出全球第一款免费视觉人工智能开放平台，通过开放人脸识别技术创新成果，帮助行业客户、创业团队、开发者降低创业创新的成本，不断创造新产品，助力人工智能技术在全行业的落地应用。

(五)关键环节改造驱动型

它是以小微企业价值链关键环节数字化改造为核心的"双创"模式。传统制造业小微企业正面临转型升级的巨大机遇和挑战，转型意味着巨额投入，不转型意味着被时代抛弃。从调研看，当前小微企业转型升级的可选路径之一是对生产关键环节进行数字化改造。这一模式主要依托专业数字化服务机构在专业领域的技术积累，通过现场诊断，找到数字化改造的核心价值提升点，帮助小微企业提高基于数据驱动的创新和决策能力，从而降低生产运行成本、提高产品质量和稳定性，推动小微企业创业创新。例如，达利丝绸会同专业数字化服务机构对倍捻这一关键工序进行数字化改造，改造后生产效率由原来 85% 提升至 95% 以上，减少 60% 的劳动用工，节省工资成本约 130 万元/年。

典型案例5：新昌轴承块状行业数字化改造案例

新昌轴承行业数字化改造推动了整个行业的提升发展。普佑机电是新昌一家普通的轴承及配件生产企业，在数字化改造前面临设备利用效率低、生产报工不及时、品质难以保障、生产计划排单耗时长等问题。普佑机电采用了浙江陀曼对其诊断提出的数字化改造方案，通过在机械设备上安装"e微智造系统"，实现了对生产过程数据的实时采集并上传到陀曼云端，通过大数据实现了实时分析、设备故障监控和产品质量监控等，大大提高了生产效率和产品质量。通过数字化改造，六个月后普佑公司设备平均综合有效利用率提升15%，产量提升25%，单位电耗降低20%，单位用工成本降低20%，资金周转提升80%。企业的综合经济效益明显提高，2016年该企业产值仅3000万元，2017年产值近6000万元，增长100%，2018年产值超过8000万元。目前陀曼已经帮助新昌近百家轴承企业实现了数字化改造，"陀曼云"将成为区域的行业大数据平台，届时通过大数据挖掘应用，将会呈现更多的创新价值。

三、浙江发展平台经济、共享经济打造"双创"升级存在的问题

（一）"双创"升级理念认识不足

传统小微企业对平台经济、共享经济等新兴经济认识不足，对如何利用互联网新技术推动创业创新知之甚少，不少企业认为平台经济、共享经济是互联网企业的事情，跟自己无关。调查显示，在回收的5461份有效问卷中，有1766家企业对如何利用"互联网+"促进企业创新变革不清楚，占被调查企业的32.3%，"双创"升级理念认识不足。

（二）高端人才存在"三不"

一是总体供给不足。新兴领域创业创新人才总体较为短缺，传统制造领域具有互联网思维、懂技术懂运营的"双创"人才是制约"双创"升级的核心因素。二是人才地区分布不平衡。浙江平台经济、共享经济等新兴领域"双创"人才主要集中在杭州、宁波等互联网发达地区，丽水、舟山、衢州等地区急缺相关人才。三是高端人才流动性不足。浙江对于科研人才评价机制、激励机制虽然有所改革，但仍然不够灵活，对科研人才的自由流动、下海经商创业仍然有较多限制，产学研用、协同创新存在一定阻碍。

（三）工业互联网发展较为滞后

目前以阿里巴巴、网易为代表的消费级互联网发展空前繁荣，浙江省在消费级互联网领域处于全球领先地位，但在企业级互联网、工业互联网领域的发展严重滞后于欧美国家，与其他产业结合的自动化和智能化方面差距更大。制造业是浙江经济的基础，也是"双创"升级的主战场，新昌轴承工业互联网模式在浙江省仍然是个案，众多的块状经济仍然处于较为原始的生产模式，急需发展平台经济、共享经济，通过搭建企业级互联网、工业互联网推动转型升级，当前工业互联网发展的滞后已经成为"双创"升级急需突破的问题。

(四)政府监管法律法规滞后于发展

当前浙江省实行的大部分法律法规、监管手段均是基于传统经济模式建立的,而平台经济、共享经济等新兴经济形态与传统经济运营模式存在较大差异,不少法律法规已经不太适应新兴经济的监管。例如对于平台经济、共享经济参与主体的数据产权、社会保险、劳动保障、税收等问题,现有法律条文均没有做出明确规定,这会导致交易中存在安全漏洞。

(五)数据产权保护机制不健全

当前数据市场飞速发展,与数据相关的产权体系建设相对滞后,数据资源建设体系不完善,知识产权未能有效地保护数据获取、挖掘和开发主体的利益,未能有效地促进数据的有偿转让和交易,导致中小企业在以大企业为主导的互联网平台创业创新生态系统中数据产权利益分配不合理,无法按贡献分享"双创"成果,得不到应有的利益分配,此举挫伤了中小企业"双创"升级的积极性。

四、浙江发展平台经济、共享经济打造"双创"升级的对策建议

(一)加强宣传培训,促进"双创"环境升级

一是开展多层次、多维度培训宣传。加强平台经济、共享经济理论和政策解读,广泛宣传"双创"升级的成效和典型案例,提高全社会推动"双创"升级的思想认识。二是营造鼓励创新、宽容失败的社会氛围。探索建立适应发展平台经济、共享经济推动"双创"升级的容错机制,鼓励创新和探索,允许试错、宽容失败,有效激发中小企业全方位"双创"升级的积极性,形成全社会发展平台经济、共享经济推动"双创"升级的良好氛围。

(二)培育创业创新资源共享平台,推动企业"双创"升级

一是支持大企业发展工业互联网平台。支持引导大企业搭建工业互联网平台,推动产业链上的中小企业在设计、生产、采购、营销、融资等方面深度融合,协同合作,加快形成大、中、小企业融通发展机制。二是鼓励科研院校搭建开放式"双创"平台。支持科研机构企业开放专业实验室、技术研发平台等科研资源,实现以数据为纽带的创新协同与资源共享,加快形成"科研+孵化"的产学研用协同"双创"平台。

(三)构建平台经济、共享经济服务生态,推动"双创"服务升级

一是推动小微企业园数字化升级。提升小微企业园数字化管理服务能力,支持小微企业园搭建云服务平台,为企业提供研发、设计、管理、仓储、供销等云服务,促进入园企业"双创"升级。二是加快培育发展数字信息工程服务公司。鼓励数字信息工程服务公司开发适用于中小企业的数字化智能装备、应用软件产品及数字化提升全套解决方案。三是加强公共服务平台体系建设。依托中小企业公共服务平台,加快构建由政府、行业协会、产业联盟、科研机构、高校院所共同组成的中小企业数字化转型的公共服务体系。

(四)培育引进新型创业创新人才,推进"双创"主体能力升级

一是加强高校"双创"人才培养力度。探索建立基于"双创"平台的互联网人才培养体系。强化大学生创业创新教育,培养一批以高校毕业生、留学生为代表的青年互联网创业人

才。二是鼓励科研人员投身科技创业。支持高校、科研院所等事业单位科研人员离岗创业创新,出台鼓励和支持科研人员离岗创业实施细则,建立完善科研人员校企、院企共建双聘机制。三是提升"浙商回归"人才创新创业便利化水平。健全海内外"浙商回归"人才服务机制,在留学回国人才和外籍高层次人才的社会保险、知识产权保护、落户、永久居留、子女入学等方面进一步加大支持力度。

(五)完善财税金融支撑体系,"双创"资金保障升级

一是加大财政资金支持力度。整合财政专项资金,重点强化对平台经济、共享经济、"双创"平台、"双创"示范试点项目的扶持力度。二是创新"双创"服务金融产品。鼓励金融机构探索创新金融产品,支持开发应收账款、存货、设备、知识产权质押等融资产品。推广新昌"智造贷"信贷模式,为小微企业"双创"升级提供融资支持。

(六)建立完善数据产权保护机制,推动"双创"安全保障升级

一是建立完善数据产权保护制度。加强政策、监管、法律的统筹协调,加快法规制度建设。制定数据资源确权、开放、流通、交易相关制度,完善数据产权保护制度。二是加强平台数据信息的安全保护。加强数据信息的安全监管,加大对云平台安全防护和数据安全保护的力度,不断健全安全防护体系,切实保障数据信息安全。加强对中小企业信息化能力和安全防护能力建设的支持,加强企业上云的安全保障。

第三节 浙江外来农民工创业问题研究

浙江是创业大省,人均市场主体拥有量多年来稳居全国第一,2016 年末市场在册主体达528.6万户,其中企业168.4万户。浙江也是一片创业的热土,活跃的民营经济、较高的经济发展水平和收入水平创造了大量的创业机会,吸引着大量的省外农民工来浙江创业,使浙江成为全国农民工输入最多的地区之一。同时,外来农民工到浙江创业又推动了浙江经济的持续快速发展,也为浙江成为经济大省做出了重要贡献。因此,研究外来农民工在浙江的创业情况,对浙江经济的持续发展、产业结构调整和人口流动与就业政策制订都有着十分重要的意义。

一、浙江外来农民工创业基本情况

(一)外来创业人数逾百万

据人口抽样调查以及全省常住人口抽样比例进行推算省外流入浙江的劳动力约为1016万人,其中外来农民工人数约为762万人。据2016年农民工市民化进程监测调查,省外流入的农民工中有78.1%属于雇员性质的就业,14.1%为自营,0.5%为雇主,7.3%为未就业。按此比例推算,外来农民工在浙打工的人数约为595万人,创业的(包括自营者和雇主)人数约为111万人,其中自营者107万人,雇主4万人。

一是外来创业人群男性多。据农民工市民化调查,外来创业的农民工以男性为主,男性占比为60.9%,女性占比为39.1%。创业人群的男性占比明显高于全部农民工男性占比(53.3%)水平,女性则反之,这反映出男性较女性更勇于创业。外来农民工创业群体中,有配偶的比例为92%,较农民工群体有配偶的占比高出23.7%。

二是外来创业人群教育水平不高。据农民工市民化调查,外来创业农民工的平均受教育年限为9.3年,仅略高于九年制业务教育水平,这一水平虽然高于外来非创业农民工平均受教育年限(8.9年),但低于浙江城镇居民平均受教育年限(9.8年),说明整个外来创业人群教育水平相对偏低。

三是外来创业人群居住时间长。外来创业农民工多数在浙江已居住了较长时间。据农民工市民化调查,外来创业农民工在当地的平均居住时间为6.4年,在当地居住超过5年的占63.6%,居住3-5年的占13.1%,居住1-3年的占17.2%,居住1年以内的只占6.1%。从创业意愿看,居住5-10年的农民工最强,创业人群占比高出全部调查人数4.9%,说明有相当多的农民工来浙江后,通过打工完成了一定的积累,再投身创业。

四是外来创业人群原籍地分布集中。从在浙江创业的外来农民工原籍地分布看,以中部地区的安徽、江西和河南最多,占比分别达34.4%、15.9%和13.3%,地处西部地区的四川和东部地区的福建也有相当比例,占比分别为7.1%和6.2%,这五个省份合计占外来创业农民工的76.9%,超过四分之三。由此可见,农民工创业人员的来源地较为集中。

(二)外来创业还处于成长期

为深入研究外来农民工创业情况,课题组在嘉兴、温州等地开展了问卷调查和专题调研。据问卷调查,当前,外来农民工来浙创业主要处于起步阶段和成长阶段,无论是经营方式、投入资金还是创业规模、收益产出等都未成气候。

一是创业经营方式以自营为主。据农民工市民化调查,外来农民工创业的主体以自营为主,占外来创业农民工的97.4%,相较于本省农民工创业中自营占比92.8%而言,高出4.6%。

二是创业规模偏小。据问卷调查,外来农民工创业初始投资资金以自筹为主,初始投资额小于300万元的占90.7%,其中小于50万元的占55.6%。创业主体中,年销售收入低于500万元的占68.3%,其中小于50万元的占27.3%。

三是附加值比例低。据调查,年销售收入500万元及以下创业主体是外来创业农民工的主要创业群体,其投资销售比为1:2.1,仅为全省创业主体均值的56%。从销售毛利率和营业利润角度看,外来创业的毛利率较高,接近21%,但营业利润很低,仅有1.6%。

四是社会贡献有待提高。据调查,年销售收入500万元及以下的外来创业农民工创业主体人均薪酬是3.52万元,低于浙江规模以下工业企业2016年人均薪酬3.64万元,而且年销售收入500万元及以下创业主体户均上缴税金只有4.36万元,对社会的贡献较小。

(三)创业地域、行业集中

一是浙江对外来创业包容度高,外来创业更偏好大中城市。据农民工市民化调查,在人口规模500万人以上、300-500万人、100-300万人、50-100万人、50万人以下的五类城市中,仅有50万人以下的城市的外来农民工创业在调查小区中覆盖率为45.8%,其他规模的城市覆盖率均超过60%,这反映出浙江的创业环境总体良好,创业群体分布较广,浙江对外来农民工的创业包容度很高,同时也说明外来创业者更偏好大中城市。

二是外来创业者所在行业与本省创业者高度相似。据农民工市民化调查,外来农民工创业在行业上与本省农民工的交叉主要集中在低投资起点行业。从外来农民工创业的行业分布看,主要集中在批发和零售业、住宿和餐饮业、制造业、居民服务等其他服务业、交通运输仓储和邮政业、建筑业6大行业,人员占比分别为35.7%、21.1%、14.3%、12.0%、7.1%和3.2%,合计占比93.5%,与本省农民工在这6大行业的创业人员占比为88.2%相比,两者仅相差5.3%,这说明外来农民工与本省农民工创业的行业结构高度相似。

二、外来农民工在浙江创业影响因素分析

外来农民工在浙创业有自身因素,也受社会经济发展水平因素影响。为了剖析当前外来农民工在浙创业影响因素的关键点,通过统计模型对影响因素进行实证分析,得到排名前几位的影响因素分别是"从事行业""过去一个月居住消费""居住楼房面积""过去一个月交通与通信消费""各县区城镇居民人均可支配收入""年龄""从事职业""过去一个月食品消费"。为了进一步区分各因素对于创业与否的具体影响,对排名靠前的影响因素进行了深入分析,将因变量TF(是否创业)分为两组,一组是TF=1(不创业)数据集,另一组是TF=2(创业)数据集。对比分析两组数据集之间的差异,得出外来农民工创业的几个特点:

一是低投资行业更容易创业。对从事行业的两组数据分布是否有显著差异做检验,得到的P值无限接近0,因此认为两组数据存在显著差异。在此基础上,对于两组数据的从事行业,分析百分比分布图,如图8-1所示。可以看到,相对投资较少的批发和零售业、住宿和餐饮业更容易选择创业,而制造业和建筑业更容易选择务工。

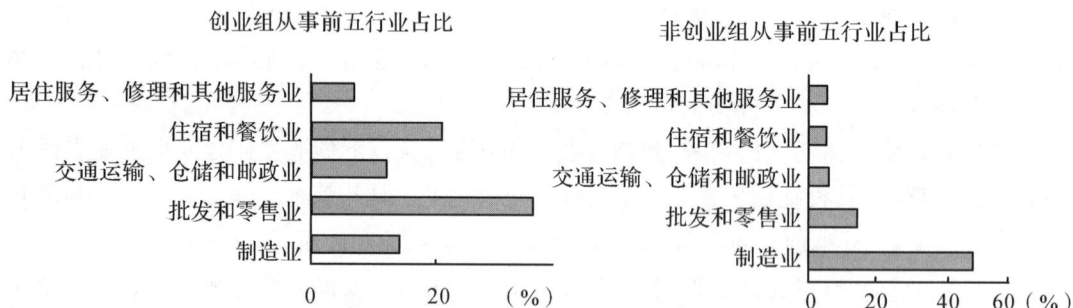

图8-1　两组数据从事行业百分比分布图

二是居住条件影响创业,创业改善生活。居住方面的影响因素包括居住消费和居住面积,对于这两组数据进行检验。经检验得到的P值无限接近0,认为两组数据存在显著差异。进一步分析可以看到,TF=2(创业)组居住消费均值为844.584元、居住面积均值为46.62m²,

TF=1(不创业)组居住消费均值为486.186元、居住面积均值为30.86m²,两组均值之间差异还是明显的。因此,居住条件越好的人群越容易去创业。当然,也是由于从创业得到回报,创业者的居住和生活条件得到了更好的保障。

三是接触社会对创业具有正向影响。接触社会包括职业的社会交流面和交际应酬两个方面。从职业的社会交流面看,对从事职业的两组数据分布是否有显著差异做检验,得到P值等于0.024,小于0.05,认为两组数据存在显著差异。在此基础上,分析从事职业百分比比较图,如图8-2所示。可以看到,商业、服务业人员更容易选择创业,生产、运输设备操作人员及有关人员和专业技术人员更容易选择务工,与社会交流越多的人员越容易创业。

从交际应酬看,影响因素包括交通与通信消费、食品烟酒消费,经检验得到的P值无限接近0,认为两组数据存在显著差异。进一步分析可以看到,TF=2(创业)组交通与通信消费均值为492.01元、食品烟酒消费均值为1679.19元,TF=1(不创业)组交通与通信消费均值为267.84元、食品烟酒消费均值为1347.04元,两组均值之间差异还是明显的。因此,创业需要交际应酬,交际应酬促进创业。

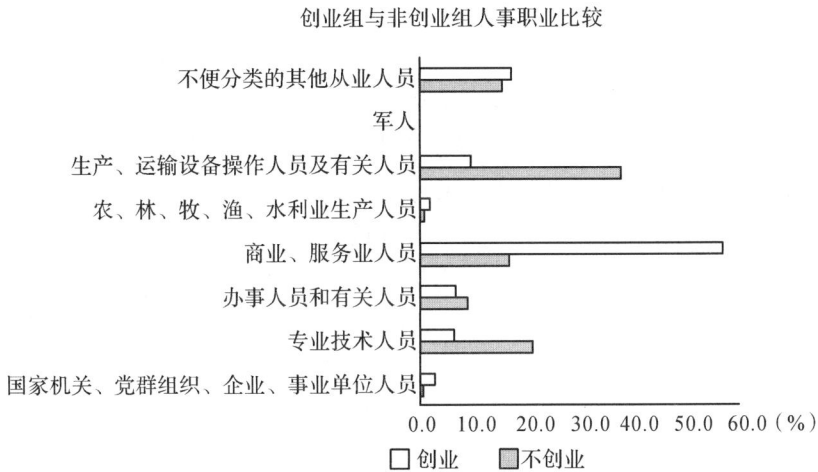

图8-2 两组数据从事职业百分比比较图

四是当地经济发展水平不是创业的必备条件。对城镇居民人均可支配收入两组数据分布是否有显著差异做检验,得到的P值大于0.05,认为两组数据不存在显著差异。进一步分析两组数据的CKP选项,可以看到,TF=2(创业)组城镇居民人均可支配收入均值为50400元,TF=1(不创业)组城镇居民人均可支配收入均值为50121.49元,创业组略高,但两组均值之间差异不明显。因此,相比其他影响因素而言,当地经济发展程度对外来农民工是否创业的影响并不大。

五是年龄不是阻止创业的障碍。对年龄两组数据分布是否有显著差异做检验,得到的P值大于0.05,认为两组数据不存在显著差异。进一步分析可以看到,TF=2(创业)组年龄均值为36.37岁,TF=1(不创业)组年龄均值为36.09岁,创业组略高,但两组均值之间差异不明显,可见年龄不是创业的障碍。

综上所述,模型通过对重要影响因素的分析,得到了以下结论:一是年龄和当地经济发展水平并不能对外来农民工创业产生直接影响,但是外来农民工所处的行业、与社会的交流程度、自身的交际面、居住条件等因素对他们创业产生的影响较大。因此,外来农民工创业时,其自身所处的小环境和努力程度大于先天条件所带来的影响。二是基于数据的可获得性和影响因素量化的局限性,本模型只针对部分重要因素进行分析,欠缺对某些可能的影响因素的分析,比如无法量化的政策因素等。

三、浙江外来农民工创业的机遇与挑战

(一)创业机遇

一是国家政策支持。从国家城镇化策略设计的角度来看,国家制定了促进农村人口向城镇转移,并在人口融入等方面作了基础性制度安排,即除特大型城市、大型城市外,中小城市不得设置阻碍人口流动的歧视性政策,不得将外来农民工、流动人口阻挡在城市之外。浙江城市群中,除杭州、宁波外,凡流动人口符合国家城镇化政策所规定的拥有固定住所(含租房)和稳定就业的条件时,当地政府必须将其登记为居住人口,并为其提供基础公共服务。从国家鼓励农民工创业的角度来看,国家着力稳定和扩大农民工就业创业,一直在完善和落实促进农民工就业创业的政策措施。将农民工纳入创业政策扶持范围,运用财政支持、创业投资引导和创业培训、政策性金融服务、小额担保贷款和贴息、生产经营场地和创业孵化基地等扶持政策,促进农民工创业。从国家大力推进"大众创业、万众创新"的角度来看,创业创新对于推动经济结构调整、打造发展新引擎、增强发展新动力、走创新驱动发展道路具有重要意义,是稳增长、扩就业,促进社会纵向流动、促进公平正义的重大举措。前所未有的创业创新大环境为农民工创业带来了机遇。

二是浙江产业引导。浙江属于发达省份,但是与最发达的上海、北京等一线城市相比,浙江产业结构偏向第二产业,第三产业即服务业的发展存在相当的潜力和空间。2016年浙江地区生产总值中,三产的比重为51.6%,占比大幅度低于上海、北京,产业转型已成为浙江经济可持续发展的重要需求。相对于第三产业,浙江现有的工业、建筑业大多属于重资产行业、劳动密集型和低职业技能产业,因此发展浙江的第三产业尤其是高附加值的第三产业尤为重要。三产的大力发展将为外来农民工创业提供更多的机会。

三是创业沃土支撑。浙江本身就是创业大省,是创业的沃土,浙江有着领先全国的发达市场,民营经济位居全国最前列,是中国民营经济发源地之一,这些无疑都是刺激创业创新的最好动力。浙江"最多跑一次"改革按照群众和企业到政府办事"最多跑一次"的理念和目标,深化"四张清单一张网"改革,倒逼各地各部门简政放权、放管结合、优化服务,促进体制机制创新,政府办事效率明显提升、发展环境进一步改善,经济社会发展活力不断增强。到2017年底,浙江基本实现群众和企业到政府办事"最多跑一次是原则、跑多次是例外",为现

阶段创业提供了良好的环境。浙江以全面深化改革和扩大开放为抓手,加大创业服务力度,加强创新支撑能力,推动新技术、新业态、新模式、新产业发展,建成以民营经济和"互联网+"为特色的创业创新生态体系,以大众创业培育经济新动力,用万众创新撑起发展新未来。以上举措无疑将为外来农民工创业提供了明确的方向和动力。

(二)困难与问题

一是经营场地供给难缩小了创业空间。据调查,在创业初期困难选择上,外来农民工选择经营场地作为困难点的有34.1%。经营场地困难主要集中在教育、住宿餐饮、批零贸易和建筑业,占比分别为66.7%、41.7%、38.3%和37.5%;工业29.6%,交通运输业占25%,处于第二层次。经营场地获取困难主要是受两方面的制约:一是规模制约,上规模的经营场地供应主体总量少,限制多;二是经营场地提供的信息分散,获取成本高。外来农民工一旦渡过创业初期进入创业发展期,用地困难的矛盾大幅下降,选择经营场地作为困难点降至15.6%。但从不同的行业看,有些行业对场地需求仍较大,如交通运输业、教育行业、农业,分别有50%、33.3%、33.3%的调查对象将经营场地列为创业发展中的困难。经营场地的获取困难,直接导致厂房等经营场地租金不断上涨,进一步挤压了企业的利润空间,缩小了企业发展的空间。

二是金融支持不足加大了创业难度。据调查问卷,外来农民工在创业初期困难选择上,选择资金作为困难点的有32.2%。由于各行业对创业初始规模的需求有差异,资金获取困难主要集中于对投资有规模要求且占用时间长的领域。以工业为主,工业领域中有51.9%的调查对象将资金列为创业初期困难,其次是农业、批零贸易、交通运输业、住宿餐饮业和建筑业,其资金获取困难选项占比分别为33.3%、27.7%、25%、25%和22.5%。在创业发展中困难选择上,外来农民工选择资金作为困难点的有21%。从不同行业来看,各个行业各有不同。工业、建筑业、批零贸易业更关注资金,分别有22.2%、25%、25.5%的调查对象将资金获取列为创业发展中的困难。贷款困难,流动资金短缺,国有银行贷款的限制条件较多,民营银行贷款优惠力度较大但是时间较长,这些都加大了创业的难度。

三是人才短缺成为创业瓶颈。据调查问卷,年销售收入500万元及以下的外来创业主体,2016年度人均薪酬低于浙江规模以下工业企业人均薪酬。收入低、条件差、基础设施落后、服务条件不完备,对于各类人才都缺乏足够的吸引力。由于各种条件限制,创业主体往往缺乏经营管理人才,想要聘用管理和技术人才组建创业团队都存在巨大困难。从目前浙江外来农民工的创业现状看,普遍规模偏小,家人就是最主要的创业团队,5人及以下的创业主体中,家人占从业人员的比例超过60%,这也凸显了创业规模较小、无法吸引人才,制约了创业主体做大做强。

四是创业政策和服务体系不完善制约了创业发展。由于国家缺少对外来农民工创业的明确政策,地方政府也不重视外来农民工创业,在个人贷款、税费减免、建设用地、创业培训等方面都没有完善的政策支持或者服务体系,导致在这些问题上地方政府与创业者难以形成合力。据调查,只有19.5%的外来创业农民工接受过公共就业服务,涉及创业的比例更低。各城市也欠缺一些面向外来农民工的创业教育培训机构,外来农民工缺少学习一些必备的创业知识、技能教育、企业培训和实际操练的渠道。政府提供服务不足还体现在外来农民工子女的就学方面。外来农民工随迁的子女中,仅有41.7%就读于公办学校,其他的主要在民办学校就读,子女教育问题很大程度上靠农民工个人努力解决,政府给予的帮助难以满足农民工的需求。

五是社会融入性不强影响创业持久性。据农民工市民化调查,从外来农民工最关注的几个方面来看,他们并没有很好地融入当地。从住房来源看,外来农民工选择租赁房超过九成,而通过自购商品房、保障性住房等其他方式的合计占比不足一成;从居住面积看,户均居住面积约为46.6平方米,而同期城镇居民户均居住面积为88平方米,差距较大;从业余生活看,以老乡陪伴和独处为主,与老乡在一起的占55.2%,基本不和其他人来往的占22.5%,对业余时间的安排主要是看电视、休息和上网等,与当地居民交流较少;从集体活动参与度看,有参加社区组织活动和党团组织活动的比例分别为21.2%和 38.5%,整体社会融合度不高。能否很好地融入当地社会,对农民工创业有着不小的影响。

四、浙江外来农民工创业的政策及建议

(一)构建浙江特有的要素配置机制

据调查,外来农民工创业选择浙江的首要原因是浙江经济发达,机会相对多一些,占创业调查主体的63.9%;排在第二位的是浙江创业环境好,占18.5%;两者之和超过八成,反映出来浙创业群体对在浙创业充满信心。而创业初始条件中场地、资金困难的两大制约,需要通过构建与完善要素市场来加以解决。建议通过强化土地(场所)的社会化市场交易来加速闲置要素的流动,充分盘活土地资源,加快建设小微园、电商园等众创平台,降低创业群体的要素配置成本。与此同时,按照利率市场化的金融改革方向,构建与完善多元的市场配置体系,对于前景好但暂时困难的企业不随意压贷、抽贷、断贷,积极探索新的信贷方式,尝试推行订单贷款,根据企业的订单与现金流来获取贷款,切实解决浙江创业主体的"痛点"。

(二)建立创业主体公平竞争环境

政府在创业宣传政策上,要对新老浙江人一视同仁,让外地人真正融入浙江、融入当地社会,形成对常住地的认同。在市场准入、政策待遇等全方位采取市民待遇原则,通过制度设计和权力清单的公开化,减少自由裁量权,加大监督力度,建立公开化的监督机制。增加多元化住房和教育供给,满足外来创业者多层次住房和教育需求,对于有较大贡献的外来创业人群给予一定子女就学奖励政策,鼓励外来创业者在本地安家落户。努力实现浙江经济主体之间竞争的平等、公平与公正,用竞争来解决低效主体的淘汰与退出,促进浙江经济的健康发展。

(三)完善浙江创业创新支持政策

要通过优化与竞争的机制来提升浙江创业创新支持政策的针对性与有效性,落实以绩效论英雄的激励机制,稳定和提升按照创业规模等级提供阶梯型的支持,推进从户籍化创业

支持向常住人口创业扶持转变。要重点解决财政资金的投向、利用和绩效评估问题,发挥地方财政资金在促进创业创新、加大产业转型升级尤其是在促进创业方面的功能。将"亩产论英雄"的绩效理念引入创业创新支持领域。通过亩均投资、亩均税收、亩均就业承载量等多重指标测定排序,作为财政补贴、税收减免和贴息支持的依据,形成正向激励的创业政策。对于外来农民工创业出现分化的现象,要关注低端公平和高端倾斜的平衡性,引导低技能、广覆盖和多元就业的创业主体逐步提升层次,并对大项目、高附加值的规模创业重点扶持。

(四)健全优秀创业人才引进政策环境

浙江作为一个省级区域,必须构建优秀人才引进政策环境。引进浙江需要的人口,尤其是具有创业创新意识、胆识、技能和实践经验的人才。大力优化环境,为各类人才引进创造良好的条件。一是优化舆论环境。通过电视、报纸等新闻媒体,并充分利用经验交流会等形式,广泛宣传引进人才政策、发挥人才作用、促进事业发展的典型事例,宣传为企业服务的人事人才政策措施,鼓励支持各类人才在浙江建功立业。二是优化创业人才工作的政策环境。为浙江需要的人口、人才构建适宜的落户、保障和服务制度。加快完善创业人才的养老、失业、医疗和工伤保险制度,加大监督力度,确保为创业人才缴纳失业、养老、工伤、医疗等社会保险。大力推进人才公寓建设,为创业人才解除后顾之忧。

(五)加大对创业培训机构扶持力度

为进一步提升创业者能力,鼓励支持自主创业,政府应该加大对创业培训机构扶持力度,并将培训惠及外来农民工。一是开展普惠型培训。各地人力资源和社会保障等相关部门可审核认定一批创业培训项目且办学条件较好、办学质量较高的培训机构,进一步强化师资力量的针对性训练,由培训机构组织对外来创业者的创业能力培训,经人力资源和社会保障部门组织的考核和鉴定合格的,可按规定的补贴标准享受补贴。二是开展重点型培训。明确以政府购买服务方式招标确定专业服务机构,为省级层面认定的成长型中小企业免费提供技能培训服务。以提升高层管理人员创新与管理能力、创业创新服务团队建立和企业中层专业技能提高为主要方向,助力成长型小微创业人才的发展需要。

第九章
浙江省电子商务发展情况研究

由于阿里巴巴等电子商务网站的带动发展,浙江电子商务中小企业遍地开花,杭州因此成为享誉中外的"中国电子商务之都"。本章从跨境电商、进口电商、网络销售发展现状和存在的问题展现浙江电子商务总体发展情况。

第一节　浙江省跨境电子商务发展

跨境电商是培育外贸竞争新优势、提升外贸竞争力、加快推进外贸强国建设的重要途径。跨境电商正搭建起一个自由、开放、通用、普惠的全球贸易平台,亿万消费者可以实现全球购买,中小企业可以实现全球销售,真正实现了全球连接、全球联动。2017年,浙江跨境电商继续保持良好的发展态势,经营主体持续增多、销售规模迅速扩大、产业链不断完善、多元化经营趋势明显、地区集聚日趋形成、各项试点顺利开展,跨境电商发展水平居全国前列。

一、浙江省跨境电子商务发展概况

2017年,全省实现跨境电商零售进出口总额603.9亿元,增长49.6%,其中跨境电商零售出口438.1亿元,增长37.2%,跨境电商零售进口165.8亿元,增长96.6%。从主要地区上看,金华、杭州、宁波3地的跨境电商零售出口额居全省前三,占比分别为55.1%、19.3%、9.1%,占全省跨境网络零售出口额的83.6%。如表9-1所示。

表9-1　浙江省2017年各地市跨境网络零售出口基本情况

地市	跨境网络零售出口(亿元)	占比(%)	同比增长(%)	活跃出口网店数(家)
全省	438.1	100.0	37.2	66759
杭州	84.7	19.3	/	11646
宁波	39.9	9.1	/	5769
温州	39.9	9.1	/	5528
湖州	2.0	0.4	/	447
嘉兴	7.4	1.7	/	1376

地市	跨境网络零售出口(亿元)	占比(%)	同比增长(%)	活跃出口网店数(家)
绍兴	6.8	1.6	/	1325
金华	241.4	55.1	/	37743
衢州	2.8	0.6	/	491
舟山	0.8	0.2	/	41
台州	8.2	1.9	/	1722
丽水	4.1	0.9	/	671

从渠道分布来看,第三方跨境电商平台销售是浙江省跨境电商销售主渠道,约占全部销售额的95%,排名在前5位的第三方跨境电商平台分别是速卖通、eBay、亚马逊、Wish和敦煌网。浙江省卖家在该五大平台上的销售均居前三,如表9-2所示。另一部分是电商企业通过自建平台进行跨境销售,该渠道销售比重约占5%,代表性企业有全麦、执御等。

表9-2 浙江省跨境平台卖家排名表

跨境平台名称	速卖通	eBay	亚马逊	Wish	敦煌网
浙江卖家排名	第2名	第3名	第3名	第2名	第2名

从经营主体来看,各大跨境电商平台上经营者不仅包括由淘宝商家转型而来的经营者,传统外贸企业也纷纷开始涉足跨境电商业务,此外,传统生产制造企业也利用跨境电商构建自己的外贸渠道,特别是具有外贸或网络零售基础的生产制造企业。另外,一批跨境电商综合服务企业逐步出现,他们依托自身跨境电商运营经验,结合产业集群,为当地企业开展跨境电商提供一站式服务,并取得了一定的成效。

从经营商品来看,服饰鞋包、家居家装、3C数码等3大行业居全行业网络零售额前三,分别占比38.4%、16.7%、10.7%,占全行业网络零售额的65.8%。销售区域已覆盖美国、欧洲、俄罗斯、巴西等200多个国家和地区。

按物流方式来分,主要有三种类型。一是通过国际快递、小包等方式派送,并经过报关纳入海关跨境电商出口9610项的统计;二是采取一般贸易方式,通过国际大宗货物运输的方式运到海外仓,再由物流企业配送到买家手中;三是通过国际快递、小包等方式,直接投送到买家手中,这是当前占比最大的物流方式。

二、浙江省跨境电子商务发展特点

近年来,人们逐渐意识到跨境电商对浙江外贸发展的促进作用,越来越多的企业和政府部门开始关注跨境电商的发展。随着跨境电商交易系统的完善以及政府政策的支持,浙江跨境电商迅猛发展,呈现出"体量逐渐增大,发展逐渐集聚,配套逐渐完善,氛围趋于良好"的特征。

(一)市场主体稳步扩大

截至 2017 年底,全省在速卖通、Wish、eBay、亚马逊等全球性大型跨境电商平台上,共有各类跨境电商出口活跃网店 6.7 万家。此外涌现出了全国最大的跨境电商平台——阿里巴巴速卖通和以杭州全麦、杭州子不语、浙江执御、义乌潘朵、义乌吉茂等为代表的跨境电商领军企业。在跨境电商综合试验区已集聚了阿里巴巴、聚贸、敦煌网等一大批跨境电商产业链龙头企业,跨境 B2B 新商业模式和产业互动越来越热烈。通过创新"互联网 + 跨境贸易 + 中国制造"商业模式,重构生产链、贸易链、价值链,帮助传统企业拓展海外市场,扩大利润空间,建立自主品牌,为新常态下的经济转型发展提供新的动力。

(二)发展集聚化趋势明显

2015 年,国务院批复设立中国(杭州)跨境电商综合试验区;2016 年,宁波列入第二批跨境电商试验区。据杭州、宁波两地统计,2017 年分别实现跨境电商交易额 99.36 亿美元、93.86 亿美元,其中出口额分别为 70.22 亿美元和 82.02 亿美元。浙江产业集群发展电商优势巨大,目前,杭州市余杭区、义乌市等省内 25 个县(市、区)已根据当地产业特色,与速卖通、亚马逊等平台合作推进跨境电商业务,发动产业集群企业开展跨境电商零售,使更多的浙江企业通过跨境电商来拓展销售渠道,将浙江制造和浙江品牌推向世界。产业集群跨境电商发展试点地区累计开展跨境电商人才培训 2 万多人次,新增跨境电商企业 5000 余家,带动出口720 亿元。

(三)配套支撑体系日渐完善

除了跨境电商经营企业、第三方交易平台以外,跨境电商服务商也随之兴起,国际物流快递公司、货运代理公司纷纷推出了支持跨境电子商务的专项业务,pingpong、连连等一批省内跨境支付机构快速成长,招商银行、贝付公司、深圳钱海等机构在浙江省创新开展跨境电子商务结汇业务。以海外仓、物流专线等为代表的新型物流业态正在出现,以递四方、专线宝为例,其核心理念便是全球仓储布局、助力网购运营、灵活解决方案、先进系统管理、便捷配送保障、支撑平台互动、创造销售先机。全省已建成 21 个省级公共海外仓、60 多个市县电子商务公共服务中心。2017 年,浙江省商务厅印发了开展全省跨境电子商务服务体系建设的通知,评选认定了一批优秀的跨境电商服务企业,加大了培育力度。

(四)跨境电商发展氛围良好

跨境电商综合试验区建设不断推进,杭州"两平台、六体系"试点经验在全国复制推广,宁波"单一窗口"平台、国际邮件互换局等正式运营,各大园区积极打造跨境电商众创空间,吸引各类创客加入跨境电商创业大军。创业生态系统日渐完备,好项目、好公司迅速发芽滋长。值得一提的是,这块全新的试验田里还创造性地"试"出了新业态、新产业。浙江点库电子商务、物产电商等企业纷纷在海外仓领域开疆拓土,在美国、澳大利亚、德国等国设立据点,将零散的国际间运输转化为大宗运输,降低企业的物流成本;企业的支付、通关、结汇一体化需求,又让外贸综合服务平台企业风起云涌。eWTP取得阶段性进展,在马来西亚的首个海外试点落地实施,杭州实验区正在推进落地,浙江电商的国际影响力不断扩大。

三、发展形势分析及趋势预测

(一)产业规模有巨大发展空间

在产业规模上,跨境电商的发展空间巨大,随着相关机制体制的完善,跨境电商对外贸转型升级的拉动作用将越发凸显,发展跨境电商是传统企业转型升级的好时机,从营销到交易、支付、物流、金融服务已经形成了一条非常清晰完整的外销体系。中国制造升级带来的品牌和渠道建设需求、浙江产业(以轻工业品为主)特点与跨境电商的高度契合也大大扩大了发展空间。现阶段的行业竞争尚未达到白热化的程度,企业能够以务实的心态专注在产品和服务上,将关注点放在优化供应链上。

(二)跨境电商物流发展存在机遇

按照深圳的发展经验,物流跟随跨境电商体量扩大而发展。国际行邮能够覆盖个性化、低货值小单,大宗B2B2C模式能够适应量大面广的标准化产品跨境电商业务。支持有条件的地区发展跨境电商专线,降低国际物流成本,提高效率。大力发展以海外仓为支撑的B2B2C备货模式,推动海外仓和电商平台的智能化联网,提升海外仓服务水平。从浙江的整体发展情况来看,B2B2C备货模式按照离岸价纳入一般贸易统计,而境外零售价的增值部分则没有被纳入统计。与此相对应的,直邮方式的跨境电商交易额占比是B2B2C备货模式的两倍多。可以说,B2B2C备货模式目前尚处于起步阶段,在全部外贸出口中的占比更是微不足道。但B2B2C备货模式所具有的"集约化、可控性"特点,符合未来跨境电子商务乃至整个外贸的发展趋势,预计随着跨境电商配套服务体系的健全,B2B2C模式将得到进一步普及和发展。

(三)跨境电商服务体系发展空间巨大

跨境电商B2B平台将由信息平台向交易平台升级。外贸综合服务的提供将有利于跨境电商平台积累真实贸易数据,帮助外贸企业建立全球网络交易信用体系,大幅减少国际贸易风险。跨境电商零售将帮助全球消费者和企业更加自由和便利地"买全球、卖全球"。传统贸易(M2B2B2C)模式将不断转向C2B或C2M模式,过去依靠信息不对称的中间环节会逐渐消除。生产企业直接连接终端消费者,根据消费者和市场的实时需求实现定制化、拉动式的柔性化生产供应,并依托全球电商平台与专业服务商一起形成网状的生产和服务协同生态。跨境金融服务、跨境物流服务、外贸综合服务、跨境电商衍生服务(代运营、搜索关键词优化、人员培训咨询等)、大数据和云计算等将围绕跨境电商平台得到快速发展。例如,杭州跨境电商综合试验区下城园区以建设"跨贸小镇"为目标,推进"产城融合";下沙园区积极打造"跨境电商创业新城";空港园区努力建设"跨境电商现代物流中心";邮政速递产业园打造集物流、技术、金融服务和邮政功能为一体的跨境电商服务平台。线上线下深度融合为跨境电商企业提供了无缝对接的高效服务,发展空间巨大。

(四)监管机制仍有很大的改革创新空间

近年来,在有关部门的大力支持下,跨境电商涉及的关、检、汇、税管理方式均取得很大突破,但缺少统一的协调,各部门之间的流程没有进行很好的衔接,监管便利化政策效应难以发挥,需要全面理顺并构建一套符合跨境电商业务的监管流程。因此必须创新监管模式,在政府方面,目前的海关监管制度已满足不了跨境电商企业的需求,应根据《全球贸易安全与便利标准框架》做好实际货物的查验,研究制定无纸通关和征税等便利措施,达到低报关成本且迅速通关的效果。杭州、宁波的跨境电子商务综合试验区提供了监管机制创新改革的试验机会,未来适应跨境电商的监管机制有望在浙江取得重大突破,尤其是在税收领域。另外,各国政府应该增加国际间协商,加强对跨境电商企业的监管,逐渐完善跨境电商的通关手续和流程。在企业方面,为了国际交易市场的健康运行,企业必须提高自身内部的法律知识,按照国际法律的规定出入境产品,避免逃税行为,配合政府的相关规定,营造一个良好的国际交易环境。跨境电商已经成"一带一路"建设重要的落脚点,成为连接"一带一路"的纽带,以渠道和供给的增加引领贸易和投资的发展,促进国家间的生产分工协作,实现"一带一路"国家的资源共享、产品共享,并成为打开供给侧结构性改革的新通道。

第二节　浙江省网络零售业发展

一、浙江省网络零售业发展现状

(一)网络零售和居民网络消费保持平稳发展

2017年,浙江省电子商务网络零售总额累计达13336.7亿元,同比增长29.4%,其中县及县以下区域6482.4亿元,占比48.6%;省内居民网络消费6777.0亿元,同比增长29.0%;浙江电子商务发展已经由之前的高速发展期进入平稳发展期,网络零售增速虽然有所下降,但仍然处于较高水平。如图9-1所示。

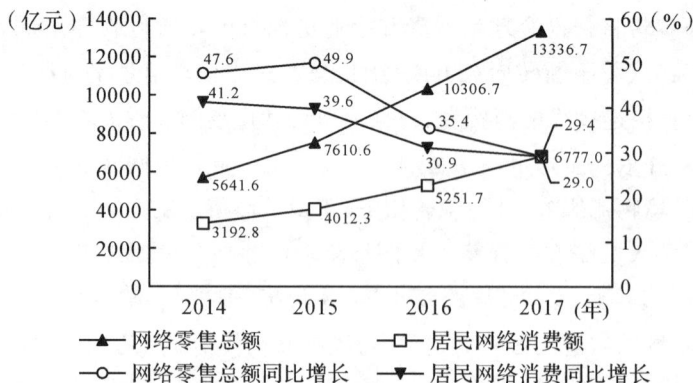

图9-1　2014-2017年浙江省网络零售及居民网络消费走势图

截至 2017 年 12 月底,全省在重点第三方电子商务平台上监测到注册网店数量为 155.7 万家,其中活跃的网店总数为 74.0 万家,占总数的 47.6%;直接解决就业岗位 189.3 万—197.5 万个,间接带动就业岗位 516.6 万—539.2 万个。

(二)网络零售行业和平台集中度高

浙江省网络零售总额前三名的行业是服饰鞋包、家居家装和 3C 数码,分别占了浙江省网络零售总额的 38.4%、16.7% 和 10.7%。如图 9-2 所示。

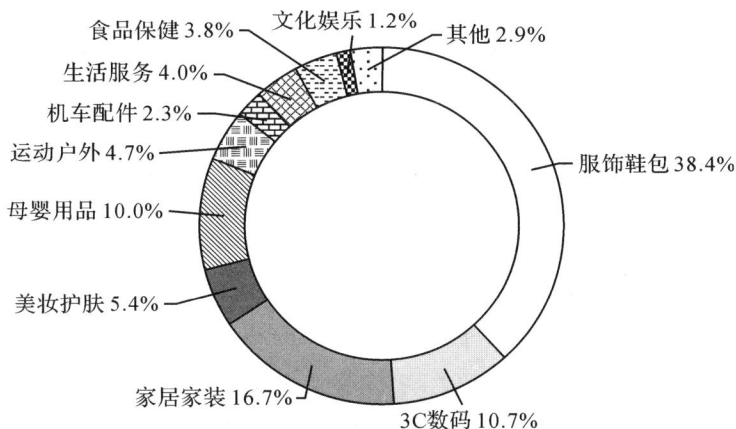

图 9-2　2017 年浙江省分行业网络零售基本情况

由于平台偏好、产品属性等因素影响,浙江省传统企业或中小网商对第三方平台选择倾向前三名依次是淘宝、天猫和京东。2017 年,浙江省累计在淘宝、天猫、京东上产生的网络零售总额的比例分别为 48.6%、37.7%、10.3%。以天猫平台为例,浙江省网店信用评分略低于天猫所有网店评价得分的平均值。如图 9-3 所示。

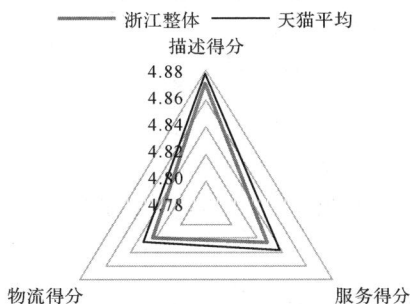

图 9-3　2017 年浙江省天猫网店信用对比情况

从各地市天猫网店描述得分、服务得分、物流得分等平均值来看,嘉兴市、衢州市和宁波市居全省天猫网店信用评分前三名。如图 9-4 所示。

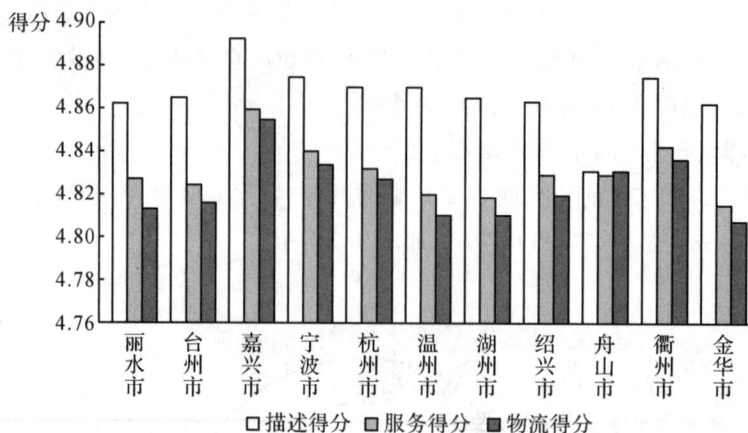

图9-4　2017年浙江省各地市天猫网店信用评分基本情况

（三）重点领域电商发展态势良好

以速卖通、Wish、eBay、亚马逊为例，2017年浙江省累计实现跨境网络零售（出口）438.1亿元，同比增长37.2%。截至2017年12月底，全省共有各类跨境电商（出口）活跃网店6.7万家。以大众、美团为例，截至2017年12月底，全省在线服务类网店约240.0万家，2017年新增服务类网店60.9万家。如图9-5所示，服务业电商中以餐饮类网店居多。

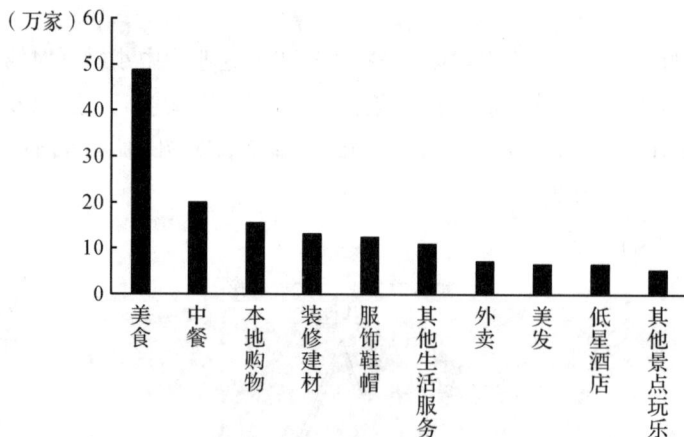

图9-5　2017年浙江省服务业电商网店数前10类

2017年，全省拥有活跃的涉农网店近2万家，实现农产品网络零售506.2亿元，同比增长27.8%，网络零售额超过千万元的电子商务专业村793个。拥有含省、市、县三级的淘宝特色馆39个，服务网商1万余家，农产品销售额超100亿元。

二、网络零售对经济发展的贡献

(一)网络消费规模继续扩大

2017年,全省网络零售和网络消费规模双双扩大,网络零售总额全年达到13336.7亿元,月均网络零售总额1111.4亿元。居民网络消费累计6777.0亿元,月均消费564.8亿元。网络零售和消费的趋势相类似,根据每个月的监测数据,受春节的影响,2月份是网络零售和消费最少的月份。而网络零售和消费的最高点在11月份,正是受阿里巴巴"双十一"购物节的影响,11月份的网络零售额出现了大幅度提升,实现了1878.4亿元的销售额;其中,"双十一"当天全省实现全网销售421.3亿元,实现居民网购消费197.7亿元。由阿里巴巴集团推出的"双十一"购物节经过9年的砥砺奋进,已成为国内外颇具影响力的购物狂欢品牌。如图9-6所示。

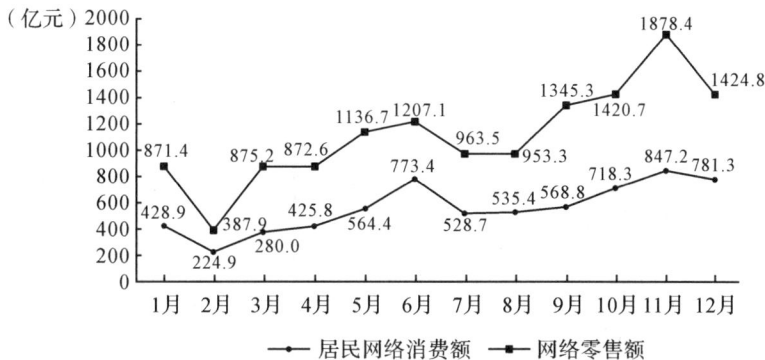

图9-6　2017年浙江省网络零售和居民网络消费走势图

从各地市的网络消费情况来看,全省各地市居民网络消费都有一个较为平稳的增长,同比增速均高于20.0%;其中,湖州市增速最快,达33.0%。

2017年,全省各地市的网络零售态势较好。从网络零售总量来看,杭州市稳居第一,高达4302.4亿元,占全省网络零售额的32.3%;金华市位居第二,网络零售额达2346.7亿元,占比高达17.6%;温州市紧随其后,网络零售额达1568.5亿元,占全省网络零售额的11.8%。舟山市和衢州市虽然在总量上排名最末两位,但其网络零售额同比增速远高于其他地市,同比增速分别达68.2%和62.2%。如图9-7、图9-8所示。

（亿元）2500   35.0（%）

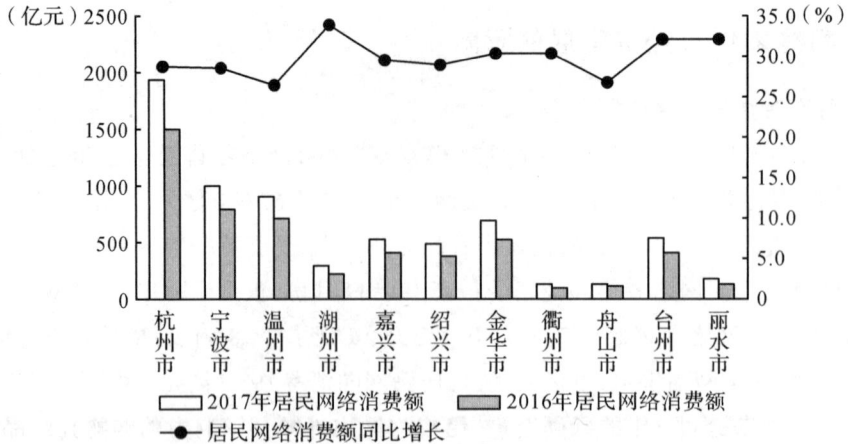

图9-7 2017年浙江省各地市居民网络消费及同比增长情况

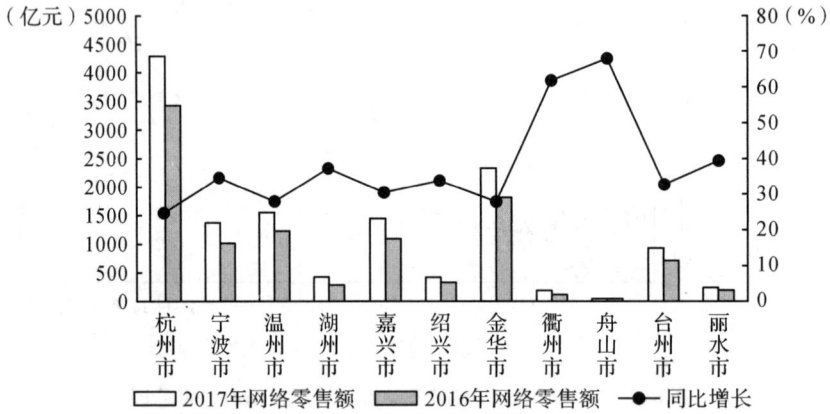

（亿元）5000   80（%）

图9-8 2017年浙江省各地市网络零售及同比增长情况

（二）重点领域发展成效显现

2017年，全省跨境网络零售出口额438.1亿元，同比增长37.2%；其中，金华市、杭州市、宁波市居全省前三，占比分别为55.1%、19.3%、9.1%，占全省跨境网络零售出口额的83.6%。截至2017年12月底，浙江省共有各类跨境电商（出口）活跃网店6.7万家，相较于上一年度增加0.2万家。以速卖通为例，行业销售额前三的分别是女装、家居装潢、珠宝及饰品，销售占比分别为13.5%、13.5%和13.2%。如图9-9、图9-10所示。

全省农产品电商区域发展不平衡，以天猫、淘宝平台为例，杭州市一枝独秀，农产品网络零售额占全省农产品网络零售额的比重达46.1%；嘉兴市位居第二，比重达10.7%；金华市排名第三，比重达8.7%。如图9-11所示。

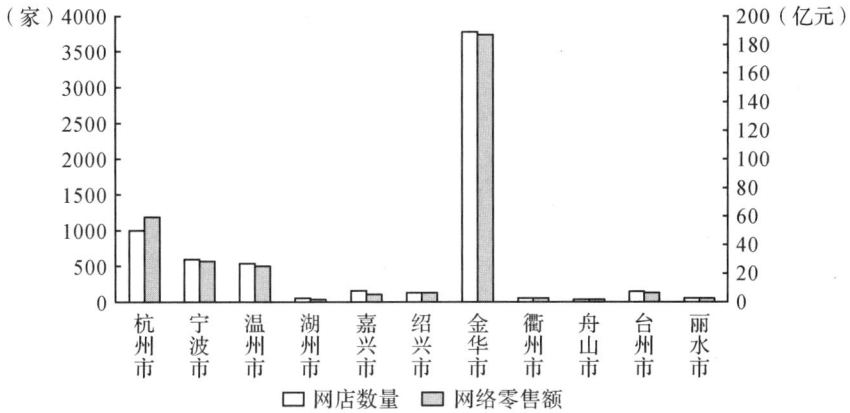

图9-9　2017年浙江省各地市跨境电商基本情况

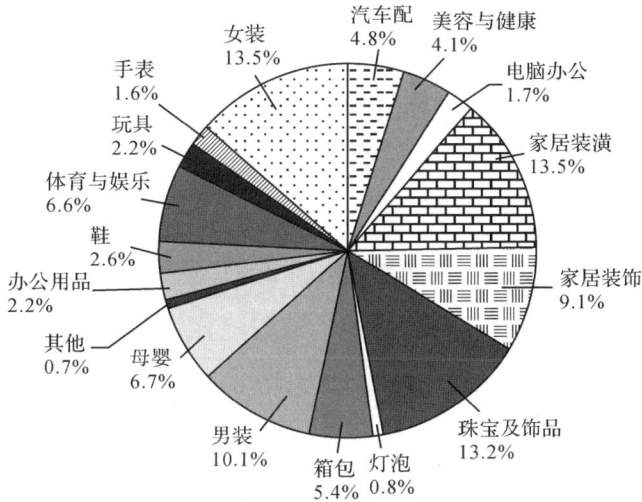

图9-10　2017年浙江省分类目跨境网络零售出口基本情况

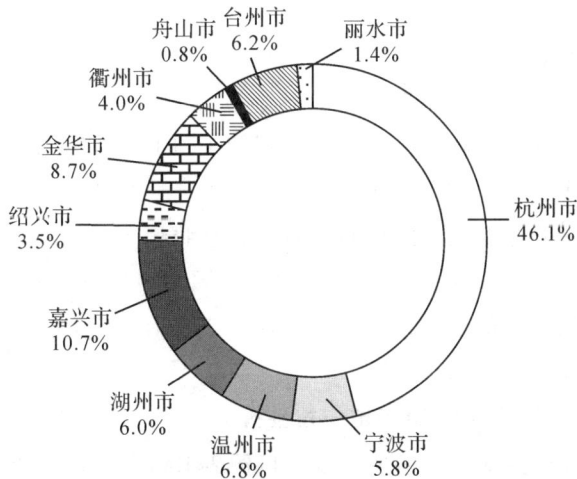

图9-11　2017年浙江省各地市农产品网络零售基本情况（以天猫、淘宝为例）

(三)电商社会效益不断凸显

浙江省电商迅猛发展,为"大众创业、万众创新"提供了充分的空间,成为促进全省经济转型的新引擎。电子商务人才发展迅速,从各地市从业人员情况来看,杭州、金华、温州电商从业人数居全省前三。杭州市电商从业人数为58.4万人,占全省比重30.2%,位居第一;金华市电商从业人数为43.4万人,占比22.4%,位居第二;温州市电商从业人数为29.0万人,占比为15.0%,位居第三。如图9-12所示。

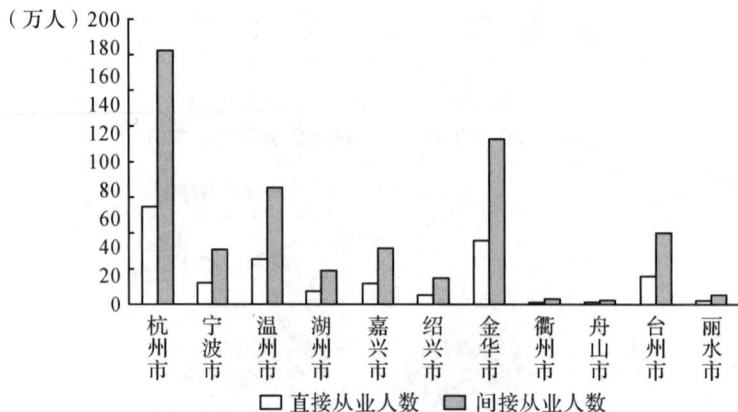

图9-12 2017年浙江省各地市电商从业人员基本情况

三、网络零售发展特点

2017年,全省网络零售和居民网络消费在高基数的基础上继续保持较高的增长速度,网络零售已经成为推动浙江省经济增长的重要力量。

(一)网络零售增速有所放缓

2017年,全省实现网络零售总额累计达13336.7亿元,同比增长29.4%;相较于上一年度,同比增速下降了6%,但仍保持较快增长。

(二)网络零售市场主体平稳发展

以天猫为例,全省活跃天猫网店2.5万家,相较于2016年有所下降,但是活跃网店占比98.3%,网店活跃度相较于2016年上升明显。

(三)网络零售顺差持续扩大,地区间不平衡比较明显

2017年,浙江省实现网络零售顺差6559.7亿元,同比增长29.8%。杭州和金华是网络零售顺差最高的两个城市,分别达2373.4亿元和1659.7亿元。舟山和绍兴出现了网络零售逆差的现象,分别为-95.8亿元和-48.4亿元。

(四)跨境电子商务发展平稳,金华市一枝独秀

2017年,金华市累计实现跨境网络零售出口额241.4亿元,占全省跨境网络零售出口的55.1%,远超浙江其他地市。从数量上看,浙江省是跨境电商发展的强省,但是浙江出口的商品价格低廉,科技含量不高,还需进一步提升产品附加值。

(五)农村电商保持较快发展

2017年,全省累计实现农产品网络零售额506.2亿元,同比增长27.8%。截至2017年12月底,浙江省农产品活跃网店近2万家,较2016年网店数有所下降,但网店质量提升效果显著。

四、网络零售发展趋势

(一)农村电商市场规模将进一步扩大

农村电商的出现顺应了互联网发展趋势,并极大地满足了农村市场的需求。同时,互联网向农村市场的渗透,给"互联网+农业市场"带来了巨大的想象空间。虽然目前农村电商发展仍面临诸多难题,如物流问题、人才问题、农产品标准化程度低等,但随着国家投入力度的加大,这些难题在未来几年内都将得到突破性解决。以"淘宝村"为核心,依托强劲的农村网商集聚效应,有效地降低农村电商的生产流通成本,这对推动农村电商更深层次的发展具有重要意义。

(二)跨境电商迎来新机遇

我国经济发展进入了新时代,已由高速增长阶段转向高质量发展阶段。跨境电商作为一支生力军,将与其他行业一同承担推动经济转型升级的使命。在"一带一路"的大背景下,海外仓将继续是跨境物流的重点板块之一,作为现代供应链的一大环节,海外仓的热度会继续提高。在政策上,跨境电商出口也迎来更多的机遇,如自2016第72号公告发布后,海关特殊监管区域开始实行"仓储货物按状态分类监管",也就是说,跨境出口开始获得更多的便利。

(三)新业态新模式发展迅猛

2017年被各界视为"新零售元年",作为"新零售"概念的首倡者,阿里巴巴也在加速推进线上线下融合发展,有力地带动了消费增长。无论是与传统零售企业银泰、苏宁、百联、大润发、居然之家开展深度战略合作,合力稳步推进以数字化与技术为核心的新零售改造,还创造出线上线下一体化的盒马鲜生,以及推动品牌零售和消费体验升级的天猫快闪店、智慧门店等,借由互联网的商业力量赋能,传统实体经济正在焕发新的生机。

第三节　浙江进口电商发展调查

不断发展的跨境电子商务,为"买全球""卖全球"开辟了新路径,已成为促进对外贸易发展和变革的重要新生力量。本节根据浙江进口电商发展现状、国内消费结构升级以及进口消费需求发展趋势,重点研究加快推进浙江省进口电商发展的思路与目标、任务与举措,结合浙江实际,在促进进口电商发展工作中贯彻好、落实好中央主动扩大进口的战略部署。

一、浙江进口电商发展现状

(一)进口电商范围

目前,进口电商主要模式有三种:一是跨境电商零售进口,即在国家批准的试点城市,跨境电商企业在境外集中采购商品,运至并存放于境内的保税区,在消费者网购后,商品以个人物品方式向海关申报,缴纳综合税后,直接从保税区快递给消费者。2019年初,国务院常务会议决定,1210政策从天津、上海、杭州等10个试点城市逐步扩大到全国所有综保区。该种模式适用海关1210监管方式。二是一般"贸易进口商品+国内电商销售",即进口商品通过电子商务拓展国内市场,构建销售网络,以下称进口商品电商销售情况。三是直购进口及海外直邮进口,即消费者在境外电商平台下单购物,境外电商平台或物流服务商直接将商品邮寄至境内消费者。由于直购进口或海外直邮进口,不属于主动扩大进口政府应予推进的范畴,故本节研究的进口电商以跨境电商零售进口和进口商品电商销售为主。

(二)跨境电商零售进口发展现状

2012年底,杭州、宁波被列入海关总署批准的跨境贸易电子商务服务试点城市;2015年3月和2016年1月,杭州、宁波分别获批中国跨境电子商务综合试验区,是国内最早开展跨境电商零售进口的试点城市,跨境电商零售进口业绩和发展水平居试点城市前列,主要情况如下:

1. 跨境电商零售进口高速增长

2017年,据海关统计,全省(杭州+宁波)跨境电商零售进口165.8亿元,占全省进口总额的2%,同比增长96.6%,拉动全省进口增幅1%。

2. 跨境电商零售进口主体集中度高

跟跨境电商零售出口相比,跨境电商零售进口主体的集中度高。网易考拉、天猫国际分别占全国跨境电商零售进口额的25%和21%以上。其中,网易考拉以自营为主,天猫国际以平台服务为主。目前,在下沙园区入驻的跨境电商进口企业有阿侠谷、南瓜淘等21家平台电商,网易考拉、贝贝网等66家垂直电商;入驻宁波保税区的跨境电商进口企业有1062家,其中进口电商企业897家、仓储物流企业115家、支付企业50家。

3. 跨境电商进口产品类目丰富度居全国前列

目前,杭州、宁波跨境电商销售商品备案品类(SKU)超过3万个,活跃商品3000种以上,产品品类由早期单一的母婴用品,拓展到了涵盖母婴、服装、箱包皮具、日化、小家电、膳食营养、进口食品、文具、饰品等在内的九大产品类别,丰富度居全国前列。产品主要来源于日本、韩国、德国、澳大利亚、意大利、荷兰、英国、泰国、新西兰、丹麦、法国等多个国家和地区。

4. 跨境电商进口配套基础设施不断健全

目前,下沙园区有海仓科技、心怡科技等46家配套服务企业,已投入使用的保税仓库25余万平方米,目前园区还在推进8000平方米冷链仓库以及菜鸟网络6万平方米方智能化仓储等配套基础设施建设。宁波保税区有配套的仓储企业63家、物流企业52家、支付企业50

家,已投入使用的保税仓库50万平方米,其中网易在保税区投建了国内最大全品类跨境进口母仓,已完成三大仓的基础工程;国内大型垂直类电商平台小红书在保税区建立了华东仓,阿里巴巴集团天猫国际在杭州湾新区建立了全国首个5万平方米跨境进口大型仓"天宫一号",一期已投入运营,二期5万平方米跨境仓库也在2018年2月投入使用,配套全程冷链体系,可满足全球生鲜、冻品、特殊食品的存储配送需求的仓库。

在快速发展的同时,由于政策以及业务模式特点,浙江跨境电商零售进口存在以下几个方面的制约:一是由于政策限制,跨境电商零售进口品类比较集中,同品以价格竞争为主;二是杭州的跨境电商进口经营主体优势明显,但口岸条件较弱;宁波的跨境电商进口具有口岸优势,但经营主体以当地传统外贸企业转型为主,企业规模较小;三是跨境电商零售进口正面清单、购买限额以及监管等方面的政策制约仍然比较明显。

(三)进口商品电商销售情况

由于浙江电商发展氛围良好、区域市场消费能力较强以及传统外贸基础较好等因素,全省进口商品电商销售不断兴起,主要表现在两个方面:一是一般贸易进口与电商销售有机结合。省内一批优质的跨境电商进口采购商,是国内各电商平台的重要合作伙伴。如唯品会平台销售的花王纸尿裤,主要由省物产中大国际云商有限公司采购供货;凯喜雅集团下属的华艏跨境电子商务有限公司,自2014年起由给大型食品厂、超市、餐饮店供应进口牛肉原材料,开始拓展牛肉B2C电商销售,迅速地打开了网络零售市场,后因政策调整,牛肉不在清单内,相关业务停止,现在主要以一般贸易进口方式给网易考拉、云集等电商平台供货。青田进口商品城、义乌进口商品市场的诸多进口产品及企业,也都通过自建平台、开设网店(包括微店)等方式进行销售。二是跨境电商零售进口向批发业务拓展。一部分跨境电商零售进口企业(如宁波的保税区正正电子商务股份有限公司),在零售进口业务发展到一定的规模后,根据自身转型发展需要,也开始通过1688(B2B平台)等加强国内电商批发业务的拓展。

但与跨境电商零售进口相比,进口商品电商销售在政策上处于劣势,主要因素有:跨境电商零售进口限额以内商品进口关税为零,超过限额的商品实施相对低的综合税率;列入《清单》的商品,免于向海关提交许可证,检验检疫监督管理按照国家相关法律法规执行等。故此,进口商品电商销售一方面在价格上处于劣势,另一方面其经营主体大都为传统外贸企业,自身利用电商拓展市场和运营能力相对欠缺。

二、加快推进浙江进口电商发展重点任务

(一)明确进口电商发展区域布局

杭州、宁波以跨境电商综合试验区建设为依托,在进一步做大跨境电商零售进口的同时,充分发挥其跨境电商经营主体集聚和配套支撑体系相对完善的优势,加快进口商品电商销售业务的拓展和布局,着力打造成为全国优质消费品进口电商网络营销中心和供应链管理企业总部所在地;温州瑞安、丽水青田等地以侨商侨贸为依托,支持其加强电商销售网络和渠道拓展,加快侨贸电商发展;金华、义乌以中国义乌进口商品城、市场采购进口贸易发展

试点、"一带一路"进口商品集散中心建设为依托,加快进口电商联动发展;中国(浙江)自由贸易试验区充分利用自贸区政策优势、口岸条件优势,加强肉类、活鲜产品和水果等产品的进口电商业务拓展。

(二)加强重点企业和新业态新模式培育

鼓励支持网易考拉、天猫国际加强与国际知名甚至是顶尖品牌的合作和引进,继续做大做强跨境电商零售进口,同时积极探索与省内重点进口货源地或一般贸易进口地结合,积极拓展进口商品网络销售业务,进一步扩大在全国进口电商市场的份额;支持一批重点跨境电商零售进口企业,积极拓展业务范围,加强细分市场、细分类目进口货源和采购渠道拓展,加强与国内其他电商销售渠道和销售方式的合作,促进进口电商业务多元化发展;积极支持传统外贸龙头企业,尤其是支持省级外贸公司与省内外电商平台加强合作,促进外贸企业全球选品采购传统优势与电商平台营销能力的有机结合,构建其良好的进口商品电商销售网络或供应链合作关系。

(三)加强重点市场合作拓展

按照国家"一带一路"倡议、自由贸易协定等总体布局,发挥浙江电商在国际上的知名度和影响力,加强"一带一路"沿线市场、自由贸易协定国家和地区的进口电商业务拓展与合作;积极谋划相关活动,加强浙江电商与中国国际进口博览会等开放型合作平台的对接。

三、加快推进浙江进口电商发展举措

(一)着力做好创新发展、融合发展和联动发展三篇"基础文章"

一是指导支持杭州、宁波深化跨境电商综合试验区加大创新发展。积极支持杭州、宁波跨境电商综合试验区,进一步推进监管创新、模式创新和服务创新,完善配套基础设施,做大做强跨境电商零售进口业务,探索推动"跨境电商零售进口+"业态创新与发展;积极支持中国(浙江)自由贸易试验区充分利用其肉类口岸、活鲜口岸、水果近境口岸等有利条件,创新业务模式,加强电商资源集聚进口电商产业链打造,重点支持和指导舟山健全跨境进口促进政策体系,做好省内外跨境电商企业项目对接和招商。二是大力推进瑞安、青田等地侨贸电商线上线下融合发展。加强指导和支持,按照建设"一中心三基地"的总体方案,深入推进浙江(瑞安)侨贸电商创新发展示范区建设,支持瑞安申报创建国家级侨商跨境电子商务示范区;积极引导和支持青田侨乡进口商品城加强产品线梳理,支持指导进口商品城加强线上平台和渠道建设,进一步组织省内知名电商平台与进口商品城建立合作关系,推进青田侨乡进口商品城线上线下融合发展。三是支持义乌市场采购进口贸易与进口电商联动发展。支持义乌市场采购进口贸易发展试点和浙江(义乌)跨境创新发展示范区建设,积极争取中国(义乌)跨境电子商务综合试验区获批,加快推进跨境电商零售进口等政策在义乌落地实施;加快市场采购进口贸易监管机制创新,加快"一带一路"进口商品集散中心建设,叠加义乌电商优势,构建进口商品网上分销体系,实现联动发展。

(二)着力打造"双中心"——全国进口日用消费品电商网络营销中心和供应链管理中心

做好进口电商基础资源梳理与信息数据收集,建立健全省内外电商平台信息数据库、优质采购商及进口商品数据库,以两个数据库为依托,加强国内进口消费市场数据信息分析,推进进口电商销售与采购信息对接、有机互动,引导企业加强国外优质产品资源、渠道的挖掘和开发。重点支持网易考拉、天猫国际依托平台优势和知名度,进一步加强产品资源和服务资源整合,巩固领先地位,不断扩大进口商品销售市场份额;重点支持国贸、物产、凯喜雅等省属外贸企业与省内外电商平台,加强进口电商供应链建设。加强跨境进口电商新业态、龙头企业和服务体系培育和建设,通过3-5年的努力,重点培育10家以上有一定规模和带动力、辐射力的进口电商供应链龙头企业和综合服务企业;加强跨境电商进口商品溯源体系和信用体系建设,提升浙江跨境进口的可信度和美誉度,着力把浙江打造成为全国进口日用消费品电商网络营销中心和供应链管理中心。

(三)着力打造一个在全国具有一定知名度和影响力的跨境进口电商发展交流促进平台

结合中国(义乌)国际电子商务博览会和中国杭州电子商务博览会,着力打造跨境进口电商"一展一论坛",即分别在中国(义乌)国际电子商务博览会和中国杭州电子商务博览会增设"跨境进口电商专区展"和跨境进口电商发展论坛,促进行业发展交流。同时,密切跟踪中国国际进口博览会筹备工作,积极谋划,加强浙江电商资源与中国国际进口博览会等开放型合作平台的对接。

第四篇

发展环境篇

　　近年来,浙江省高度重视中小企业、民营经济发展,积极下好先手棋,不断打好组合拳,着力为中小企业发展卸负减压、松绑助力,促进了发展环境的优化,推动了中小企业高质量发展。

　　本篇主要围绕近年来浙江省积极探索破除中小企业发展环境制约的实践情况展开,涉及政府在小微企业园建设、企业降本减负、中小企业融资等方面的大力创新及卓有成效的积极探索。通过汇集、梳理相关部门的专题调研报告和政府部门的工作报告,将浙江省在中小企业发展空间、降本减负、股市上市等方面不断推进创新发展、加大政策精准供给的生动实践呈现给读者,以期对浙江省不断优化中小企业发展环境、促进中小企业高质量发展的情况进行总结。

第十章
浙江省中小企业发展空间情况

近年来,浙江省高度重视中小企业、民营经济发展,中小企业发展态势较好,转型升级提速,产业结构优化。但中小企业发展,尤其是小微企业发展面临缺空间、缺规范、缺服务、缺要素等问题。针对这些问题,浙江省多措并举,促进中小企业发展,尤其是促进小微企业的生存和高质量发展,着力推进小微企业园建设提升,鼓励促进众创空间发展,不断加大对中小企业服务资源的整合和引导,积极破除中小企业发展的空间制约,从而推动中小企业高质量发展。本章主要对当前浙江省大力推进的小微企业园、众创空间以及中小企业公共服务方面的发展情况进行研究,分析现状,提出可供参考的建议。

第一节　浙江省小微企业园建设发展情况

近年来,浙江省委、省政府高度重视小微企业的生存和高质量发展。在2018年8月30日召开的浙江省小微企业园建设提升暨"低散乱"整治推进大会中,省委书记车俊出席会议并讲话,极大地推动了全省小微企业园建设提升工作。小微企业园是由政府统一规划、各类主体开发建设、集聚效应明显、产业定位明确、配套设施齐全、运营管理规范、生产生活服务健全、企业入园成本合理、为小微企业创业创新和成长壮大提供的生产经营场所,具有准公共属性。加快小微企业园高质量发展,有利于进一步促进小微企业集聚发展,有利于提升对小微企业的集成服务,有利于实现对小微企业的集中管理,促进小微企业创业创新、安全绿色发展,从而实现高质量发展。

2018年上半年,浙江省经信厅牵头承担高兴夫副省长主持的《以加快小微企业园建设管理为突破口,以重构小微企业发展优势、促进高质量发展为目的,综合治理工业"低散乱"问题的对策研究》重点课题,通过蹲点调研、座谈交流、实地走访和调查问卷等方式,共走访11个设区市、50余家小微企业园,召开30余场座谈会,发放400多份问卷,全面了解了全省小微企业园的建设情况,提出了一些发展建议。

一、小微企业园是小微企业高质量发展的重要平台

(一)小微企业发展面临的主要问题

改革开放40年来,全省小微企业经历了从育起来、长起来到强起来的过程,呈现出蓬勃发展的态势,但在快速成长的同时,还普遍存在"四缺"问题。

第一，缺空间。全省工业用地资源一直较为紧张，小微企业由于规模小、实力弱，难以获得单独发展空间，加之近年来各地一般对10亩以下的用地需求不再单独供应，"五水共治""三改一拆"又清除了大量违章建筑，小微企业发展空间不足问题就更为凸显。问卷调查结果显示，温州市区有70%以上、乐清市和平阳县各有60%左右的小微企业没有自己的厂房，大多以租借厂房或民房为主，甚至在违章建筑中生存。

第二，缺规范。小微企业分布广、类型多、行业杂，安全隐患不少，乱搭乱建、乱排污水的现象普遍，管理难度很大。虽然"五水共治""大拆大整"等环境治理组合拳倒逼产业转型升级，淘汰了一批"四无"企业、高污染高能耗高风险企业，但仍有大量小微企业散落在工业园区之外及民居之中，存在较大的安全、环保隐患。2015—2017年，全省发生出租房、厂房、家庭作坊火灾分别为4522起、3352起、3093起，在全省生产经营性火灾中占比相当高。

第三，缺服务。由于过去工业布局规划滞后，村村点火、户户冒烟，小微企业分布点多面广，较为分散，集聚度很低，往往难以及时了解政府提供的普惠性政策信息，享受不到政府提供的就地化公共服务，也难以享受到园区给企业提供的各类便利化、专业化、精准化的生产性配套服务。

第四，缺要素。一方面是缺人才。产业梯度转移速度的逐渐加快，导致企业一线操作工人的供需矛盾较为突出，一些地处较为偏远的小微企业用工缺口甚至超过40%，技术研发、经营管理、高技能等急需的高层次人才缺口也达30%以上。另一方面是缺资金。由于贷款抵押物较少、抗风险能力偏弱、管理不够规范等因素，小微企业难以得到银行的贷款支持，甚至一些较好企业因无法获得贷款，而出现被迫放弃订单、无法扩大产能、难以实施技术改造等现象。问卷调查结果显示，全省33.1%的入园企业和37.1%的未入园企业都存在不同程度的资金困难。

（二）小微企业园是小微企业高质量发展的重要平台

据调研统计，截至2018年3月底，全省共有各类小微企业园491个，占地面积102072亩，建筑面积6101万平方米（此外，还有在建小微企业园225个，未来3年拟建小微企业园309个）。从区域分布看，温州、杭州、嘉兴、宁波、金华的小微企业园数量居全省前列；从行业分布看，以制造业为主导产业的小微企业园271个，占比55.2%；以创业创新和生产性服务业为主的小微企业园220个，占比44.8%。调研显示，小微企业园在促进小微企业集聚发展、创新发展、规范发展以及促进服务提升等方面作用明显。

第一，促进集聚发展。从布局上看，目前全省小微企业园共入驻企业32083家。温州市规划建设小微企业园138个、竣工79个，为约3000家企业提供了发展空间。金华市已建、在建小微企业园99个，入驻企业3753家。台州市加快小微企业园建设，力争在2020年前实现1万家小微企业入园的目标。从产业上看，各地对新建小微企业园基本都明确了主导产业，普遍实行"一园一业"，主导产业的企业入园数不低于70%。温州市涉及五大支柱产业的小微企业园已达22个。

第二,促进创新发展。各地普遍注重"腾笼换鸟",严把企业入园关,优先安排科技型、创新型、成长型小微企业入园。乐清市明确"亩均论英雄"综合评价B类以上的企业才可入园。小微企业入园,也是一个设备更新和技术改造的过程,调研发现,不少企业入园后产值增幅达30%~50%,有的甚至当年就实现翻番,加速实现"小升规"。平阳县入园小微企业亩均产值和税收分别达到570万元和31万元,均高出全县平均水平50%以上。温州市通过持续推进小微企业园建设,2017年规上工业总产值增长11.5%,创近5年新高;工业增加值增长7.7%,创近3年新高;利润增长10.7%,创近3年新高;全市新产品产值增速、规上工业亩均增加值、新增省级"隐形冠军"和"专精特新"培育企业数等均位列全省第一。

第三,促进规范发展。近年来,全省持续深入推进"三改一拆""五水共治""低散乱""'四无'企业整治"等组合拳,加快清除违章建筑,推动小微企业入园集聚,同时把消防安全、治污排污等设施作为小微企业园区的基本必备设施,加强建设和运维管理,确保运行状态完好,安全生产和环保形势明显好转。2017年,全省工矿商贸企业共发生事故596起,死亡616人、受伤150人,同比分别下降23.5%、21.7%和14.7%。温州去年更是未发生较大以上生产安全事故。湖州市吴兴区砂洗印花园引入中环水务统一污水处理,每年减排污水100万吨、COD180万吨。"十二五"时期,浙江省铅蓄电池、电镀、制革、印染、造纸、化工6大行业废水、重金属污物排放量削减比例分别达到31.3%、39.3%,废水污染物排污强度明显降低。

第四,促进服务提升。小微企业园的建设,打通了政府服务小微企业的"最后一公里",成为联系党和政府与小微企业的重要通道。各地普遍出台小微企业园建设管理的政策意见,统筹用地、产权分割、金融支持、财政扶持、科技孵化等政策向小微企业园倾斜,并将各项优惠政策直接传导给入园小微企业。一方面,积极提供配套生活性服务。温州市小微企业园区除了在形态、功能、立面等设计上富有现代感外,还同步推进道路、电力、通信、给排水及污水处理等基础设施建设,同步规划生活等配套设施,集中提供员工住宿、行政办公、餐饮、休闲娱乐、商贸流通等功能,形成产镇联动的新模式。另一方面,创新提供生产性服务。同步搭建面向园区小微企业的服务平台,为小微企业提供技术开发、检验检测、教育培训、融资租赁、信息咨询、仓储物流等专业化功能型配套服务。2017年,温州市已新建园区内配套的创新服务平台14个、商业服务中心16个、物流中心5个。

二、推进小微企业园建设的主要做法

浙江省各地认真贯彻省委、省政府决策,充分发挥政府主导作用,着力加强政策整合和创新力度,积极推动小微企业园建设,促进入园企业快速发展。主要做法是:

(一)加大政策扶持,提高资源要素配置效率

第一,加强规划先行。如温州市从2013年开始,部署启动两轮小微企业园建设三年行动计划,规划建设138个小微企业园,总规划用地面积达2.7万亩。湖州市明确到2020年,要累计建成特色产业项目小微园、传统制造业改造提升项目小微园、小微企业创业创新园80个以上。

第二，加强政策保障。如温州市自2013年以来先后制定出台《关于加快推进全市小微企业创业园建设工作的若干意见》《关于加快推进小微企业园建设提升园区管理水平的通知》等政策文件，形成了较为完整的政策体系。嘉兴市、湖州市、金华市、台州市也分别出台了有关加强小微企业园区建设管理的政策举措。

第三，加强用地保障。如湖州市每年安排存量和新增土地1500亩以上用于小微企业园建设，并将小微企业园建设用地优先纳入年度建设用地供应计划。义乌市以"亩均论英雄"为抓手，推动低效用地整治，盘活现有存量土地用于小微企业园区建设。

第四，加强财政金融保障。如温州市将小微企业园开发归类为基础设施项目，给予优惠贷款利率，对新开工的示范性小微企业园采取以奖代补方式，鼓励加快建设。衢州市对新评为国家级、省级小微企业创业创新示范园（基地）的，分别给予50万元、30万元奖励。

（二）加快创新发展，因地制宜探索开发模式

第一，政府主导开发模式。典型的如温州龙湾永兴南园小微企业园。这是当前全省各地可普遍推广采用的重要模式。通常做法是，由国有投资公司以公开方式取得土地使用权，用地成本、建设费用委托有资质的中介机构统一核算，建成后统一出售或出租给入驻企业。优点是有利于小微企业园建设的提速保质、成本把控和入园企业的审核把关，实现高端要素集聚。缺点是政府财政负担较重，财力较为薄弱的地区压力较大。

第二，工业地产开发模式。典型的如温州平阳万洋众创城。这种模式是撬动社会资本的主要方式，对财力较为薄弱的地区具有一定的借鉴价值，但应严防工业地产过热导致的系列经济社会问题。通常做法是，由开发商取得土地使用权，建设完成后按商品房模式，将生产厂房、办公设施和生活服务设施等分割出售或租赁给小微企业，并进行产权登记。政府则主要做好限地价、限售价等价格限定和入园企业的审核把关等工作。优点是有利于减少政府资金压力，根据企业发展需求，为小微企业提供定制化厂房和专业化服务；开发周期较快、土地利用率较高，产权较为清晰。缺点是存在重开发、轻运营和政府监管难等问题，特别是对厂房二次出售或转租监管难以到位，存在二次"低散乱"风险；同时，容易引发囤地等工业地产过热问题。

第三，企业联建开发模式。典型的如金华义乌义南针织产业园。通常做法是，同区域、同行业或行业内上下游小微企业通过明确出资比例、土地使用权分摊办法和成员地块占比的方式形成联合体，以联合体的形式取得土地使用权或分别取得土地使用权后，统一规划、统一设计、统一审批，委托有资质的建设公司，联合投资建设小微企业园。优点是有利于同行业小微企业整合重组、集聚发展；完善产业链，发挥规模效益，成本更低、效益更好。缺点是联建企业为降低成本，配套服务设施建设不到位，达不到企业高质量发展的需求。

第四，龙头企业开发模式。典型的如台州椒江飞跃科创园。通常做法是，龙头企业利用自身闲置土地或竞拍土地，按小微企业园的规划进行设计和审批，委托有资质的建设公司建设小微企业园，建成后在补缴出让金、按规定缴纳税费的前提下，分割出售或出租给小微企业。优点是有利于提高闲置土地利用率，发挥龙头企业的示范引领作用，促进大中小微企业协同发展。缺点是增加政府监管难度,特别是对于企业入园把关等环节可能存在个别隐形违规现象。

第五,村集体联合开发模式。典型的如嘉兴嘉善大云镇小微企业园。通常做法是,若干个村集体打包整合零散土地,按照相关土地政策取得使用权,其中土地出让金扣除相应款项后,分期全额返还村集体用于配套设施建设,开发建设完成后,以出租的形式提供给小微企业使用,不允许分割出售。优点是有利于推动块状经济小微企业就近入园发展,减少"低散乱"现象,推动规范化发展。缺点是规划理念不够先进,规模相对较小,功能配套和公共服务有所欠缺。

第六,专业机构开发运营模式。典型的如杭州西湖区颐高科技园。通常做法是,专业运营管理公司通过整租或者购买的方式获得园区,通过统一改造或装修再转租给入驻小微企业,并提供配套公共服务。优点是有利于盘活民间资金,提升小微企业园的专业化管理和精准化服务水平。缺点是对入驻企业没有严格的标准,园区产业集聚度不高,"二房东"现象明显;缺少政府主导开发和运营的园区对入园企业的一系列优惠政策。

(三)坚持破立并举,统筹推动企业入园发展

第一,加快老旧工业点改造。如玉环市排查老旧工业点59个,占地面积6241亩,涉及1962家企业,对此全面进行改造提升,重新规划建设43个工业点,总占地面积5897亩;新规划建设24个小微企业园,总占地面积4590亩。海盐县在全面排摸现有81个占地面积2950亩小微企业集聚区(点)的基础上,全力推进整治提升,明确规划区外的集聚点,每个镇(街道)最多保留3个,全县规划建设"两创"中心15个,占地1567亩。

第二,加强"低散乱"整治。如湖州南浔区以木业行业专项整治为突破口,推进"低散乱"整治,对全区3922家小木业企业按照"三个一批"(关停淘汰一批、整合入园一批、规范提升一批)原则大力度整治,关停企业超过3200家。衢州江山市开展门业行业专项整治,全市联动,以消防安全、环保治理为主要手段关停淘汰了86家整治无望的企业。

(四)促进改造提升,全面支持企业做大做强

第一,推动企业技改升级。如温州市在符合产业导向情况下,给予拟投资技改企业优先入园资格,有力拉动了工业投资,全市小微企业园建设拉动的工业技改投资超过全市工业投资的三分之一。

第二,推动企业兼并重组。如长兴县铅蓄电池行业通过企业兼并重组,企业数从175家减少到16家,全部集中到新能源园区,企业技术装备由手工操作转向机械设备、智能设备,全部实现了清洁生产和转型升级。平阳县通过倒逼企业入园,全县制革企业从57家整合重组为12家,全部入驻制革小微园,废水排放量削减达48.5%。

第三,降低入园企业成本。如温州市针对近年来小微企业园市场需求急速增加,导致小微企业园土地出让价格急速上涨的问题,迅速制定了"四限一摇"(限房价、限转让、限自持、限面积,公开摇号)政策,明确未来3年小微企业园建设计划中政府自建自持比例不低于50%,地产开发式小微企业园的最高销售均价不得超过2900元/平方米、最高售价不得超过

3900元/平方米,单个企业入园面积一般不超过5000平方米,小微企业园亩均供地价从68.9万元降至41.2万元,降幅达40.1%。

（五）强化督促管理,确保配套服务落实到位

第一,全面建设公共配套设施。如温州市将产城融合理念贯穿于小微企业园建设全过程,制定出台园区配套服务标准,针对不同规模、不同定位的园区,明确商务办公、设计研发、食堂、人才公寓、商业中心等基础配套设施建设标准,并把配套设施标准融入园区规划设计环节,确保配套设施与园区建设同步推进。嘉兴市明确市级小微企业园必须配套建设一定面积的公共服务平台,培育和引进信息、财务、金融、物流、培训、物业等一批共性中介服务机构。

第二,全面实施"最多跑一次"改革。如台州市开展作风建设年活动,推行"妈妈式"审批服务,为小微企业园建设和老旧工业点改造提升提供全程、全方位无微不至的服务,为入园企业开展项目备案上门服务,同时还全面推行"零土地"技术改造项目审批,大大缩短审批时限。温州市开辟小微企业园审批"绿色通道",实行全程无偿代办制、项目模拟审批制,联合办理施工许可,最大限度压缩审批时限、减少审批环节。

第三,全面引入专业化运营管理。如杭州涌现了元谷、尚坤、汇林、颐高、创立方等一批专业化程度较高的园区运营管理机构,其中很多机构都已成功运营管理多家小微企业园。如瑞安阁巷高新技术装备小微企业园引入浙报传媒专业运营团队,为园区企业提供综合服务等。

三、当前小微企业园建设管理主要问题及建议

虽然全省小微企业园建设工作取得了初步成效,但也存在着一些问题。

（一）当前小微企业园建设管理主要问题

第一,供需矛盾问题比较突出。一方面,现有园区无法满足全省面大量广小微企业的入园需求,尤以大拆大整的温台地区最为明显。另一方面,区域发展不平衡问题较为明显,如衢州、丽水等地区新建小微企业园的迫切性就不是很强。

第二,土地制约反映最为集中。一方面,各地新增工业生产建设用地指标和占补平衡指标总体呈减少趋势,多数小微企业园难以一次性落实用地指标,如温州市3年规划新建34个小微企业园,还需落实7400亩用地指标。另一方面,通过利用城镇低效用地、"三改一拆"等方式盘活的存量土地建设小微企业园,存在政策处理、规划调整等诸多障碍,要在短期内突破存在较大难度。同时,土地制约也折射出浙江省产业结构的不合理,仍以生产加工制造型企业居多。

第三,服务配套功能还不够完善。一些小微企业园重建设、轻服务,还停留在提供物理空间和简单的物业管理层面,缺乏必要的生产生活配套设施,服务模式较为单一,部分小微企业园甚至没有专门的园区运营管理机构,企业在园内难以享受到专业化、精准化的生产性配套服务。

（二）加快小微企业园建设管理的对策建议

小微企业园是为小微企业创业创新提供发展空间和公共服务的重要平台。加强小微企业园建设，是破解资源要素制约、走集约式发展道路的必然选择，是降低小微企业创业成本、促进企业提质增效的有力措施，是完善小微企业生产生活配套、提升公共服务能力的有效载体，是推动小微企业"专精特新"发展、上规升级的有效抓手，是培育发展新动能、实现高质量发展的重要举措。

1. 明确发展总体要求

一是明确发展重点。围绕传统产业改造提升和"低散乱"块状行业整治的需要，加快规划、建设和提升一批制造业和生产性服务业融合发展的小微企业园，促进退散进集、退低进高、产业集群发展。围绕新兴产业发展和"大众创业、万众创新"需要，积极鼓励和推进建设一批科技孵化园和创业创新园，培育发展新动能，促进产业结构优化升级。

二是明确发展目标。到2022年，全省计划建成和提升各类小微企业园超过1200个，创建省级小微企业示范园100个，形成布局合理、配套完善、公共服务全覆盖的小微企业园发展格局。整治"低散乱"企业（作坊）5万家以上，引导推动10万家小微企业入园集聚提升发展。以小微企业园为主要载体，"专精特新"入库培育企业超5万家，培育"小升规"企业1万家以上，打造"隐形冠军"企业1000家，每年新增科技型小微企业6000家以上。

2. 加强规划统筹推进

一是坚持规划引领。按照因地制宜、适度超前、合理布局、分步实施、有序推进的原则，在符合各类法定规划的前提下，由设区市牵头编制小微企业园建设发展五年规划。各地要兼顾新兴产业培育和传统产业改造提升，统筹谋划不同类型的小微企业园建设。提倡"园中园"模式，基本实现小微企业园在产业集聚区、开发区、高新区、工业园区、特色小镇等发展空间的全覆盖。

二是提升建设标准。以生产制造为主的新建小微企业园，占地面积一般不少于50亩或建筑面积在5万平方米以上；其他类型的小微企业园建筑面积一般应在1万平方米以上。鼓励建设垂直工厂、空中园区，提高建筑容积率。园区应配套一定比例的生产服务、行政办公、生活设施用房。非生产性用房在土地使用面积不超过7%的前提下，建筑面积占项目总建筑面积的比例可适当突破15%。

三是鼓励多元模式开发。各地可结合实际引导多元主体开发建设小微企业园，积极探索政府与社会资本合作等新型投资方式。加大政府主导开发建设小微企业园力度，合理控制租售比例和厂房价格。鼓励跨区域合作建设"飞地"模式的小微企业园。优先选择熟悉企业生产经营、具有较强实力的行业龙头企业或专业运营机构开发、建设、运营、管理具有产业特色的小微企业园。

3. 加速企业提升发展

一是加快"低散乱"整治。依法全面整治以"四无"企业为重点的问题企业（作坊），对法律法规明确关停、整改无望或整改后仍不达标的企业（作坊）要坚决依法予以出清。全面推进亩均税收1万元以下小微企业的整治提升,加强对综合评价排位末档、资源利用效率低、综合绩效差、群众反映强烈的企业的整治。对企业整改不力的,要坚决采取差别化用地、用水、用电、排污等资源要素配置政策措施,倒逼企业加快退出或转型转产。

二是严把企业入园标准。小微企业园要有相对明确的产业定位,主导产业的集聚度原则上不低于70%;鼓励产业链上下游企业和服务配套企业入园集聚发展。电镀、印染、模具、印刷等有环境污染的特殊行业应按照同行业标准集中入园。按照"亩均论英雄"要求,合理制定小微企业入园标准,建立入园审核、动态管理和退出机制。"专精特新"、创新型、科技型、成长型小微企业可优先入园。防止"脏乱差"和"四无"企业(作坊)简单搬迁入园。

三是降低企业入园成本。小微企业购买厂房可以选择按揭贷款,鼓励金融机构给予入园企业优惠的贷款成数、利率和期限。各地应在政策允许的范围内减免入园企业的土地使用税和房产税,制定合理的物业维修基金和保修金标准,降低入园企业购置和持有厂房成本。对购置新设备入园的企业,可优先享受技改补助政策。以园区为单位统一开展"区域能评+环评"。鼓励各地对新入园企业3年内给予一定比例的场租、房租等补贴或减免。

四是扶持入园企业成长。加强对入园企业的指导培育工作,通过搭建服务平台,构建服务体系,推进服务入园,引导支持园内小微企业上规升级和"专精特新"发展。各地要制定入园企业培育政策,对入园后首次实现"小升规"的企业,3年内基本养老保险、基本医疗保险单位缴纳部分可享受临时性下浮优惠政策,实缴税款地方财政新增部分按一定比例给予补助或奖励。鼓励引导入园企业做大做强,指导园区内小微企业申报高新技术企业、高技术服务业企业,经认定后,享受有关优惠政策。小微企业服务券和创新券重点面向入驻园区的小微企业发放。

4. 加强园区管理服务

一是建立协同推进机制。建立省小微企业园联席会议制度,负责全省小微企业园建设发展工作的组织领导、统筹规划和政策制定,研究协调重大问题。办公室设在省经信厅,具体负责政策拟定落实、目标任务分解、督查考核及日常工作。有关部门按照职责分工,抓好落实、形成合力。各地也要建立相应的工作机制。

二是完善配套管理制度。开发全省统一的小微企业园管理信息系统,建立小微企业园备案登记、数据报送和定期通报制度,加强运行监测分析。根据"亩均论英雄"要求开展小微企业园绩效评价,按照评价结果类别对园区实行分类分档管理,在资源要素配置上实施差别化措施。鼓励各地适当下调A、B类园区的城镇土地使用税征收标准。允许小微企业园参与电力直接交易试点,新增可用能源消费总量指标予以优先安排。

三是提升管理服务水平。鼓励小微企业园实行专业化运营管理,培育和引进一批专业化运营机构,支持开展连锁运营。把推广智慧园区管理模式、加快园区数字化建设列入信息化项目有关扶持政策。加大公共服务供给,有条件的小微企业园应建立一站式政务服务受理场所,引进专业服务机构为入园企业提供各类生产性服务。加快中小企业公共服务平台网络向小微企业园延伸服务。支持园区运营机构帮助企业"上云",推广应用云应用软件和云服务。

5. 加强资源要素保障

一是加强用地保障。各地要将小微企业园建设用地纳入年度供地计划,及时落实小微企业园的用地指标和项目供地。国有独资性质的企业开发建设小微企业园并以出租方式运营的,其对应的土地可以作价出资方式供应。鼓励工业企业盘活利用旧厂区、旧厂房,通过新建、扩建、翻建多层标准厂房,提高容积率,建设小微企业园。以"亩均论英雄"评价为依据,采取协商收回、鼓励流转、协议置换、"退二优二""退二进三"、收购储备等方式,实施城镇低效用地再开发,重点用于小微企业园建设。省级层面每年统筹安排一定新增建设用地指标,根据各地小微企业园建设和考核情况,给予用地指标奖励。

二是优化资金供给。整合扩大省级中小企业发展专项资金规模,每年安排一定资金奖励小微企业园工作考核优秀的市、县(市、区),重点用于提升小微企业园的运营管理水平和配套公共服务能力。新建小微企业园新增财政收入上缴省财政部分,前3年全额、后2年一半奖励给当地财政。鼓励银行业金融机构加大对小微企业园建设项目和小微企业购置厂房及生产经营的信贷支持。推广"政府+银行+企业+担保合作"的金融服务模式。鼓励金融机构通过园区数字化管理系统,根据企业生产经营信息给予信用授信和贷款。鼓励有实力的小微企业园运营机构为入驻企业提供多元融资服务。

第二节　浙江众创空间发展情况

为贯彻落实《国务院办公厅关于发展众创空间推进大众创新创业的指导意见》》(国办发〔2015〕9号),浙江省政府也制订出台了《浙江省人民政府办公厅关于加快发展众创空间促进创业创新的实施意见》(浙政办发〔2015〕79号)等政策文件,支持众创空间的发展。目前,浙江省众创空间发展迅速,态势良好,为浙江省"大众创业、万众创新"起到了积极的推动作用。

一、浙江众创空间发展现状

(一)规模数量发展较快

根据《浙江省人民政府办公厅关于加快发展众创空间促进创业创新的实施意见》中到2020年培育1000家以上新型创业服务平台的目标要求,近年来,浙江省各地加快众创空间发展步伐,构建了一批专业化、市场化、集成化、网络化的众创空间。截全2016年底,全省已拥有各类孵化器、创新载体约3500余家,通过市级认定的众创空间288家,其中省级众创空间129家,被认定为国家级众创空间的有80家,居全国各省第7位。从空间分布来看,杭州有75家,宁波有53家,占了全省近半壁江山。如图10-1所示。

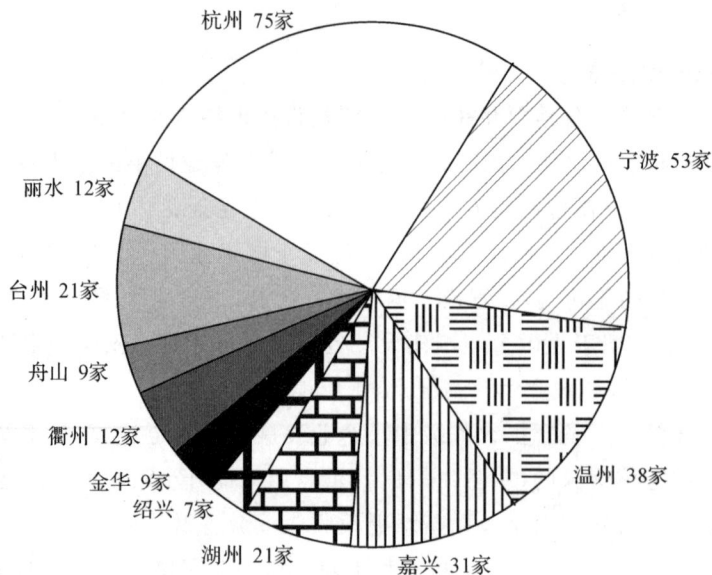

图10-1　浙江各地众创空间(市级认定)分布情况

(二)政策扶持体系不断完善

各市、县也分别细化了扶持政策,形成了较为完善的政策扶持体系。一是通过动态的考核评价对众创空间进行各类税收优惠和补贴。例如入驻杭州梦想小镇的某互联网创业项目,政府在政策供给上做"加法",3年内提供免租金办公场地,给予最高100万元的信贷资金支持。二是通过引进海外人才、鼓励大学生、科研技术人员创业等形式加强创业主体的培育。如省"千人计划"等海外引才计划;鼓励支持事业单位科研人员离岗创业创新,促进科技成果转化。三是通过财政资金引导、完善投融资机制、商事改革、技术支撑等健全社会创业创新服务体系。在审批管理上做"减法",实施"最多跑一次"等各类政务、商事制度改革试验,建立财政跟投基金对各类初创企业进行资金引导。四是通过扶持各类创业创新比赛,支持成立"创客学院",强化创业创新的新闻宣传和舆论引导,共同营造全社会创业创新的文化氛围。

(三)生态链逐步形成

政府加强对"双创"的引导,通过市场化运作为创业提供项目、技术、人才、资金等全方位支撑,打造创业创新的"生态群落"。如浙江大学创建各类创意社团,鼓励和帮助大学生把想象变为现实;鄞州区大学生(青年)创业园构建了创客——创业苗圃——大学生创业——科技孵化的全方位创客服务链;湖州市吴兴区在工业开发区内分别建立众创空间和企业孵化器,依托周边科技产业园和高新物流装备产业平台,实现了创客到企业的无缝对接。各地也形成部分产业特色鲜明的众创空间,如金华依托电子商务特色形成各类电商、微商孵化空间。同时众创空间通过优质的科技成果和先进技术应用推广,带动传统产业的转型升级。桐乡华腾牧业在入驻凤岐茶社众创空间后,经过技术对接和辅导,为传统企业植入互联网基因,将智慧农业感知管理系统引入到传统养殖管理中。

(四)形成多种经营服务模式

两年来,浙江省加快发展众创空间成效明显,百姓创业创新热情高涨,众创空间如雨后春笋,通过聚集融合各种创新创业要素,初步形成了各种多样的经营发展模式。主要有培训辅导型、投资驱动型、媒体驱动型、专业服务型、产业链服务型、综合创业生态体系6种类型:

培训辅导型:以云咖啡、无中生有咖啡为代表。旨在促进创业者和投资人交流对接,为创业者提供创业辅导帮助,特色服务是定期举办各类创业擂台、沙龙活动。

投资驱动型:以资本汇、搜钱网为代表。以"帮项目找资金,帮风投找项目"为宗旨,针对初创企业的资金问题,以资本为核心和纽带,聚集知名风险投资、天使投资、银行等机构。

媒体驱动型:以B座12楼为代表。聚焦于创业公司新闻、投融资信息披露以及行业发展动向,探讨与分享创业创新的经验,利用媒体宣传的优势为企业提供线上线下相结合,包括宣传、信息、投资等各种资源在内的综合性创业服务,旨在加深创业公司、投资机构、创业者的互动交流。

专业服务型:以贝壳社(医疗健康产业)、阿里百川项目基地(移动互联网技术平台)为代表。围绕某一个产业建设并为该产业的创业者提供全方位服务的平台。

产业链服务型:以各类电商空间为代表。为创业创新者提供创业各个阶段所需的宝贵行业资源,包括完善产品和商业模式、资源对接,为创业嫁接整个行业生态资源。

综合创业生态体系:以梦想小镇为代表。以政府扶持为引导,以公司化管理的思路运作,为初创企业提供各项优惠政策、配套服务以及一站式的"保姆服务",提供全要素的创业服务。

二、当前众创空间运营特征分析

为了解全省众创空间发展情况,分析众创空间发展中遇到的困难和问题,本书通过对全省11个设区市65家众创空间和573位创客的调研走访和问卷调查,了解当前众创空间和各类创客的特征。

(一)呈现较好的发展态势

调研的65家众创空间均为2014年后成立。从运营性质来看,属于国有的22家,私营的40家,3家为各类社团组织;从经营模式来看,综合创业生态体系型最多,占56.9%;从入驻企业情况看,65家众创空间当前共入驻企业2359家,员工人数达11940人,入驻创业团队1044个,共计3248人;从场所性质上划分,18家为自有,41家为租赁性质,其他6家为政府免费提供,租期一般在3—10年,最长为20年。从企业孵化的情况来看,累计入驻企业4164家,其中孵化企业1183家,清退企业622家。创客对空间认可度较高。在接受调研的入驻创客中,50.9%对创客空间提供的服务"非常满意",41.4%"比较满意",仅7.7%觉得"一般"或"不太满意"。

(二)基础设施较为完善

各众创空间大多为入驻创客配备了完善的基础设施,营造良好的办公条件并提供优质专业的经营服务。从基础设施来看,65家众创空间总建筑面积为54.3万 m²,其中办公面积约占60%,公共服务面积占约35%,其中多数的空间是将老厂房、旧仓库、存量商务楼宇等资源重新改造而成,对盘活存量资源、降低空间成本具有显著效果。65家众创空间全部配备办公场地、多功能会议室,大多拥有路演厅、网络、咖啡吧等标准化设施,个别空间还提供实验设备,面向所有入驻创客开放,采取部分服务免费部分收费,或者其他非盈利的模式,为创业者提供相对较低成本的成长环境。如图10-2所示。

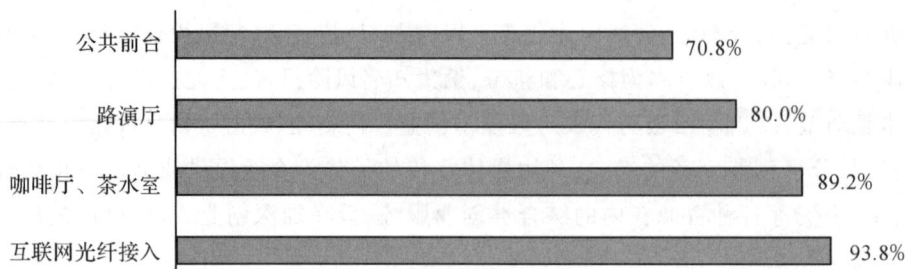

图中数据:
- 公共前台 70.8%
- 路演厅 80.0%
- 咖啡厅、茶水室 89.2%
- 互联网光纤接入 93.8%

图 10-2 空间配备基础设施情况

(三)服务管理水平不断提升

从服务的角度来看,众创空间均配备管理团队与专业人员为创客提供了全方位服务。如图10-3所示。调研走访的65家众创空间平均每家拥有10名管理人员与5.8名专业人员,提供的服务主要分四类:一是基础性服务,包含工商注册、财务法务咨询、人力资源管理、物业服务;二是融资类服务,包含设立各类种子、天使投资基金,与投资机构洽谈对接合作;三是技术服务,包含知识产权申报、专利技术转化、电子信息服务、科技资源对接等;四是市场

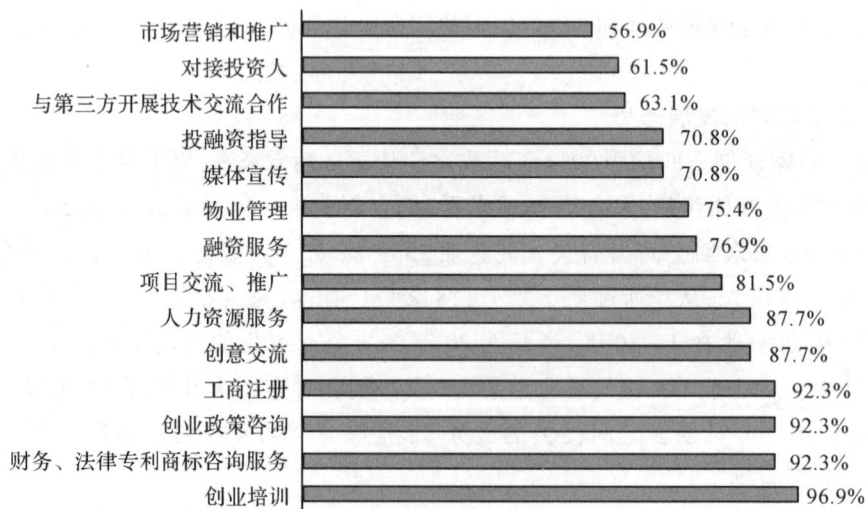

图中数据:
- 市场营销和推广 56.9%
- 对接投资人 61.5%
- 与第三方开展技术交流合作 63.1%
- 投融资指导 70.8%
- 媒体宣传 70.8%
- 物业管理 75.4%
- 融资服务 76.9%
- 项目交流、推广 81.5%
- 人力资源服务 87.7%
- 创意交流 87.7%
- 工商注册 92.3%
- 创业政策咨询 92.3%
- 财务、法律专利商标咨询服务 92.3%
- 创业培训 96.9%

图 10-3 众创空间提供的各类服务

拓展类服务,包含市场营销,项目推广,培训宣传等。一方面,众创空间根据自身空间定位,筛选符合条件的入驻企业及团队,90.6%的众创空间制定了企业入驻条件。另一方面,通过项目考核机制加强管理,61.3%空间制定了企业退出条件。例如德清创客邦制定《运营管理制度》,对入驻的条件、申请、流程、考核、毕业与退出机制做出明确规定,并辅以企业联络员制度、信息报告制度等,动态了解入驻企业和团队的发展情况。

(四)优惠政策覆盖面较广

当前众创空间享受政策奖励的种类较多,总体包括房屋补贴、认定奖励、活动资助、融资支持、资质鼓励、成果激励、项目培育、基金引导和享受设施补助等。空间受惠比重高,调研走访的65家众创空间仅有2家尚未享受任何政策补贴扶持,其中房屋补贴、各种认定奖励、活动资助享受比重较高,分别达60.0%、52.3%和47.7%,空间享受的各类补贴平均为52.2万元。除去众创空间,当前也有部分入驻企业也享受到了政府资金扶持,共有32家空间495家企业(团队)累计获得扶持金额1.97亿元。如图10-4所示。

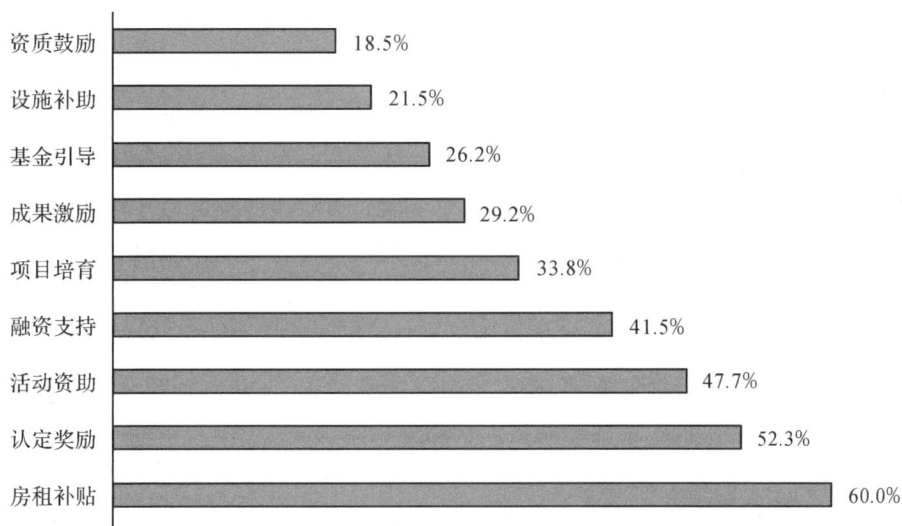

图10-4　众创空间享受的各类奖励优惠

(五)多元投融资服务体系初步建立

财政资金引导、天使投资、私募股权基金、企业债券等多元新型融资方式与众创空间相结合,完善了空间投融资服务体系,有效缓解了初创种子企业资金缺乏的问题。数据显示,入驻企业(项目)累计获取投融资支持的有216家(个),累计金额10.4亿元。其中种子轮投资123家,获得资金0.9亿元;天使轮投资116家,获得资金为5.3亿元;A轮投资30家,获得资金3亿元;B轮投资6家,获得资金1.2亿元。调研发现,不同空间获得的投融资服务存在较大的地域差异,杭州、宁波因人才、信息、资金、资源的优势,获取投融资的数量、规模较大,两市共获得投融资支持的企业数量占全省的65%,融资额度占78.8%。

（六）创客活动与空间提升形成了良性互动

创客是"双创"的核心，随着"双创"环境的日益优化，创客群体不断发展壮大。从年龄结构看：平均年龄30.2岁，年龄集中在25—40岁；从学历结构看：大学本科毕业占79.2%，博士、研究生和高中毕业的分别占3.1%、8.7%和8.9%。从创业类型看：主要是毕业大学生（40.4%）、技术人员创业（18.1%）、公司高管离职创业（14.8%）。调查显示，创客认可当前创业环境。在"大众创业、万众创新"相关政策出台后，创客认为创业创新环境方面变化比较明显的是想创业的人增多、政策扶持增强、服务平台增多和起步门槛变低，分别占56.8%、54.5%、51.4%和50.5%。同时创客也非常认同空间运作中合作和分享的机制。调查数据显示，创客活动中引入了合作机制的占73.9%，愿意将成果免费分享的占34.3%，有偿分享的占56.6%。

三、当前空间需关注的五个问题

（一）盈利模式还不成熟，区域发展不平衡

从调研情况来看，目前大多众创空间处于亏损状态，收入基本上只能维持空间的基本运转，甚至入不敷出。65家众创空间中仅有8家盈利，12家收支平，45家亏损。被调研空间总收入8425万元，其中服务收入3211万元，占38.1%；获得财政补贴2636万元，占总收入的31.3%；房租和物业收入1508万元，占17.9%。总成本11202万元，亏损额达2777万元。总体来说，目前浙江众创空间仍处于起步阶段，自身"造血"功能和创收能力还不强。调查显示，65家众创空间除去政府补贴外的盈利方式主要有3种，一是作为空间基础性收入的场地、物业租金。为鼓励和吸引优质的创客团队入驻，目前大多空间里的工位（办公室）都向入驻创客免租或只收取能耗费，所以租金收入很少；二是为有需要的进驻企业和创客提供宣传推广、融资、培训辅导、代售等增值服务，收取相应的服务费；三是对有好项目的入驻企业进行参股投资，这类投资回报需求较为明显。杭州作为省会城市，在人才、信息、资金、资源等方面有决定性优势，众创空间发展活跃，供不应求；省内其他城市则显得创新能力不足、创业氛围不浓，众创空间层次较低，尤其是民营众创空间，运营较为困难。在众创空间这个生态系统里，足够多数量的优秀人才、优质创业项目和投资资源是一个相互促进，相辅相成的状态。而目前特别是中小城市优秀人才都前往大城市寻求发展，出现了创客体量减少、项目引进困难、没有资金配套服务、孵化成功率低的恶性循环。

（二）空间服务同质化，专业化不足

1. 服务同质化

当前众创空间扩张速度过快，管理团队水平和专业服务亦难以匹配，出现服务同质化问题。首先除物理空间提供外，大部分众创空间以提供综合基础服务为主，即工商注册、法务咨询、财务咨询等，具有很强的可替代性，缺乏经营上的亮点。从众创空间运营者的角度来说，需要有创业服务经验、相关行业资源和资本支持，同时需要具备很强的资源整合能力，当前多数运营者并不具备相关资质，对空间发展不利。调研中有空间负责人反映，当前众创空

间的准入门槛低,且有国家扶持政策,不少众创空间是为获得政策性优惠补贴而来,影响众创空间的整体质量。

2. 专业化不足

一是产业对接有待加强。从调研的情况来看,面向当地特色产业、龙头企业、工业设计等专业化的众创空间偏少;在入驻项目上,大多集中在"互联网+"、文化创意领域,与实体经济紧密结合、针对行业共性技术、细分领域开展创新,以及促进产业转型升级的专业性项目较少,同质化、低端化现象较为明显,制约众创空间整体层次的提升。二是缺乏专业实验室和技术服务平台。众创空间相比科技企业孵化器、大学科技园和专业科研机构,在技术创新基础条件上较为局限。大多空间难以配置专业化的实验室或检测类的公共服务平台资源,在获得、使用专业机构设备时仍存在制度限制。如大学科技园孵化器可以利用本校资源,与学校实验室、分析测试中心等开展合作,与学校图书馆合作,建立文献检索室,为企业提供科技情报数据库等资源。但对于体制外的孵化机构,受体制机制的制约,入驻其空间的创客群体还难以享受到均等化的公共技术研发服务等支持。

(三)交流合作稍欠充分,资源共享有待加强

众创空间的核心价值包含合作与共享,但目前空间、创客、资本还无法实现有效的资源共享。一是众创空间交流合作流于表面。多数空间之间会不定期地举行活动,但仅限于推荐不适合自身空间项目,合作形式仅仅是一起参加路演,基本不合作项目,跨区域的合作交流几乎没有,缺乏互补、共赢的有效机制。二是不同背景的众创空间交流对接少。依托政府高校背景的众创空间往往不缺项目、人才、科技创造,更偏向于公益,但受制度影响空间运行受限较多;私营性质的众创空间一般市场敏锐度更高,调研中大多空间表示不知道该通过何种方式、渠道达成合作。三是创客创业交流并不容易。有的众创空间在初期创客筛选的时候没有针对行业领域进行细分,造成创客间存在竞争关系或是创客产品分属不同领域,相关性不强,缺乏沟通交流的基础。

(四)考核指标粗放,政策认定落地需加强

1. 考核指标粗放

当前众创空间短时期内骤增,未来5年各省市计划建设更多的众创空间,创新需要时间积淀,表面的数字增长并不能反映真正的市场需求,要防止创业市场出现泡沫化倾向。在空间考核上,在当地硬性指标的指挥下,政府部门存在过度数字化倾向,过于注重数量、面积、人数等硬件指标,导致为套取优惠政策而出现一些空间本身成长性差、功能性不足、不具备发展潜力、实质上难以服务创新创业的发展空间。同时,各级各部门种类繁多、标准不一的考核标准、数据统计等工作,也增加了空间与创客的负担。

2. 政策认定落地需加强

数据显示,政策供给与实际需求存在距离(49.2%)、优惠政策门槛高、普惠性差(49.2%)、优惠政策宣传不到位(46.2%)是影响政府发展众创空间、促进"大众创业、万众创新"政策实施的三大因素。主要体现为:一是当前各级政府都出台各类空间补助政策,但各级认定标准各有不同,导致众创空间对政策的理解存在差异。二是政策的落地需要加强。调研发现,部分地区的空间奖励补助资金超过半年仍未到位;部分地区的空间内工位由于政府部门间工作衔接不足导致无法完成工商注册;政府推行的"创新券"政策因范围受限影响使用。三是需要进一步加强关于众创空间、创客方面的政策的宣传力度,提高政府部门服务的主动性。

(五)创客当前最迫切的需求是"资金、指导"

调查显示,"资金不足、缺乏专业的指导"是当前创客所面临最大的困难。首先,初创企业(项目)多资金紧张,加上项目获利需要周期,短时间内无法为其带来收益,银行、担保等传统金融资本对创新项目的技术以及应用前景不了解,很难对创新的风险进行评估,出于风险控制和收益回报的考虑,一般不愿意对此进行贷款支持。在投融资方面,多数中小城市发展滞后,可供初创企业选择对接的渠道较少。在扶持政策上,针对众创空间的较多,针对初创企业的较少。其次,创客们空有热情,缺乏经验,不少项目空有想法,没有明确的盈利和运营规划,同时大多创客更关注项目、技术,对如何对接市场客户、建立企业、团队管理等方面并不精通,需要专业指导。如图10-5所示。

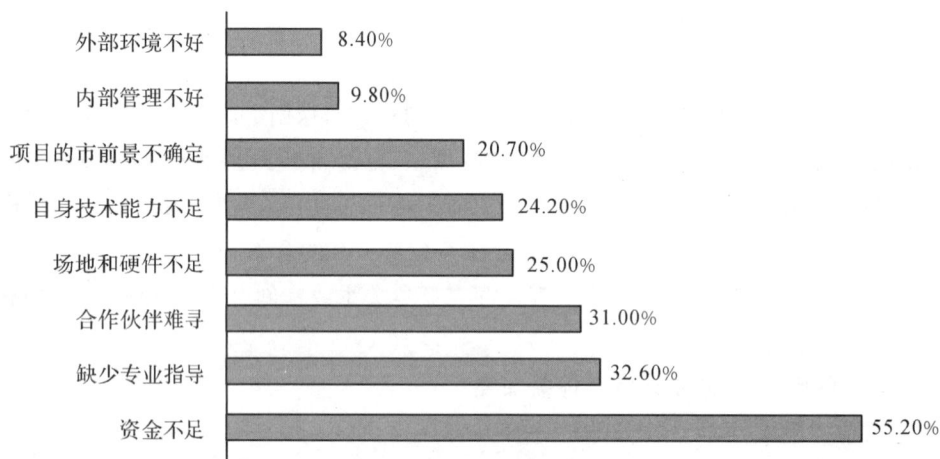

困难	百分比
外部环境不好	8.40%
内部管理不好	9.80%
项目的市前景不确定	20.70%
自身技术能力不足	24.20%
场地和硬件不足	25.00%
合作伙伴难寻	31.00%
缺少专业指导	32.60%
资金不足	55.20%

图10-5　创客当前创业面临的困难

四、完善众创空间建设的对策建议

(一)引导空间分类发展,优化空间评价体系

众创空间建设应体现市场需求,成长性较差、功能性较低的众创空间,难以从实质上促进创新创业的发展。政府要通过规划引领,推进各地按照资源禀赋、产业特色、创新氛围等特点,差异化布局不同类型的众创空间,推进众创空间互补良性发展。对于中小城市,由于人才、资金、信息等资源缺乏,众创空间应坚持公益性的方向,更多发挥政府的扶持作用,加强对众创空间发展的规模管理,根据地区创业的实际需要,合理确定众创空间建设数量和规模,引导众创空间充分利用和发挥好资源优势,集中投入,提高孵化运行绩效。在空间考核评价中,要轻众创空间自身特征和经济效益等硬性指标,注重空间的孵化能力效率、创新活动频率、管理能力、资源整合能力等软性指标,进一步理顺和完善各级各类资金奖励、考核评价、投融资机制、税收减免、商事改革、主体培育、技术支撑、创新文化等方面的管理制度和政策扶持体系,形成上下标准一致、部门分工协作、制度公开透明、流程清晰简便的管理体系。

(二)积极推进专业化空间发展

专业化是众创空间实现可持续、精细化、差异化发展的重要途径,要积极引导众创空间结合自身优势,努力推进服务能力、团队运营、配套支持等各方面的专业化发展。一是服务能力的专业化。如针对本地区产业需求和行业共性技术难点,鼓励在重点产业的细分领域建设众创空间;鼓励龙头骨干企业围绕主营业务方向建设众创空间,形成以龙头骨干企业为核心、高校院所积极参与、辐射带动中小微企业成长发展的产业创新生态群落;鼓励科研院所、高校发挥科研设施、专业团队、技术积累等优势,围绕优势专业领域建设众创空间。二是运营团队的专业化。加大对运营团队培训、交流和指导,积极引进外地管理专业、经验丰富、模式成熟的高端众创空间运营团队,带动提升众创空间整体运营水平。三是配套支持专业化,引导大学、科研院所、产业园区对外开放各类实验室、技术研发平台、公共服务平台。支持众创空间自行建立工业设计、模型加工、检测检验、产品推广等专业化的公共服务平台。

(三)鼓励众创空间的联盟、投资和并购

积极引导组建众创空间联盟,加强交流联系,推动空间、创业企业和团队互助互利、资源互补。积极鼓励众创空间之间的投资和并购,集中优势资源。实现线上与线下、孵化与投资结合,建立众创空间、孵化器、加速器和产业园区协同发展机制;建立包括创业培训、专家评审、融资担保等多种资源在内的协同推进机制;推进创业创新教育、实践和活动的有机结合。同时要提高空间技术服务人员整体素质,当前从事创业孵化服务,具有一定的复杂性,只有具备相关领域知识和技能积累以及创新能力、协调能力的人参与到空间的运营团队中来,才能更好地完善众创空间的服务功能,提高企业孵化的成功率。鼓励各众创空间围绕前沿技术研究领域,从技术需求分析与价值评估、技术并购、知识产权运营等业务方面加大对技术转移转化人才的培养力度,更精准地为企业服务。

(四)完善"双创"引导基金体系,健全投融资体系

针对创业团队反映的政府资金"远水解不了近渴"的问题,一是要进一步简化申报流程,缩短申报和资金到位的周期;二是应设立众创空间发展专项资金,完善"双创"引导基金体系建立。通过引导基金撬动社会资本进入"双创"领域,缓解种子期、初创期的企业因缺乏有效资产抵押,难以获得投资的"痛点",委托市场机构按照国家发展战略重点,支持新技术、新业态的发展,充分发挥财政资金杠杆作用。同时通过贷款贴息、设立风险池等方式建立风险补偿鼓励社会资本、风投机构加大项目投融资服务,加强与银企平台的合作,健全投融资体系。

(五)加大宣传引导,营造大众创业创新良好氛围

一是加大对众创空间建设的经验引导。对梦想小镇等示范工程和某创客品牌,总结其

成功运营的模式、经验、生态链及政府的有效支持政策,有规划地进行推广。二是要加强众创空间整体宣传推介。通过各类宣传平台对众创空间、"双创"政策等进行宣传,提高其社会知名度、影响力和吸引力,举办各类创新创业大赛、创业讲堂、创业训练营等多种形式的创业创新活动,吸引更多人投身创新创业大潮。三是加强政策解读,通过培训、考察、交流等方式,在各大创新创业孵化平台中普及众创空间(孵化器)相关专业知识。协调政府科技、经信、发改、人社等各部门产业政策,有效集成各类产业扶持政策对众创空间中创业团队及企业的支持。

第三节 浙江中小企业公共服务平台发展情况

浙江省中小企业公共服务平台是联结政府、企业和服务机构,加强企业公共服务和推动企业高质量发展的重要载体。2011年,浙江省在全国率先建立省级中小企业公共服务平台网络。目前,浙江省中小企业公共服务平台网络已形成以1个省枢纽服务平台为中心、10个设区市综合服务平台和50个产业集群(县、市、区)窗口服务平台为支撑的网络架构,汇集了全省优质服务机构和资源,覆盖了全省绝大多数重点产业集群,成为具有产业特色和地区适应性的中小企业公共服务体系,在推动传统产业转型升级、培育发展新动能方面发挥了重要作用。

一、浙江省中小企业公共服务平台发展成效明显

近年来,浙江省深入实施创新驱动发展战略,省中小企业公共服务平台不断扩充网络节点,集聚区域优质服务资源,撬动地区企业转型成长。截至2017年底,省中小企业公共服务平台全网累计注册企业达45.44万家,比上年增长34.6%,其中活跃企业数约占两成;全网络累计注册机构和服务产品分别达8840家和20962项,较上年分别增长16.5%和15.8%;累计服务企业631.31万家(次),增速高达34.4%。

(一)建立了协同联动的公共服务网络

为有效统筹全省各类服务机构和资源,省中小企业公共服务平台采用社会参与、上下联动的网络架构方案。通过将服务触角延伸至园区、产业集群、创业基地,基本实现与产业发展紧密嵌合的建设模式。

纵向来看,省中小企业公共服务平台建立了省市县三级联动、协同共享、统一标准的层级架构:统一标准建设,确保平台互联互通和资源整合;可扩展性设计,保证平台纵向社区化发展的伸缩能力;非行政化平台运作,兼顾综合平台、产业集群之间的包容覆盖和数据隔离。

横向来看,省中小企业公共服务平台运营形式灵活,如表10-1所示,大致可划分为政府扶持型、企业集合型、龙头带动型、校企合作型和中介服务型等类型。虽然组织形式有所不同,但都着眼于区域内同行业企业,注重把握产业集群的共性需求,实现与块状经济的深度契合,充分发挥产业创新支撑作用。

表10-1 浙江省中小企业公共服务平台组织形式

运营类型	代表性平台	运营机构	运营机构具体组成
政府扶持型	萧山纺织产业集群窗口平台	杭州萧山工业研究院有限公司	由中科院计算所与萧山区政府共同建设
企业集合型	余杭家纺产业集群窗口平台	余杭家纺产业发展有限公司	由30余家家纺布艺企业和全国主要渠道商联合投资成立
龙头带动型	诸暨富润纺织产业集群窗口平台	浙江富润科创商务服务中心有限公司	浙江富润股份有限公司的子公司
校企合作型	绍兴纺织产业集群窗口平台	浙江省现代纺织工业研究院	由绍兴轻纺科技中心、浙江理工大学、浙江大学和东华大学共同组建
中介服务型	海宁马桥经编产业集群	海宁易迅信息科技有限公司	中介公司

（二）集聚了一批优质的企业服务资源

浙江省中小企业公共服务平台的建设旨在通过搭建平台,设置遴选标准,集聚省内外优质服务机构、服务产品。例如,省服务平台通过接驳浙江政务服务网,打通涉企服务资源,助力"最多跑一次"行动;通过共享数据资源中心建设,打造创业、咨询导师库,法律、金融机构库,创业项目库,媒体资源库等数据信息集合,实现了高端资源实时读取和零门槛共享。萧山纺织产业集群窗口平台依托萧山工业研究院,积极开展中科院"普惠计划"专利共享池的推进对接工作,为中小企业提供基础、前沿技术源,解决企业技术需求,搭建起产研精准合作的平台。余杭家纺产业集群窗口平台通过与高校合作共建布艺学院、布艺技术与产品创新研究院等载体,在集群内设置"意大利之窗"展厅,实现高端设计资源点对点对接。要素资源通过平台化的开放互通,展现出显著的技术和经济外溢效应。

（三）提供了各类因企因地制宜的服务

通过植根块状经济和产业集群,省中小企业公共服务平台广泛收集和读取同行业企业技术进步、产品升级、品牌营销等创新需求,适时适情开展各类创新服务,形成各具特色的服务模式。一是以绍兴纺织产业集群为代表的"链条式"服务,包括"方案设计—技术研发—产品中试—批量生产—技术服务"等生产全过程。二是以永康五金产业集群、萧山纺织产业集群为代表的"握手式"服务,与国内外知名高校、科研院所合作交流、招才引智、协同攻关。三是以义乌市中小企业公共服务平台为代表的"桥梁式"服务,常态化搭建管理专题沙龙、工业设计展览、产品发布展会等耦合供需的平台。四是以富润纺织产业集群等为代表的"共享式"服务,与企业广泛分享产业智囊、技术标准、金融渠道、品牌字号等重要资源。通过门户网站申请、96871呼叫渠道、企业服务日活动等线上线下服务渠道,实现服务机构与企业需求、供给侧和需求侧无缝接合,社会资源得以向需求方快速补给。

(四)开展了一批有影响力的品牌活动

省中小企业公共服务平台在制度化、常态化提供企业发展所需信息、资源的同时,也注重服务内容的整合打包,形成品牌活动。在省级层面,省枢纽服务平台借力"浙江好项目"双创大赛,自下而上发动创新力量,在为创业创新团队提供展示平台、学习标杆的同时,也为致力于成为"瞪羚""独角兽"的企业提供业务对接机会。在市、产业集群层面,各地平台依托区域产业优势,搭建延续性好、覆盖面广、普惠性高的展销平台,通过协助承办国际小商品博览会、国际袜业博览会、中国五金博览会等特色鲜明、关注度高的品牌展会,贯穿工业设计大赛、项目洽谈会等活动,实现市场供需对接,提升行业产品势能,形成区域品牌粘性。

二、浙江省中小企业公共服务平台存在的发展问题

(一)平台定位重叠,公共服务缺乏共享

浙江省中小企业服务市场扩容迅猛,中小企业服务需求的深度和广度不断增加,不同部门也相继建立了面向企业类公共服务平台。但各个服务平台之间的服务功能及范围产生了部分重叠,造成了同质化竞争现象。浙江省各地各级政府以重大科技项目、科技三项费用、服务资金等方式投入形成了企业服务平台、企业孵化器、创业中心及科技研发实验设施设备等公共服务平台,这些服务平台之间互联互通不够,信息数据缺乏共享,服务模式对接不充分,造成利用效率差、重复建设等问题,无法形成聚集优势。

(二)平台的认知不同,平台运营状况不均衡

从全省角度范围来看,市、县/产业集群窗口平台运营进度和层次差别较大。由于各地方政府对于平台网络建设运营的认知不同,部分地方政府减少对已经建成的平台投入,导致平台运作积极性不高;同时,也有部分地方政府认识到了推进公共服务体系的重要性,积极开展新建公共服务平台工作,加大对平台网络建设运营的投入。从县(市、区)来看,部分县级窗口平台仍处在建设运营初级阶段,特色服务不够突出,服务能力还有待提升,各地平台的发展并不平衡。

(三)自身造血能力不足,运营机制需要完善

公共服务平台网络中的许多平台在建设和运营的过程中,市场化程度不高,自身造血机制尚未形成,造血能力不足。《中华人民共和国中小企业促进法》中关于中小企业公共服务体系的相关要求还需要进一步深化落实。运营机制有待进一步完善。政府引导、企业主体、社会参与的运营机制尚未完全建立,公益性与市场化相结合的发展模式尚未发展成熟。

三、浙江省中小企业公共服务平台发展定位的探讨

浙江省中小企业公共服务平台发展要以数字化、网络化的产业和企业创新综合服务为目标,坚持政府引导、企业主体,加强高校、科研院所、行业协会及专业机构协同参与,为中小企业高质量发展提供全链条服务。

(一)注重公益性和市场化相结合

公益性是省中小企业公共服务平台的根本属性,市场化是省中小企业公共服务平台实现可持续发展的内在需要和必然要求,这就需要找准公益性和市场化之间的平衡点,实现公益性和市场化的有机结合。公益性,就是要围绕全省经济和信息化发展的重点,以企业共性需求为导向,开展公益性活动,实施涉企综合服务;提供公益性产品,开发设计精准服务内容;实现公益性收费,不增加企业负担。市场化,就是要在坚持公益性的前提下,增强市场拓展能力,做好增值服务管理,引导公益性服务和增值性服务协同有序发展,建立以公益性为导向的市场化运作方式和盈利模式,提高平台网络的自我造血功能。

(二)注重权利和责任相结合

省中小企业公共服务平台的运行应以确保平稳和有序为前提,这需要厘清管理主体和运作主体之间的权责,清晰界限分工,以充分发挥政府主导和企业主体相结合的机制优势。就管理主体而言,应强化主体责任,加强统筹谋划,明确职责分工,切实做好牵头抓总。既要加强制度建设,实现平台建设管理的规范化,又要加强业务指导,帮助解决平台运营难点问题,还要加强资产管理和风险把控,确保国有资产保值增值。就运营主体而言,应积极创新发展模式,努力搭建功能健全、业态融合的产业生态服务体系,形成可持续发展能力。一方面要积极配合管理主体,开展涉企公共服务,发挥公共服务功能,另一方面要推动线上对接和线下服务相结合,提供一站式服务,提升企业的体验感和获得感,增强平台网络的服务粘性和用户粘性。

(三)注重横向拓展和纵向延伸相结合

未来是融合发展的时代,也是以数字化、信息化、智能化为重要特征的平台经济发展时代。省中小企业公共服务平台的发展,应顺应融合发展大势,努力打破信息孤岛,有效整合各方资源,逐步拓展发展领域,增强综合支撑能力。在服务对象上,探索从以中小企业为主向以中小企业为重点的所有企业覆盖;在服务内容上,探索从以社会化服务为主向以社会化服务和政务性服务相结合并重,努力打造全省涉企综合服务大平台。从横向拓展来看,应站位高质量发展,以"最多跑一次"的要求,加强与相关涉企部门和单位、社会中介服务机构的联系,探索推进信息共享和资源互通,实现优势互补,增强综合服务能力。从纵向拓展来看,应扩大省中小企业公共服务平台的覆盖范围,扫除布局盲点,实现省市县三级全覆盖。同时,进一步推进工业大镇、块状经济、现代产业集群以及各类产业园区、创客空间等的布点覆盖。

(四)注重试点示范和面上发展相结合

当前,浙江省中小企业公共服务平台建设已走在全国前列,可进一步总结先进经验和模式,形成示范效应,加快面上推广,由点及面加快推进全省中小企业公共服务平台发展。一方面,要更加注重试点示范,总结一批产品创新、服务创新、管理创新、运营创新的典型案例,形成一批可复制、可推广的创新模式和先进经验,开展一批发展特色鲜明、社会效益较好、经营业绩优良的平台试点,打造一批推动高质量发展、企业认可度高、服务能力强的示范平台。

另一方面,要利用"互联网+"的力量,加大宣传推广力度,积极输出浙江经验,打造浙江样板。

四、促进浙江省中小企业公共服务平台发展的建议

(一)进一步完善指导机制

优化管理主体和经营主体的权责界限,完善省中小企业公共服务平台管理办法,进一步加强对省中小企业公共服务平台建设、运营和发展总体规划的指导和日常监督管理,加强省中小企业公共服务平台的规范化发展,在确保支撑服务全省企业高质量发展的前提下,实现公益性和市场化协同发展。

(二)进一步完善考核机制

以企业服务大数据为主要依据,建立覆盖经济效益和社会效益的省中小企业公共服务平台考核制度。同时,建立入驻省中小企业公共服务平台服务机构的综合评价机制和优胜劣汰机制,实现服务机构的动态管理、有序进退、滚动发展,以适应企业高质量发展的服务需要。

(三)加快建立交流机制

加强信息沟通交流,建立信息报送制度,定期检查省中小企业公共服务平台的政策落实情况和工作推进情况。加强企业服务的大数据分析,定期形成省中小企业公共服务平台运行监测数据分析报告,增强决策参谋助手作用。

(四)加快完善治理机制

坚持专业化管理、平台化运营、市场化拓展,鼓励省中小企业公共服务平台运营机构采取股份制、理事会、会员制等多元组织形式,增强运营机构发展的规范性和灵活性。加快产业链和服务链深度融合,成立企业发展服务联盟,围绕重点区域、重点产业、重点企业,开发有深度、有特色的个性化服务,提高精准服务能力。

(五)加快探索信息共享机制

努力打破信息孤岛,主动加强与省内外企业发展服务平台的合作对接,重点围绕浙江省涉企的重点方向和工作,加强与有关涉企服务平台的信息对接和交流,整合信息资源,努力提高数据资源和服务资源的配置使用效率,减少服务资源的低配和错配。

(六)加快建立资源集聚机制

用多种方式吸引更多的优质中介服务机构、行业协会、科研院所等落户省中小企业公共服务平台,共同参与省中小企业公共服务平台的运营方式创新,开展功能更强、效果更好的服务活动。加强对外合作,集聚或共建各类企业技术中心、研发中心、设计平台等提升企业高质量发展的创新载体,提升中小企业公共服务平台的创新支撑能力。

(七)加大资金支持力度

充分发挥各级财政专项资金的作用,加强财政资金对省中小企业公共服务平台公益性服务活动的支持力度。健全政府购买公共服务的机制,大力推广企业服务券模式,加快探索政府委托中小企业公共服务平台为产业和企业提供精准优质服务的发展模式。

第十一章
浙江中小企业生存环境情况

　　本章主要介绍了浙江省中小微企业在生产、经营成本等方面的问题研究。近年来,企业用工成本、原材料成本、融资成本、税费负担等问题突出,浙江省委、省政府连续出台了4份企业减负降成本政策文件,缓解企业负担,着力改善企业发展环境。通过提升企业创新能力、健全小微企业融资担保体系、加强政策宣传和落实,进一步提高小微企业生存能力。

第一节　浙江小微工业企业降成本问题研究

　　为了全面了解浙江小微工业企业生产经营成本现状,本文对全省165家小微工业企业进行深入调研,并结合近年来规模以下工业企业抽样调查相关数据,了解企业成本构成、变化趋势及降成本相关政策的施行效果,分析存在的问题,并从税费政策、技术支撑、金融扶持、内部管理、行业协会等方面提出对策与建议。

一、浙江小微工业企业的成本构成、变化趋势及原因

　　小微工业企业成本的构成主要包括原材料、税费、用工、用能、融资、用地、物流、外贸、制度性交易等方面的成本。通过对近年全省规模以下工业抽样调查数据分析,当前浙江小微工业企业的成本构成和变动具有以下特点。

　　(一)企业成本压力整体呈逐年递增态势,劳动密集型企业成本高于平均水平

　　据调查,2012-2016年,浙江规模以下工业企业的主营业务成本占主营业务收入分别为80.6%、82.1%、82.2%、84.1%、85.3%,占比均在80%以上,且呈现逐年递增的态势,成本挤压企业利润。2016年,浙江规模以下工业企业主营业务利润率仅为2.4%,比2012年下降1.9%。

　　如表11-1所示,分行业来看,纺织业,纺织服装、服饰业,皮革、毛皮、羽毛及其制品和制鞋业三大行业属于加工制造等劳动力密集型行业,受原材料成本和人工工资逐年攀升的影响,2012-2016年该三大行业的主营业务成本占主营业务收入的比例均高于全省平均水平。专用设备制造业、汽车制造业这两大行业有一定的技术性,产品附加值相对其他行业要高一些,2012-2016年该两大行业的主营业务成本占主营业务收入的比重低于全省平均水平。

表 11-1　浙江规模以下工业前十大行业主营业务成本占主营业务收入比重情况

（单元：%）

行　　业	2012年	2013年	2014年	2015年	2016年
总　　体	80.6	82.1	82.2	84.1	85.3
通用设备制造业	79.2	80.4	80.0	83.5	85.3
纺织业	83.8	84.9	85.4	87.3	88.8
橡胶和塑料制品业	82.6	85.6	82.4	85.8	85.8
纺织服装、服饰业	80.4	82.5	83.5	84.6	86.8
专用设备制造业	79.0	83.2	81.0	82.5	82.9
电气机械和器材制造业	82.3	82.2	84.4	84.5	85.4
金属制品业	79.2	81.6	80.7	83.8	84.8
文教、工美、体育和娱乐用品制造业	77.6	79.6	79.7	82.4	81.5
汽车制造业	78.8	81.4	83.5	82.9	83.1
皮革、毛皮、羽毛及其制品和制鞋业	83.7	85.9	83.2	85.7	86.0

（二）原材料价格上涨明显，工业生产者价格呈"高进低出"运行态势

调研中，有65.5%和63.6%的企业将原材料成本作为"当前感觉压力最大的成本"和"最迫切希望降低的成本"。据数据显示，2017年上半年浙江工业生产者出厂价格指数（PPI）为104.4，平均购进价格指数（IPI）为110.1，购进价格指数高于出厂价格指数5.7%，呈"高进低出"运行态势。自2016年10月以来，浙江IPI已连续9个月高于PPI，且分化程度较大，其中2017年3月达6.7%。如图11-1所示。

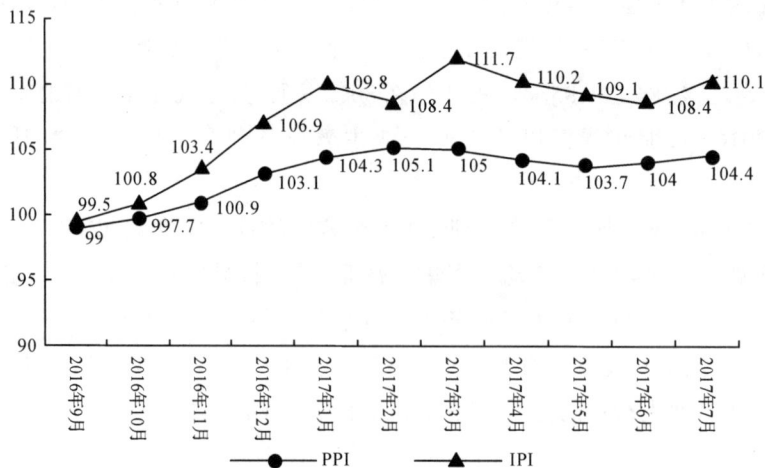

图 11-1　2016年9月以来浙江PPI和IPI分化情况

从调研情况看,2016年,钢铁、能源、有色金属、橡胶等大宗商品价格大幅震荡,给小微工业企业生产经营带来较大的影响。首先,企业直接材料费快速增长。据宁波市某紧固件生产企业反映,2016年,每吨合金钢的价格从年初的3000元涨到年底的3500元,涨幅高达16.7%,严重影响企业利润。另外,企业间接制造费用增加明显。衢州龙游某包装材料有限公司表示,企业包装纸箱价格由原来的4元/只上涨到8元/只,包装成本上涨了100%,导致生产成本增加。

（三）用工成本逐年上升,社会平均工资和社保缴费同步上涨

调查数据显示,2012-2016年,浙江规模以下工业企业人均职工月薪酬从2212.10元涨至3034.60元,年均增长8.2%,企业职工薪酬占主营业务收入比重累计提高2.9%,如图11-2所示。另据问卷调查结果,有81.2%和70.3%的企业将用工成本视为"当前感觉压力最大的成本"和"最迫切希望降低的成本"。

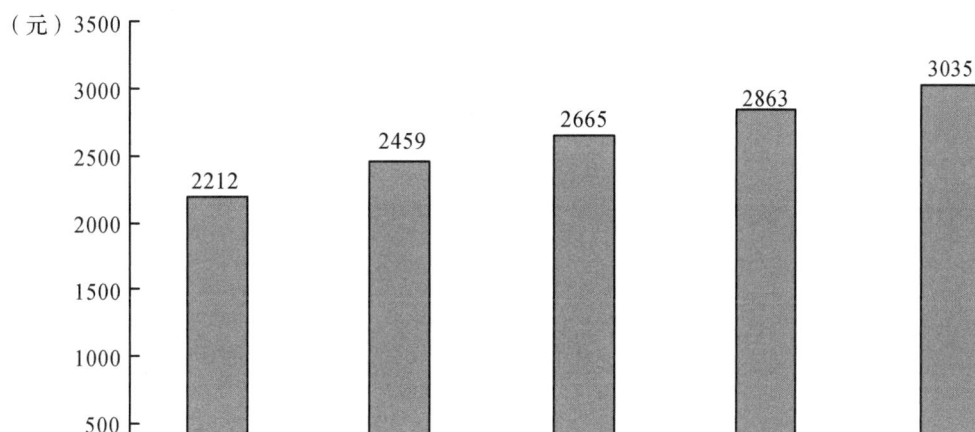

图11-2　2012-2016年浙江规模以下工业企业人均月薪酬情况

1. 社会平均工资水平普遍上涨

2015年11月,浙江省调整最低工资标准,全省一、二、三、四类地区月最低工资标准分别为1860元、1660元、1530元和1380元,比调整前增长12.7%、12.9%、13.3%和13.1%。据宁波市某工具有限公司反映,随着社会平均工资水平普遍上涨,企业职工月薪酬年均涨幅在10%以上,该企业普工每月薪酬达到4000元左右,高级技术工人每月薪酬高达8000元。

2. 社会保险缴费基数逐年上涨

小微工业企业以劳动密集型企业为主,随着近年平均工资的增长,企业社保缴费基数水涨船高,加之浙江社保缴费强制性全覆盖,企业社会保险缴费逐年上涨。据浙江某特种变压器有限公司测算,该企业为员工缴纳的"五险一金"总费用占工资总额的22.9%。

（四）税收优惠政策有效减轻小微工业企业税费负担

近年来,政府为减轻企业税费负担,出台了一系列小微企业税收优惠政策,包括全面实施"营改增",简化增值税税率结构,取消13%这一档税率;扩大享受企业所得税优惠的小型微利企业范围,将小型微利企业年应纳税所得额年营收上限从30万元提高到50万元;提高科技型中小企业研发费用税前加计扣除比例,由50%提高至75%等。受政策利好因素影响,浙江小微工业企业税费负担有所减轻。

1. 企业对税收优惠政策的感受度有所提高

据调研,165家小微工业企业2016年的平均税费占企业营业成本的5.0%,认为当前政府出台的降成本相关政策和措施对企业作用最为明显的是税费政策,认同率为29.7%。据2017年上半年抽样调查问卷显示,浙江自2016年以来出台一系列政府税收优惠政策实施后,享受到优惠政策的企业占比已经从2016年1月的38.2%提高到2017年年初的55.0%,如图11-3所示。

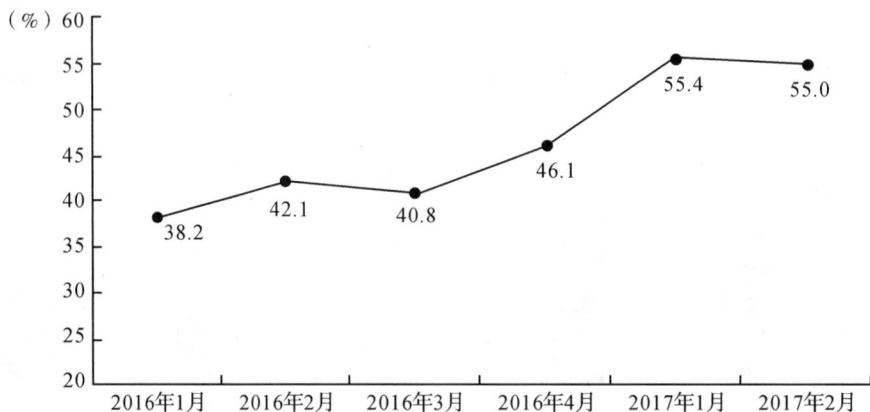

图11-3　2016-2017年浙江省规模以下工业企业享受税收优惠情况

2. 企业非税缴费压力有所减小

非税费用包括社保缴费、水利建设基金、地方教育费附加、教育费附加、排污费等十几项收费。随着浙江省非税缴费项目的逐步规范,企业成本支出有所减少。一方面,2016年11月1日起,暂停征收地方水利建设基金。另一方面,企业失业保险费支出减少。据台州调研,企业失业保险费率由2%下降到0.5%,平均每家企业节省社保支出0.64万元,规模较大、用工较多的企业感受更为明显。

（五）银行贷款利率逐年下降,融资成本呈下降趋势

小微工业企业融资的方式主要是银行贷款、民间借贷、直接融资。2012-2015年,人民银行共计8次下调人民币贷款基准利率。2016年12月,浙江省政府在《关于进一步减轻企业负担降低企业成本的若干意见》中提出,"鼓励银行业金融机构加大与政策性融资担保机构的合作力度,对政策性融资担保机构担保的小微企业贷款,利率尽量不上浮或少上浮,担保收费原则上不超过1.5%"。调查数据显示,全省小微工业企业银行贷款利率逐年下降,民间

借款利率也得到有效控制,如图11-4所示。融资利率下降,减轻了企业融资成本。2014-2016年,165家调研企业的综合平均利息支出占借贷款的比重分别为6.9%、6.6%、6.1%,呈现逐年下降趋势。

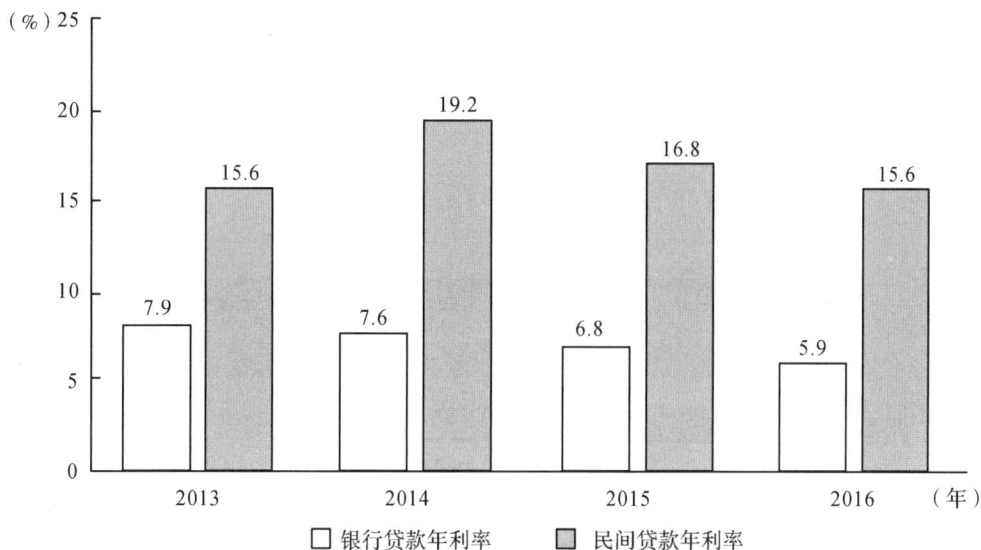

图 11-4　2012-2016年浙江规模以下工业企业融资利率情况

(六)物流费用负担较轻,能耗成本逐年降低

浙江小微工业企业物流费用负担较轻。从调研企业的数据来看,让企业感觉压力最大的成本项调查中,物流成本的认同率为13.9%,不足两成,远远低于原材料成本和用工成本的认同率。

1. 物流费用负担较轻

小微工业企业的物流费用支出占总体成本的比重不大。调研数据显示,2014-2016年,165家小微工业企业的平均物流支出占营业成本的比重均为2.0%。由于浙江省交通基础设施较为完善,企业普遍感觉物流成本花费较少。据宁波市某模具厂反映,该企业通过远程运输委托物流公司、短途运输依靠附近个体户的方式,有效节省了运输车辆购置、维修及司机聘用等支出,每月运输费在4000元左右,占全部营业成本的1%以下。

2. 能耗成本逐年降低

2014-2016年,被调查企业平均每百元营业收入需消耗用电分别为4.8元、4.1元、3.8元,呈逐年下降趋势。原因有二:一是节能降耗工作的有效推进,同时与个别生产环节外包等有关。如宁波某工贸公司生产锁具配件,该企业将电镀环节外包给镇海、鄞州等地企业,通过将高耗能环节外包的方式减低能耗支出。二是电费降价。2016年1月1日起,浙江省一般工商业及其他用电价格降低4.47分/kW·h,对企业降低能耗成本形成利好。

二、浙江小微工业企业降成本的典型案例分析

为了确保企业减负降本改革走在全国前列,2016年,浙江省委、省政府制定出台了多个减负政策文件,共推出了50多条"让企业有获得感"的政策举措,当年实际减轻企业成本和负担1010亿元。据了解,2016年,全国企业减负金额在1000亿元以上的只有广东、浙江、江苏三个省,浙江属出台减负政策最多、力度最大、成效最显著的省份之一。

据对165家企业的调研,超八成(83.6%)企业采取了降成本措施,具体包括技术创新、"机器换人"、内部管理优化、企业合作及向政府寻求税费减免等。如图11-5所示。

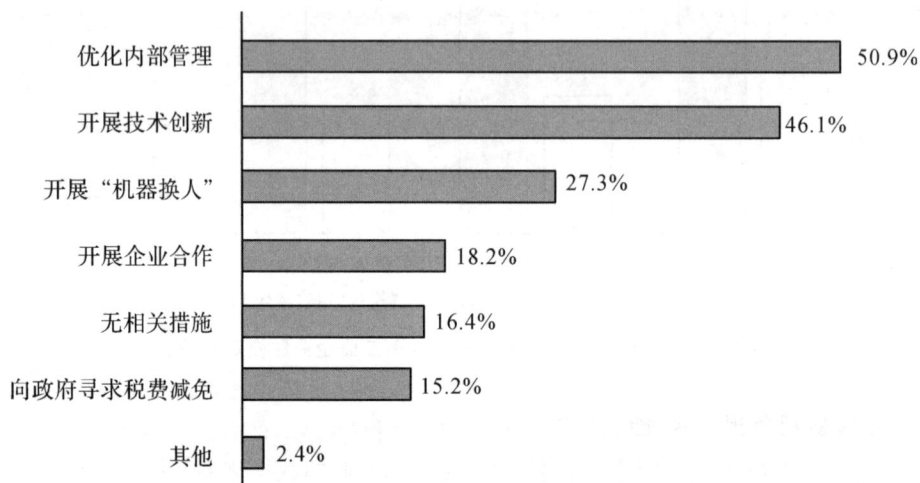

图 11-5　企业为减轻成本压力采取的措施

(一)通过优化内部管理降低企业成本

有50.9%的企业通过优化内部管理,提升管理效益,降低企业成本。优化内部管理是企业降成本采取最多的措施。如宁波某燃气公司实行严格的原材料采购预算审批制度,大额采购项目采用招标形式确定供货商,有效地控制了原材料成本,同时,该企业通过制定人才流动晋升机制,确保年轻技术骨干从事核心岗位,做到在管理上人尽其才。开化某防水材料有限公司专注于企业文化建设,企业负责人与管理人员经常融入生产一线,树立表率,年底根据工人的工作年限和贡献进行福利分红,关注员工家庭环境,逢年过节经常慰问职工父母,准备节日礼物,给予工人企业归属感,增强了企业凝聚力和竞争力。

(二)通过技术改造降低企业成本

有27.3%的企业通过"机器换人"减轻成本压力。如诸暨某袜勾厂专业生产、批发外贸袜勾、特种挂钩,以前都是通过人工操作从注塑机里取钩子,现在通过购进"机器手"设备,8台机器一年能节省约14万元。"机器手"设备价格在2万元左右,投入成本约一年收回,而且原先的人工操作存在一定危险性和不稳定性,通过机器换人能避免危险发生,使产品更稳

定。宁波市某模具厂从2015年上半年开始,陆续投资55万元,将半自动的设备全部更新为全自动,员工由原先的22人减到12人,人工成本大幅减少。平湖某电子塑业公司主要生产淋浴房及其配件,公司从2016年2月开始实施"机器换人"技术改造项目,总投资74.1万元,2017年产值达3000万元左右,同比增长1.3倍,新增利税50万元,减少用工3人。

(三)通过物料集约化利用降低企业成本

浙江金开来新能源科技有限公司是一家致力于铝壳锂离子动力电池技术研发、电池生产、封装、电源系统集成及产品销售为一体的高新技术企业。据企业负责人介绍,蓄电池企业中材料成本占产品售价65%以上,因此材料成本控制成为重中之重。企业主要从三方面进行物料成本控制:一是降低材料采购成本和库存。在及时掌握镍、铝等大宗原材料市场信息,找准最佳采购时机的基础上,实行公开招标采购,同时与中标的供应商建立长期、互利共赢的战略伙伴关系,做到按需购货,最大程度减少物料库存。二是实施材料定额管理。对于构成产品的直接原材料,依据标准消耗量(定额),严格实行限额发料制度,超额领用材料情况需履行报批手续,同时积极查明原因予以整改。对于间接生产用料,测算出其耗用量与直接产品数量的比例关系,并以此作为材料领用的限额标准。三是材料的充分利用。如运用运筹学方法合理裁剪塑壳、隔板等材料,还通过回收废旧蓄电池达到降低材料成本和减少环境污染的目的。通过采取上述措施,初步估算,2016年该企业在原材料方面降低的生产经营成本至少达15%。

(四)寻求政府帮扶降低企业成本

一些企业通过寻求政府资金扶持,有效缓解资金压力。如江山某劳防用品有限公司受制于原材料价格大幅波动,流动资金紧张,银行还款出现困难,后得益于地方政府的无息过桥资金,不仅按时还清银行贷款,降低融资支出,而且因良好信用再次获得银行贷款,避免了企业遭受原材料波动带来的损失。一些企业则通过提供公益服务,有效减轻税费压力。如宁波某工贸有限公司安置12名残疾人就业,通过每月向当地政府提供申请表、退税表、考勤记录以及承诺书等材料,不仅享受增值税的全额退税,还按每名残疾人2000元的标准,减少城镇土地使用税24 000元。

三、浙江小微工业企业降成本过程中遇到的问题和困难

政府对小微工业企业降税减负尤为重视,降成本在各方面都取得一定成效,但企业在降成本过程中仍存在诸多问题。

(一)企业对政府降税减负政策感受不明显

企业对政府"降成本"政策作用感受有待提高。对9项成本支出政策作用感受度进行调查,发现减免税费政策作用最为明显,认同率为29.7%,对9项成本政策作用感受明显的企业均不超过三成,如表11-2所示。

表11-2 浙江小微工业企业对政府"降成本"政策作用感受情况

（单位：%）

政策	作用明显	作用不明显	无作用	不了解
用工成本方面	12.7	52.1	10.3	24.8
物流成本方面	9.7	43.6	17.0	29.7
用能成本方面	11.5	45.5	13.3	29.7
融资成本方面	12.7	40.6	13.9	32.7
税费成本方面	29.7	51.5	8.5	10.3
制度成本方面	15.8	33.3	8.5	42.4
用地成本方面	7.3	35.8	21.8	35.2
外贸成本方面	6.7	27.3	12.1	53.9
管理成本方面	15.2	43.0	8.5	33.3

1. 税费项目有待进一步削减

小微企业缴纳税费依旧繁多。据绍兴对52家小微工业企业享受发展扶持政策情况进行调研，数据显示有80%左右的企业需缴纳增值税、城市维护建设税和教育费附加；70%左右的企业除以上3种税费外，还要缴纳印花税、社会保险费和地方教育基金；50%左右的企业除以上6种税费外，还要缴纳企业所得税、土地使用税。企业普遍存在同时缴纳5种税费的情况，个别企业甚至需缴纳10余种税费。

2. 部分税收政策有待进一步完善

部分政策设置仍不尽合理。据调研，2016年某市本级部分地区的土地使用税由8元/平方米上涨到12元/平方米，其他县市区的土地使用税由4元/平方米上涨到8元/平方米。企业普遍认为该税种在土地使用时已单独缴纳，现又将地价计入房产原值征收房产税，存在重复征税之嫌。如某泵业有限公司表示按8元/平方米的土地使用税，公司10年交的税费足以买下土地，现在的土地使用税和省内其他发达县市区相比已毫无竞争优势，已有企业打算逐步搬迁。

3. 部分税费减免政策力度有待加大

部分税费减免政策力度不大，对降低企业税费负担作用有限。据台州调研，虽然失业保险费费率下调0.5%-1%，但由于失业保险费占全部社保费的比重较低，相对于占工资总额超过20%的全部社保费支出，这一政策对企业切实减轻社保支出、降低用工成本可谓杯水车薪。如某企业每月需支付员工社保费约为640元/人，其中因此政策可少交失业保险费12元，社保费用降低幅度为1.9%。

（二）转型升级，小微企业缺乏要素支撑，难以通过技术手段实现降成本

小微企业因规模小、人才缺、创新弱、融资难等要素制约，难以通过技术手段实现降成本。

1. 小微企业规模小,融资能力弱,融资成本高

小微企业规模较小,技术含量较低,在融资上缺乏资产抵押,融资方式少,贷款额度低。据2016年对全省6569家正常生产经营的规模以下工业企业样本的问卷调查,有21.5%的企业有银行贷款需求,这部分企业中,有32.3%的企业未能贷到所需贷款,有10.9%的企业只贷到一部分资金,20.7%的企业能贷到大部分资金,另有36.1%的企业全部贷到。从不同规模的企业来看,主营业务收入在500万元以下、500-1000万元、1000万元以上的企业,有贷款需求但没能贷到所需贷款的分别为39.8%、25.4%、19.6%;有贷款需求并全部贷到的分别为31.1%、40.2%、45.7%,由此可见,企业规模越小,其融资能力越弱。

从有融资需求的企业看,2017年上半年,有银行贷款的企业平均年利率为6.5%。分规模看,主营业务收入在500万元以下、500-1000万元、1000万元以上的企业,银行贷款年利息及费用率分别为6.5%、6.3%、6.2%,可见企业规模越小,其融资成本越高。

2. 小微企业人才匮乏,创新能力弱

小微企业受自身规模影响,聘用技术人才难,技术研发薄弱,虽然很多企业希望通过招聘技术人才加快产品研发,开发出新产品,以提升企业竞争力,但现实是小微企业实施科技创新的难度较大。小微企业之所以缺乏技术人才,一方面是因为企业本身在工资薪酬、职业晋升、企业文化等方面存在弱势,另一方面也与企业所在城市人才制度不健全、人才发展环境吸引力不足有关。如具有舟山特色的螺杆制造业小微企业反映,由于舟山是个海岛城市,企业所在地又不在舟山本岛,招工特别是招技术工人的难度正越来越大。

3. 产业结构低端,小企业"机器换人"遭遇瓶颈

近年来,"机器换人"不断推进,产品工艺不断改造提升,企业对劳动力的依赖程度下降。但"低散乱"的性质决定企业难以进行标准化、规模化生产,"机器换人"推进难度较大。据舟山调研,水产加工企业在对虾蟹、鱿鱼等原料进行去头、切片、撕丝等粗加工处理时,由于机器精度不够,粗加工后难以达到生产要求,或粗加工后生产的产品难以与人工相比。某螺杆制造企业反映,由于顾客定制的螺杆产品规格不一,小的螺杆仅几厘米,大的却达到数米,目前市场上基本没有适合螺杆制造的标准化全自动机械,还是需要依赖人工。

4. 环保要求趋严,环保投入增加,企业成本压力加大

近年来,浙江省委、省政府加大环境整治力度,开展实施"五水共治""三改一拆"等行动,在减排、环保方面的监管标准及要求更趋严格,污染物处理成本不断上升,高耗能、高污染行业环保压力加大,环保投入一年迈上一台阶。有的企业因环保不达标而暂时停产,有的企业因废水处理无法达标,需排入污水管道并缴纳高额的排污费,有的企业被迫面临转型,成本急剧增加。如宁波市某铜排厂因产品不符合环保要求转型作塑料袋加工,企业转型新产品,前期亏损20万元,后期厂房搬迁,算上机器投入和厂房装修花费30余万元,同时,每年租金也由2万元上涨到6万元。

（三）企业经营理念落后，难以通过科学管理有效降低成本

1. 存在"小富即安"思想，转型升级动力不足

小微企业大多采用家族式的经营模式，生产规模小，资金抗风险能力弱。因此，很多企业家抱着"小富即安"的思想，不愿承担转型升级带来的风险。衢州某拉链厂在引进两条机器生产线之后就不愿再继续扩大生产，该企业负责人表示，现在企业主要以承接大企业订单生产为主，如果扩大生产规模则风险会加大，企业转型升级的意愿不大。

2. 管理方法落后，难以适应劳动就业环境变化

当前，社会就业观念发生变化，工作环境与企业文化的重要性愈加突出，多数员工希望能按时上下班，保证有充分的休闲娱乐时间，不愿意接受加班和计件支付薪酬方式，传统简单的、依靠"多劳多得"的用工管理方法已不适应时代要求，小微企业的工作环境与企业文化有待提高与建设。

四、助力小微工业企业降成本的建议

当前各项降成本举措初显成效，但小微工业企业降成本过程中依然存在税负重、用工贵、融资难、转型制约等问题，需要通过完善政策或深化改革予以妥善解决。从调研情况来看，企业迫切希望在税费改革、人才培训和市场需求上得到政府帮扶，如图11-6所示。

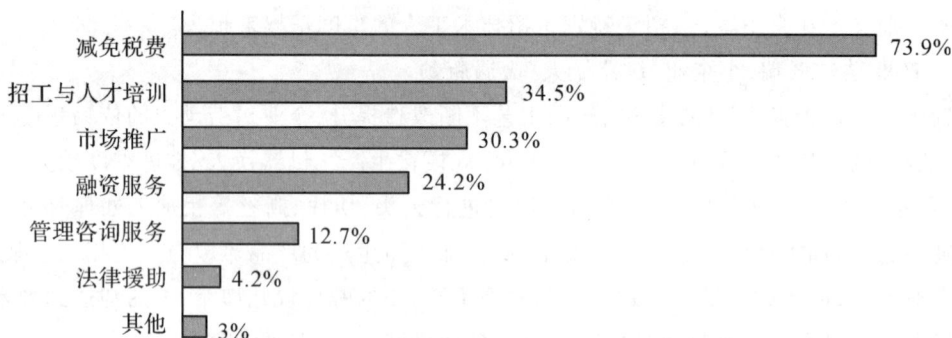

图11-6　企业对政府助力降低成本的服务需求

（一）进一步开展税费改革，切实降低企业成本

第一，减税，政府需要不断扩大税费优惠面，加大税费优惠力度。清理整顿税费项目，取消各类不合理收费和前置收费项目，中小微企业、科研企业、创新企业应该成为减税的重点，可以结合调低税率或者减免税费等优惠政策为小微企业减负。调研中，一些合伙制企业希望能和公司制企业同等享受所得税减半优惠政策；一些劳动密集型企业希望能将人工成本纳入增值税抵扣项目；还有一些企业则希望能上调个人所得税起征点。

第二，降费，政府需要完善地方收费清单和清理各类收费项目。完善地方收费清单、规范地方涉企收费是小微企业减费的重点领域和薄弱环节。加快促进地方收费清单的完善，

确保国家及各级地方政府扶持小微企业发展价费政策落实到位,将与推进简政放权和政府职能转变要求相悖的基金征收标准降为零或者停征。调研中,一些企业希望除免征水利建设基金外,还能免征城市维护建设税、教育费附加等;一些企业则希望控制社保基数提高频率,同时降低养老保险、医疗保险的费率,切实减轻社保费用支出。

(二)进一步破解要素制约,助力企业发展

第一,加大政府支持力度,帮助企业降低人工成本。调研中,一些企业由于找不到合适的技术人才,新购设备处于闲置状态,转型升级无法进行。为此,企业希望进一步完善人才供需对接平台,对高端人才、科技骨干实行个人所得税奖励,加大人才公租房、人员招聘、实习基地建设等方面政策扶持,提高优秀人才的吸引力。此外,还有一些企业反映新招员工缺乏技能,前期培训成本较大,希望进一步完善培训机制,鼓励高校与用人单位加强校企合作,开办夜校之类的培训课程,实行人才实训,缩短新人磨合期。

第二,创新土地制度改革,降低企业用地成本。调研中,一些企业因购买土地成本过高,无法扩大生产规模。希望建立弹性土地出让方式,根据产业周期,确定工业用地出让年限,鼓励租赁、先租后让、短期出让等方式,取得工业用地,以减轻企业资金压力。此外,一些企业希望创业初期能获得低租金的政策扶持,同时建议园区建设时预留小微企业发展用地,通过充分发挥集聚效应,在减轻租金、物流成本的同时提高生产效益。

第三,推进电气改革,降低企业能耗成本。据台州调研,电力价格下调仅限于一般工商业及其他类别企业,占比为63.7%,即仍有36.3%的小微工业企业没有享受电价下调4.47分/kw·h的实惠。针对这部分用电大户,需有针对性地优化用电服务,免费为企业提供优化用电建议书,合理配置变压器容量,充分利用阶段性电价政策,对自备电厂关停后的企业用电实行优惠电价,降低用电成本支出。此外,一些企业还希望进一步简化增容、减容、暂停、变更用电等办理手续,缩短办理时限。

(三)进一步加大扶持力度,助推企业转型升级

1.“修内”,做好转型升级准备

首先,企业要以市场为导向,紧跟市场需求,及时生产适销对路的产品,满足市场需求。其次,企业要完善管理机制,培养管理者的现代经营理念。牢固树立品牌意识、竞争意识、经营风险意识,实施“小企业大管理”,不断完善生产经营和管理方式,提高经营水平、管理和创新能力。再次,更新技术设备,引进和使用先进技术,加快实施“机器换人”,提高产品的科技含量,不断提高产品竞争力,提高劳动生产率,降低成本。

2.“安外”,优化政策环境

政府应当加强宣传,鼓励创新,扩大政策红利覆盖面。加强宣传,做好解释、做好服务,把政策细化、量化、具体化,指导企业用好政策,切实抓好降成本优环境政策措施的落实。让小微工业企业真正掌握政策、熟悉政策、运用政策,使企业最大限度地享受政策红利,确保企业在降成本上获得实效,求得真经。

(四)进一步加大金融改革,解决企业资金难题

1. 推进金融改革,解决企业"融资难"

要解决小微企业融资难问题,需进一步加大财政资金支持,建立扩大政府性融资机构,帮助企业开展低成本融资。调研中,部分企业融资时需满足购买金融延伸产品、提高存贷款比例等附加条件,并且由于银行贷款紧张,一旦还贷就再难放贷,导致一些企业即使有钱也宁可多付利息,不愿偿还贷款,这在一定程度上增加了企业财务成本,并影响了银行的资金储备,降低了银行的放贷能力。另有一些企业由于没有厂房等大额的固定资产,无法抵押融资,希望能扩大小微工业企业融资抵押物范围,通过第三方认证,允许企业使用商标、专利等无形资产向银行融资。此外,对于成长性好、技术含量高的企业还可以给予一定的无抵押贷款。

2. 强化信用监管,遏制账款拖欠行为

调研发现,小微企业在产业链中处于弱势地位,"先发货、后付款"的方式使得账款拖欠行为频发,造成很多企业流动资金趋紧。因此,很多企业希望能进一步加强对账款拖欠行为的监管力度。一方面,集合税务、工商、公安、人社等部门信息,建档评级,逐步建立地方小微企业征信系统,对于长期拖欠账款的失信企业,给予公开通报,限制其进行银行贷款。另一方面,控制银行承兑汇票的发行流通量,缩短企业的回款时间,进一步减轻企业流动资金压力。

(五)进一步优化企业服务环境,帮扶企业发展壮大

调研中,一些企业希望获得技术、管理咨询或者法律方面的援助。为此,进一步建立民主、透明、高效的行业协会运作机制,发挥行业协会在帮扶小微企业发展中的作用,为小微企业在原材料购入价格谈判、技术引入、法律咨询等方面提供帮助。培育一批技术推广机构,给中小企业提供技术支持和技术援助。此外,规范各类行业协会,制定行业规划,为企业提供服务,清理和整顿市场秩序,防止行业内部出现过度竞争的现象,引导企业提高产品质量,以质量制胜。

第二节　浙江小微企业生存环境研究

本文对浙江小微企业的生存环境、面临问题进行了专题调查研究。结果显示,浙江小微企业存活率虽低于大中型企业,但新设小微企业数量增长较快,小微企业发展的总体环境逐步得到改善,小微企业的关停倒闭现象处于市场经济择优汰劣的合理范围,尚不存在系统性风险。

一、当前小微企业生存状况及环境特征

(一)新设小微企业速度明显加快,存活率低于大中型企业

据省统计局名录库数据,2008-2013年的6年间,浙江省共净增小微企业37.3万个,总量

达80.7万个,到2015年小微企业数量达到117.2万个,两年净增36.5万个,企业新增数量远大于消亡数量,小微企业的关停倒闭现象处于市场经济择优汰劣的合理范围。2017年1—6月浙江共新设各类市场主体52.9万户,同比增长14%,增速高于全国3%,相当于平均每天新登记市场主体4408户。从不同规模企业存活率看,2008年末,浙江小微企业总数为43.4万个,到2015年末,这批企业中仍存活的企业数量为26.4万个,存活率为60.7%,低于同期大中型企业存活率(86.5%)25.8个百分点。

(二)"最多跑一次"改革深入推进,小微企业营商环境明显改善

近年来,浙江深入推进"放管服"改革,推动自身向服务型政府转型,全面缩减审批事项。2012-2016年,浙江5年来累计减少行政许可事项779项,非行政许可审批事项全面取消。2016年全面实施企业"五证合一"、个体工商户"两证整合"登记制度,平均节省企业办证时间20个工作日,全面推行企业投资项目高效审批和"零地技改"项目不再审批机制,一般企业投资项目从344天缩短到100天以内。2017年以来,浙江全面推进"最多跑一次"改革,以"最多跑一次"倒逼各级各部门减权、放权、治权,形成覆盖行政许可、行政处罚、行政征收、行政裁决、行政服务等领域的"一次办结"机制。"放管服"改革推进以来,小微企业营商环境明显改善,调查显示64.4%的小微样本企业表示,实行"最多跑一次"改革以来,去政府办事比以前方便多了。

(三)企业减负持续推进,行政性涉企收费明显减少

2016以来,浙江连续出台一系列针对性强的减负降本政策举措,先后制订出台了《关于进一步降低企业成本优化发展环境的若干意见》(浙政办发〔2016〕39号)、《关于进一步减轻企业负担降低企业成本的若干意见》(浙政办发〔2016〕152号)、《浙江省供给侧结构性改革降成本行动方案》(浙政办发〔2016〕163号)和《关于深化企业减负担降成本改革的若干意见》(浙政办发〔2017〕48号)4个政策文件,预计每年可减轻企业负担和成本1500亿元左右,力度之大,前所未有。2017年浙江省经信委经济运行监测中心一项涉企行政性收费负担调查显示,67.6%的企业认为负担明显减轻或有所减轻,其中10.4%的企业认为涉企行政性收费负担明显减轻,57.2%的企业认为有所减轻,小微企业制度性成本明显减轻。

(四)全球经济复苏迹象显现,小微企业经营状况逐步好转

2008年金融危机给浙江省小微企业造成了较大影响,但近年来,金融危机的影响逐步减小,世界经济稳步复苏,外部需求明显回暖。国际货币基金组织(IMF)对2017年全球经济进行了2次预测,2017年1月17日预测2017年世界经济将增长3.4%,4月18日IMF调高2017年世界经济增长预期为3.5%。省经信委运行监测平台监测数据显示,2017年来,小微企业发展景气指数一直处于高位,1月、2月、3月、4月、5月、6月和7月,小微企业景气指数分别为54.5、56.8、57.0、57.2、57.0、56.0和56.4,景气度明显高于去年同期。小微企业发展总体预测指数也处于较高水平。如图11-7所示。

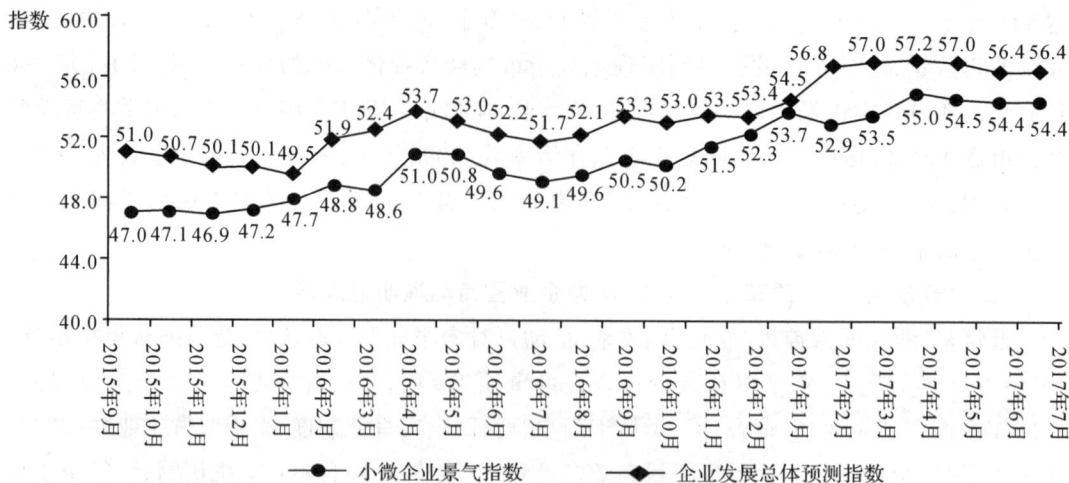

图11-7　小微企业景气和发展总体预测指数

2018年1-6月,规模以上小微企业出口交货值同比增长7.6%,高于去年同期7.4%。累计实现利润总额679.48亿元,同比增长14.9%,高于去年同期3.7%,高于全省、大中型企业0.5%和0.8%,小微企业生产经营状况正逐步好转。

二、小微企业生存发展面临的问题

相较于大中型企业,小微企业的"低、小、散"问题突出,在人才、创新、市场、融资等方面均存在明显不足,这使小微企业生产经营的不确定性更大,又进一步导致小微企业生存期较短,成长性较弱。

(一)小微企业创新能力不足,产品同质化

相对于大中型企业,小微企业在人才、技术和资本等要素资源方面存在明显不足。从现实看,小微企业从事的行业门槛相对较低,技术含量不高,一方面缺乏技术投入的能力,另一方面也没有持续投入的动力,这导致小微企业提供的产品同质化严重,技术含量不高。在供不应求的卖方市场时期,产销两旺,货款回笼及时,利润较为可观;但在当前国内消费升级背景下,人们对于产品的品质要求越来越高,小微企业产品缺乏技术含量和品牌效应,导致其在市场竞争中处于劣势。

(二)融资渠道单一,融资成本偏高

融资难问题一直是制约小微企业发展的重要原因。一方面,适合小微企业的金融产品十分短缺,导致小微企业融资渠道单一。当前主要以银行贷款为主,大部分的资金来源于间接融资。近年来,由于受经济下行压力增加和银行不良率上升等因素影响,浙江银行业金融机构普遍存在着对小微企业"不敢贷""不愿贷"的现状。即便愿意贷款,小微企业的融资成本也明显高于大中型企业,据企业反映,银行放贷时搭售理财产品、附加存款要求等现象仍时有发生。同时,小微企业缺乏相应的贷款抵押物,需要支付额外的中介费用,这些都导致

企业实际获贷成本超过 10%。另一方面,浙江省小微政策性担保体系仍然不完善,小微企业融资担保的政策支撑有待进一步健全。

(三)经营成本较高,挤压了小微企业利润空间

2017 年以来,土地、人工、生产资料等要素价格高位运行,挤压了企业的盈利空间。一是原材料价格高企。2017 年 6 月浙江工业生产者购进价格指数为 108.4,高于上年同期 12.1%,生产者出厂价格指数为 104.0,购进价格和出厂价格存在较大"倒挂"。二是人工成本快速上升。2017 年 1-6 月,规模以上小微企业应付职工薪酬同比增长 9.5%,增速高于上年同期 4%。1-6 月,小微企业每百元主营业务收入成本为 86.7 元,比全省规模以上工业(84.5 元)高 2.2 元,比上年同期(86.1 元)高 0.6 元。运营成本上升挤压了小微企业的盈利空间,1-6 月,小微企业主营业务收入利润率为 4.7%,低于上年同期 0.1%,分别比规模以上企业、大中型企业低 1.6%、2.8%。

(四)小微企业各项优惠政策的受惠面较窄

2017 年对于税收优惠政策落实情况的调查显示,小微企业由于受各方面因素限制,税收优惠政策享受面较窄。以"小型微利企业减按 50% 计应纳税所得额并按 20% 缴纳企业所得税"政策为例,调查显示仅 37.4% 的企业享受过该税收优惠政策,62.6% 的企业没有享受过该政策。未享受该政策的企业中,93% 的企业表示不符合享受条件,5.4% 的企业不了解该政策,1.6% 的企业因手续繁杂放弃。中小企业政策受惠面均不是很高,究其原因主要是相当部分中小企业不满足政策优惠条件,当前的税收优惠政策需进一步降低对中小企业尤其是小微企业的享受门槛,加大对中小微企业优惠政策的宣传力度。

三、促进小微企业持续成长的对策建议

(一)推动实施"三品工程",提高小微企业产品品质

在小微企业中大力推进以"增品种、提品质、创品牌"为核心的"三品"工程,引导小微企业弘扬工匠精神,树立品牌意识,提高产品品质,通过提升品质和品牌价值创造持续竞争优势。引导并推动规模小微企业聚焦"专精特新"发展方向,重视技术提升,改善工艺装备,加强基础管理,成为产品质量可靠、附加值高、节能环保、安全生产的先进企业。

(二)健全小微企业融资担保体系,缓解融资难融资贵问题

一是推进全省政策性融资担保体系建设。鼓励各级政府设立为小微企业服务的担保机构,构建以政府性担保机构为主导,商业性担保机构共同参与,覆盖全省、服务小微企业的政策性融资担保体系。二是完善小微企业信用评级。推动建立全省小微企业信用评级体系,充分发挥企业综合分类评价结果数据在小微企业信用评级中的作用,提高信用贷款在小微企业融资贷款中的比重。

(三)加强政策落实和宣传,提高小微企业政策获得感

一是积极为小微企业量身打造"看得到、用得到、享受得到"的优惠政策,降低小微企业优惠政策享受门槛,促进优惠政策落地,扩大惠及面。二是加强政策解读宣传,让减负惠企

政策家喻户晓,如广泛利用电视、广播、报纸、网络等主流媒体加强对各项政策的宣传力度,通过企业走访、召开专题讲座等线下方式现场解读各项惠企相关政策。

(四)完善小微企业公共服务体系,提高精准服务水平

一是推进中小企业服务网络建设。完善省、市、县三级中小企业公共服务平台和信息共享平台建设,扩大服务功能,提升精准服务能力。推动构建小微企业管理咨询专家信息库,组建服务小微企业创业创新发展专家顾问团和创业指导师队伍,强化小微企业运行指导和管理咨询服务。二是加强小微企业人力资源保障。引导毕业生到小微企业等基层一线就业。实施小微企业职工职业技能提升行动,建立高技能人才公共实训基地、推进"百校千企""金蓝领"培训等工程,加强技能培训,培育弘扬工匠精神。

第三节　浙江小微企业发展环境调查

为了解当前全省小微企业发展环境和生产经营成本变化情况,本研究对全省小微监测库企业开展专项调查,共回收4762份问卷。数据显示,2017年浙江省小微企业发展环境各方面改善明显,但也面临成本上升较快的压力。

一、全省小微企业总体发展环境在逐步优化

(一)政府服务明显提升

2017年,浙江省加快推进"最多跑一次"改革,深化减政放权、放管结合、优化服务各项工作,加快转变政府职能,各地有效推进改革,企业获得感增强。实行"最多跑一次"改革以来,64.4%的企业表示去政府办事比以前方便多了,78.5%的企业表示当前企业去政府办事的程序、环节、时间减少了,办事效率提高了。调查显示,85.89%的企业认为政府在为中小企业服务方面有明显改善,比去年提高6.6%,企业从政府及服务机构处获得的服务主要有信息咨询、人员培训、资金补助和人才引进。

(二)政策环境逐步优化

近年来,全省深入贯彻落实国家和省出台的系列降成本政策,取消和减免一系列涉企行政事业性收费,企业获得感明显提升,2017年,32.23%的企业感到负担明显减轻,较2016年提高21.79%,上升幅度很大;认为负担有所减轻的企业占比为53.07%;认为没有减轻负担的企业占比仅为14.70%,较去年下降17.64%。中小企业发展的政策环境改善明显,83.89%的企业认为政策环境改善,其中22.36%的企业认为政策环境明显改善。细分来看,小型微利企业所得税优惠政策、研发费用加计扣除优惠政策、技术转让等所得免征增值税政策和固定资产加速折旧企业所得税等政策的受惠企业均有所增加,分别有42.15%、22.83%、12.73%、26.59%的企业享受了这四项政策,较去年分别提高4.68%、2.59%、3.88%、2.66%。

(三)融资环境较大改善

为解决中小企业融资难融资贵问题,浙江采取了一系列措施,如完善中小企业融资担保

体系,开展小微企业信用评级等降低企业间接融资成本,大力发展产业基金、风险基金等拓宽企业直接融资渠道。调查显示,52.81%的中企业认为融资环境有改善,较去年提高20.87%。54.43%的企业2017年在银行类金融机构获得过贷款,未获得银行贷款的主要原因是未提出申请、没有融资需求。从融资成本看,企业获得贷款的综合成本费用率较去年有所下降,费用率为6%-8%的企业占比为71.95%,较去年提高3.73%,获得贷款综合费用率高于8%的企业占比比去年下降3.73%。

二、当前小微企业发展面临较大的成本压力

尽管浙江省小微企业发展环境总体趋优,但在发展过程中仍然面临较大的成本压力,调查显示,原材料成本、用工成本和税费成本是浙江小微企业当前面临压力最大的三项成本。

(一)企业原材料上涨压力

浙江工业以加工制造型为主,位于产业链中下游,受原材料价格上涨影响较大。尤其是小微企业因自身实力有限,对原材料价格变化敏感。调查显示,66.06%的企业反映原材料价格上涨是企业当前面临的最突出困难,位列第一,81.06%的企业反映原材料成本是企业目前面临压力最大的一项成本,位列第一,79.99%的企业最迫切希望降低的成本也是原材料成本,位列第一。连续两年,原材料成本成为企业面临压力最大的成本,也是最迫切希望降低的成本。

(二)企业用工成本上涨压力

企业面临压力最大的成本中,74.63%的企业选择了用工成本,占比排名第二。在对企业2017年支付给员工的工资薪酬变化情况调查中,降低的企业占比为1.72%,较去年下降1.35%;增加和没变的企业占比为98.28%,其中增加的企业占比为61.80%,较去年提高1.93%。支付给员工的工资薪酬增加的企业中,增加幅度主要集中在10%以内,占比为74.04%,增幅在10%-20%的占比为23.58%,增幅在20%以上的占比为2.38%。在对企业2017年给员工支付社会保险的变化情况调查中,增加的企业占比为49.58%,增加幅度集中在5%以内,占比为61.71%。

(三)企业物流、能耗、环保成本上涨压力

环保督查、整治"低散乱"工作对小微企业的发展质量提出了更高的要求,企业在能耗和环保方面需要投入更多的成本来提升发展质量。面临压力最大的成本中,物流、能耗、环保成本的压力有变大趋势,企业占比分别为26.42%、21.17%、20.89%,较去年分别提高11.35%、12.47%、12.02%。在对企业物流的运输成本、仓储成本、装卸搬运成本、其他物流环节成本的调查中,成本增加的企业占比分别为64.22%、38.62%、49.33%、40.09%,较去年分别提高12.0%、14.19%、11.93%和15.59%。

三、进一步优化小微企业发展环境的对策建议

(一)提高企业政策获得感

当前仍有大量小微企业未享受各项优惠政策,其中的主要原因是不了解优惠政策。不了解小型微利企业所得税优惠政策、研发费用加计扣除优惠政策、技术转让等所得免征增值税、固定资产加速折旧企业所得税政策的企业占比分别为17.79%、14.80%、14.70%、16.79%。因此,要加大对优惠政策的宣传解读力度,让更多的小微企业了解政策、享受政策,提高企业政策获得感。

(二)加大减税降费的力度

美国税改引起新一轮的减税浪潮,近年来国家出台政策取消和减免了一系列涉企行政事业性收费,但还是有67.77%的企业认为未明显减轻负担,有85.59%的企业认为主要原因是取消和减免的收费项目少、额度小。可见,现阶段小微企业的税费压力还是比较大的。建议适时出台更多的减负政策,尤其是更加精准的、结构化的减税降费措施,切实降低小微企业的税费负担。

(三)加强企业创新支持力度

推动企业信息化、数字化建设,以技术创新、管理创新为企业降低成本、提供新动力。继续深化"机器换人"工作,解决企业招工难、用工成本高的问题;加快推进企业数字化工作,构建智能化的仓储系统、物流系统,发展定制式生产,从而降低企业库存量,提升库存周转率、缩短原材料采购周期,为企业降低原材料的仓储成本和物流成本;加大培养、引进高层次创新人才的支持力度。

第四节 浙江"降成本"工作情况

商务成本高低是衡量一个国家或地区企业发展环境优劣的重要标志,也是影响企业投资决策和竞争能力的重要因素。改革开放以来,浙江省依托制度性先发优势和劳动力低成本优势,实现了全省经济的高速增长。低成本竞争优势既是过去40年浙江经济异军突起的基本经验,也是在未来区域竞争中继续走在前列的重要法宝。国内外经验表明,营造领先的区域发展环境,必须从减轻企业负担、降低企业成本入手。

一、推进企业降成本工作的举措和成效

2015年以来,面对持续上升的企业生产经营成本压力,全省上下认真贯彻落实中央推进供给侧结构性改革的战略部署,以"三去一降一补"(去产能、去库存、去杠杆、降成本、补短板)为主要抓手,着力打好企业减负降本攻坚战,组织实施了一整套企业减负降本"组合拳",极大地增强了企业的生存发展能力。

（一）主要举措

紧紧围绕企业呼声和反映较大的税费成本、用工成本、用能成本、融资成本、制度性交易成本等生产经营成本过高问题,适时推出了包括"减权""减政""减费""降价""降税""降率"在内的一系列企业减负降本政策举措。从全省来看,主要有以下三个特点:

一是密集出台企业降本政策,浙江成为全国出台减负降本政策力度最大的省份之一。2016年至今,浙江省委、省政府先后制订出台了《关于进一步降低企业成本优化发展环境的若干意见》《关于进一步减轻企业负担降低企业成本的若干意见》《浙江省供给侧结构性改革降成本行动方案(2016—2018年)》和《关于深化企业减负担降成本改革的若干意见》等4个企业减负降本政策文件,这些政策实施后共计每年可为全省企业减轻各类成本和负担1500亿元以上。出台的文件之多、力度之大,均居各省市区前列。

二是积极推进省定行政事业收费改革,成为全国最早实现"零收费"的省份之一。经过持续不断的简政减税清费改革,全省行政许可事项已从2013年的1617减少到2017年的516项,同口径削减48%;同时,全面清理13752项非行政许可事项,取消省级地方法规设定的行政许可37项。"十二五"期间,浙江先后分11批取消、暂停、免征和转出239项行政事业性收费项目,降低32项行政事业性收费和政府性基金征收标准。2016年,省政府取消了最后3项省定行政事业性收费项目,从而实现了省定行政事业性涉企"零收费"的目标。目前,全国仅有北京、山西、辽宁、广东、湖北等部分省市实现省定行政事业性涉企零收费。

三是着力创新企业减负降本的体制机制,成为全国企业成本负担机制最为规范的省份之一。省委、省政府一直把企业降成本工作作为全省经济体制改革的重要内容。2017年,省委全面深化改革领导小组把"进一步创新企业减负的体制机制"确立为省委书记亲自领衔的重大突破改革项目,省政府主要领导明确提出浙江要争做全国企业减负担降成本的标杆省。近年来,浙江省在深化企业减负降本改革方面创造了许多全国第一:在全国率先停征了地方水利建设基金;率先实施了"最多跑一次"改革;率先固化了法人数字证书费用、施工图审经费等一批政府购买服务项目,从而进一步规范了企业税费负担机制。

（二）初步成效

随着各项减负降本政策的逐步落地,2016年以来浙江企业成本持续上升的势头得到初步遏制,部分过高的成本已有明显的下降。

1. 企业综合成本明显下降

据测算,2016年和2017年两年全省新出台的减负降本政策分别为全省企业降低各类负担和成本1010亿元和1250亿元。以工业企业为例,2015年,全省规模以上工业企业每百元主营业务收入成本为84.8元,2016年下降为84.1元,2017年进一步下降到83.7元,比全国低1.30元,且明显低于江苏、山东、河南等工业大省。2018年1-3月,虽然能源原材料成本大幅上涨,但全省工业企业百元主营业务收入成本仍有所下降,为83.6元,比全国低0.8元。

2. 企业单项成本有所下降

一是融资成本逐年下降。2016年和2017年,全省规模以上工业企业利息支出分别下降了12.6%和3.1%。到2017年,全省平均贷款利率回落到5.91%,处于10年来的历史低点。二是税费负担明显减轻。2016年5月1日浙江全面推开营改增试点,至2017年底,全省增值税纳税人累计减税925.01亿元,试点纳税人整体减税面达98.18%。仅暂停征收地方水利建设基金一项政策,每年就直接降低了企业成本130多亿元。目前全省规模以上工业企业百元主营业务收入税金基本控制在4.3元左右,低于全国平均水平。三是企业用工成本有所遏制。2015年以来,浙江省三次下调失业保险费率,三年合计减少了企业用工成本近74亿元。目前浙江五项社会保险费率为34.26%,其中单位费率只有23.76%,均为全国最低比率。四是企业用能成本有所下降。通过下调电价和推进直购电等方式,2016年全省一般工商业和大工业用电价格下降了9.37分/kW·h,合计减少企业用电成本105亿元。2017年通过扩大直购电交易规模、实施输配电价改革,共降低工商业用电成本92亿元。

3. 典型企业减负成效显著

据对娃哈哈集团的专题调查,减负降本政策显著降低了企业的生产经营成本:一是缴费金额呈下降趋势。2017年,娃哈哈集团在浙江省范围内缴纳各种规费5582.38万元,比上年减少2640.13万元,同比下降32%。其中,政府性基金4212.52万元,同比下降37%;行政事业性收费862.4万元,同比下降17%;经营服务性收费507.46万元,同比增长8%。二是缴费项目呈减少之势。2017年,娃哈哈集团在浙江省内公司的缴费项目为138项,比2016年减少24项,实现了缴费项目与缴费金额"双下降"。其中,政府性基金3项,比上年减少1项;行政事业性收费33项,比上年减少1项;经营服务性收费103项,比上年减少22项。2017年,国家从4月1日起取消了41项行政事业性收费项目,浙江省政府则对最后3项省定涉企行政事业性收费进行了改革,这些政策效应在2018年得到完全释放,届时娃哈哈集团行政事业性收费项目将减少至6项。三是降成本政策基本得到落实。下调失业保险单位收费比率政策,使娃哈哈集团缴纳的失业保险金金额由2016年的1310.11万元下降到2017年的759.60万元,同比下降42.0%。直购电交易优惠政策,使娃哈哈集团省内公司直购电平均单价由2016年的0.69元/kW·h降低为2017年的0.65元/kW·h,每度电下降了4分钱;与非直购电相比,用电成本2016年节省了492.33万元,2017年节省了525.02万元。

二、企业降成本工作面临的问题和困难

近年来,虽然从中央到地方政府出台实施了许多减负降本政策措施,但与企业对减负降本政策的期盼相比仍然存在较大的差距。目前负担过重成本过高仍然是压在企业身上的一座大山。从对基层和企业的调查看,当前企业减负降本工作主要存在以下问题。

(一)企业成本上升压力仍然较大

当前,浙江工业企业正处于成本上升期。据调查,目前浙江工业企业成本构成中,能源原材料成本约占69.5%,期间费用(管理费用+销售费用+财务费用)约占9.3%,税费约占4.3%,职工薪酬约占6.3%,其它成本费用约占12.5%。去年以来,在新一轮能源原材料价格上涨的带动下,企业生产经营成本再次呈现加速上涨态势。2017年,全省规模以上工业企业

主营业务成本增长14.0%,高出主营业务收入增速0.38%;财务费用和职工薪酬重新走上两位数增幅,分别增长了10.5%和10.1%。今年1-4月份,虽然全省规模以上工业企业主营业务收入增长了15.7%,但主营业务成本增速达16.2%;财务费用和职工薪酬更是分别增长了19.2%和12.5%。来自金融部门的资料表明,当前浙江企业融资成本已进入低位趋升阶段,今年一季度全省一般贷款加权平均利率为6.15%,同比上升0.38%。

(二)部分生产经营成本仍然较高

目前浙江企业综合成本虽然低于全国平均水平,但融资成本、用工成本、用地成本、用能成本和物流成本等单项成本明显高于全国平均水平。2017年全国一般贷款加权平均利率为5.45%,浙江为5.91%,工业企业融资成本大约高出全国平均水平18%;2017年浙江全社会从业人员年平均工资60665元,居各省区第1位,工业企业用工成本大约高出全国平均水平20%;2016年全国土地平均成交价为1827.32元/平方米,浙江为4058.76元/平方米,江苏为2872.18元/平方米,用地成本大约高出全国平均水平1倍多;电价水平在华东地区接近上海,高于江苏、安徽、福建、山东四省,目前浙江煤电标杆上网电价仍较江苏省高2.43分/kW·h,工商业销售电价较江苏省高0.39分/kW·h。

(三)企业税费制度改革难点仍然较多

尽管省定行政事业性收费已全部取消,但税费负担较重依然是企业反映较多的问题之一,根源在于国家层面的行政事业性收费项目仍然不少。到目前为止,全省还有41项国家级涉企行政事业性收费项目和10项政府性基金。根据我国现行的法律制度规定,税收和中央收费的减、免、废权限都在国务院,如果没有国务院授权,省及省以下地方政府一律不得对企业减、免、废各种税费。因此,在现行体制下省级政府推进企业税费制度改革面临有责无权的困境,由此导致企业和人大代表、政协委员一再反映的诸如"工业用地土地出让金与房产税、土地使用税重复缴纳"等问题迟迟难以解决。同时,企业对国家垄断经营的金融、保险、电信、电力、天然气、成品油、特种油料等领域的高收费一直怨声载道,但地方政府对这些领域的收费监管也是心有余而力不足。

(四)企业成本负担机制建设任务仍然较重

降成本工作作为供给侧结构性改革的五大重点之一,是一项长期的战略性任务。近年来,虽然各级政府出台实施了一系列企业减负降本政策,但大多数政策是临时性、阶段性、应急性的,建立规范的企业成本负担机制仍然任重道远。首先,从法规制度层面推进减税降费改革的力度还不大。目前正在实施的中央和地方政府减负降本政策中,许多政策采用的是暂时停止征收、阶段性减免收费、临时性下调收费比例等方式,理论上这些收费项目并没有取消,政策到期后仍需要恢复征收,因此,亟须国家层面加快收费法规的修订步伐,从法规制度上减轻企业的税费负担。其次,从消除新旧不合理负担方面推进企业减负降本改革的任务还很重。在旧的不合理负担被清除的同时,一些新的不合理负担正在出现。比如有的主管部门以加强公共食品安全监管、建立透明厨房为名,要求宾馆、饭店在厨房、大堂等处安装监控,这些设备的费用均由企业承担。又如,在推进"标准地"改革过程中,许多地方新设立了企业保证金项目,等等。

三、深入推进企业降成本工作的对策建议

企业减负降本工作是一项长期的系统工程,不可能毕其功于一役,必须做好打持久战、攻坚战的准备。下一步,全省企业减负降本工作必须以创建企业减负降本标杆省为目标,以解决企业反映的突出成本负担问题为重点,加快探索符合国际惯例的企业成本负担机制,全力打造国内领先、国际一流的营商环境。

(一)政府要继续发挥好减负降本主导作用

按照国务院"放管服"改革的要求,进一步深化"最多跑一次"改革。一是全面及时贯彻落实国家出台的企业减负降本政策。部门合力分区域组织开展惠企减负政策培训,加强与省内外各种新闻媒体的合作,把各级政府支持实体经济发展的强烈信号及时传递给企业,清除政策到企业的最后"一纳米",确保国家、省、市、县各级政府出台的减负政策及时落地生效。二是抓紧制订出台省级企业降本减负新政策。落实省委经济工作会议部署,学习借鉴先进省市出台的企业降本减负政策,主动听取企业诉求,找准减负空间,挖掘降本潜力,力争今年再推出一批企业降本减负政策。三是改革固化一批临时性、阶段性的降本减负政策。围绕即将到期的企业降本减负政策,推动省级有关部门研究提出周全之策。力争通过修改相关法规规章固化一批政策,通过延期实施方式续期一批政策,通过修改相关收费依据调整一批政策。四是清理规范一批涉企经营性服务收费项目。针对社会中介组织服务收费过高问题,进一步加强涉企经营性服务收费的管理,引导行政审批中介服务机构规范收费标准,适当降低收费水平,不断提高服务效率。

(二)企业要充分发挥好减负降本主体作用

企业是生产经营的主体,也是降低成本的主体。必须以"三换"为抓手,最大限度地发挥企业对降低生产经营成本的主观能动性。一是大力实施"机器换人",着力破解企业用工成本过高问题。工业化国家的经验表明,降低企业用工成本的根本出路在于"机器换人"和智能制造。2018年初再度抬头的企业招工难问题,要求我们进一步提高"机器换人"的广度,推动"机器换人"从大中型企业向小微企业延伸,不断扩大机器换人的"覆盖面";进一步提高机器"换人"的深度,推动"机器换人"从部分环节向多环节多领域拓展,从自动化改造向智能化制造推进。二是大力实施管理换脑,着力破解企业管理成本过高问题。引导企业向管理要效益,大力推行全面预算管理,强化预算全过程控制和刚性约束;全面实施目标成本管理,通过强化定额和对标管理,严格限制和监督各项成本费用支出;积极实施精益管理,不断提高资源能源集约化管理水平。三是大力实施技术换代,着力破解企业制造成本过高问题。企业要降低制造成本,必须重视技术创新。通过优化产品结构设计,实现对价格相对昂贵的稀缺生产要素的替代,不断降低产品的单位成本。积极运用先进技术和信息技术改造传统设备和装置,全面降低企业的物质消耗。

(三)市场要全面发挥好减负降本决定性作用

能源原材料成本是企业成本中占比最大的成本,也是市场化程度最高的成本,必须充分发挥市场在资源配置中的决定性作用。一是加快推进生产要素市场化配置改革。从广度和深度上推进能源、资源、资本、利率、土地、劳动力等要素的市场化改革,大幅度减少政府对资源要素价格的干预和直接配置,保证各种所有制经济依法平等使用生产要素。建立完善的生产要素市场体系,积极推进以政府定价为主的成品油、电力、天然气、通信、利率等要素的市场化改革。加快构建电力市场交易平台,逐步实现公益性以外的发售电价格由市场形成;探索推行油气市场定价机制,除民生用气外,其余定价权由市场决定;加快建立煤热价格联动机制,进一步规范热力市场定价;完善央行利率调控和传导机制,进一步提高金融机构自主定价能力。二是积极参与大宗商品价格稳定机制建设。目前我国已经建立了一些大宗商品交易场所,对部分大宗商品价格的确定初步确立了话语权。浙江省应结合本省优势产业,创造条件参与国家大宗商品交易市场建设。同时,积极推进国际大宗商品价格稳定合作,主动加强与主要大宗商品供应国的联系,促进其稳定大宗商品供应。引导企业创新大宗商品金融化交易工具,尽量对冲国际投机交易波动;抓住"一带一路"战略的有利机会,加快对国际大宗商品资源生产企业的并购,加强对大宗商品资源供应的控制。

(四)社会中介要积极发挥减负降本助推作用

发达的中介服务体系既是提高社会生产效率的重要途径,也是降低企业成本的重要方式。破解经营性服务收费过高问题,必须从完善中介服务体系入手。一是加快补齐中介服务短板。围绕环评、能评、安评、震评、水评、交评、灾评、文评、雷评、气评、图审等中介服务领域,加快推进从事审批中介服务的事业单位转企改制步伐,放开发展一批市场化的中介服务机构。通过增加市场化服务主体、推进市场化竞争的办法提高中介服务质量、降低中介服务收费。二是加快建立同台竞争平台。鼓励建立"涉企中介服务超市",彻底改变中介服务机构分散难寻、信息不对称、竞争不充分、收费价格高、服务不规范等状况。

第五节　全面深化"亩均论英雄"改革

深化"亩均论英雄"改革是地方经济治理的一场深刻革命,是践行"腾笼换鸟、凤凰涅槃"理论的改革实践,是推动经济高质量发展的重要机制,核心就是通过企业"亩均效益"综合评价和资源要素差别化配置,推动资源要素向优质高效领域集中,让浙江有更多"吃得少、产蛋多、飞得远的俊鸟"。课题组回顾总结浙江深化"亩均论英雄"改革10多年以来的历程成效和做法启示,结合新时代高质量发展的新要求,提出深化"亩均论英雄"改革的思路及对策建议。

一、"亩均论英雄"改革的主要历程及成效

浙江"七山一水两分田",作为市场先发地区,浙江率先遇到了"成长的烦恼"和"转型的阵痛",资源、环境等要素制约不断加剧,粗放型外延式的增长方式已难以为继。如何突破资

源要素制约？早在2004年底，时任浙江省委书记习近平总书记就提出了"腾笼换鸟、凤凰涅槃"。在"两鸟"理论的指引下，"亩均论英雄"改革不断深化，主要经历了三个阶段：

基层探索阶段（2006—2012年）。一件"新鲜事"拉开改革探索的序幕。2006年，绍兴县（现绍兴市柯桥区）结合经济社会发展实际，在全国率先提出"亩产论英雄"的发展理念，以提高"亩产效益"为核心，围绕节约集约用地、节能降耗减排等重点，公布企业效益"排行榜"，探索建立导向、准入、制约、激励"四大机制"，通过正向激励和反向倒逼，引导企业走科学发展之路，促进经济结构调整和发展方式转变。"亩产论英雄"的发展理念得到了地方政府、企业及社会各界的认同，2006年7月30日，《人民日报》头版头条刊登《以"亩产"论英雄 浙江绍兴县节约集约用地纪实》文章，向全国介绍推广绍兴县的先行先试做法，温州、嘉兴、金华等不少地方也开始积极探索实践。这一阶段的重点是解决思想认识问题，结合学习贯彻科学发展观，创造性地将追求粮食亩产的理念应用到工业领域，率先提出"亩产论英雄"并进行了有效实践，同时，探索试行与"亩产效益"紧密挂钩的城镇土地使用税、排污费等激励和倒逼政策，引导企业变粗放扩张为集约发展，促进经济转型升级发展。

试点拓面阶段（2013—2014年）。一项改革试点开启制度设计的系统化探索。2013年9月，浙江省政府印发《关于海宁市要素市场化配置综合配套改革试点总体方案的批复》，在海宁市启动开展以"亩产效益"为导向的资源要素市场化配置综合配套改革试点。2014年，省政府召开资源要素市场化配置改革推广工作现场会，时任常务副省长袁家军出席会议并要求"以'亩产效益'为核心，以精准化配置为导向，以差别化措施为手段，推进资源要素市场化配置改革"，同时，省政府办公厅先后印发《关于推广海宁试点经验加快推进资源要素市场化配置改革指导意见的通知》和《关于在杭州市萧山区等24个县（市、区）推广开展资源要素市场化配置综合配套改革的复函》，选择改革意愿强烈、资源要素瓶颈制约突出的24个县（市、区）开展改革扩面试点。这个阶段的重点是深化"亩产论英雄"，逐步在"24+1"个试点县（市、区）中建立完善以"亩产效益"为导向，综合考虑亩均产出、亩均税收、单位能耗、单位排放等指标，分类分档、公开排序、动态管理的企业综合评价机制，并根据评价结果完善落实差别化的资源要素配置和价格政策措施。

推广深化阶段（2015年至今）。一系列总体部署开始改革的整体性推进。2015年，省政府印发《关于全面开展县域经济体制综合改革的指导意见》，明确全面建立以"亩产效益"为导向的资源要素差别化配置机制、全面推进正向激励与反向倒逼相结合的产业结构调整创新机制等五项主要任务。2016年，省委、省政府印发《关于坚定不移持续深入打好经济转型升级系列组合拳的若干意见》，把"推广完善'亩产论英雄'机制"作为组合拳之一，并提出工作要求。2017年底，省委车俊书记在省委经济工作会议上强调，要深化"亩均论英雄"改革。2018年，经省委全面深化改革领导小组会议和省政府常务会议审议通过，省政府出台《关于深化"亩均论英雄"改革的指导意见》，建立由省政府主要领导担任组长的省深化"亩均论英雄"改革工作领导小组，召开全省深化"亩均论英雄"改革大会，"亩均论英雄"改革进入全面深化阶段。

　　经过十多年的探索实践,浙江"亩均论英雄"改革成效不断显现。一是区域经济集约水平稳步提高。2017年,全省经济密度①为0.49亿元/km²,居全国各省(区)第三(江苏0.8亿元/km²、广东0.5亿元/km²),比2013年的0.36亿元/km²提高36.1%;单位建设用地GDP②为26.2万元/亩,居全国各省(区)第二,比2013年的20.3万元/亩提高29.1%;单位建设用地地方财政贡献③2.9万元/亩,居全国各省(区)第二(广东3.7万元/亩),比2013年的2.0万元/亩提高45%。二是规上工业亩均效益明显提升。2017年,全省规上工业亩均税收25.5万元,比2013年的12.6万元增长102.4%;规上工业亩均增加值103.2万元/亩,比2013年的85.8万元/亩增长20.3%;规上工业全员劳动生产率21.6万元/人·年,比2013年的16.9万元/人·年增长27.8%;规上工业R&D经费支出与主营业务收入之比为1.56%,比2013年的1.02%提高0.54个百分点。三是全国影响不断扩大。全国政协有关领导对浙江"亩均论英雄"改革工作给予批示肯定。国务院发展研究中心刊发调查研究报告《积极探索区域经济高质量发展的新路径——浙江"亩均论英雄"改革的经验与启示》。上海、广东、江苏、山东、河北、安徽、广西等地先后派人来浙江考察,其中广东、江苏、山东、河北等地已出台全省性指导文件,其他地区的不少市、县也借鉴浙江做法开展相关工作。如图11-8至图11-10、表11-3所示。

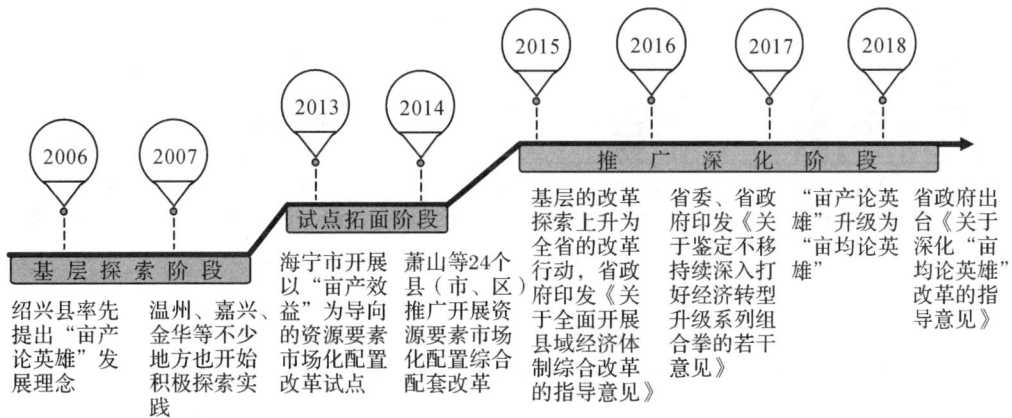

图11-8 "亩均论英雄"改革的主要历程

———————————————

① 经济密度是区域国内生产总值与区域面积之比,反映了一个地区单位面积上经济活动的效率和土地利用的密集程度。

② 单位建设用地GDP是区域国内生产总值与建设用地面积之比,反映单位建设用地面积土地经济效益的水平。

③ 全省单位建设用地地方财政贡献是指不含中央税收返还和转移支付的地方一般公共预算收入与建设用地面积之比,反映单位建设用地对财政的贡献度。

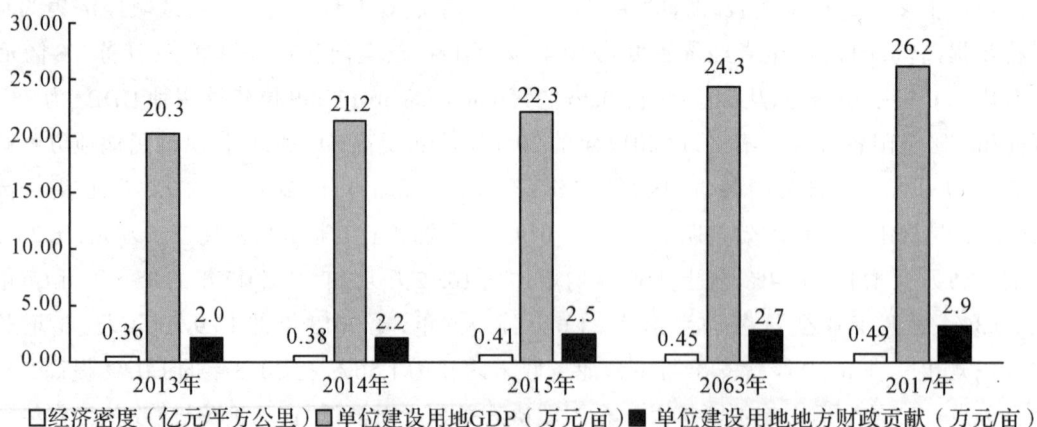

图 11-9　2013-2017 年浙江省区域经济集约水平情况

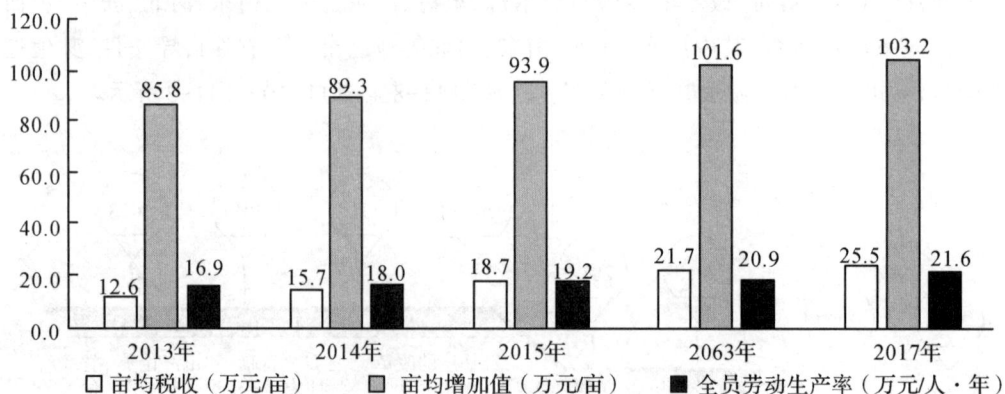

图 11-10　2013-2017 年浙江省规上工业亩均效益情况

表 11-3　部分省市出台的"亩均论英雄"改革有关政策主要内容

省市	政策文件名称	有关主要内容
上海市	《关于面向全球面向未来提升上海城市能级和核心竞争力的意见》（沪委发〔2018〕14号）	着力提高经济密度，提高投入产出效率；形成推动高质量发展的指标体系、统计体系和考核评价体系，以及以"亩产论英雄""以效益论英雄""以能耗论英雄""以环境论英雄"的激励约束机制
广东省	关于印发广东省降低制造业企业成本支持实体经济发展若干政策措施（修订版）的通知（粤府〔2018〕79号）	探索建立制造业企业高质量发展综合评价体系，引导资源向优质企业和优质产品集中

续表

省市	政策文件名称	有关主要内容
江苏省	《关于开展工业企业资源集约利用综合评价工作指导意见(试行)》(苏政办发〔2017〕143号)	全省启动工业企业资源集约利用综合评价工作。总体目标为2018年底,江苏要完成对全省所有工业企业资源集约利用综合评价数据信息归集全覆盖;2020年底,完成对全省规模以上工业企业、用地3亩及以上的规模以下工业企业和全部重点排污工业企业资源集约利用综合评价全覆盖。根据企业综合评价得分高低排序,将企业分为ABCD四类
山东省	《关于加快县域经济健康发展转型发展的若干意见》(鲁办发〔2018〕33号)	推进资源要素配置市场化。完善差别化的资源性产品价格形成机制,整合用能权、技术、信息等各类要素,建立区域性交易平台,促进资源要素市场化配置。探索建立以单位土地面积实际产出效益及单位工业增加值排放量等为主要内容的企业分类综合评价机制,对规模以上企业实行分类分档、年度测评、动态管理,根据测评结果确定资源要素配置方案和差别化价格,限制低效产业的土地、能源等要素供应,加快落后产能淘汰和低效企业改造提升
湖北省	《关于加快新旧动能转换的若干意见》(鄂政发〔2018〕15号)	建立适应新经济发展的要素配置机制。建立差别化的资源要素价格形成机制和动态调整机制,对新经济领域的企业实行水电气等生产要素优先供给、优惠价格。加快完善省、市两级公共资源交易平台运行机制,规范全省公共资源交易规则、流程和标准,提高资源要素配置效能
河北省	《关于加快推进工业转型升级建设现代化工业体系的指导意见》(冀政发〔2018〕4号)	建立以用地、税收、产出、能耗、排放等为主要衡量指标的工业企业质量效益综合评价体系,开展对工业企业的综合评价。用活环境容量和能耗总量指标,优先保证转型升级重大项目需求

二、"亩均论英雄"改革的主要做法及启示

按照省委、省政府有关决策部署,浙江各地以工作体系、指标体系、评价体系、政策体系为重点,不断深化推进"亩均论英雄"改革,抓出了成效,形成了机制,积累了经验。

(一)着力形成工作体系

省市县三级联动、部门协同,基本形成一级抓一级、层层抓落实的工作体系。省级层面,根据省委要求,省委改革办将"亩均论英雄"改革列入2018年省重大改革项目专项督察计划,省政协主席葛慧君赴嘉兴开展专题调研,主席会议成员带队分赴全省11个地市开展专项督察,省政府办公厅组织开展专题督查调研;经省政府同意,省亩均领导小组制定《深化"亩均论英雄"改革任务责任分工及2018年工作要点》,做好年度工作组织实施;省亩均办印

发《贯彻落实袁家军省长在全省深化"亩均论英雄"改革工作会议讲话有关任务分解清单》《深化"亩均论英雄"改革下步重点工作任务及责任分工》,推动大会精神贯彻落实和有关重点任务落地;省转升办会同省级有关部门,分别于2015年、2016年、2017年出台《关于全面推行企业分类综合评价加快工业转型升级的指导意见(试行)》《关于三级联动抓好企业综合评价工作的通知》《关于全面深化企业综合评价工作的意见》,并积极推动工作落实。市县层面,全部成立由政府领导担任组长的深化"亩均论英雄"改革工作领导小组,11个设区市和57个县(市、区)出台贯彻落实省政府文件实施意见,大部分市县召开有关会议部署推进改革。

(二)着力完善指标体系

改革探索初期设置亩产税收、亩产销售等评价指标,从以"规模""增幅"论英雄转变为以"亩产效益"论英雄,引导企业重视提高节约集约用地水平;后增加单位能耗增加值、单位排放增加值评价指标,引导企业更加重视节能降耗减排,加快绿色发展。2017年初,经省政府专题会议研究,全省统一新增全员劳动生产率、R&D经费支出与主营业务收入之比2个指标,从而形成了规上工业企业6项评价指标,引导企业对标先进、补齐短板,加强技术、管理、制造方式和商业模式等创新,加快提升亩均产出效益。规下工业企业按照数据"真实可靠、简便易行"的原则,以亩均税收等指标为主。规上服务业企业以亩均税收、亩均营业收入等指标为主。2017年,省转升办联合11个部门,对全省工业企业综合评价涉及的用地面积、税收贡献、单位排放等指标口径进行统一规范。同时,为体现差异性,明确生态承载能力弱的地区,单位能耗增加值、单位排污权增加值等绿色发展指标的权重可适当加大;工业基础较好的地区,亩均增加值、亩均税收等指标权重可适当加大。

(三)着力健全评价体系

按照"强化导向、自下而上、先简后全、全省联网、重在应用"的基本思路,以县(市、区)为主体,建立完善导向清晰、指标规范、权重合理、分类分档、结果公示的企业综合评价体系。企业评价结果由不同档次统一为四档,对6项指标权重和分档比例也作出原则性规定。为使评价更合理,各地对当地经济社会发展贡献大、转型升级和创新发展示范作用强的企业,视情况给予合理加分;对新升规模以上企业、新设立企业、重大项目建设期内企业,设置不超过3年过渡期。2017年,全省除电厂、燃气、垃圾焚烧等社会公益性及过渡期内企业外,完成34827家规上工业企业综合评价,同时,还拓展到用地5亩以上规下工业企业,有些地方已做到工业企业全覆盖,有些地方已拓展到物流等服务业领域。2018年,全省完成80993家规上和用地5亩以上规下工业企业综合评价,其中A类企业10872家、用地40.4万亩、税收贡献2399.9亿元,分别占总数的13.4%、21.7%、64.7%,是扶优扶强的重点对象;亩均税收1万元以下低效企业13730家、用地30.1万亩、税收贡献9.6亿元,分别占总数的17.0%、16.1%、0.3%,是改造提升、淘汰落后的重点目标。省级层面还完成了11个设区市、89个县(市、区)、76个经济开发区和制造业"亩均论英雄"绩效报告。

(四)着力深化政策体系

改革实施以来,省政府及有关职能部门制定完善资源要素差别化政策措施,深化综合评价结果应用。

1. 实施企业资源要素差别化政策

在切实推进降本减负的基础上,各县(市、区)政府依据企业"亩产效益"综合评价结果,依法依规实施用地、用电、用水、用气、排污等资源要素差别化政策。一是差别化用地。按照《浙江省人民政府办公厅关于开展调整城镇土地使用税政策促进土地集约节约利用试点工作的通知》和《浙江省人民政府办公厅关于全面开展调整城镇土地使用税政策促进土地集约节约利用工作的通知》,明确在全省范围内所有行业纳税人统一实行分类分档的城镇土地使用税减免政策,由各市县政府在权限范围内自行研究确定土地登记划分级数、范围和使用税额标准。2017年以来,全省各地减免城镇土地使用税53.3亿元;今年以来,优先安排A、B类企业新增用地2.5万亩。二是差别化用电。浙政发〔2015〕31号文件明确,差别电价政策实施主体和责任主体由各设区市人民政府调整为各市、县(市、区)人民政府,各县(市、区)在执行国家、省和所在设区市有关差别电价政策的基础上,结合实际制定实施细则并组织认定执行。2017年以来,全省各地征收差别化电价2.9亿元;今年以来,优先安排A、B类企业进行电力直接交易试点,降低企业用电成本15.6亿元。三是差别化用水。省物价局有关文件明确,各地可对医药、化工、造纸、化纤、印染、制革、冶炼等行业中的高污染高水耗企业,结合综合评价结果依法依规实施差别水价政策。差别水价的加价标准和实施企业由当地政府根据实际确定。2017年以来,全省各地征收差别化水价3211万元。四是差别化排污。浙政办发〔2014〕65号文件明确,建立差别加价的污水处理收费制度。浙政发〔2015〕31号文件明确,在污水处理费标准不低于国家最低标准的前提下,非居民生活污水处理收费价格,由市、县(市、区)政府自行确定。2017年以来,全省各地征收差别化排污费2.16亿元。

2. 推进资源要素区域差别化配置

加大资源要素差别化配置和叠加利用,按照利用效率高、要素供给多的原则,构建年度政府性资源要素分配与市、县(市、区)"亩均效益"绩效挂钩的激励约束机制。一是构建年度用地计划的激励约束机制。对通过盘活存量建设用地提高亩均税收、亩均增加值的市、县(市、区),按规定下达年度新增建设用地挂钩计划,今年已差别化下达建设用地挂钩计划35576亩。二是构建年度用能的激励约束机制。制订《浙江省能源"双控"考核奖励办法》,对低于全省单位生产总值能耗平均水平的设区市政府按照一定标准奖励,高于全省单位生产总值能耗平均水平的设区市政府按照一定标准实施扣罚。三是构建年度单位GDP碳排放的激励约束机制。完善市、县(市、区)碳排放量和单位GDP碳排放降低率核算、考核等有关制度,对单位GDP碳排放降低率高的市、县(市、区)在控制温室气体排放政策上予以倾斜。四是构建年度主要污染物排放量的激励约束机制。完善主要污染物总量指标量化管理、总量削减替代、总量控制激励等制度,对单位排放增加值高的市、县(市、区),在主要污染物总量减排上给予倾斜。五是构建年度创新要素的激励约束机制。制定《浙江省高新技术产业园区评价办法》，将单位土地产出强度、全员劳动生产率等作为重要评价指标，对"亩均效益"高的市县、园区和产业，优先布局产业创新服务综合体等创新平台或载体。

3. 推动资源要素跨区域市场化交易

落实《浙江省整合建立统一的公共资源交易平台实施方案》，建立完善要素市场交易平台体系。不断扩大公共资源交易平台范围，全省公共资源交易平台基本整合到位，省级平台完成电子化整合，地市平台完成一体化整合。加快建设国有建设土地使用权出让网上交易平台，2018年以来，全省通过网上交易系统成交土地3548宗，出让面积15.2万亩，成交总额5853亿元。

省委车俊书记在2018年年初全省全面深化改革大会上指出，"我们在工业领域推出了'亩均论英雄'改革，不但促进了传统产业改造提升，而且推动了新动能的培育发展"。总体来看，"亩均论英雄"改革的不断探索深化，是"自下而上"和"自上而下"共同推进改革、提升发展质量效益的现实成果，更是全面深化改革在浙江的创新实践。主要得益于三个方面：一是一任接着一任干，不断迭代创新。浙江"亩均论英雄"改革从基层探索、试点推广上升为省级战略，跨越了三个阶段，历时十年，成果来之不易，是各级党委、政府担当负责、一任接着一任干、不断创新的结果。二是尊重基层首创精神，不断探索实践。"亩均论英雄"改革是贯彻习近平总书记"腾笼换鸟、凤凰涅槃"重要理论的生动实践，改革始于基层，经验源于基层，路径初创于基层。基层的先行先试、不断探索，为改革少走弯路、继续深化积累了宝贵经验。三是联动推进各项改革，发挥"组合拳"效应。"亩均论英雄"改革被高度认同、影响不断扩大，还体现在改革的系统性，与"能评、环评"改革、"标准地"改革等重点领域改革联动推进，释放了改革红利。

三、深刻认识新时代全面深化"亩均论英雄"改革的重要意义

党的十九大报告提出，我国经济已由高速增长阶段转向高质量发展阶段，"十三五"时期更是浙江省强化创新驱动、推进新旧动能转换的关键期。全面深化"亩均论英雄"改革，作为调整产业结构、转变发展方式、迈向高质量发展的重要机制和有力抓手，具有重要的时代意义和现实意义。

全面深化"亩均论英雄"改革是全面贯彻落实习近平总书记"腾笼换鸟、凤凰涅槃"理论的改革实践。2004年底，时任浙江省委书记习近平在浙江全省经济工作会议上指出，"要破解浙江发展瓶颈，必须切实转变经济发展方式，实施'腾笼换鸟'""浙江只有凤凰涅槃，才能浴火重生"。2006年，时任浙江省委书记习近平发表《从"两只鸟"看结构调整》，系统阐述了"两鸟理论"，明确提出推进经济结构的战略性调整和增长方式的根本性转变，要养好"两只鸟"：一个是"凤凰涅槃"，另一个是"腾笼换鸟"。"凤凰涅槃"，就是要拿出壮士断腕的勇气，摆脱对粗放型增长的依赖，大力提高自主创新能力，实现产业和企业的浴火重生、脱胎换骨。"腾笼换鸟"，就是要积极参与区域合作，为浙江的产业高度化腾出发展空间，并积极引入优质外资和内资，对接国际市场，培育和引进吃得少、产蛋多、飞得高的俊鸟。"两鸟理论"深刻

地说明了"转方式、调结构"的重大意义和方向路径。从"亩产论英雄"到"亩均论英雄"改革,正是"两鸟"理论在新时代浙江的深化实践,核心就是通过企业亩产效益综合评价和要素资源的差别化配置,推动资源要素向优质高效领域集中,实现效益最大化和效率最优化,让浙江有更多"吃得少、产蛋多、飞得远的俊鸟",加快实现经济结构的战略性调整和增长方式的根本性转变。

全面深化"亩均论英雄"改革是加快推动经济高质量发展的有效行动。2017年,习近平总书记在中央经济工作会议上强调,高质量发展应该不断提高劳动生产率、资本效率、土地效率、资源效率、环境效率,不断提升科技进步贡献率,不断提高全要素生产率。浙江是资源小省,资源要素空间有限,截至2017年底,全省适宜开发的建设用地不足20000km²,可利用土地资源不足10000km²,人均土地面积为全国的1/3,可用的土地资源分别是江苏的1/3、广东的1/4,而全省土地开发强度已经达到12.4%,已接近2020年13%的控制性临界值;投入产出效率不高,2017年,全省经济密度每平方公里0.49亿元,对标国际,低于韩国的1200万美元(按1:7汇率折算为0.84亿元),对标国内,低于江苏省的0.80亿元和广东省的0.50亿元,其中,杭州每平方公里0.72亿元,低于深圳的9.76亿元;节能减排任务很重,按照"十三五"节能减排目标,到2020年全省单位生产总值能耗每年下降3.7%,单位工业增加值能耗比2017年下降7.8%以上,全省二氧化硫下降17%、氮氧化物下降17%、化学需氧量下降19.2%、氨氮下降17.6%,今后三年还要减排1.8个、7.1个、10.1个和7.7个百分点。高质量发展必须不断提高资源要素使用效率,全面深化"亩均论英雄"改革,以最小的资源环境消耗获取最大的发展效益,加快破解"天花板"制约、消除成长的烦恼,加快实现质量变革、效率变革、动力变革,打造全面践行新发展理念的高地。

全面深化"亩均论英雄"改革是增创"市场有效、政府有为、企业有利、百姓受益"体制机制新优势的最佳结合点。2006年,习近平总书记指出,深化市场取向的改革,关键是要处理好政府与市场的关系,即处理好"看得见的手"与"看不见的手"这"两只手"之间的关系;"在经济运行上,市场这只手调节微观领域的经济活动,政府这只手用来制定游戏规则、进行宏观调控"。十八届三中全会也明确指出,经济体制改革是全面深化改革的重点,核心问题是处理好政府和市场的关系,使市场在资源配置中起决定性作用,并更好地发挥政府作用。深化"亩均论英雄"改革,一是充分发挥市场在资源配置中的决定性作用,把企业单位资源的市场产出作为综合评价的主要依据。二是更好发挥政府作用,利用政府掌握的资源要素作为杠杆,设立资源要素差别化配置规则,有效地弥补市场在部分要素领域调节功能的缺位。三是坚持正向激励与反向倒逼相结合,促进生产要素从低质低效领域向优质高效领域集中,提升了企业亩均效益和市场竞争力;四是企业效益的提升,拓展了企业的利润空间,减少了资源消耗和环境污染,有利于提高老百姓的劳动报酬,改善工作和生活环境,真正做到市场有效、政府有为、企业有利、百姓受益。

全面深化"亩均论英雄"改革是进一步破解改革实践中实际困难问题的必然选择。2018年9月,习近平总书记在中央全面深化改革委员会第四次会议强调,要投入更多精力、下更大气力抓落实,加强领导,科学统筹,狠抓落实,把改革重点放到解决实际问题上来。2018年以来,根据省委要求,省政协组织开展"亩均论英雄"改革专项督察,省政府办公厅开展"亩均论英雄"改革专题督查调研,发现改革实践中还存在不少困难和问题:一是科学评价难。全省各地产业结构不一,服务业门类多、区别大,经济开发区、小微企业园、特色小镇等平台定位和核心功能各异,导致当前一些地方的评价指标体系针对性还不够强、精准度还不够高。二是政策推进难。从改革实践看,城镇土地使用税减免政策实施比较到位,水电气价、排污费等差别化政策有待进一步落地,有的地方还没有实施差别化倒逼政策,对相关政策的执行力度也存在区域不平衡情况。甚至有个别地方存在简单化、"短平快"现象,比如,把亩均税收指标权重超过70%以增加地方税收;让亩均税收1万元以下的企业简单关停退出;对C、D类企业一刀切实施差别电价加价政策等。三是倒逼退出难。在实践中,普遍存在末档企业退出困难,甚至有的劣势企业已经歇业,却没有淘汰退出的有效办法。另外,企业在收购转让城镇低效用地时,各项税费累计可能超过交易费用的30%,影响了企业积极性。四是数据共享难。综合评价指标涉及土地面积、税收、工业增加值、排放等多项内容,涉及国土、税务、统计、环保、市场监管等多个部门,有些政府部门特别是统计部门受统计法实施条例等规定制约,数据资源共享仍面临较大障碍。这些改革实践中的困难和问题,就是"亩均论英雄"改革亟待研究和解决的"硬骨头",也是全面深化改革的重点所在。

四、全面深化"亩均论英雄"改革的思路及对策建议

全面深化"亩均论英雄"改革要按照省委、省政府有关决策部署,以"腾笼换鸟、凤凰涅槃"理论为指引,以高质量发展为导向,以供给侧结构性改革为主线,突出向规划要亩均、向产业要亩均、向项目要亩均、向创新要亩均、向提升要亩均、向倒逼要亩均、向要素要亩均、向机制要亩均,围绕"135"改革目标,把握"四个坚持",抓好"5个高"重点任务,大力推进"亩均论英雄"改革全面深化、取得实效,为奋力推进"两个高水平"建设、加快实现实体经济高质量发展奠定坚实基础。

(一)明确"135"改革目标

2018年至2022年,建议深化"亩均论英雄"改革的主要目标是:1年大提升,3年走前列,5年成示范。

1. 1年大提升

2018年"亩均论英雄"改革要取得重大进展,规上工业企业亩均税收、亩均增加值、全员劳动生产率均提高7%,低效企业整治工作取得新突破,全面启动规上服务业企业、经济技术开发区、特色小镇的亩均效益评价,初步建成统一数据处理标准、统一评价指标体系、统一数据接口规范的"亩均论英雄"大数据平台。

2. 3年走前列

到2020年,"亩均论英雄"改革要走在全国前列,区域"亩均效益"达到全国领先水平,规上工业亩均税收、全员劳动生产率、亩均增加值分别达27万元/亩、27万元/人·年、120万元/

亩,亩均税收1万元以下的低效企业基本出清,基本实现所有工业企业、规上服务业企业(不含批发零售住宿餐饮、银行证券保险行业和房地产开发)、开发区(园区)、特色小镇(不含历史经典产业特色小镇)亩均效益评价全覆盖,全面建成"亩均论英雄"大数据平台,形成科学公正的亩均评价体系和高效有序的资源配置体系。

3. 5年成示范

到2022年,规上工业亩均税收、全员劳动生产率、亩均增加值分别达到30万元/亩、30万元/人·年、140万元/亩,小微企业全部入园,基本实现"园区之外无企业",服务业的发展质量显著提升,开发区(园区)和特色小镇成为全面践行新发展理念的平台,当好高质量发展的排头兵。

(二)把握"四个坚持"

在实际工作中,要坚持三级联动、坚持依法行政、坚持降本减负、坚持精准服务。

一是坚持三级联动。充分发挥县(市、区)深化改革的主体作用,推进重点任务落实和重大措施落地,省市县三级协同联动,以"最多跑一次"改革为牵引,增强改革的系统性、有效性。

二是坚持依法行政。充分运用市场化、法治化手段,提高依法行政的意识和水平,依法依规实施资源要素差别化配置政策,避免简单化、一刀切,确保改革在法治轨道上深化推进。

三是坚持降本减负。以不抬高市场成本、社会成本为限,为市场在资源要素配置中发挥决定性作用提供基础制度支撑,坚决防止借改革之名变相提价收费的行为,营造良好的营商环境。

四是坚持精准服务。结合"亩均效益"评价结果,以差别化措施为手段,完善激励倒逼机制,叠加运用各类政策措施,加大对优质企业支持力度,分类施策,帮扶低效企业加快改造提升。

(三)抓好"5个高"重点任务

重点抓好高起点打好改革组合拳、高水准开展"亩均效益"综合评价、高效率推进资源要素优化配置、高标准推动产业创新升级、高水平建设省"亩均论英雄"大数据平台等5项工作任务。

1. 高起点打好改革组合拳

"亩均论英雄"不是孤零零的单项改革,而是系统性的综合改革,与当前多项重大改革互为关联,一子落定,满盘皆活。"亩均论英雄"改革是打基础,能评、环评改革是减环节,"标准地"改革是定标准,企业投资审批"最多跑一次、最多100天"是目标。四大改革环环相扣、层层递进,形成了企业"最多跑一次"改革路径。

一是全面推广"区域能评、环评+区块能耗、环境标准"改革。开展区域能评、环评改革,制定统一的能耗、环境标准,建立区域负面清单,对负面清单内的项目实行能评、环评管理,对负面清单外的项目实行承诺备案管理,加快形成"能源'双控'+分类管理+能效标准"的工作机制和"区域环评+环境标准"模式,创新环评审批验收管理方式,同时依法加强事中事后监管,以更精准的"管",促进更大幅度的"放",为实体经济营造更好的发展环境。

二是加快推进企业对标竞价的"标准地"改革。"标准地"是"亩均论英雄"改革在项目招引阶段的应用,是企业投资项目审批实现"最多跑一次"的基础。所谓"标准地",就是带着建设规划、能耗、环境、投资强度、亩均税收等一系列标准出让建设用地,企业拿地后通过"一窗受理"即可开工,建成投产后按法定条件和既定标准进行验收。全省可以在德清率先试点探索并取得良好成效的基础上,适时总结推广改革试点经验。

三是将"最多跑一次"改革进行到底。全面推广"一窗受理、集成服务",年底前所有企业事项实现"一次办结",其中80%以上开通网上办理。加快推行企业投资项目审批由行政服务中心一窗受理、相关部门由发改部门代跑、环评能评安评等审批中间环节由职能部门代办,在2017年年底前全面实现企业投资项目开工前审批全流程最多跑一次、最多100天。

2. 高水准开展"亩均效益"综合评价

"亩均论英雄"改革涉及面广、利益关系复杂。综合评价作为衡量企业和区域亩均效益的"标尺",要紧紧围绕高质量发展要求,尽快扩面拓展,做到应评尽评。

一是抓好企业综合评价。综合考虑经济效益、社会效益、环境效益和创新能力等因素,进一步完善企业评价指标体系:高新技术企业,可统一纳入工业和服务业企业"亩均效益"评价,发展初期给予扶持培育,引导企业创新发展;工业企业,按照省政府文件要求,开展6项指标年度评价,同时加强税务、电力等部门联动,开展亩均税收、用电税收等指标季度监测;服务业企业,基于门类多、区别大的情况,可先在24个服务业强县选择部分行业进行试点,经验成熟后再在全省推广。

二是抓好区域平台综合评价。突出地方特点和平台功能,对于生态承载能力弱的地区,单位能耗增加值、单位排污权增加值等绿色发展指标的权重可适当加大;对于科技创新能力较弱的地区,研发投入占比等指标权重可适当加大;对经济开发区、小微企业园区、特色小镇等平台,要集中体现平台定位和核心功能,不搞"一刀切"。省级层面要尽快出台经济开发区、小微企业园区、特色小镇的"亩均效益"评价办法,更好地指导、推动地方开展有关工作。

三是抓好行业综合评价。突出行业特色,体现针对性,鼓励地方抓住主导行业,开展分行业"亩均效益"综合评价,加快优化产业结构,集中资源大力发展"亩均效益"优势产业,合理转移和淘汰不适合继续留在当地发展的产业。

3. 高效率推进资源要素优化配置

"亩均效益"评价是基础,推动资源要素优化配置是关键,建议按照"省级层面主要制定面向市县的规则、标准,引导资源要素在市县之间优化配置;市县层面主要制定面向企业和项目的规则、标准,引导资源要素在企业和项目之间优化配置"的工作思路,加快形成生产要素从低质低效领域向优质高效领域流动的机制。

一是落实区域资源要素差别化配置,推动资源向产出高的地区倾斜。按照利用效率高、要素供给多的原则,落实用地、用能、排污、创新等要素分配与市县"亩均效益"绩效挂钩的激励约束机制,推动有限的资源向高产高效区域集中。同时,要落实好生态环境财政奖惩制度,促进生态功能区绿色发展。比如在用地方面,要尽快落实2018年《省政府工作报告》有关"工业亩均税收低于全省平均水平的,适当减少新增工业用地指标"的要求,同时,可以研究差别化的新增建设用地计划分配与存量建设用地盘活挂钩比例,在总体新增建设用地计划指标范围内,亩均税收高的地区挂钩比例从3∶1适当提高为2∶1,亩均税收低的地区挂钩比例相应适当降低,进一步提升存量建设用地的盘活利用效益。

二要完善企业资源要素差别化政策,推动资源向产出高的企业倾斜。要突出降本减负和依法依规,防止简单化和"一刀切"。在全面落实降本减负政策基础上进一步叠加,运用财政、土地、金融、人才等政策措施,加大对A、B类企业正向激励,支持优质企业兼并重组低效企业,降低制度性交易成本,充分运用市场化、法治化手段,按照行业和企业相结合的思路,依法依规实施差别化用地、用电、用水、排污等政策措施,营造有利于促进优胜劣汰的良好环境。建立"一企一策"制度,帮扶低效企业通过追加投资、兼并重组、分割转让、整合入园、依法关停、异地搬迁等方式,加快改造提升。国家发展改革委出台了《关于创新和完善促进绿色发展价格机制的意见》,对企业差别化用电、用水、排污等政策和价格机制,提出了新的政策要求,建议省级层面可以尽快研究制定资源要素差别化政策的规范性指导意见。

三是推动资源要素跨区域市场化交易,让资源流动起来。2013年,海宁市组建了全省首家县级市综合性要素交易所,土地、排污、用能等要素交易日益活跃,如排污权一级市场交易从2014年的138次增加到2017年的826次。省级层面要依托浙江政务服务网和省公共资源交易平台,整合建立规则统一、公开透明、服务高效、监督规范的要素市场交易平台体系,加快推动土地、用能、排污权等资源要素更大范围的市场化交易,进一步提高要素使用效率。

4. 高标准推动产业创新升级

推动经济发展方式由要素驱动型向创新驱动型转变,推动产业迈向中高端,加快提升产业的创新力和竞争力,是"亩均论英雄"改革的出发点和落脚点。

一是制定实施行业投资强度和产出效益规范。结合全省制造业行业"亩均论英雄"绩效评价结果,省级层面每年发布全省新增项目投资强度和产出效益规范指南,主要包括亩均税收、亩均增加值、全员劳动生产率、单位能耗增加值、单位排放增加值、研发经费支出与主营收入之比6个指标。各地可结合"亩均效益"情况和产业转型升级需要,提高标准、细化行业,制定执行制造业行业新增项目投资强度和产出效益规范条件。

二是开展"亩均效益"领跑者行动。在制造业、服务业、特色小镇、经济技术开发区等领域实施"亩均效益"领跑者行动,发布领跑者名单,树立先进典型,宣传推广"腾笼换鸟"法、"机器换人"法、空间换地法、电商换市法、品牌增值法、兼并提效法、管理增效法、循环利用法、设计赋值法、新品迭代法等"提高亩均效益十法",引导企业对标先进、补齐短板、加强创新。

三是大力发展优势产业和新兴产业。对于特色优势产业,运用"亩均效益"评价方法,加大政策支持力度,加快形成以先进制造业、高新技术产业和现代服务业为主的现代产业体系。对于新兴产业,特别是以数字经济为核心的新经济,大力实施数字经济"一号工程",适时开展"亩均效益"评价。对于传统产业,运用特色小镇的理念和方法,加快改造提升开发区(园区),加快实现"腾笼换鸟、凤凰涅槃"。

5. 高水平建设"亩均论英雄"大数据平台

建设"亩均论英雄"大数据平台是全省深化"亩均论英雄"改革的基础性工作,是综合评价、监测预警和精准服务的重要支撑,是充分展示改革成效的重要窗口,也是加快数字政府和数字经信建设的重要内容。建议按照"全省联网、全面覆盖、全国领先"的工作思路,设计数据归集交换共享、多维度可视化展示、推动工作督查交流、监测分析及预警服务、持续迭代升级及多平台联网等5个功能,建立以省大数据平台为依托,省有关职能部门定期交换,"亩均论英雄"涉企有关数据省市县三级分类共享应用机制,尽快实现亩均税收等主要指标由年度评价分析升级为季度评价分析,编制全省产业地图,更好地为分析研判经济走势、推进企业精准服务、合理制订产业政策等提供重要参考和预警服务,努力将平台打造成三级联动的数字化样本。

第十二章
浙江省中小企业融资服务情况

中小企业是浙江经济的基石和增长引擎。浙江始终把中小企业金融作为工作的重中之重,一直致力于缓解中小企业融资难题,努力为企业营造良好的融资环境。本章将对浙江小微商贸企业和新设小微跟踪调查企业的融资情况、融资担保行业发展监督情况、工业企业股改上市情况等内容进行介绍。

第一节 浙江小微商贸企业融资情况

为深入了解当前浙江小微商贸企业的融资现状和问题,2018年抽选全省120家小微商贸企业进行走访调研。走访调研的情况结合年报资料显示,企业综合经营状况稳定,营业收入稳中有增,主要融资需求为小额、中短期流动资金。融资过程中存在融资成本高、手续繁杂、缺乏抵押资产等困难。

一、企业基本情况

(一)资产和负债快速增长

企业资产和负债快速增长。受访的120家小微商贸企业2017年平均资产为172.8万元,比上年增长13.7%。其中批发和零售业企业平均资产200.7万元,住宿和餐饮业企业平均资产127.7万元。企业平均负债99.4万元,同比增长18.6%。其中批发和零售业企业平均负债113.9万元,住宿和餐饮业企业平均负债76.1万元。受访企业大多数资产总计在100万元以下,占总数的64.2%,显示出小微商贸企业"小而轻"的特点。从企业经营用房的情况可以看出,小微商贸企业固定资产较少,仅10.0%的企业使用自有经营用房(场地),86.7%的企业租用经营用房,其余3.3%使用家庭用房经营生意。其中住宿和餐饮业企业使用自有经营用房(场地)的比例仅6.5%。

(二)综合经营情况稳中有忧

调查显示,受访企业2017年平均营业收入210.0万元,同比增长7.9%;其中批发零售业企业经营情况较好,平均营业收入275.4万元,同比增长9.9%;住宿餐饮业企业经营平淡,平均营业收入107.4万元,同比增长1.3%。企业反映当前综合经营状况良好的占22.5%,认为经营状况一般的占60.0%,认为经营状况不佳的占17.5%。调查显示,2018年一季度营业经营情况一般。企业营业额(销售额)同比增长的占20.8%,同比持平的占45.0%,同比下降的占34.2%。

(三)成本不断攀升,利润水平较低

调查显示,2017年平均每户样本企业三项费用销售费用、管理费用、财务费用合计为48.0万元,同比增长12.2%。其中销售费用24.1万元,增长11.8%;管理费用22.9万元,增长9.8%;财务费用1.7万元,增长68.9%。企业三项费用占营业收入的比重为22.7%,比上年升高了0.9%。其中财务费用虽然绝对值不高,但增速最快。此外,职工薪酬支出不断增长也是成本上升的重要因素。据测算,样本企业平均从业人员5.3人,年平均薪酬支出21.2万元,占营业收入的比重达到10.1%。在各项费用不断高企的挤压之下,企业利润水平一般。样本企业中有91家实现盈利,占75.8%,但平均利润仅15.3万元,有23家企业处于亏损状态,亏损面为19.2%。

(四)企业发展预期谨慎乐观

企业对于未来一年经济环境的判断较为中性,24.2%的企业认为未来一年经济环境会有所好转,52.5%的企业认为基本不变,23.3%的企业认为经济环境会更加恶劣。企业对未来一年发展预期偏乐观。有85.8%的企业认为未来一年企业能维持现状或有更好发展,仅14.2%的企业表示经营会变差。企业经营者预计下一季度收入增速将加快的占19.6%,预计收入增速基本持平的占62.8%,预计收入增速将放慢的占17.6%。

二、企业融资现状

(一)部分企业资金状况较为紧张

调研显示,仅有29.2%的企业表示当前资金充足,62.5%的企业表示资金状况一般,表示资金紧张和非常紧张的企业分别占5.8%和2.5%。在资金情况一般和紧张的企业中,反映最多的是单位用工成本增加导致资金紧张,占54.2%,其次是原材料价格上涨,占28.9%。虽然有融资需求的企业资金面较为紧张,但实际需要融资的企业比例不高。73.3%的受访企业表示不需要融资,主要原因为无扩张需求和日常流动资金充足,分别占46.0%和25.0%。有10.0%的企业是由于融资成本太高导致不愿意融资。

(二)融资需求以中短期、小额资金为主

受访企业当前有融资需求的占26.7%,其中批发零售业企业有融资需求的比例为27.0%,住宿餐饮业企业有融资需求的比例为26.3%。针对有融资需求企业的问卷调查结果显示:从融资期限来看,38.0%的企业融资需求为一年以内短期资金,45.6%的企业需求为中期(1-3年)资金,需求为长期(3年以上)资金的占16.4%。从融资金额来看,所有受访企业融资需求均为200万元以内,其中10万元以内占28.1%,10万元到50万元的占25.0%,50万元到200万元的占46.9%。从融资用途来看,大部分企业融资用于流动资金周转,占78.2%。显示出小微商贸企业资金周转率较高,资金需求以中短期为主,主要用于补充流动资金、购买原料等。

(三)企业获得银行贷款有一定困难

目前,在国家大力扶持小微企业的大背景下,银行对小微企业的扶持力度进一步加大。

如浙江省农村信用社针对授信500万元以下的企业开发了微贷技术,宁波银行采用单列小微信贷额度加大投放等。但从企业角度来看,从银行获得贷款仍然不易。调查显示,认为从银行获得贷款困难的企业占到了27.5%,认为一般的占62.5%,认为容易的仅占10.0%。企业认为银行未能满足贷款需求的主要原因为"抵押或担保不足",占53.1%。其余原因按照比例依次为"企业信用等级低"占13.7%,"银行信贷额度不足"占10.6%,企业财务数据不齐全占8.9%。

三、存在的主要问题

(一)企业融资成本过高

小微商贸企业的融资成本相比其他企业普遍偏高。调研发现,银行和其他金融机构出于对风险收益因素考虑,对小微企业的贷款利率一般会有较大幅度上浮。据测算,受访企业从银行获得贷款的平均年化融资成本为7.2%,比一年期贷款基准利率高65.5%。而企业如果从民间借款获得资金的实际利率更高,有些甚至超过银行基准利率的4倍以上。受访企业对于银行贷款实际成本的看法中,有36.5%表示银行利率较高,难以承受;有29.8%认为虽然利率较高,但还能承受。对于民间借贷的实际成本看法中,有65.4%的企业表示当前民间贷款实际利率明显偏高,很难承受;20.2%的企业表示当前民间贷款实际利率偏高,还可以承受。对于4倍于基准利率的融资行为,绝大部分企业认为不可接受。

(二)融资渠道狭窄单一

调查显示,当前小微商贸企业融资渠道较为单一,主要依靠银行贷款和私人借款。有43.9%的企业表示,近两年来主要的融资渠道是银行借款。其余主要融资渠道分别为:股东借款占33.3%,民间借贷占13.6%,员工集资占7.6%。其他新兴的融资渠道如担保公司、小贷公司、互联网金融等合计不到5%(各种渠道之间有重叠)。大部分受访企业表示融资来源首选是从银行获取贷款。因为相比其他融资渠道,银行借款具有更低的成本,也更容易被传统小微商贸企业所接受。相比大型企业发行股票、债券等直接融资方式,小微商贸企业融资渠道显得狭窄且单一。

(三)融资难与信贷需求不足共存

调研中,许多企业反映当前融资不能满足企业发展的需求。一方面,部分企业经营遇到瓶颈期,资金链紧张,不但不能获得银行融资支持,甚至还会面临多家银行同时抽贷的问题,导致其信用风险进一步上升。另一方面,经营情况较好的企业,在当前经济环境不明朗的情况下,扩张和加大投入的意愿不足,抑制了信贷需求。从银行角度来看,其信贷标准、风险管控、经营管理等方面已形成稳固模式,偏好支持财务状况稳健、拥有有形物质资产的大型企业,而对抗风险能力差、贷款违约率高、前景不明朗的小微商贸企业望而却步。总而言之,银行的金融支持更倾向于锦上添花,很难做到雪中送炭,造成了小微商贸企业融资难和信贷需求不足同时存在的现象。

(四)融资手续较繁杂且耗时较长

调研中有半数以上的企业反映银行贷款手续烦琐、耗时较长。一是需要提交的材料多。企业向银行申请贷款时,要提交《贷款申请书》、相关证照、连续三年和最近一期的财务报表等十几份材料,经过层层审批由银行认为全部符合规定后,才会同意放贷。而一般的小微企业只是聘请了兼职会计,没有相对健全的财务体系,无法也无力提供如此繁多的资料。二是手续环节多。不少企业在办理房产(土地)抵押贷款时,房产(土地)需经第三方评估、保险机构保险,材料清单需经银行内部层层审批,每一个环节都需耗时,累计下来,影响贷款发放时间。

四、融资问题的成因分析

(一)企业存在自身不足

小微商贸企业存在的各种"先天不足"是其融资难、融资贵的根本原因。一是缺少有效抵押物。小微商贸企业通常规模较小,基本上无房屋、土地等固定资产,资产主要以生产经营设备为主,普遍缺乏可用于抵押的资产。二是财务制度不规范。绝大多数的小微商贸企业实行家族式管理,其管理制度和财务制度不健全,甚至没有专门的会计人员。提供的财务资料和报表不规范,不能全面准确地反映企业的真实信息,难以达到银行放贷标准。三是经营状况不稳定、盈利水平波动较大,不符合金融机构提供资金时所考虑的安全性、稳健性和盈利性等原则。四是资信较差、法律意识薄弱。许多企业的财务信息以及其他信息的公开化程度和真实性程度较低,部分企业逃废债现象时有发生。以上种种原因使得银行认为小微商贸企业存在很大不确定性,难以把控风险。

(二)各类费用提高了融资成本

通常意义上的融资成本仅考虑了贷款的利息。而我们调研中了解到,其企业融资通常还要加上登记费、评估费、公证费、担保费等一系列额外费用。如温州某汽车用品有限公司反映,其通过抵押自有房产的贷款,上浮利率之后年利率约为7.1%,虽然远远低于民间融资,但前期资产评估、购买保险等费用繁多,无形之中增加了各种融资成本。加上各类成本之后与银行基准利率相比,上浮了近一倍。此外企业如在续贷时候需要过桥资金,日均利息通常要达到千分之一甚至到千分之三,这也是一笔不小的支出。如果从银行之外的小贷公司、担保公司等获得贷款,企业还会遇到中介服务费、抵押评估费、签约手续费、提前还贷违约金等各类费用,融资成本更让企业不堪重负。

(三)银行金融创新力度不足

许多银行对小微商贸企业存在惜贷心理,信任度较低。对银行来说,小微商贸企业通常缺乏可以进行信用风险评估的资料,增加了对财务信息的审查难度。其根本原因是银行缺乏针对性强的金融产品。浙江省各地政府都在大力扶持小微企业发展,针对小微融资问题出台了一系列的政策,包括产业贷款基金池、政府主导的信保公司等,但是这类政策的服务对象多为科技型企业,缺乏针对小微商贸企业的配套融资政策。同时我们也了解到,许多银行对小微企业融资的扶持力度较大,但是大多服务对象属于新技术、新经济、新业态企业,目前仍然缺乏针对小微商贸企业特点的融资产品。

(四)银企信息不对称

许多商业银行机构在针对不同企业融资中看似"嫌贫爱富、喜大嫌小"行为的背后其实是信息的不对称。许多商业银行偏重于贷款给政府融资平台、国有大型企业和上市公司,根本原因并不在于政府"引导",而是这类贷款的对象可以很容易获得可靠的公开信息。而小微商贸企业财务信息、经营信息不透明,即使是属地银行也无法清晰完整地看到其现金流、物流和经营状况。此外,小微商贸企业获取各类市场信息的途径不广、合作伙伴不多,因生存和竞争压力比较注重保密,不愿意将自己的业务告诉别人,使得银行更难以了解他们的经营状况。

五、对策建议

(一)鼓励企业练好"内功",提升信用

在市场经济体制下,无论是从金融机构直接贷款,还是通过中介或政府担保贷款,都建立在良好的信用基础之上。小微商贸企业要在信贷市场上获得创业和经营所需资金,关键是要提升自身的实力和信用等级。一是引导企业加强基础管理工作,建立健全、规范、完善的财务管理制度。二是引导企业注重企业诚信意识的培养,约束规范企业行为。着力增强信息的透明度,提供全面、准确的财务和经营信息,保持良好的信用记录。三是企业要合理控制扩张规模,切勿超越自身能力盲目投资,更不可轻易通过民间高利贷来解决资金问题。

(二)多方面入手降低融资成本

降低小微商贸企业融资成本应抓好以下几个环节:一是鼓励金融机构设立独立的小微业务团队,独立考核,单独管理,并设立小微金融专项表彰奖励,激发积极性。从结构上鼓励和引导金融机构增加对小微企业的信贷产品供给。二是降低银行贷款中间环节成本。通过清理不必要的资金通道,规范信贷审批手续,进一步降低融资成本。一方面注重加强小微企业信贷业务流程建设,适当清理企业融资所需的材料清单,简化担保、评估、保险等手续,减少审批环节,压缩时间跨度,提高办事效率;另一方面建立网上融资办理流程,实现融资申报材料的电子化,并在各金融机构间实现共享。三是进一步完善小微企业融资担保机制。建立和壮大政府出资或者控股的担保机构,设立政府主导的小微企业担保基金,为小微企业融资提供担保。据了解,有政府背景的担保机构担保费在1%左右,远低于民间担保公司收费。四是加快续贷审批速度。鼓励金融机构对提出续贷申请的小微企业贷款提前办理审批手续,有效缩短前一期贷款还款到下一期贷款发放的期限,切实降低企业过桥费支出。进一步增加循环贷款比例,使符合条件的小微企业能够通过循环贷款避免高额过桥费,切实降低企业融资成本。

(三)加快金融产品创新

加强商业银行组织架构创新,风险管理技术创新,担保抵押创新和产品创新等多种金融创新,改变融资难的现状。还应积极鼓励社会资本按照国家政策的要求,发展民营中小金融机构,创新金融产品,广泛开展多种信贷业务,扩大小微商贸企业贷款的选择范围,切实解决融资难的实际问题。一方面,金融机构要针对小微商贸企业轻资产、负债率高的特点,为其量身打造各类新型金融产品,如采购贷、订单贷、流水贷、税务贷、应收账款融资等创新产品;另一方面,要积极推进金融数据化、信息化建设。科技的进步将使得大数据技术、人工智能、区块链等前沿技术在资产管理和风险控制领域的运用成为可能。金融机构要积极主动融入互联网的金融变局,吸收信息技术创新发展成果,推进金融产品和服务的创新。

(四)建立金融服务信息共享平台

小微商贸企业在经营发展过程中有大量的信用信息分散在税务、工商等各个政府部门,应采取平台共享的方式将此类信息进行动态管理,使得金融机构有畅通的渠道获得信息并在信贷环节中充分利用。如台州市在汲取各地信息平台经验教训的基础上,整合工商、地税、法院、住建、国土等13个部门,建立信用信息共享平台。该平台具备信用立方体、正负面信息、风险预警等20项重要功能,利用技术手段实现信息自动采集、更新,已成为台州各大商业银行贷前调查、贷中审批和贷后管理的必经环节。此外,信息共享平台的海量数据,还可以利用起来开展小微商贸企业信用评级。银行可参考小微商贸企业信用评级,掌握了解企业经营和风险状况,根据自身的风险控制能力,开展批量化的小微商贸企业贷款,从而节约银行的风控成本和业务经营成本。

(五)加大政策宣传力度,抓好扶持政策落实

相关部门要加大宣传力度,梳理扶持小微企业发展的融资政策并积极进行宣传。要充分利用各类渠道,采取灵活多样、与时俱进的形式,切实提高宣传的针对性、时效性,增强宣传的渗透力、辐射力,切实提高企业对各项优惠政策的知悉率。金融主管部门应鼓励各金融机构积极主动对接小微商贸企业的融资需求,把金融服务送上门,简化企业频繁跑银行的烦恼。比如在各地专业市场、乡镇街道管理方设立专场服务站,为小微商贸企业提供免费财务金融培训、专业咨询,以及制订一对一服务方案。

第二节　新设小微企业融资情况调查

近年来,各级党委政府高度重视小微企业发展,连续出台政策扶持。为了解小微企业融资状况,本文对全省1600多家正常营业的新设小微跟踪调查企业开展调研,调研显示,近年来小微企业融资需求减弱,融资难问题有所改善,融资成本有所下降,但融资"难"和"贵"问题依然存在,小微企业获得银行融资的条件依然苛刻、程序烦琐,尤其是国有银行贷款申请难度大、周期长、资金到位慢,银行贷款时限短;小微企业利率上浮幅度大,存在融资有关"费"和额外条件问题,民间融资成本过高。建议全面推进小微企业有关扶持政策的落地;进一步加强小微企业融资服务创新;加强社会信用信息和担保系统建设;加强民间融资管理。

一、新设小微跟踪调查企业融资现状

(一)融资需求减弱

因产能过剩、市场需求不足等因素影响,当前小微企业普遍存在保守经营倾向,扩大生产规模的意愿不强。据2015-2018年上半年新设小微跟踪调查数据,正常生产经营的企业中,无融资需求的企业分别占84.1%、88.8%、91.6%、91.7%,企业的融资需求逐年减弱。同时,为降低企业财务成本,小微企业自有资金积累水平不断提高,企业的资金紧张状况不断缓解。

(二)融资难度改善

近年来,随着国家扶持小微企业发展政策的连续出台和落地,小微企业的融资环境逐年改善。调查显示,2015年至2018年上半年新设小微跟踪调查企业中,有融资需求未获得融资或仅获少部分所需融资的企业比例呈明显下降,分别占有融资需求企业的76.0%、76.0%、68.6%、65.7%。而获得全部或大部分所需融资的企业占比呈明显提高,分别为24.0%、24.0%、31.4%、34.3%,表明小微企业的融资难问题不断得到改善。

(三)融资成本下降

国家扶持政策的作用以及基准利率的下调,使银行贷款和民间借贷利率降低,小微企业融资成本呈现下降。调查显示,2015年至2018年上半年新设小微跟踪调查企业的银行融资年利率分别为6.87%、7.52%、7.03%、6.93%,呈下降趋势;民间借贷月息分别为1.25%、1.34%、1.26%、0.95%。

(四)融资渠道首选银行

据新设小微跟踪调查企业数据显示,2018年上半年67家有融资的企业中,有50家企业的融资主要来自银行贷款,占融资企业的74.6%。2015年至2018年上半年通过银行融资占到融资企业比例占比分别为66.9%、70.2%、67.9%、74.6%,呈总体上升趋势,而向个人借款则有所下降,为31.5%、27.2%、29.9%、23.9%。可见,近年来随着扶持政策的促进,小微企业通过银行融资的比例在不断提高。

与国有银行相比,农商银行拥有门槛低、手续简便、放款快的特点,虽然利率略高于国有银行,但企业仍认为在可接受范围内。因而,被调研的企业较多选择向农商银行贷款。据安吉程顺纸箱厂反映,安吉农商银行推出纯信用免担保的"丰收彩虹贷"贷款,这项贷款是面向农户,根据其信用状况打分,分数越高,所获贷款额度越高。贷款无需抵押物和担保人,农户只要拥有一张银行卡,便可以随贷、随还、循环使用。农商银行的此类贷款为小微企业开启了融资的"绿色通道"。

二、小微企业融资"难"和"贵"问题依然存在

调查数据显示,2018年上半年新设小微跟踪调查企业的银行融资年平均利率为6.93%,与大企业比,利率上浮幅度大,利率水平较高。从调查企业规模看,有融资需求的企业中,上半年主营业务收入在1000万元以下、1000万元以上的企业,银行贷款年利息及费用率分别

为7.11%、5.98%。从来自银行贷款的企业占比看,8家上半年营业收入超1000万元的企业融资全部来自银行,59家营业收入1000万元以下的企业来自银行的有42家,占71.2%。还表明小企业"融资难、融资贵"现象更为明显。

(一)小微企业融资明显"难"

1. 企业获得银行融资的条件依然苛刻、程序烦琐

调研情况反映,目前小微企业向银行融资还是以抵押贷款为主,即银行一般不会向没有资产抵押的企业放款。但小微企业经营用房多为租赁的,少有抵押物向银行获得贷款。绍兴市浙奥电梯有限公司认为金融机构对小企业存在歧视,企业提供的与政府、医院等签订的大项目合同,银行认定是二手资料,只有房产等一手资料才能批准贷款,而且抵押物折算额度一般不会超过实际价值的70%。同时,调研企业反映,小微企业办理银行贷款时需提交近三年的财务情况、纳税情况、企业法人情况和抵押资产情况等十几份的详细材料,需要提交的材料多,若有个别材料无法满足就不能顺利获得贷款。而且办理贷款手续环节多,在办理房产抵押时,需经第三方评估、保险机构保险,材料清单需经银行内部层层审批,全部符合规定后才会同意放贷。

2. 小微企业申贷国有银行难度更大、周期长、资金到位慢

调研企业反映,国有银行的规章制度严格,相较城市和农村商业银行,小微企业申贷更难,国有银行不仅要求企业有较好的商誉,还需具有良好的财务基础及运营水平。财务制度不够健全、盈利状况不太稳定的小微企业获得国有银行的贷款很难。国有银行申请贷款的流程更烦琐,从申请到贷款下达的时间长。而城市商业银行的贷款程序相对方便,资金到位快,但利率相对高。据一家调研企业反映,该企业生产经营状况良好,2018年7月刚从中国银行成功得到了300万元的贷款授信,而贷款授信从申请、审核到下达的周期长达三个月,而该企业从宁波银行的700万元贷款授信,从申请、审核到下达的周期仅为一周,若企业急需资金周转则势必受影响。

3. 授信额度小

银行出于风险控制和管理要求,对小微企业的贷款要求高,授信额度较小。据温州市鹿城中意包装彩印厂反映,一般大型国有银行或其他城市商业银行根据信用评级,给予企业的贷款额度一般不会超过30万元,虽然信用贷款无需抵押和担保,手续也方便快捷,但因额度较低,无法满足企业资金的需求。

4. 银行贷款时限短

调研企业反映,新设小微企业处于创业期,需要长期资金支持,但银行出于风险考虑,对小微企业基本采用短期流动资金贷款。因此企业每年需要"调头"续贷,新设小微中的农业企业从投入到产出盈利时间更长,调头续贷的问题更为突出。为了"还旧贷新",企业需要借助民间借贷等高成本资金续贷,增加了企业的融资成本,加重了企业负担。

(二)小微企业融资明显"贵"

1. 小微企业利率上浮幅度大

调研显示,小微企业的融资成本普遍高于大中型企业。受访企业认为从商业银行贷款

时,有房产抵押时银行贷款年利率为6.0%,没有抵押物时贷款年利率为8.0%上下。据嘉兴调查,通过农商行信贷了解到,小微工业企业可获得的贷款利率上浮比例为40%以上。

2. 存在融资有关"费"和额外条件

除了贷款利息,调研企业反映还需要承担抵押物总价万分之二点五左右的财产保险费(一年有效期)以及抵押物总价万分之五左右的评估费(三年有效期),这些额外成本根据各地政策不同或已减免或仍保留。据绍兴市邑欣数码科技有限公司反映,企业银行贷款年利率为6.0%,相对基准利率上浮了20%左右,还有一笔贷款与保险绑定的隐性成本支出,企业想要获得贷款需在银行购买保险。浙江为民空调工程有限公司反映,企业主要向工商银行和绍兴银行进行贷款,其中工商银行的贷款月利息为4.81‰,相对基准利率上浮30%左右,绍兴银行的年利率为6.1%,企业目前共有1650万元的贷款,每月支付贷款利息6~7万元。除去贷款利息支出外,还有2万元左右的抵押物保险费(企业抵押物的价值按60%折算)。有调研企业反映,城市商业银行授信中有这样一项指标,即企业在所在行开立的账户现金状况越好,便越容易贷到款,这就需要企业长期在该银行存款,在无形中增加了企业的贷款成本。某调研企业反映,从台州银行通过房产抵押获得600万元贷款,同时需要支付2.5万元的抵押房产保险费。

3. 民间融资成本过高

由于小微企业存在融资难,为了生产经营所需,只能从民间融资,但调研企业普遍认为民间融资利率过高。据余姚市林焱五金厂反映,由于银行贷款难,使用资金多通过民间借贷,月利率高达2%,利息负担过重。椒江某调研企业反映,由区政府统一监管的民间融资服务中心——台州市椒江区民间融资服务中心有限公司的月利为1.3%,而其他民间融资的月利率在2%以上,民间融资的成本太高。

三、对策建议

(一)全面推进小微企业有关扶持政策的落地

2018年6月25日,国家五部委联合下发《关于进一步深化小微企业金融服务的意见》,接连释放23条红利支持小微企业,这是对缓解小微企业融资难、降低小微企业融资成本工作的进一步落实,而且在业务层面上具有很强的可操作性。将单户授信500万元及以下的小微企业贷款纳入中期借贷便利的合格抵押品范围;增加支小支农再贷款和再贴现额度共1500亿元,下调支小再贷款利率0.5%;盘活信贷资源1000亿元以上;鼓励银行业金融机构发行小微企业金融债券,放宽发行条件,加强后续督导,确保筹集资金用于向小微企业发放贷款等。

(二)国有银行应进一步加强小微企业融资服务创新

小微企业在社会经济发展中地位重要,银行在助力小微企业发展中应有更多担当。尤其是国有银行资金实力雄厚,但对小微企业融资的涉足较少,而各商业银行积极开拓小微企业融资,给银行带来了良好的业绩回报,也充分说明向素质良好的小微企业发放贷款大有可为。被调研企业认为,国有银行应推进小微企业融资服务创新,为小微企业发展提供更多的便捷金融服务。一要为小微企业量身打造新型金融产品,如税收贷、采购贷、订单贷、应收账款融资等创新产品,有效解决小微企业缺乏抵押、担保这一难题;二要继续加强组织架构创新,加强风险管理技术、担保抵押和产品等多种金融创新,改变银行融资难的现状。同时,鼓励金融机构和企业按照授信额度分层分级管理;适当放宽小额信贷的利率浮动上限,促使小微企业获贷有门,金融机构经营风险总体可控。

(三)政府要推进企业信息、信用担保系统建设

小微企业由于规模小,企业经营场所大部分也是租用的,缺乏不动产,很难以抵、质押方式申请到贷款,申请担保形式贷款的,则需要以第三方保证方式申请,第三方提供的保证是不可撤销的连带责任全额有效担保,有的完全要靠单位负责人的私人关系才能找到愿意替单位担保的第三方,难度较大。因此,调研企业希望政府能积极引导商业担保机构为小微企业提供担保服务,通过政府直接出资的方式或者政府部门直接管理等方式建立和完善政策性社会担保机构,同时加强和完善信用管理制度、小微企业抵押贷款制度等,对小微企业的借还款过程进行追踪登记并形成信用档案,通过联网管理,对少数恶意逃债的小微企业进行公示、列入黑名单等,建立和完善社会信用体系。通过建立企业信息库,引导企业产业投入导向,使银行或中介机构对信息库中符合产业等发展要求的企业提供更好的支持,对一些"僵尸企业""三高"行业限制金融支持。

(四)加强对民间融资的管理

民间融资的高利率反映了小微企业对资金所需的迫切。如果民间资本能更多地进入有管理的民间融资服务中心等,形成适当的竞争,可以降低小微企业的民融资成本。因此,政府应加大对民间融资的引导和监管,引导民间融资有序发展,加强民间融资服务中心等融资服务平台建设。

(五)小微企业要提升自身综合素质

小微企业一方面要健全企业财务制度,加强信息公开化和真实性程度建设,提高信用等级,满足金融机构安全性、稳健性和盈利性的放贷原则,主动去对接和满足现行体制下银行等金融机构的融资条件,不能等、靠、要。另一方面要提高产品竞争力,提高技术水平,规范公司内部治理,加强道德方面的自律,重视诚信,杜绝信用违约、不良贷款。

第三节　浙江省融资性担保行业发展与监管情况

一、基本情况

(一)融资性担保行业发展简况

1. 机构数量

本着继续"减量提质"的监管思路,一方面,通过年审换证,2017年淘汰风险大、不规范以及"僵尸"担保机构22家;另一方面,大力发展政策性担保机构,新批以小微企业和"三农"为服务对象的政府性融资担保机构11家。截至2017年年末,全省共有融资性担保机构385

家,数量同比下降3.99%,其中法人机构380家,分支机构5家,行业总体机构数量进一步下降。如表12-1所示。

表12-1　担保机构地区分布表

(单位:家)

地区	杭州	宁波	温州	嘉兴	湖州	绍兴	金华	衢州	舟山	台州	丽水	合计
2017年	123	45	27	37	17	23	23	17	10	42	21	385
2016年	132	48	27	39	19	23	22	17	10	44	20	401
变化	-9	-3	0	-2	-2	0	1	0	0	-2	1	-16

2. 规模分布

从机构规模数量分布看,注册资本为10亿元以上的担保机构有2家,1亿—10亿元的担保机构数量为119家,0.5亿—1亿元的担保机构共147家,5000万元以下的担保机构112家。2017年,全省融资担保机构平均注册资本9206.12万元,同比增长9.23%,户均注册资本连续多年不断增大。如表12-2所示。

表12-2　担保机构注册资本情况表

(单位:家)

注册资本 / 注册年份	10亿元以上	1亿—10亿元	0.5亿—1亿元	5000万元以下	分支机构	合计
2017年	2	119	147	112	5	385
2016年	2	109	154	131	5	401

3. 从业人员

截至2017年年末,全省担保行业从业人员5055人,其中具有研究生学历177人,大学本科学历1987人,大专及以下学历2891人。大学本科以上学历从业人员占比42.81%,同比增长0.89%。总体看,全省担保行业从业人员数量同比减少,从业人员素质有所提升。如表12-3所示。

表12-3　担保行业从业人员情况表

(单位:人)

从业人数	合计	研究生	本科	大专及以下
2017年	5055	177	1987	2891
2016年	5189	174	1971	3044

4. 业务情况

截至2017年年末,融资性担保业务余额860.78亿元,同比增长21.96%;2017年全省担保行业新增融资性担保业务887.17亿元,同比增长34.11%;债券发行担保年末在保余额1.18亿元,同比下降93.20%;再担保年末在保余额85.91亿元,同比增长77.53%。截至2017年年末,诉讼保全担保、工程履约担保及其他非融资性担保业务余额102.52亿元,同比下降28.91%。从业务发展结构来看,2017年全省融资性担保业务增长良好,非融资性担保业务有所下降。如表12-4、12-5所示。

表12-4 2016-2017担保业务情况表

(单位:万元、%)

项目	2017年新增	2016年新增	同比	2017年末余额	2016年末余额	同比
融资性担保	8871735	6615336	34.11	8607842	7057844	21.96
非融资性担保	1171555	1835415	-36.17	1025215	1442139	-28.91
债券发行担保	0	9300	-100.00	11813	173650	-93.20
再担保	1476750	880000	67.81	859122	483931	77.53
合计	11520040	8460139	36.17	10503992	8673681	21.10

表12-5 2016-2017融资性担保业务情况表

(单位:万元、%)

项目	2017年新增	2016年新增	同比	2017年末余额	2016年末余额	同比
贷款担保	8332026	5824425	43.05	8089985	6421034	25.99
票据承兑担保	82761	97951	-15.51	48354	46749	3.43
信用证担保	18745	24060	-22.09	17896	20882	-14.30
其他融资性担保项	438203	668900	-34.49	451607	569179	-20.66
合计	8871735	6615336	34.11	8607842	7057844	21.96

5. 资产状况

截至2017年年末,全省融资性担保行业资产总额为476.25亿元,同比增长9.88%,户均总资产为1.25亿元,同比增长14.50%。2017年全省担保行业净资产为384.43亿元,同比增长5.74%,户均净资产为1.01亿元,同比增长10.20%。总体来看,全省担保行业总资产规模与户均净资产规模实现双增。

(二)融资性担保机构与银行业金融机构合作情况

截至2017年年末,共有40余家银行业金融机构与融资性担保机构建立合作关系,省内银行业金融机构融资性担保业务在保余额为822.82亿元,年内新增融资性担保金额845.23亿元。双方合作的成果有二:一是推进融资担保机构与银行业金融机构风险比例分担,部分担保机构与银行已实现8:2风险分担模式。二是初步建立了省担保集团、市县融资担保机构和银行业金融机构4:4:2三方分险分担机制,推进银担合作由"点对点"的单点合作模式向"担保体系对银行系统"的整体合作模式转变,银行承担20%分险,省担保集团与20家银行签署了战略合作协议,获得担保授信额度727亿元。

(三)融资性担保机构落实产业政策情况

1. 支持小企业、个体经营户情况

全省小微企业和个人经营性贷款合计在保余额405.25亿元,其中小微企业在保余额276.68亿元,在保企业1.78万家,个人经营性贷款担保在保余额128.52亿元,在保家数2.07万家,年末再担保余额85.91亿元,同比增长77.5%。

2. 支持"三农"情况

截至2017年年末,浙江省共有涉农融资性担保公司53家,注册资本金31.29亿元,平均注册资本5903万元。年末在保责任余额47.87亿元,注册资金和担保额分别占全省总数的8.94%和4.56%。在保农业企业、种养殖户7407家,家均担保金额64.63万元,体现了涉农担保"扶农支小"的特性。

3. 支持创业创新发展情况

全省共有专业性科技型担保公司8家,注册资本合计5.31亿元,科技型中小企业融资担保余额17.22亿元,在保企业家数448家。

(四)政府部门对中小企业融资性担保业务的扶持情况

2017年省级财政对符合条件的57家担保机构安排风险补偿资金4270万元。各地加大对政策担保业务的风险补偿力度,杭州、宁波、湖州、嘉兴、绍兴、衢州、舟山等市已陆续出台相关的风险补偿政策。宁波市财政每年安排5000万元,建立政策性融资担保业务风险补助资金;杭州市余杭区每年安排3000万元预算,专项用于担保行业风险扶持和保费补助,每户担保机构风险补偿可达1000万元。

二、行业经营与管理情况

(一)行业资产负债情况

截至2017年年末,全省担保行业资产总额476.25亿元,其中流动性资产444.93亿元,流动性比率499.81%;全省担保行业负债总额为91.82亿元,资产负债率为19.28%,同比增长3.16%,负债主要包括未到期责任准备金、担保赔偿准备金和存入保证金,分别占负债总额的13.25%、19.08%和13.21%。年末担保机构平均负债为1764.59万元,同比增长36.93%。如表12-6所示。

表 12-6　2017年末融资性担保行业资产负债情况表

（单位：万元）

资产负债情况	资产总额	货币资金	存出保证金	其他应收款	负债总额	存入保证金	未到期责任准备金	担保赔偿准备金	净资产
2017年	4762499	1992992	621255	863109	918172	121310	121616	175227	3844327
2016年	4334377	2001308	625669	717101	698896	107680	85865	155134	3635481

（二）行业盈利情况

2017年全省担保机构资本利润率为0.70%，资产利润率为0.52%，较上年下降53.15%。2017年385家融资性担保机构担保业务收入24.04亿元，实现营业利润2.80亿元，净利润2.34亿元，资产净收益率仅1%。融资性担保机构盈利大体由保费收入、投资收益、利息净收入和咨询顾问费用构成，机构业务品种单一、服务效率低、营销及管理成本高、代偿风险增加等是造成经营效益低的内在原因。385家担保机构中，净利润超过1000万元的仅9家，500万—1000万元的10家，100万—500万元的50家，其他机构利润均在100万元以下。25家机构净利润为0，141家机构出现亏损，占比36.62%，其中亏损最严重的为4547万元，亏损超过100万元的有45家。如表12-7所示。

表 12-7　2017年融资性担保行业盈利情况表

（单位：%）

年度	资本利润率	资产利润率	成本收入比	资产负债率
2017年	0.70	0.52	81.63	19.28
2016年	1.42	1.11	66.80	16.12

（三）新型模式拓展情况

2017年，浙江省融资性担保机构继续极探索开拓新型业务模式，"平阳中小保"优先股模式得到推广。泰顺县、缙云县政策性融资担保机构的组建均采用了该模式。杭州高科技担保公司积极探索知识产权质押融资担保，取得了良好的经济和社会效益。第一，以"综合考量"开展知识产权质押融资担保。一是将企业的创始团队能力、技术先进性、产品的市场接受程度，结合知识产权转化产品的能力、对其产品的重要性等因素综合考量。二是将主营业务收入与现金流等情况作为重要指标，重点考察企业还款能力。三是为避免市场逆向选择和道德风险，增加企业主要股东的个人连带责任等其他保证方式，提供一定的金额担保。第二，政府以"风险分担"支持知识产权质押融资担保。杭州高科技担保公司与各区县科技局及钱江经济开发区、青山湖科技城等成立了18个联合天使担保风险池，如出现违约，担保公司、各区县科技局和银行按照4:4:2的比例承担违约本息。风险池的建立有效地集合了三方的优势,担保公司和银行分别对企业的经营情况和违约风险进行评估,区县科技局则利用地理优势和人脉优势从其他维度对企业情况进行评估,降低了信息不对称的风险。第三,以"投保联动"反哺知识产权质押融资担保。在对初创型企业提供担保时,向企业要求获取一定比例的投资权,在适当的时期投资,取得的投资收益可以用来弥补对科技型初创企业贷款的担保中可能出现的风险。

(四)融资性担保行业协会活动情况

截至2017年年底,浙江省共建立省级协会1家、市级行业协会10家、县级行业协会2家。各级行业协会积极发挥"自我管理、自我服务、自我监督、自我发展"的作用,加强行业自律,推动行业发展。2017年,一是开展了"浙江省担保讲师团系列讲座"活动,省协会和杭州、衢州、温州、台州、宁波五地市担保协会联合举办了5期担保讲师团巡讲;二是组织了浙江中睿担保有限公司等8家骨干担保公司与浙江金融职业学院合作开办浙江省担保行业订单班;三是采取"请进来"和"走出去"的形式开展双向交流和学习,省协会接待了陕西省担保协会等国内同行,杭州、丽水等协会组织担保公司赴宁夏、贵州、吉林等地考察,学习借鉴了宝贵的经验和做法。

三、行业风险情况

(一)资本与拨备的充足性

2017年年末,全行业总资产为476.25亿元,其中货币资金、存出保证金等无风险资产合计261.42亿元,占总资产的54.89%;总负债91.82亿元,资产负债率19.28%,其中存入保证金和两项风险准备金合计41.82亿元,占总负债的45.54%,资产负债结构总体良好。由于担保准备金上升及担保代偿下降,风险拨备覆盖率上升至61.49%。由于年内担保新增业务量增加,年末融资性担保放大倍数提升至2.24倍。如表12-8所示。

表12-8　2017年末资本与拨备情况表

(单位:万元、%、倍)

年度	注册资本金	无风险资产占比	拨备覆盖率	融资性担保放大倍数	担保放大倍数
2017年	3498326	54.89	61.49	2.24	2.73
2016年	3337468	60.61	43.16	1.99	2.39

(二)信用风险与市场风险

从报表数据来看,2017年融资性担保率代偿率达到3.63%,同比增长2.83%,融资性担保损失率达到0.87%,同比增长171.88%。但可喜的是,在融资担保机构代偿率保持高位的同时,代偿回收率大幅度提高,为42.34%,同比大幅增长201.57%,如表12-9所示。

表 12-9　2017 年担保代偿和损失情况表

（单位：%）

年度	担保代偿率	融资性担保代偿率	代偿回收率	融资性担保代偿回收率	担保损失率	融资性担保损失率
2017年	3.12	3.63	42.33	42.34	0.75	0.87
2016年	2.88	3.53	13.82	14.04	0.26	0.32

（三）流动性风险

2017 年末，全省融资性担保行业总资产 476.25 亿元，其中货币资金 199.30 亿元，存出银行保证金 62.13 亿元；总负债 91.82 亿元，其中提取两项准备金 29.68 亿元，收取客户保证金 12.13 亿元，应付款项 35.53 亿元，四项合计占总负债的 84.23%；总体上看，浙江省担保机构资产流动性良好，风险准备金和流动性资产足以实施代偿，未发生系统性的流动性风险。

（四）操作及合规风险

资金使用风险是融资性担保机构的主要风险之一。浙江省对担保行业实施监管以来，严控担保机构触碰非法集资的高压线，2017 年初结合全省年审换证工作，开展融资担保行业非法集资风险排查，一是制定工作方案，抓好动员部署；二是省市县三级联动，逐级排查风险点；三是发挥中介机构作用，努力提高排查工作质量。经排查，全省共发现 2 家融资性担保公司由于股东单位（均为单一法人股东）涉嫌吸收和发放资金业务引发群体性事件，造成担保公司无法正常开展业务。当地经信部门核实后吊销了 2 家公司的经营许可证。少数担保机构管理不规范，不同程度存在着应收账款较高、业务开展较少、单户业务总量超限、准备金提取不足等问题。个别担保机构存在保证金未专户管理、挪用的潜在风险。建立相应的投诉举报机制，2017 年投诉举报件 2 件，接待 4 起群众来访，及时发现隐患、化解矛盾。2017 年末全省担保机构收取受保企业保证金 12.13 亿元，同时存出银行保证金 62.13 亿元，分别占净资产的 3.16% 和 16.16%，大部分担保机构保证金收取方式规范、金额合理。2017 年末，全省担保机构对外长期股权投资 10.37 亿元，占净资产的 2.70%，对外投资总体合规合理。

（五）其他风险

融资性担保机构其他风险主要为政策风险和合作对象风险，包括监管政策和银行政策等。2017 年银行业金融机构普遍收缩或停止与民营担保机构合作，集中转向国有全资、国有控股和国有参股等具有国资背景的担保机构合作。

四、取得的主要成绩与存在的主要问题

2017 年，全省在着力推进政策性融资担保体系建设方面取得了显著成效，截至年末，11 个设区市都已落实了政府性融资担保机构，其中省级 2 家，市县级 78 家，注册资本合计 140.45 亿元，基本覆盖了全省，初步建成了以政府性融资担保机构为主、民营融资担保机构为补充，主要为小微企业和"三农"服务的全省政策性融资担保体系。

(一)加强顶层设计,明确工作要求

2017年4月,省政府召开全省政策性融资担保体系建设电视电话会议,冯飞副省长出席动员讲话,要求各市、县(市、区)政府和有关部门要落实责任,建立重点工作清单制度,制定工作时间表,不折不扣地抓好政策性融资担保体系建设的各项工作;各地认真贯彻国家和省政府文件精神,加快出台促进政策性融资担保业务发展的政策措施,进一步明确目标任务。截至2017年年末,全省10个设区市以及25个县(市、区)出台了推进政策性担保体系建设的实施意见或推动行业健康发展意见。

(二)加强组织领导,建立工作机制

省政府调整充实了全省政策性融资担保体系建设领导小组成员单位,省政策性融资担保体系建设领导小组办公室积极发挥牵头作用,省级相关单位密切配合,共同推动体系建设。各市根据要求全部建立了由分管市长任组长的工作领导小组,义乌市、安吉县等部分县(市、区)也建立了政策性融资担保体系建设领导小组。全省统筹协调、各司其职、各负其责的工作机制基本形成。初步建立了省担保集团、地方担保和银行的"442"风险分担机制。

(三)加强考核督查,狠抓机构组建

主动把政策性融资担保体系建设列入省政府对省经信委年度考核的一类目标;同时把其作为全省经信系统年度工作考核的重要内容,各市着力抓好机构组建工作。湖州、金华和丽水等地通过出资新设了一批,宁波、绍兴通过增资组建了一批,温州、嘉兴和衢州合并、增资了一批,台州市在信保基金基础上新设担保公司。各县(市、区)纷纷通过出资新设、增资扩股、兼并重组等方式加快政府性融资担保机构建设。如表12-10所示。

表12-10　全省政府性融资担保机构情况表

(单位:家、亿元)

地区	机构数	注册资本	户均资本金
省级	2	37.40	18.70
杭州	13	15.49	1.19
宁波	16	25.30	1.58
温州	7	4.90	0.70
湖州	5	6.12	1.22
嘉兴	11	7.64	0.69
绍兴	2	6.00	3.00
金华	4	14.40	3.60
衢州	6	4.20	0.70
舟山	4	5.00	1.25

地区	机构数	注册资本	户均资本金
台州	3	6.50	2.17
丽水	7	7.50	1.07
合计	80	140.45	1.76

（四）加强宣传发动，营造良好氛围

省领导小组办公室着力做好工作经验的交流和总结推广。一是做好市、县（市、区）在政策创新、工作特色等方面典型经验的总结，借助《浙江日报》"中小企业之窗"、省经信委简报专设"政策性融资担保"工作专刊、"浙江在线"等渠道，广泛宣传全省政策性融资担保体系建设工作。二是总结推广了一批通过创新发展模式发挥政策性融资担保机构作用的典型，如杭州高科技担保公司的知识产权质押担保、平阳中小担保公司的国有资本优先股模式，庆元兴农担保公司的农村"四大产权"担保等。

（五）加强风险补偿，政策性融资担保业绩显著提升

各地加大对政策担保业务的风险补偿力度，杭州、宁波、湖州、嘉兴、绍兴、衢州、舟山等市陆续出台了风险补偿政策。2017年末，全省小微企业和"三农"融资担保在保余额405.25亿元，在保户数3.85万家，为缓解小微企业和"三农"融资难题做出了积极贡献。年末再担保余额85.91亿元，同比增长77.5%，省担保集团公司经营起步良好。如表12-11所示。

表12-11 全省政策性融资担保业务开展情况表

（单位：户、亿元）

地区	政策性融资担保余额	小微企业在保户数	个人经营性贷款在保户数
杭州	187.37	6152	7012
宁波	40.23	1422	844
温州	17.24	925	4218
嘉兴	47.77	1794	1431
湖州	9.82	484	37
绍兴	13.79	378	918
金华	11.50	262	315
衢州	13.42	2083	103
舟山	5.88	160	3
台州	49.38	3799	4986

续表

地区	政策性融资担保余额	小微企业在保户数	个人经营性贷款在保户数
丽水	8.84	321	882
合计	405.25	17780	20749

总的来看,全省政策性融资担保体系建设取得明显进展,但也有个别县市区对政策性融资担保工作认识不到位,进展缓慢。一是截至 2017 年年底,全省还有 16 个县(市、区)没有组建政府性融资担保机构;二是个别地方担保公司的定位、考核和风险补偿政策尚未明确,导致机构虽组建但未运作;三是省担保集团公司新的管理体制尚未完全落实到位。

五、融资性担保机构、业务发展趋势及监管安排

2018 年是全省政策性融资担保体系建设全面推进的关键之年,要以习近平新时代中国特色社会主义思想为指导,贯彻落实《中小企业促进法》《融资担保公司监督管理条例》及第五次全国金融工作会议精神,贯彻落实省政府《关于推进政策性融资担保体系建设的意见》和全省政策性融资担保体系建设工作电视电话会议的要求,全面推进全省政策性融资担保体系建设工作。通过努力,2018 年实现全省政策性担保机构全覆盖、政策性担保业务显著增加,小微企业和"三农"融资难担保难得到有效缓解。

(一)加快政策性担保机构建设

重点推进政策性担保机构空白县(市)机构组建工作,2018 年力争实现全省全覆盖。未达到省政府注册资本金要求的政策性担保机构,通过增资扩股、兼并重组等多种方式,达到各设区市政策性担保机构注册资本金不低于 1.5 亿元、县(市、区)政策性担保机构注册资本金不低于 1 亿元的标准。各级政策性担保公司要引入市场机制,按照市场规律开展业务,在专业人才及薪酬待遇上实行市场化管理,提高运行质量和效率。

(二)推动政策性担保业务可持续发展

研究制订省担保集团公司的政策性担保业务风险补偿办法,加大对小微企业和"三农"融资担保业务的支持。各市、县(市、区)在 2018 年年底前出台本地区小微企业和"三农"融资担保业务的风险补偿政策,引导各类担保机构开展小微企业和"三农"融资担保服务。加强部门协调,建立政策性担保机构持续注资机制、科学适度的人员免责机制,引导政策性担保机构真正聚焦主业,积极开拓创新,实现健康可持续发展。

(三)加强全省政策性融资担保业务的再担保合作

进一步理顺省担保集团公司的管理体制,坚持再担保的政策性定位,不断完善全省政策性融资担保体系运行管理办法,加大对各类担保机构小微企业和"三农"担保业务的再担保,发挥其在全省政策性担保体系建设的龙头和核心作用。省担保集团要主动帮助各地政策性担保公司开展银担合作,拓展业务。不断完善省担保集团公司、地方政策性担保公司和合作

银行的"442"风险分担机制,协调推进全省政策性融资担保体系与银行业金融机构的整体合作。各市、县(市、区)要采取有效措施,引导当地政策性担保机构主动对接省担保集团公司,加快全省政策性融资担保体系建设。

(四)丰富政策性担保机构的服务功能

省担保集团公司和各市(县、区)政策性担保机构在致力于服务小微企业和"三农"融资的基础上,要紧紧围绕推动全省经济高质量发展的主题,不断丰富政策性担保机构的服务功能。积极探索政策性担保机构帮助企业化解"两链"矛盾,防范和化解区域重大风险。主动拓展服务领域、创新服务方式,加大对数字经济、"中国制造2025浙江行动"、股改上市"凤凰行动"计划、传统产业改造提升、小微企业园建设等重点领域企业的融资担保服务,不断发挥政策性担保机构在推动地方经济转型升级中的作用。

(五)加强融资担保行业监管

各市、县(市、区)要切实履行属地监管职责,认真贯彻落实《融资担保公司监督管理条例》,防范和化解融资担保行业风险。各级监管部门在落实"最多跑一次"改革要求、简化融资担保公司审批事项的同时,要加大事中事后监管力度,及时发现、查处各类违法违规经营行为,守牢风险底线。加强对融资担保公司重大股权和注册资本变更、保证金管理等事项的专项现场检查,推动担保公司做好各类违规事项的整改。要督促当地融资担保公司按时登录"浙江省融资性担保行业监管信息系统",及时、准确报送业务数年据,自觉接受非现场监管。

(六)加强舆论宣传和队伍建设

组织开展各地工作典型经验的宣传报道,总结推广各地先进经验和成功做法,努力营造良好的舆论氛围。各地要加大对当地政策性担保业务的宣传,更好地服务小微企业和"三农"。加大对融资性担保机构高管人员培训力度,开展担保理论培训和实务培训,提高从业人员的风险识别和控制能力,建立高素质的融资担保人才队伍,提升融资担保行业的经营水平和整体竞争力。

(七)建立和完善考核通报机制

建立季度通报制度,按季对各市政策性担保体系建设工作进展情况全省通报。按照《浙江省担保集团有限公司绩效考核评价管理暂行办法》的要求,加强省担保集团的年度绩效考核,引导其更好地发挥作用。各市、县(市、区)要制定本地区政策性担保机构绩效考核评价办法,将绩效考核结果作为本地区政策性担保机构负责人薪酬考核的重要依据。绩效考核评价办法既要坚持政策性定位,以扶持小微企业和服务"三农"为出发点和落脚点,也要坚持市场化运作,将小微企业和"三农"融资性担保业务量、覆盖率、放大倍数、担保费率、风险控制水平等指标作为考核重点,适当提高代偿风险容忍度,鼓励扩大业务规模,降低担保业务收费。

六、政策建议

针对全省融资性担保行业存在的问题,结合监管工作经验,提出下列建议。

(一)组织开展各省级监管部门监管人员培训

及时传达国家有关融资性担保行业监管的各项政策精神,并为各省级监管部门的横向联系提供平台。当务之急是要做好的《融资担保监管条例》的解读,指导和协调各省(自治区、直辖市)的监管工作。如,目前浙江省碰到汽车按揭贷款担保的定性和分类问题,一是目前非融资担保机构也在做车贷担保,二是融资担保机构放大倍数超过10倍,但由于一般不良率在0.5%以内,所以银行都认可。

(二)营造支持融资担保机构发展的良好环境

一是给予融资性担保公司享有金融机构的法律地位。融资担保实质是银行债权让渡给担保公司,法院实际操作执行中将担保债权视同民间借贷,无法享受金融机构同等待遇。建议部际联席会议协调法院、工商、房管局、土管局等部门明确融资性担保机构享有金融机构同等待遇。征信管理部门要有序将符合条件的融资担保机构纳入征信系统。二是建议国务院出台具体指导意见。从考核、风控、薪酬激励、业务方式、审计尽责免责等方面内容。指导对政府性担保公司的管理。要体现准公共产品属性,以确保政策性融资担保体系的长效建设和可持续发展。三是建立全国融资性担保机构监管信息平台。由国家银监会统一建立担保机构监管信息平台,担保机构直接进入平台填报业务数据,并授予省、市、县主管部门辖内区域的监督和管理权限。

(三)加大对融资性担保的财政支持力度

一是要建立多层次的补助机制。国家层面应当恢复补助,省里要增加补助,市县要建立补助。不少担保公司反映"《国务院关于促进融资担保行业加快发展的意见》(国发〔2015〕43号)下发后,担保公司翘首以待的政策迟迟不见落地,连原有的补助政策也没有了,想不通"。希望国家恢复并补助,同时,建议国家层面立法明确要求各地对小微企业和"三农"融资担保业务风险补偿纳入财政年度预算。二是加快设立和运作国家融资担保基金。国发〔2015〕43号文明确要研究设立国家融资担保基金,希望尽快明确定位和运作模式,发挥其作用。三是对民营融资担保机构要一视同仁。重点考核小微企业和"三农"融资性担保业务规模、户数、担保费率、风险控制水平等要素,同时鼓励政府性担保机构和民营担保机构扩大业务规模。

(四)优化银行与融资担保机构的合作机制

一是将银担合作纳入政府和金融监管部门对银行普惠金融的重要考核内容。督促银行转变对担保机构的认识,推动建立平等、互利、共赢的合作关系。对担保公司给予评级并优先推荐优质担保公司给银行。二是调整银行政策性融资担保监管政策。对小微企业和"三农"担保贷款,适当下调风险权重,提高银行和融资担保公司合作的内生动力,特别是对省级再担保的业务可参照地方政府信用,风险权重设为20%。三是建立银行风险共担机制。建立起银行和融资担保公司的风险联动机制,有效分散和化解风险。

第四节　浙江省工业企业股改上市情况

一、当前全省工业企业股改上市总体情况

20世纪90年代以来,全省深入开展国有企业股份制改革和民营企业股份合作制改革,极大地激发了工业企业的经营动力和创新活力,推动了全省工业经济的持续增长。工业企业中的股份有限公司已经成为上市公司的预备队、工业增长的领头羊和浙江经济转型升级的生力军。

(一)股份制企业数量稳步增加

2011年以来,随着国内资本市场发展和现代企业制度建立的推动,浙江省规模以上工业股份制企业数量稳步增加,占规模以上企业的比重不断提高。2017年6月末,全省规模以上工业股份制企业1055家,占规模以上工业企业的2.62%,比去年同期增加了198户。从浙江省股份制企业数量与拟A股IPO企业数量变化的相关性可以发现,浙江省工业企业股份制改革的主要目的是实现资本市场上市。如表12-12所示。

表12-12　近年来浙江省规模以上工业股份制企业数量变化

(单位:户、%)

	2011年6月末	2012年6月末	2013年6月末	2014年6月末	2015年6月末	2016年6月末	2017年6月末
股份制企业数量	475	527	599	621	684	857	1055
占规模以上企业比重	0.66	1.52	1.64	1.63	1.72	2.15	2.62
当年拟A股IPO企业数量	281	154	暂停	125	219	248	246

(二)股份制企业对工业经济的支撑作用逐步增强

2011年以来,随着股份制企业数量的增加,对全省工业的支撑作用逐步增强。2017年上半年,股份制企业实现工业增加值758.02亿元,同比增长7.8%,占全省工业增加值的10.1%;实现利润363.36亿元,增长16.6%,占全省工业企业利润的16.7%。股份制企业创新投入大,2017年上半年,科技活动经费支出84.7亿元,占全省17.5%,有力地推动了全省工业技术进步。盈利能力明显强于全省平均水平,截至2017年6月末,股份制企业主营收入利润率为11%,比全省平均水平高出4.7%。如表12-13所示。

表12-13　近年来全省股份制企业主要指标占规模以上工业的比重

（单位：%）

	2011年 6月末	2012年 6月末	2013年 6月末	2014年 6月末	2015年 6月末	2016年 6月末	2017年 6月末
主营业务收入比重	9.49	9.19	9.7	8.8	9.01	9.11	9.63
利税总额比重	13.7	11.63	13.36	12.63	15.09	15.30	16.55
科技活动经费支出比重	17.18	17.28	17.33	15.78	16.22	16.93	17.45

（三）工业企业是上市公司的重要支撑力量

截至2017年6月20日，全省境内A股上市企业共372家，其中工业企业291家，占78.2%；软件和信息服务企业17家，占4.6%。从上市板块看，沪深A股主板125家、中小企业板120家、创业板63家。列入上市辅导的企业148家，其中工业和信息化企业122家，占82.4%。IPO报会审核企业共86家，其中工业和信息化领域企业70家，占81.4%。从申报板块看，44家申请主板、4家申请中小板、22家申请创业板。

（四）规模以下股份制企业构成上柜企业的主体

由于"新三板"挂牌门槛相对较低、手续方便，近年来浙江省企业挂牌积极性较高。截至2017年6月末，全省"新三板"累计挂牌企业1010家，占全国的8.87%，列广东、北京和江苏后居第四。其中，做市转让97家、协议转让913家。根据挂牌公司行业分类，工业和软件信息服务业为浙江省"新三板"挂牌企业的主要行业，共811家挂牌企业，占比80.3%。目前浙江省"新三板"在审企业75家，其中工业和信息化领域企业49家。

二、全省工业企业股改上市存在的主要问题

虽然近年来全省股份制企业数量稳步增长，对工业经济的支撑作用逐步增强，但这与浙江省转型升级的需求相比、与先进省相比，仍存在较大差距。据对全省有774家有股改上市需求企业的调查，企业股改上市的意愿总体上不强，股改上市面临着较大的历史遗留问题，企业进行规范的成本较高。

（一）工业股份制企业数量总体上偏少

虽然浙江省股份制改革和上市公司数量位居全国前列，但与先进省相比，仍有较大差距。2011-2015年，广东省规模以上股份制工业企业数量从18179家增加到26200家，占规模以上企业的比重从47.5%提高到62.2%；占规模以上工业总产值的比重从37%提高到了53.8%，而浙江省股份制工业企业到2017年6月末才1055家、产值占比为9.94%。工业企业股份制改革为广东上市公司奠定了坚实的基础。到2017年6月末，广东共有A股上市公司547家，比浙江省多171家，居全国第一。截至2016年末，广东A股上市公司总市值8.62万亿，相当于GDP的108.5%；浙江A股上市公司总市值4.12万亿元，相当于GDP的88.5%。截至2016年5月末，广东在香港上市企业累计210家，数量全国最多，而浙江省为50家。

(二)工业企业股改上市意愿总体不强

与广东省工业企业中股份制企业所占比重较高形成明显对比,浙江省工业企业结构以私营企业为主、总体规模较小,以传统行业为主,股改上市步伐相对偏慢。从调研的情况来看,当前浙江省工业企业股改上市的积极性不高,企业主思想观念还存在一定偏差。相当部分企业对股改上市的相关情况了解不多,以为股改上市门槛很高、周期很长,对一般企业是遥不可及的事,加上很多企业认为股份制改革的规范成本较高,现代企业制度的建立,特别是上市后对企业经营监督更严格,存在一定的观望、等待态度,心存顾虑,积极性不高,处于被动状态。企业股东间意见不一,也构成了企业股改上市的障碍。

(三)企业历史遗留问题相对较多

企业的股份制改造,是企业在政府部门的支持和指导下,中介机构帮助理顺股权结构、明晰资产权属、规范生产经营的过程。从目前情况看,管理规范、权责明确的优秀企业基本已经完成上市,而有股改上市需求的工业企业中普遍存在纳税、用地、用工等许多历史遗留问题,企业很难依靠自身力量予以解决,需要各级政府加大力度,协调和帮助企业规范内外部各项管理,轻装上阵。

(四)上市公司募集资金闲置

推动企业股改上市的目的是要促进经济转型升级,但也有部分企业上市后热衷于资本运作。据浙江证监局统计,2016年上半年,全省共有153家上市公司合计开展委托理财1881次,合计金额1106.7亿元,同比增长55.79%;34家上市公司涉及233笔委托贷款,合计金额216.05亿元。2017年2月末,浙江省上市公司持有理财产品545.82亿元,部分企业上市后不专注于主业,而热衷于委托理财和委托贷款进行资本运营获取高额收益,变相提高了其他企业的融资成本,也不利于经济的转型升级。

三、工业企业股改上市需求调查分析

据调查,全省共有820家工业和信息化企业有股改和上市需求,其中工业企业774家、软件信息服务企业46家。软件信息服务企业一般成立时间较短,没有历史包袱和困难,股改上市障碍较小,因此重点对工业企业的股改上市(含上柜,下同)需求情况进行分析和总结。

(一)拟股改上市企业的主要特点

据对调查数据汇总分析,当前拟股改或上市的工业企业主要有以下特点,如表12-14所示。

表12-14　调查企业的规模分布

(单位:万元、家)

2016年营业收入	拟股改企业数	拟上市企业数	小计
2000以下	31	31	62
2000 - 5000	58	42	100
5000 - 10000	85	57	142

续表

2016年营业收入	拟股改企业数	拟上市企业数	小计
10000－20000	78	67	145
20000－40000	75	102	177
40000－100000	38	70	108
100000以上	10	30	40
合计	375	399	774

一是以中小企业为主。中小企业占全部调查企业的80.9%，其中，拟股改企业中小企业占87.2%，拟上市中小企业占74.9%。规模以下企业62家，占8%。

二是股改和上市的目标多元。拟股改的375家企业中，有180家企业股改的主要目的是为了规范企业内部管理，占总数的48%；其余52%的企业股改目的是为上市做准备。399家拟上市企业中，229家企业目标是在沪深A股上市，占57.4%；拟赴"新三板"挂牌企业98家，占24.7%；香港和境外上市9家，占2.3%；股权交易中心挂牌9家，占2.3%；目标不明确的有54家，占13.5%。如表12-15所示。

表12-15 拟上市企业目标市场构成

（单位：户）

拟上市地	户数	上市阶段	户数
沪深主板	143	股改阶段	196
中小板	29	上市前辅导阶段	97
创业板	57	筹备和发行申报阶段	83
新三板	98	发行和上市阶段	20
浙江股交中心	7	中止审查	3
宁波股交中心	2		
香港主板	5		
境外上市	4		
待定	54		
合计	399	合计	399

三是拟上市企业总体盈利较强。拟股改上市企业2016年营业收入2119亿元，比上一年度增长10%，占全省规模以上工业企业营业收入总额的3.24%；实现利润229亿元，比上一年度增长48.4%，占全省规模以上工业企业利润总额的5.3%；主营业务收入利润率为10.8%，比

全省同期平均水平高出4.2%。其中,2016年拟上市企业实现利润169.09亿元,比上一年度增长69.6%,比同期全省工业平均利润增幅高出53.3%,显示出拟上市工业强劲的盈利增长能力;拟股改企业实现利润较上年增长9.7%,低于全省平均水平6.6%,仍需通过制度创新和技术创新进一步增强盈利能力。

四是行业分布相对集中。装备制造企业共有368家,占47.5%,比重最大;电子信息企业76家,占9.8%;化工企业45家,占5.8%;其余企业行业分布较为分散,包括橡胶塑料、生物医药、纺织、服装、木材加工、家具、非金属矿制品、农产品加工、食品加工等,涉及多个行业。

(二)企业反映的具体困难和问题

经问卷调查和实地调研,拟股改上市企业反映的困难和问题主要涉及政府各相关部门。据某拟上市企业测算,启动股改到报发审委审核,企业大大小小共有近千个各类需要规范的问题,其中80%的问题需要政府部门协调解决。反映比较集中的问题有以下几类:

1. 股改引起的税收问题

随着IPO审核日趋严格,股份制企业是否按时代扣代缴股改产生的个人所得税也开始成为证监会发审委的询问点之一。股改上市过程中的税负增加问题是拟股改和上市企业反映最为突出的问题。股改上市需要清晰股权,企业和股东需求补交大额的税款,这直接影响了企业主的股改积极性。我国对于股份有限公司与有限责任公司的税收政策不同,企业会因股份制改造增加许多税负。如因规范需要会产生剥离或重组的资产(包括土地、房产、车船等),在资产转让前后不变更实际控制人或控股股东的,其资产转让过户时会产生税负;因会计调整增加利润从而增加企业所得税负担;量化到个人的资产、因资产评估增值和原企业历年积累的资本公积归属个人部分以及用未分配利润和盈余公积转增股本产生个人所得税等。企业完成股改会产生一大笔补缴税费和中介机构费用,改制成本较高。

2. 各类权证的办理

这是企业反映比较集中的问题,共有52家企业反映,由于规划调整和误差、厂区拆迁、容积率过高、测绘差异、部分违建,造成土地证和房产证办理存在困难,需要政府部门帮助协调。如衢州某企业通过司法拍卖方式取得厂房建筑,由于原厂房建筑未办理房产证,加上相关房产资料保管不全,补办进展缓慢。由于权证办理困难影响企业资产确权,直接影响股改进程。调查中有个别企业反映因土地权证问题暂停搁置了股改工作。

3. 企业历史沿革确权问题

部分历史较长的老企业尤其是国有改制企业的股改,国有股权退出过程中相关确权文件不完善,因年代相隔久远,相关经办责任人更换等客观原因,解决的难度较大;不合格股东的清理、股东股份确权,涉及外资股东、"假外资"的处理等复杂的问题,直接影响企业启动股改。

4. 募投项目用地问题

募投项目的市场推测及盈利预期能反映出企业的中长期发展规划,体现了企业在未来的成长潜力和投资价值,募投项目也是证监会审核的重点之一。有40家企业反映,由于生产经营快速扩张,工业用地紧张影响了募投项目落地,降低募投项目的可行性。如浙江先锋科技股份公司全资子公司伟峰药业一期建设项目计划2018年中投入正常生产,园区同意伟峰药业配套建设的实验楼、质检楼供应200-300亩土地,但当地政府一直没有挂拍,严重影响了项目的正常投产。

5. 企业资金方面的问题

部分拟股改和上市企业面临为母公司和关联企业的贷款担保、有关资产抵押贷款难以置换等困难。有33家企业反映,由于股改造成企业资金紧张。补交税款较多,拟上市企业补交税款少则上千万元,多则亿元;中介费用较高,调查的拟上市企业中,中介服务费用最多的达3000万元,少的也要200万元。有的企业反映,由于股改后企业规范内部管理,用工和生产成本大幅增加,资金面临压力。如浙江钜土安防科技股份有限公司反映,上市过程中税收、成本费用比上年增长50%,造成现金流紧张。也有企业反映募投项目投资较大,需要配套的银行贷款支持。

6. 其他方面的问题

一是需要政府的证明材料多。拟上市企业反映,申报IPO需要提供三年报告期内,工商、税务、国土、海关、社保、住房公积金、劳动用工、环保、安监、消防、质量技术等行政主管部门出具的无重大违法证明,涉及部门众多,有的证明甚至需要每个季度出具,企业压力很大。二是面临人才短缺的压力。企业股改后,尤其是需要上市上柜的企业,作为公众公司需要信息披露,而合格的财务总监和董秘相对短缺。三是企业管理不适应股改要求。部分企业内部管理基础薄弱,与上市公司的要求差距较大;有的企业由于中高层员工素质不高,坚持内部规范运作难度较大;有的企业因股改规范要求对历年财务报表进行调整,调整后的数据与上报税务部门的数据出入较大。有的企业曾因安全生产、环保等不规范受到轻微处罚。

四、推动工业企业股改上市的对策建议

省委、省政府高度重视企业股改上市工作,省政府专门制定并组织实施全省企业上市和并购重组"凤凰行动"计划,提出了到2020年实现上市企业数量倍增目标。加快推动全省工业企业股改上市,既是贯彻落实党的十九大会议精神和省政府"凤凰行动"计划的具体要求,也是推动工业转型升级的内在需要。针对企业反映的突出问题,建议各级政府要加大工作力度,对拟上市企业要实施精准辅导,着力加快浙江省工业企业股份制改革步伐,为提高股改上市企业数量提供坚实基础。

(一)谋定工作思路,搭建联动体系

1. 建立股改上市清单

各级政府要加大宣传发动,有力推动工业企业股改上市,对当地规模以上企业进行全面摸排梳理,对符合产业发展方向、主营业务突出、示范带动性强、成长性较好的企业,按照企业自愿、政府推动的原则,分层次、分类别、分梯队建立本地区股改上市企业清单,着力推动工业企业股改工程。拟股改、上柜企业清单可以从规模以上工业中遴选,拟上市企业清单从

浙江省"新三板"已挂牌企业和已经完成股改的规模以上企业中遴选,鼓励新三板挂牌企业在正式推出转板机制之前做好IPO的准备。对信息、环保、时尚、高端装备制造业等优势企业且符合上市条件的,建立省级股改上市重点企业名单,由省级部门重点协调推进。

2. 梯次推进企业改制

各级政府要制定推进企业股改上市的三年行动计划(2018-2020),对纳入股改清单的工业企业进行分类排序、合理安排、精心培育,排定梯度发展目标任务,有计划、有步骤地推进企业股改上市工作。各有关部门要主动靠前服务,有针对性地分类施策,帮助企业加快股份制改造步伐,推进企业建立现代企业制度。对可在主板(中小板、创业板)上市的企业,要提供专属服务,加强辅导培育和帮扶督导,加快企业股改上市进程,确保成熟一个、推进一个、上市一个。

3. 精确瞄准目标市场

多层次资本市场体系是满足多样化市场主体资本要求而建立起来的分层次的市场体系,不同板块对上市(或上柜)企业质量、规模、风险程度的要求都有所差异。根据调查反馈情况,浙江省拟股改上市企业以中小企业居多,而目标市场以沪深主板市场居多,企业资质与目标市场的匹配度有待提高。为提高浙江省工业企业IPO的申请成功率,各级政府部门和中介机构要根据企业的不同发展阶段引导企业选择最有利于自身发展的资本市场。

4. 共同破解企业难题

各级政府要切实加强本地区工业企业股改上市工作的组织指导,整合部门资源,加强队伍力量,建立协调机制,对企业股改上市过程中遇到的历史遗留问题积极应对,想方设法予以解决。对涉及股本划转、权证办理、税收政策等共性难题,在符合国家法律法规的前提下,省级有关部门要大力支持,如税务部门要在官方网址汇总公布股改上市的相关税收政策,跟进对拟股改上市企业的税收优惠政策说明,最大程度降低企业股改上市的税收风险。对涉及土地、规划、环保等问题,采取"一事一议"的方法妥善处理。对列入省级股改上市名单的重点企业,要建立地方领导联系制度,落实专人跟踪服务。

(二)整合政府资源,互联合力推动

1. 建设专业服务平台

各地政府要积极为股改上市企业搭建专家服务平台,充分发挥券商、律师事务所、会计师事务所、资产评估事务所等中介机构的专业优势作用,为政府和企业出谋划策,研究提出解决企业股改上市难点问题的妥善处理建议。省级有关部门要建立企业股改上市中介服务评价机制,委托第三方开展评价,并将结果向企业公布,引导中介机构提供优质服务。深化政企合作,探索建立中介机构专家到政府、企业挂职服务机制。

2. 加大金融服务支持

对已明确股改上市时间表且有合理资金需求的拟股改上市企业,金融机构要本着支持实体经济发展的目标优先予以支持,切实帮助股改上市企业解决资金需要,化解担保链风险。鼓励有条件的拟股改上市企业发行企业债券、短期融资券和中期票据融资。鼓励省担保集团公司为股改上市企业提供直接融资担保,各地政策性融资担保公司要主动靠前,精准服务,为股改上市企业提供融资担保服务。

3. 加强业务培训指导

各地政府要组织开展多种形式的业务培训,发挥证券交易所、股权交易中心、中介机构的作用,多形式、多层次、多角度开展股改上市培训,及时了解资本市场最新发展动态,利用微信公众平台推送IPO相关信息,交流企业股改上市工作经验,提高企业高管人员实务操作能力和政府工作人员的业务指导能力,加快改制上市步伐。各地每年至少要组织两次专题培训,有效推动更多企业股改上市。

4. 创设股权投资基金

各级政府要积极设立政策性、引导性基金,充分发挥财政资金的杠杆作用,扶持创业投资基金、股权投资基金、产业投资基金等各类投资基金发展,特别是培育本土各类股权投资基金发展。省中小企业发展基金参照政府让利型股权基金的做法,参与支持工信领域企业股改上市。培育和引进各类私募基金和管理机构,参与企业股改,优化企业股权结构,完善公司法人治理,推动工信领域企业加速股改上市。

第五篇

发展经验篇

本篇在浙江生动实践中,选取温州、嘉兴、绍兴、台州等地促进中小企业发展的经验,涉及小微企业转型发展的新平台、促进中小企业融资的新模式、推进民营经济高质量发展的新举措、加快产业转型升级的新思考等方面,既是对各地实际工作的总结梳理,又具有非常有益的借鉴意义,以期读者既能宏观地了解浙江省中小企业的发展,也能看到浙江各地在具体实践中真抓实干的新探索。

第十三章
省内扶持中小企业发展的经验做法

本章内容主要介绍了浙江省内部分地区在实践中小企业高质量发展过程中所做的工作及取得的一些成效,包括制造业竞争力、民营经济高质量发展、小微企业汽摩配行业的转型发展、小微企业发展平台、小微金融服务等方面的实践经验,以及针对目前现状所制定的一些政策以及采取的有效措施,为今后其他地区中小企业转型提质提供了良好的经验借鉴。

第一节　温州市打造小微企业转型发展新平台

温州面对小微企业用地难、融资难、创新弱等产业发展的"短板",在全省率先启动小微园区建设,把小微企业园建设作为推进供给侧结构性改革、引导传统产业转型发展的重要抓手,通过一系列政策措施,激活小微企业活力,提升产业竞争力。目前温州共规划建设了138个小微企业园,总占地面积约2.8万亩。其中已经竣工小微企业园78个,竣工厂房面积1610万平方米,入驻企业约3000家。尤其是2017年以来,新增供地面积3833亩,新开工小微企业园23个,开启了工业小微企业园区开发建设新模式。

一、规划加服务,布局产业发展新平台

(一)注重产城融合布局

高标准规划布局138个小微企业园,引导小微企业园与工业园区、工业特色小镇以及城镇整体功能相融合,重点抓好10个500亩以上的市级小微企业园、20个300-500亩的县级小微企业园建设;同时严把入园关,通过制定入园标准,确保主导行业企业数占比达70%以上,做到园区企业"小而不散、小而不低"。

(二)完善功能配套服务

着重抓好300亩以上的规模化园区,配建生产生活配套设施,开展数字园区建设,提升园区信息化和精细化管理水平。同时,引导园区搭建服务平台,提供技术开发、检验检测、教育培训、融资租赁等专业化服务,为入驻企业提供良好的发展环境。

二、政策加改革,开创园区建设新模式

(一)突破产权分割关键点

制定出台了园区产权分割管理办法,突破了原有框架,允许以层为最小分割单元,允许

单个企业购置厂房面积500-5000平方米,给予单独办理土地证和房产证。该项关键性改革举措有效降低了企业厂房购置门槛,提升了资产流动性,降低了企业融资成本,满足了不同行业、不同阶段企业的需求,催生了工业小微园区建设的新模式。

(二)打通金融灌溉实体新渠道

一方面积极争取人行的支持,将小微企业园区开发项目归类为基础设施,解决了项目贷款频繁受国家房地产调控政策影响的问题。另一方面加强银企对接,引导各商业银行定制开发贷、设备融资租赁等金融产品,打通了金融灌溉小微企业渠道的"最后一公里"。2017年以来,温州市银行机构支持小微企业园贷款约57亿元,向园区小企业发放厂房购置贷款、流动资金贷款约32亿元。此外,小微企业信保基金提供25亿元融资担保。

三、市场加企业,培育园区开发运营新产业

(一)坚持市场主体模式

按照政府主导、市场主体的开发模式,充分调动民营资本参与小微园建设的积极性。现温州主要有政府主导开发、龙头企业开发、企业联建、工业产权开发四种模式。138个小微企业园中,政府主导建设34个,企业联建80个,工业地产开发16个,龙头企业开发8个,企业主体开发占据主导地位。

(二)培育园区运营新产业

按照"产业集聚、产城一体、资源共享、产融互动"的理念培育了万洋、置信等一批小微园建设运营企业。目前,温州的小微园建设运营已成为一个新行业,也打造出"万洋众创城"等品牌,具备了一定的影响力。

四、调控加减负,营造市场发展良好环境

(一)规范小微园土地出让

针对小微园土地出让阶段性过热的问题制定出台调控政策,通过创新竞价和"四限一摇"(限房价、限转让、限自持、限面积和摇号)方式,规范小微企业园销售和租赁管理,同时加快土地供给节奏。全市小微园供地价格较高峰期下降了40%,现趋于正常合理水平。

(二)打好降本减负组合拳

为切实降低小微企业入园成本,规定了产权开发式小微园厂房的最高售价、最高均价;制定出台了"两金"优惠政策,按照商品房标准的1/5-1/3收取物业保修金、物业维修金;实施了城建配套费减免、厂房购置税地方留存部分返还等一系列优惠政策,最大限度减轻企业入园负担。

"万洋"模式

万洋集团创立于1998年,是目前温州规模最大的一家制造业集聚平台运营商和中小企业服务商,拥有投资开发、建筑施工、产业招商、园区运营和金融服务的园区全产业链体系。

该集团按照"产业集聚、产城融合、资源共享、产融互动"的模式,在温州市、金华市、丽水市、广东顺德等地区开发园区面积超过1000万平方米,其中已建和在建园区8个,待建园区3个。

一、万洋众创城模式的特点

一是产业集聚。一般选择项目所在区域内1-3个行业为主导产业,通过专业招商队伍和定向产业链招商模式,吸引上下游小微企业在园区内高度集聚,形成具有地理集中性的产业集群。

二是产城融合。针对小微企业对周边生活配套设施高依赖度的特点,引入组团式规划理念,在园区集中建设邻里中心、农贸市场、生活超市、中央食堂、员工宿舍、商务服务等配套设施,做到"家门口实现就业、厂门口享受城市生活",确保企业用工无忧。

三是资源共享。针对园区众多中小企业的共性需求,运用智慧园区管理系统为入园企业提供云平台、大数据、仓储物流、技术研发和后勤服务等支撑,有效提高企业运作及管理效率,降低运行及人力成本。

四是产融互动。按照制造业众创平台标准,充分利用产权可分割政策,专门为小微企业设计具有独立产权的生产空间,有效破解小微企业融资抵押物不足的困境。与银行和金融机构合作,引入厂房按揭模式,为小微企业提供设备融资租赁、票据贴现、仓单质押等金融服务,有效破解了小微企业"融资难、融资贵"的问题。

二、万洋众创城模式的优势

第一,促进土地集约利用。万洋众创城开发模式,向空中要地,实现工业厂房高层化、专业化,大幅提高了工业用地容积率,有力地促进了集约节约用地。如平阳万洋众创城,整体规划用地约900亩,项目容积率高达2.5,能容纳中小企业达500家之多,是普通分散型建设的10倍甚至更多。

第二,缩短项目落地时间。通过集团统一建设、开发、招商、运作,有效提高工程建设进度,降低开发成本。使用现成工业地产比自建厂房设施减少手续报批、工程建设等环节,只需安装设备就可生产,另外还可根据自身需要定制厂房,这些都大大加快了项目落地速度。

第三,降低企业创业门槛。工业地产产权可独立分割,方便小微企业选择购买;银企无缝对接,提供厂房按揭贷款及融资租赁、仓单质押、小额贷款等服务,有利于小微企业解决资金占用较多和流动资金不足的问题,降低了企业创业门槛。

第四,提升园区整体品质。一方面,通过集中统一招商,可选择技术含量高、产出效益好的项目,有利于园区产业层次提升。另一方面,通过全程优质高效的"保姆式"服务、产城一体化配套服务以及园区智慧化管理系统,可为企业和员工创造优质舒适的生产、生活环境,提升园区的整体品质,也为城镇环境提升提供了一个有效的疏解平台。

第二节　绍兴市"互联网+银行+小微企业"模式金融服务

面对新常态下小微企业融资需求,绍兴市打破惯性思维,以"互联网+"为突破口,线上线下并行,着力打造全省首家"互联网+银行+企业"的小微企业金融淘宝服务模式,构建三位一体的绍兴市小微企业金融服务公共平台,实现产品直通、服务直通、政策直通、信息直通,努力破解小微企业"融资难"问题。2015年,绍兴市经信委会同绍兴银监分局在市中小企业公共服务网络主平台探索建立小微企业金融服务公共平台,推广小微企业网上申贷阳光工程。截至2018年3月底,33家银行机构通过该平台累计受理贷款申请64 206余单,成功放贷企业21967家,累计放贷1880.14亿元,放贷率为95.18%,户均放贷312.15万元,平均受理时间5.59天,年平均利率5.273%。

一、集聚三大功能,打造小微金融淘宝网

(一)打造网上申贷平台

小微金融平台整合了全市银行业金融机构的小微金融产品、网点、客户经理,并在网上公布;小微企业根据自身需求选择合适的贷款产品、就近的银行网点、熟悉的客户经理,填写相应表格,最多选择3家企业,提交贷款申请。银行指定客户经理全程跟进,实时反馈贷款申报、审批流程。2017年,小微金融网进一步提升优化,实现移动端在线申贷,通过支付宝绍兴市涉企综合服务平台的"小微金融"入口,同样也可申请贷款。

(二)集成共享政策信息

平台收集整合8个区、县(市)、开发区以及21个市级涉企相关部门有关小微企业的政策,在线上集中发布,形成小微企业发展政策信息库,并通过绍兴企业手机报、96871企业服务微信号等主动及时将信息传递到企业,平均每年推送各类信息政策7961条。

(三)加强企业家教育引导

平台专门开设"企业家空中大讲堂"栏目,定期播放金融知识和风险防范教育视频讲座,帮助企业正确掌握金融知识,提升风险意识。同时,定期组织小微企业开展创业创新大赛、融资对接、行业分析、金融业务宣传培训等线下活动。

二、集中三方力量,确保平台稳步推进

(一)监管部门推动

为加快推进小微金融平台建设,绍兴市经信委联合市银监分局专门成立领导小组,明确各自职责,开展多方调研,制定工作方案,倒排时间计划,按照先试点再推广的方式有序推进。银监分局把小微金融平台建设工作列入对各银行业金融机构的考核中,开展督查通报,全力强势推进。

(二)经济部门主动

绍兴市经信委积极指导市中小企业公共服务中心在原有网上金融超市基础上升级改造系统,加快完成系统开发测试,配合试点银行完成信息导入、系统操作指导以及技术支撑工作,并根据试点机构提出的意见和建议,先后进行了125次修改优化,完善操作流程,增强后台统计功能。

（三）金融机构参与

2014年小微金融平台第一批推开时，试点银行只有5家，到2015年9月份增加到19家，2015年12月，小微金融平台正式启动。目前，共上线银行业金融机构33家（其中5家国有银行、11家股份制银行、1家邮储银行、9家城市商业银行、7家农村合作金融机构）、网点384个、客户经理3103名，覆盖了全市域6个区、县（市）和2个开发区，推出"物产贷""小企业抵易贷""小企业贷款"等小微企业主贷产品158款。

三、集合三项机制，提升小微金融服务质效

（一）限时办结制

一是全过程限时。小微金融平台要求所有入驻银行实行"限时办结"承诺，即入驻银行限时两天之内必须对是否受理企业贷款做出答复，对调查、审批、放贷等其他环节也都有明确的办理时限，做到申贷过程全透明。二是全过程告知。企业申请后，平台后台会将各个环节的进展情况用短信方式实时提醒和告知贷款企业，企业也可通过自己的工作端查看贷款申请进展情况。三是全过程管控。对超时的工单，平台后台会进行跟催和管控，将以短信形式自动发送到银行分管领导，以确保企业获贷速率。

（二）服务排行榜

为进一步评价小微金融平台服务效果，平台建立了满意度测评体系。申贷企业可从服务效率、服务态度、融资成本、资金满足度等方面对银行放贷情况开展全面综合评价。平台根据各银行的受理量、放贷成功量、企业满意度和综合情况等指标进行综合排名，对贷款最新受理情况进行滚动播报，对各银行月度和累计情况进行实时公布，接受申贷企业、政府部门的共同监督。平台启动以来，企业对银行申贷办理满意率一直维持在较高水平，2017年满意率达93.8%。

（三）服务长效型

小微金融服务平台不仅收集准确的企业贷款信息，还能自动监测到流程异常类贷款，平台将此类信息反馈给金融机构，促进各金融机构进一步完善网点分布，加快产品更新。同时，平台进一步加强数据的管理分析，对小微企业贷款环境、贷款风险、贷款需求、贷款成本等做了全面分析，探索建立小微企业信贷贷状况综合评价体系，试发布了小微金融平台贷款指数，使政府部门、金融机构能全面跟踪本地区小微企业贷款现状，更好地把握小微企业贷款未来态势。

第三节　台州市聚焦民营经济高质量发展

改革开放40年以来，台州民营经济从小到大、从弱到强，已成为台州强市之基、富民之本、活力之源、制造之根。2002年12月，时任浙江省委书记习近平同志视察台州，提出"再创民营经济发展新辉煌"的历史课题。2018年，台州以高质量发展为导向，打好发展组合拳，努

力实现量和质的双重突破,着力打造中国民营经济高质量发展排头兵,成功举办中国民营经济发展(台州)论坛。2017年、2018年1-11月,全市规上工业增加值分别同比增长11.6%和10.3%,居全省第1位和第2位,工业增速连续两年保持高位增长。

一、聚焦"一高一低",推动民营经济优化升级

(一)推动产业高质量发展

一是培育七大千亿产业集群。围绕汽车及零部件、通用航空、医药医化等七大产业集群,着眼千亿产值目标,建立产业集群培育"八个一"工作机制,分产业制定并印发培育方案。同时确定了33个县(市、区)级特色百亿支柱产业,在全市范围内形成了"7+33"产业组团式发展体系。二是培育大企业方阵。启动实施"2211"企业培育计划,力争到2021年,培育20家销售收入超100亿元的"航母企业"、20家销售收入50亿-100亿元的"旗舰企业"、100家上市企业和100家"瞪羚企业",打造全市制造业龙头企业第一方阵。三是推动传统产业优化升级。按照"一年初见成效、两年基本完成,三年彻底转型"的目标,扎实推进传统产业优化升级三年行动计划,2018年重点实施"七个一"举措,即每季一主题、一推进会、一汇报会、一通报,办好一个专题研讨班,重点推进一个"510"工程,年终进行一次综合性考评。

(二)破除"低散乱"格局

一是加快出清落后产能。2018年前三季度,全市整治提升"低散乱"企业(作坊)2536家,在全省率先彻底告别"三合一"。传统产业全行业整治成效显著,如温岭市大力开展鞋业专项整治,累计关停鞋企(作坊)5280家,基本实现"四无"鞋业作坊"清零";三门县以橡胶行业改造提升省级试点为契机,通过实施"拆、治、关、转、立"组合拳,关停整治"低散乱"企业216家,产值、税收不降反升,橡胶行业实现脱胎换骨。二是深入推进低效企业改造提升"135"专项行动,力争对亩均税收1万元、3万元、5万元以下低效企业,通过追加投资、转让出租、整合改造、收购储备、并购重组等方式,分别于2018年内、2019年内、2020年内实现改造提升,2018年完成对全部964家亩均税收1万元以下的低效企业改造提升。三是严控低产出高耗能项目。从2017年11月开始,全市暂停审批八大高耗能行业项目,从严控制包含铸造、表面处理等高耗能工序的项目,目前已否决低端的高耗能项目近40个。

二、聚焦"一老一小",优化民营经济发展空间

(一)老旧工业点改造

对全市范围内的368个老旧工业区块进行全面改造,整体提升,目前已启动改造288个,已基本完成86个,共拆除建筑面积686万平方米。一是整治先行。坚持大破大立,结合小城镇环境综合整治、全域土地综合整治、"三改一拆"等专项工作,加大老旧工业点内违章建筑的拆除力度、低效用地的腾退力度,倒逼"低散乱"企业退出。二是综合利用。立足园区发展导向和产业发展实际,综合运用"聚、退、转、改"和全域改造等多种方式,分门别类抓好改造提升。三是激活要素。用好违法建筑拆除后的土地指标,结合全域土地综合整治,进一步获

取规划空间、用地计划和占补平衡等指标,把拆后土地盘活好、利用好。

(二)小微企业工业园建设

启动小微企业工业园建设改造三年行动,2018年新增小微企业工业园52个,在建小微企业工业园64个;力争到2020年,实现小微企业工业园建设"313"工作目标,即建成小微企业工业园及改造老旧工业点3000万平方米,实现1万家企业进园区、30万名职工进宿舍。突出抓三方面:一是提高建设标准。出台《台州市小微企业工业园管理和评价办法》,把好园区建设的标准关、质量关,对园区实施专业化、规范化管理,为入园企业提供有效的公共服务。二是提高入园门槛。出台《台州市小微企业工业园入园准入指导意见》,规范园区产业、环保、能耗、投资强度等目标管理,优先引导高成长性、科创型、"小升规"和上下游配套企业入驻。三是提高创新能力。出台《关于台州市小微企业工业园创建产业创新服务综合体的指导意见》,实施"八大提升工程",推动小微工业园成为传统产业转型升级的主基地、主战场。

三、聚焦"一内一外",提升民营经济发展能级

(一)眼睛向内、练好内功,不断做优存量

一是抓留驻发展。积极开展"大走访、大调研、大服务"专题活动、"五问入企、五心服务"专题活动等,编制企业破难问题清单、产业导向目录清单、优质项目清单、政策供给清单"四张清单",及时帮助企业解决各类问题。建立优质项目库,强化要素保障和服务,促进本地优质企业留驻台州高质量发展。二是抓股改上市。大力推进股改上市"128"行动,目前,台州上市公司总数达53家,境内A股上市企业数居全国地级市第4位,中小板上市企业数居全国第2位。企业股改取得明显进展,在原有349家股份制企业的基础上,2017年及2018年1—11月分别新增600家、587家,股改家数领跑全省。三是抓数字驱动。制定出台《台州市加快数字经济发展的实施意见》,实施数字经济"211"培育工程,即到2022年,台州数字经济规模实现倍增,增加值总量达到2000亿元,核心产业主营业务收入达到1000亿元,规上企业实现数字化改造100%覆盖,努力打造"一极两区"(即全省数字经济新的增长极和传统制造业数字化转型示范区、新动能培育典范区)。四是创新发展。加快创新主体培育,2018年新增国家技术创新示范企业1家,累计达5家;新增国家、省级企业技术中心2家和15家,累计达17家和121家,总数均居全省第3位。新增制造业单项冠军培育企业1家、培育产品2项。截至2018年11月底,全市省级工业新产品新技术备案603项,其中298项通过鉴定。组织实施89项重点技术创新项目,项目数较去年增长34.8%。

(二)眼睛向外,不断做大增量

一是抓招大引强。发扬"五皮"招商精神,强化产业链招商,谋划招引通用航空产业项目落户台州,积极开展与新华网、腾讯等知名企业对接活动,做大民营经济基本盘。二是抓市场开拓。鼓励引导企业坚定不移走外向型发展路子,加强"一带一路"等地区的海外市场开发,并通过组织举办中国塑料交易会、缝制设备展览会等展会加大国内市场开发。三是抓海外并购。推动优势企业以提升产业集中度、延伸产业链、获取新技术为重点开展跨境并购,

仅2017年,海外并购项目就有10个,金额达4.2亿美元,为历史之最。如杰克股份自2009年开始3次并购德国、意大利的上下游企业,迅速成为缝制设备行业世界冠军。

第四节　嘉兴市海盐县提升县域制造业竞争力

本节内容以全面调研海盐县工业经济运行数据为基础,简述海盐县工业经济发展现状,分析提升产业竞争力的简要原理和几个重要因素,针对海盐县相应的做法,结合目前存在的问题,提出对策和建议,为产业发展出谋划策。

一、工业经济发展现状

2011年以来,嘉兴市海盐县有效推进"工业强县"建设,工业产业实力和竞争力突飞猛进,日益强劲,主要体现在:

（一）规模总量稳步扩大

全县规模以上工业产值从2011年的494亿元增加到2016年的825.70亿元。其中县内规上工业产值656.08亿元,同比增长7.5%。规模企业数量不断增加,重点骨干企业实力不断增强,全县规模以上工业企业数从2011年的374家增加到2016年底的481家;产值亿元以上企业数从2011年底的80家增加到2016年底的137家。

（二）企业效益逐步攀升

2016年,全县规上工业增加值218.91亿元,同比增长7.3%,高于全市平均1.4%;县内规上工业增加值113.23亿元,同比增长7.2%。全县规上工业企业实现主营业务收入784.05亿元,同比增长4.9%;实现利税总额136.52亿元,同比增长4.2%;实现利润总额87.18亿元,同比增长7.9%。

（三）结构调整成效明显

2016年,全县规上战略性新兴产业实现产值421.08亿元,同比增长2.7%,战略性新兴产业增加值136.71亿元,总量占全市的23.8%。战略性新兴产业增加值、高新技术产业增加值占规上工业增加值的比重分别为62.5%、68.8%。高新技术行业产值150.62亿元,同比增长8.6%,装备制造业产业增加值39.17亿元,同比增长11.1%。

（四）创新能力不断提升

企业更加注重自主创新,R&D经费从2012年的6.93亿元增长到2016年11.24亿元,新产品产值及新产品产值率分别从2012年的127亿元和22.3%提高到2016年的263.65亿元和31.9%,高于县内规上工业总产值增速7.8个百分点。2016年,实施"机器换人"项目338项,完成投资额85.7亿元;获得省优秀新产品1个,省级首台套1个,"浙江精品制造"5个,16项工业新产品通过省级鉴定,新增3家省级企业研究院、4家省级企业研发中心。

二、提升产业竞争力的做法

海盐县在宏观形势复杂多变、产业变格加快的新常态中,树新理念、育新动能、上新水平,不断深化工业经济供给侧结构性改革,稳步推进制造业的高端化、绿色化发展。具体做法如下:

(一)聚焦有效投入,增强发展后劲

工业有效投入是优化产业结构、增强发展新动能的重要途径。近年来,海盐县从抓重点项目、平台建设、招商选资入手,以产业图谱明确产业链上下游关联产业,以招商图谱锁定产业链关联知名企业,努力扩大工业有效投入。

1. 强化重点项目推进

为增强投资信心,海盐县先后推出多个扶工惠企政策,2016年企业税收优惠等减负金额共计26.62亿元,兑现各类财政扶持企业补助达1.59亿元,其中县级发放资金达1.38亿元。2017年,海盐县开展"推进项目建设"专项行动,进一步加强重点工业项目的梳理排查、精准服务和考核督促,全面梳理批而未供、供而未建的土地,采取土地整理、土地置换等措施,扩大工业建设用地规模,并强化组织调度,做到投资目标完成节点化、项目化,有力地推动了一批投资亿元以上项目尽早投产达产,推进一批短平快的"零土地"项目落地见效。

2. 提升平台功能

2016年,海盐县通过开展"特色平台转型升级年"活动,加大欧洲(德国)工业园、北欧(丹麦)工业园、中法共建核能产业园园区建设投入,有效提升全县特色园区平台建设水平。县开发区连续三年进入全省开发区第一方阵,百步经济开发区成功升级为省级开发区,杭州湾智能装备产业园正式开园。同时,高标准规划、高规格推进"两创中心"建设,产业定位体现"专、精、新、特",涉及信息智能、精密机械、装备制造等领域。2017年,海盐进一步以"特色立园、聚式强园、链式扩园"为承载思路,打造"1+2+3+X"新型工业特色平台,同时抓好特色小镇梯度培育,实现差异化发展。

3. 创新产业招商

海盐县近年来通过以商引商、平台招商等方式,推进特色产业精准招商。2017年以来,海盐县进一步突出核电关联、工控、智能家居等产业,着力引进一批科技含量高、投资产出好、辐射带动强的大项目、好项目;加大对企业上市募投项目的支持力度,鼓励企业以对接资本市场的形式引进项目;探索建立县域项目异地落户机制,推动工业项目按照产业门类向各类产业园区集聚。同时,推进"软硬环境招商"的理念创新,"产业招商"的导向创新,"招财"与"招才"、"引资"与"引智"的融合创新。

(二)聚焦产业升级,重塑产业动能

制造智能化是传统产业改造提升、新兴产业加快发展的主攻方向。海盐县多年来坚持以企业自动化、信息化改造为抓手,以智能化数字工厂为示范,在技术创新和技术改造中大力推进产业升级,加快"海盐制造"向"海盐智造"的转变步伐。

1. 改造提升优势传统产业

重点推进“415”四大传统产业拓展内在功能和效能提升，及产业的“延链、补链、壮链”发展，使传统企业从“旧三高一低”（高投入、高消耗、高排放、低效益）向“新三高一低”（高技术含量、高附加值、高端产品、低碳化）转型发展，增强产业竞争力。鼓励企业加大新产品开发力度，将信息技术应用在设计、生产、管理、服务和品牌建设等各环节，提升特色优势产品质量和功能，实现产业与产品升级。

2. 加快发展新兴支柱产业

立足产业优势，制订三年行动计划，积极培育集成家居、核电关联、装备制造等优势产业。重点抓好传统集成家居向全屋定制家居、智能家居的转型，积极打造中国集成家居产业园向智能家居产业集群基地提升；构筑核电关联产业集聚区发展平台，提升核电关联制造业水平，核电关联产业基地争创省级军民融合产业示范基地。

3. 着力培育信息经济

顺应“互联网+”新趋势，引导制造企业利用工业互联网、云计算、大数据等技术，发展基于互联网的智能制造、物联网、个性化定制、网络化设计和协同制造、工业电子商务等新业态新模式，组织实施一批“互联网+”制造示范试点项目。加快推进“两化”深度融合，深化互联网在工业领域的应用，不断提高信息经济发展水平和综合实力，积极创建省级信息经济发展示范区。

4. 推进协同创新平台建设

着力完善产学研合作机制，鼓励龙头骨干企业主动与科研院所对接，建立一批先进装备制造、核电关联及核技术等领域公共创新平台；支持有条件企业建立企业研究机构、组建产业技术联盟。

（三）聚焦管理创新，提升企业实力

“三名工程”建设是海盐工业经济工作的主抓手。多年来，海盐制造业着力打造具有海盐特色的名品、名企、名家，全面提升海盐企业的实力、产品的品牌影响力和企业家经营管理能力，较好地培育和支持了大批创新型企业、知名品牌产品和优秀企业家。

1. 以技术升级推进产品名品发展

通过开展智能化改造示范项目，引导企业采用新技术、新设备、新工艺、新材料，进行设备更新换代、智能制造、绿色制造等技术改造，着力提高产品附加值和优质产品率。通过鼓励加大研发投入，加快产品质量、功能的提升和新产品开发。在2017年4月的广交会上，海盐参展企业成交额达1680万美元，比上年增长11.2%。金鹏工具公司和新华电器公司以其优质产品赢得美国客户的信赖，分别签下400万美元和300多万美元的订单。

2. 企业主体培育推动品质提升

突出重点培育龙头型骨干企业，积极扶持成长型中小企业，加快创新型示范中心企业培育。对全县50强企业、省高新技术企业以及绩效评价A类企业，作为“三名”企业重点培育对象；鼓励优势企业通过上市发展、兼并重组等手段加速发展，支持上市挂牌公司做大做强资本市场海盐板块。高质量做好"小升规"培育指导、动态调整、跟踪服务和运行监测,推进小微企业向"专精特新"发展,培育一批制造业"单项冠军"和创新型中小企业,着力构建梯度式企业发展体系。

3. 实施企业家素质提升工程

健全新生代企业家培养工作机制,构建新生代企业家联系服务机制,助力民营企业家的代际传承;深化素质提升工程和倍增计划,加快培育提升一批新的"三名"企业和"专精新特"成长型小微企业。同时,通过组织参加世界互联网大会、产业互联网大会、省两化融合管理体系贯标实务专题培训、省"互联网+"行动实务培训、市"互联网+"工业峰会、海盐智能制造技术引领产业发展对接沙龙等,帮助企业家拓宽视野,引导企业树立现代经营管理理念。

(四)聚焦生态优先,推动绿色发展

绿色生态化是海盐工业经济发展的一大重要原则。近年来,海盐县坚持腾退低效和淘汰落后两手抓,绩效倒逼和行业整治两手硬,节能降耗和屋顶换能两手推,不断提升绿色生态工业的发展水平。

1. 稳步推进"退散进集"

通过闲置土地回收、关停淘汰、兼并重组、技术改造等途径大力实施"腾笼换鸟"工作,通过综合运用产业政策、经济杠杆、法律法规和行政措施"退散进集"。海盐县在2016年工作的基础上,于2017年进一步出台"退散进集"细分行动方案,重点对塑料扣板、紧固件等"低小散"行业进行专项整治,鼓励符合条件的企业入区入园发展。同时,加快推进"两创中心"和集聚区建设,引导具有产业优势、具备发展潜力的中小微企业"退散进集"。发挥泗海工业园异地转移功效,有序引导相对低端低效、高耗高污染产业实施梯度转移。

2. 深入推进淘汰落后产能

按照"改造调整结构、引进优化结构、淘汰改善结构"的思路,结合工业绩效评价结果运用,常态化深入推进淘汰落后产能工作。2016年全县累计淘汰落后设备1617台(套)。2017年整治和淘汰以紧固件、纺织化纤、印刷等行业为重点的"低小散"问题企业(作坊)250家,完成国家、省和市年度淘汰计划任务10项,淘汰低效落后产能企业150家,淘汰低效落后产能设备1700台(套),腾出用能1.8万吨标煤。

3. 强效推进节能降耗工作

坚持实施重大产业项目准入审批、重点节能项目推进联动、重点领域节能工作报道三项制度,全面健全用能市场交易和用能确权机制,加强能源"双控",强化节能考核。全面实施用能交易市场化机制,增强了企业节能的内生动力,限制高能耗企业发展。力推"屋顶换能"工作,加快构建绿色制造体系,发展壮大绿色制造产业,开发绿色产品,创建绿色工厂,发展绿色工业园区,培育绿色企业,建立绿色工业供应链。

(五)聚焦企业减负,创造有效供给

海盐县工业经济部门在深化企业服务中,着力在创造有效供给上有新作为。多年来,坚持以简政放权和企业减负为主线,不断梳理权力清单,规范各项长效工作机制,有效建设企业创强创新的软环境。

1. 着力减轻企业负担

海盐县多年来不断推进企业"降成本、减负担"工作,2016年以来出台近30条政策实施意见,从企业税费、用工、财务、要素等方面精准发力。2017年,进一步按照问题导向原则,以深化行政审批制度改革为核心,以完善收费清单制度为基础,以规范涉企收费为重点,以加大督查力度为抓手,切实降低企业生产经营成本。发挥"企业事马上办"平台的作用,受理企业投诉反馈,做好企业权益保护工作,提供精准服务和高效服务。

2. 深化工业领域改革

围绕惠企便企,重点推进工业企业绩效综合评价、用能确权、工业企业"零土地"技术改造项目审批等各项改革。2016年重点突破企业投资项目立项(备案)集中受理改革,实现办结提速到位、流程简化到位、手续简化到位;推进"企业事马上办"平台升级,拓展为项目、资源对接平台;以政府购买服务的形式为仪器仪表、千斤顶和紧固件三个行业数十家企业开展管理诊断。2017年以来,海盐县进一步探索实施"目标任务清单、困难问题清单、落实责任清单"三张清单管服机制改革,改进和提高工业经济调控服务水平;健全和完善扶工政策导向,利用工业专项扶持资金重点支持工业稳增长调结构。同时,推出行政审批"一窗受理、集成服务",把"最多跑一次"升级为"最多跑一窗"。

3. 推进"四度"发展计划

为鼓励融资担保行业创新发展,海盐县通过"减量提质、提高市场集合度,稳健发展、确保风险可控度,规范经营、重塑社会美誉度,分类指导、加大行业扶持度"的"四度"发展计划,助推金融诚信建设,重点扶持担保总量大、经营规范、帮扶工业经济绩效明显的融资性担保机构开拓创新业务。2016年,7家融资性担保公司为366家企业贷款担保总额本年累计11.5亿万元,期末在保责任余额8.4亿万元;有5家融资性担保公司共获省级风险补偿金190万元,补偿金总额列全省县级市第二位。

四、尚需解决的问题

(一)招商选资任务艰巨

近几年来,随着市场竞争的日趋激烈,各地在取得招商引资成绩的同时,也面临着很多问题,逐渐出现难度大、效果差的现象。经济发展环境较为复杂,区域竞争加剧,国内经济下行压力不断加大,制造业产能过剩问题仍较突出。评价考核机制不完善,招商引资视野不开阔,思路不够新,出现目标任务脱离实际、项目督查工作滞后、评价考核机制偏移等问题。招商引资优势不明显,存在"软环境不软,硬环境不硬"的问题,"软环境不软"是指部分职能部门服务意识淡漠,没有做好配套服务工作,配套招商引资政策力度欠缺。招商引资目的不明确,科技含量高、带动能力强、辐射作用大的龙头型企业偏少,难以承接大型企业及相配套中小企业的转移,产业项目难以聚集。

(二)发展要素支撑薄弱

资源要素欠缺,一方面受土地农保率以及土地利用总体规划调整的限制,工业建设用地空间十分有限,工业用地绩效水平不高。企业资金链的短缺问题一直是困扰县域经济发展的难题之一,大部分创新型企业在创业初期,受技术融资担保难、风险投资资金少等因素影响,生存压力大,经营困难。人才匮乏,创新人才、技术人才紧缺,县内各种专业人才占总人口的比例很低,人才储备严重不足,直接影响技术创新能力的提升。

(三)自主再创新力不足

长期以来,海盐县工业发展主要依靠要素低成本优势、技术和管理迅速形成生产力来实现规模扩张,对关键基础材料、核心基础零部件、先进基础工艺和产业技术基础的重视不够,企业所生产的产品长期徘徊在产业链中低端环节。进入信息化时代,发展先进制造模式所需的高端传感器、数控系统、工业应用软件等基本被国外垄断,核心技术和关键技术受制于人,严重阻碍装备制造产业从成本竞争向效率竞争转型。

(四)产业层次相对偏低

海盐县工业产品中,高技术含量、高附加值产品少,低附加值、低技术产品多;多以生产辅助产品、贴牌产品为主,缺少成套设备产品,尤其是拥有自主知识产权的品牌产品。从产品种类来看,大部分都是低端、基础类紧固件产品,如螺母、螺栓、螺钉、螺杆等。高铁、航空航天、军工等高端紧固件产品凤毛麟角。核电关联产业是海盐县五大新兴产业之一,依托秦山核电基地,已形成了产业集聚集群效应。但核电核心部件的生产制造还得依靠进口或者外省市企业供应,海盐提供的基本都是核岛外围设备产品或者检修服务,产品层次偏低。此外,除了紧固件、核电关联、集成家居等产业具备比较集聚和完整的产业链之外,其余产业的产业链都相对不完整,本地配套率低,在产业链前延后伸和关键环节有待提高。

(五)园区建设有待提升

基础设施建设不够完善。平台开发市场化运作机制尚未建立,融资模式单一,主要依靠政府投入、银行贷款和上级补助,园区基础设施建设资金严重不足。公共服务平台建设较为滞后。定位不明晰,招商选资优势不足。定位不明晰,招商选资优势不足。园区优势尚未得到充分体现,企业之间关联度不高。引进企业产业集中度和关联度不高,互补性不强,部分园区行业仅1个企业;而相同产业上下游企业却由于土地、原材料、政策等方面原因不能在同一园区集聚,拉大空间上距离,降低了产业集聚度、关联度以及企业市场竞争力。

五、提升产业竞争力对策建议

(一)归集土地资源,为好项目蓄力

1. 优化土地资源配置

紧紧围绕海盐县"十三五"规划布局,严格执行土地利用总体规划,统筹生产空间、生活空间和生态空间,严守耕地保护红线和城市规模上限。进一步优化土地利用结构,推进土地利用计划差别化、精细化管理,改进建设用地指标管理机制,引导土地要素向重点地区、重大

项目、优势企业、新兴产业倾斜配置。有效提升土地资源配置效率,将节省资源,把优化的资源提供给更加优秀的项目。

2. 盘活利用存量资源

持之以恒打好"三改一拆""四换三名"等转型升级组合拳,深入推进低效用地再开发,全面清理处置闲置土地,加大批而未供、供而未用土地盘活力度。充分发挥以亩产效益为核心的企业综合评价体系作用,健全土地资源市场化配置机制,倒逼企业淘汰落后产能、加快转型升级,让有限的土地资源发挥最大效益。加强拆后土地、废弃矿地等资源的综合利用,切实用好方寸地,实现改善环境和拓展用地空间的双赢。

3. 加强土地执法监管

借势综合环境专项整治大会战行动,按照"防范在前、发现及时、制止有效、查处到位"的原则,进一步强化土地执法监管,严厉打击违法违规用地行为,切实加大违法建筑整治和拆除力度。依托社会治理大联动机制,强化部门、镇街联动,发动群众力量,加强动态巡查,构建全方位、多渠道、网络化的土地保护监管体系。

(二)加力招商引擎,升级软硬实力

1. 升级招商体制为"专业招商"

真正有发展潜力的项目、有市场前景的产品,不是靠喝两杯酒、拍两下肩膀就能解决问题。提高招商引资的水平,必须培养一批专业型人才,开展专业招商,使招商引资工作走专业化、规范化的路子。

2. 升级招商方式为"择优引资"

切实转变招商引资观念,坚持"择优引资",把宝贵的土地资源、项目指标提供给符合产业政策和环保政策,技术含量高、成长性强、经济效益好,同时又是低污染、低成本的企业和项目,坚决杜绝引进那些不符合产业政策,高能耗、高污染、效益差的项目。招大引强,可以以单位工业增加值能耗作为参照指标,引导实力强有竞争力的好项目入驻。

3. 升级招商策略定位

充分利用产业招商图谱,扩大产业链招商,巩固拓展"三外三城"(欧美、日韩、中国港台地区和上海、北京、深圳)招商网络,不断延伸招商面。结合海盐产业实际,积极对接国内大型国企央企,紧盯世界五百强、全球领先行业、龙头型跨国公司,努力引进具有战略意义、技术领先、带动性强的好项目。在招商主体上,突出一个"商"字。发挥前期引进企业本身的磁铁效应,通过品牌影响力以及在行业中的地位,吸引产业链上下游龙头企业落户。

(三)优化技改路径,实现技术创新

1. 提高认识,聚焦企业技术改造

经济结构调整要把现有企业技术改造放在突出位置,进一步提高认识,解放思想,更新观念,增强指导做好企业技术改造的使命感和紧迫感,技术改造是保持企业生机与活力的关键因素之一,是做强做大一批大型企业集团的重要条件,持续不断地指导做好企业技术改造工作。要进一步实现"三个转变":一是在技术改造的主体地位上,实现从"政府主导"向"企业自主"的转变;二是在技术改造的运作机制上,实现从"行政推进"向"市场引导"的转变;三是在技术改造的管理方式上,实现从"微观代替"向"宏观指导"的转变。用新观念、新思维、新机制、新方式推进技术改造的加速发展。

2. 市场导向,确立企业主体地位

推进企业技术改造的发展,必须加快建立归属清晰、权责明确、运转顺畅的现代产权制度。按照建立现代企业制度的要求,进一步完善法人治理结构,推进并提高企业改制的质量,通过产权制度改革以及体制的转换,使企业真正成为能够自主管理、自我发展的经济主体,真正成为技术改造的决策主体、投资主体、风险主体和分配主体,充分发挥企业自我改造的积极性、主动性和创造性。在企业技术改造中,政府应担负起监督、协调和服务的责任,做到"微观上该放的一定要放开,宏观上该管的一定要管住"。

3. 科技服务,提升技改创新能力

一是构建创新支持服务体系。采取政府引导、市场运作、开放服务的方式,重点建立一批公共技术支持平台,为中小企业技术创新提供设计、研发和新技术培训、推广等全方位服务。鼓励各类社会科技资源参与或成立技术创新服务机构,建立健全以中小企业技术创新服务机构为主体,各类社会服务机构广泛参与、协同配合的中小企业技术创新支持服务体系。二是推动产学研用合作。构建产业技术创新战略联盟,优化统筹区域创新资源,支持高新技术产业中的骨干企业、高校和科研院所"强强"联合。鼓励中小企业通过人才引进、技术引进、合作研发、建立联合研发中心等方式开展创新合作,建立联合开发、优势互补、成果共享、风险共担的产学研用相结合的技术创新体系。三是加大创新人才引进和培养力度。建立健全有效的人才激励机制,创造舒适的选人用人环境,做到用感情爱才,用事业育才,用待遇聚才。成立行业专家工作组,对行业内企业经营状况定期进行调研,引导企业走技术创新和产业链延伸道路。

(四)力拓企业"软"实力,实现管理创新

1. 加快人才储备,保障发展"源动力"

坚持"内培外引"方针。一方面,加强与核电系统、教育部合作,依托中国核电城优势,打造一所国内核电专科院校,定向培养核电专业人才,提高核电产业竞争力。继续深化"名家"工程,组织县内企业家参加管理培训,帮助建立现代企业管理制度,培养出一批本土企业管理人才。另一方面,加大人才引进的优惠力度。针对"国家千人计划""创业领军人才"以及其他高层次技术人才,除了给予一次性奖励、购房补贴外,更要注重人性化关爱,如帮助解决配偶、子女的就业、入学问题,留住人才,为海盐县经济发展贡献力量。

2. 拓宽资金供给,缓解融资困难

针对目前中小企业中存在的融资难、融资贵问题,努力拓宽融资渠道,打破企业融资过程中的各种"玻璃门"。积极开展"政银企"合作,推动金融产品创新,有针对性地为企业量身定制金融产品,大力推行应收账款质押融资业务,扩大企业担保方式,解决融资难问题。要鼓励设立融资性担保公司和融资租赁公司,为中小企业的起步发展保驾护航,强化风险预警和防范,防止出现金融风险。最后,鼓励种子资金、天使投资以及创业风险引导资金进入刚起步但有发展潜力的创新型企业,解决启动资金缺乏的难题。

3. 力抓"专精特新",突出企业优势

推进中小微企业"专精特新"发展,培育"隐形冠军"。鼓励中小企业走专业化发展道路,形成一批细分行业专业度高、成长性好、竞争力强的"隐形冠军"培育企业。引导恒锋工具、宇星螺帽和光泰照明等企业以打造"隐形冠军"为目标,以质取胜,做国内外细分市场的领导者。

(五)强化园区建设,提升平台应用

1. 优化整体布局,突出区块重点

充分利用港口岸线资源优势,承接临港工业国际转移和服务业外包机遇,进一步强化战略地位和功能,更好地服务全国发展大局和海盐县转型升级。加强城区和园区联动,实现城市空间和功能的优化配置,推进城乡区域协调发展。立足全县新城镇发展的整体框架,从加快构建新城镇、着力促进城乡一体化发展等方面,统筹考虑工业园区的选址和布局,加强城区与工业园区的联系,避免工业园区成为城市发展的"孤岛"。

2. 园区发展特色化,功能载体差异化

坚持特色化、差异化发展道路。各个园区在沿海经济发展带和长三角城市群中找准自己各自的发展定位和特色,坚持重点领域形成特色,重点产业形成规模,体现工业发展的规模效益和聚集效应,形成特色产业链,建设特色产业基地。找准自己的优势,开展差异竞争,扬长避短,优势互补,促进产业集聚,参与产业分工,促进产业合理布局和分工深化。

(六)重视节能改造,提升资源利用

1. 政府重视结构节能

结构节能就是通过经济结构、产业结构优化来实现节能。高耗能的少发展一点,低能耗、高附加值的产业多发展一点。嘉兴市产业结构节能潜力较好(GDP能耗在0.62左右),结构节能工作做好,节能降耗的效果非常明显。

2. 企业推进技术节能

技术节能主要体现在单位物理能耗的下降。比如说钢铁,单位钢铁、吨钢综合能耗及火电厂的煤耗,这是通过技术节能来实现能效的提高。海盐有些产业技术节能的潜力巨大,相比日本的能效水平是全球最好的,能源技术利用可以与日本企业对比,引进先进的节能技术。

3. 政府企业做好管理节能

做好政府的管理和企业内部的管理。管理节能最核心的原则是就是能耗污染所产生的外部成本内生化到企业的成本中。通过能源计量与统计等有效的管理方法使得用能和排放这些外部成本,内化到企业的成本当中,形成经济领域发展的有效手段。

第五节　瑞安市小微汽摩配企业发展的思考

瑞安市汽摩配产业起步于20世纪60年代末,经过40多年的顽强拼搏,从小到大,由弱变强,已发展成为瑞安市极具地域性特色的支柱产业。2003年10月,中国机械工业联合会授予瑞安市"中国汽摩配之都"称号,这是全国唯一的一张区域性产业金名片。本文所研究的小微汽摩配企业是指从业人员300人以下或营业收入2000万元以下的汽摩配工业企业。瑞安小微汽摩配企业在汽摩配整体行业中具有举足轻重的作用,对扩大就业、增加居民收入、推进城市化进程、促进社会经济发展等方面都具有十分重要的意义,但是在经济新常态的大背景下,这类企业也面临诸多问题和困难,急需寻找一条破局之路。

一、瑞安市小微汽摩配企业发展历程与现状

(一)瑞安市汽摩配行业发展历程

1. 作坊式生产阶段

20世纪60年代,世界汽车行业进入突飞猛进的时期,汽车品种进一步增多,对汽车零部件的需求日益加大,以零散的家庭作坊为主的瑞安汽车零部件工业应运而生。

2. 块状经济阶段

20世纪70年代,日本汽车行业异军突起,为世界汽车工业带来了新的飞跃,也为瑞安市汽车零部件工业带来了新的发展契机。尤其是十一届三中全会后,瑞安市已经形成了"一村一品""一乡一品"的汽车零部件块状经济。

3. 扩张阶段

20世纪80年代,勤劳肯干的瑞安人在汽车零部件的基础上,又引进了摩托车零部件生产技术,汽摩配加工业在瑞安市塘下镇等地得到了迅速发展,并凭借其价格低廉的优势迅速占领了全国大部分的汽车、摩托车维修市场。产销数量的剧增带来了可观的利润,实现了资本的原始积累,带动了一部分人脱贫致富。

4. 行业整顿阶段

20世纪90年代,汽摩配假冒伪劣现象蔓延,瑞安汽摩配行业存在的问题引起上级有关部门的高度关注,甚至一度被国务院列入九类重点整治产品的第五位。2001年,浙江省工商局、温州市工商局更是把瑞安汽摩配行业列入了整顿大会战"黑名单"。此后三年,工商部门以查大要案、捣窝点为突破口,严厉打击汽摩配行业的假冒现象。连续三年的大规模整治非但没有打倒瑞安市的汽摩配行业,反而使之呈现出整体提升、高速发展的良好态势。

5. 全面发展阶段

21世纪初,瑞安汽摩配行业迎来了全面、高速提升发展的新时期,产业链日趋完善,企业规模不断扩大,涌现出了瑞立、超阳、南洋、鑫田等一批重点企业集团和小型巨人企业。这些企业积极实施"走出去"战略,实现了从国内市场到国外市场的扩展,并通过网上展览与采

购,逐步推进国际化的电子商务活动。2003年10月8日,中国机械工业联合会授予瑞安市"中国汽摩配之都"的荣誉称号,我国汽车零部件行业第一张国字号金名片落户瑞安。

(二)小微汽摩配企业在瑞安市工业中的地位显著

1. 占全市工业总产值的18.8%

小微汽摩配企业在瑞安市工业体系中的地位举足轻重。2016年小微汽摩配企业产值占瑞安市工业总产值的比例达18.8%。瑞安市有小微汽摩配企业2600多家,其中规上企业315家。2016年底,瑞安小微汽摩配企业产值约为260亿元,占瑞安汽摩配行业总产值的63.1%,可见,小微汽摩配企业在瑞安汽摩配行业中占据了"大半壁江山"。

2. 产品种类繁多,地理布局高度聚集

瑞安汽摩配产业拥有十二大类5000多系列品种,不但为国内100多家整车厂提供配套零部件,而且还为国外知名汽车整车配套。同时,瑞安市汽摩配企业还具有高度集聚的优势,近80%的汽摩配企业集聚分布在塘下、开发区、汀田。大规模研发、生产、销售为一体的集聚部署,给区域发展带来了巨大的经济效益和社会效益。

(三)现阶段部分小微汽摩配企业的意愿和诉求

为了解瑞安小微汽摩配企业经营现状,国家统计局瑞安调查队对瑞安市塘下镇80家随机抽取的小微汽摩配企业进行了问卷调查(瑞安汽摩配企业绝大多数都在塘下镇,塘下镇汽摩配企业样本可以近似地代表全市汽摩配企业样本)。调查结果显示,瑞安小微汽摩配企业经营情况整体良好,近三年来经营情况持续向好的被访企业占比为63.3%,经历经济新常态的磨炼后,企业家对企业的发展道路进一步明晰,表现出较明确的转型意愿和要素诉求。

1. 超八成企业有转型升级意愿,"互联网+"是目前公认最可行方案

60家被访企业中,有81.7%的企业表示有转型升级意愿。当被问及"最可行的转型升级路径是哪些"时,大多数被访企业认为"互联网+"是最可能的转型升级路径之一,得票率为60.0%。其他依次是企业协同合作(38.3%)、产品创新(35.0%)、"机器换人"(18.3%)、创建自主品牌(16.7%)和地理布局优化(11.7%),如图13-1所示。

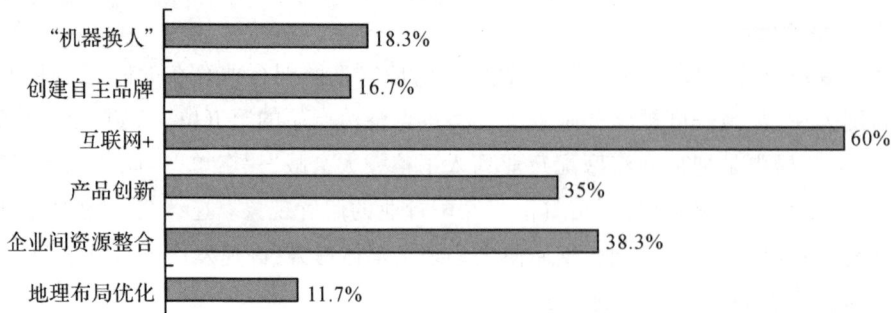

图13-1 各转型升级路径认同度图

2. 大多数企业遭遇生产用地瓶颈,要素支持是企业最大诉求

在与小微汽摩配企业家的沟通中,大多数企业家表示厂房不足严重制约了本企业的发展。而在问卷调查中也发现,企业最希望政府为企业做的事前三位分别是要素支持、降税减费和创新企业扶持。76.7%的企业希望政府提供土地、水电气等要素支持,61.7%的企业希望政府降税减费,25%的企业希望政府出台创新企业扶持政策。

二、瑞安小微汽摩配企业存在的主要问题和困难

(一)三大内部问题阻碍瑞安小微汽摩配企业发展

1. 部分企业产能过剩严重

瑞安汽摩配企业的销售模式大致分为门店代理销售、订单生产销售。在有门店代理销售业务的企业中,普遍存在产能过剩问题,2016年底库存未销售产品占全年产量的3%—30%不等,部分企业库存积压较为严重。在60家被访企业中,有38.3%的企业承认自身有库存积压问题。

2. 知识产权意识缺乏

在企业家对政府的诉求中,仅有1.7%的企业希望政府保护知识产权。当被问及"贵企业的主要创收来源是什么"时,有6.7%的企业认为是产品先进,16.7%的企业认为是生产技术先进,23.3%的企业认为是销路宽泛,53.3%的企业认为是成本低。

3. 合作意识淡薄

调查结果显示,仅20%的企业有合作意向,且多是与地方龙头汽摩配企业合作生产,产销过程与其说是模块化经营,更像是为龙头企业生产配件,整件组装仍然在该龙头企业进行。65.0%的企业是出于为获得生产用地的考虑将企业建设在汽摩配工业园区,但无其他合作意向。

(二)外部四大困难持续困扰瑞安小微汽摩配企业

1. 土地供给矛盾突出

瑞安市土地资源稀缺,严格的用地审批制度和土地监管体系,使广大小微汽摩配企业基本丧失申请新增用地的资格,企业规模扩张和用地紧张之间的矛盾难以协调。小微汽摩配企业普遍认为缺乏生产用地是头等问题。土地问题主要表现在两个方面:一是工业用地总量少;二是土地价格高。其结果就是:部分企业只能高价租赁厂房,但这大大抬高了生产成本,扩大了经营风险;部分企业有自己的厂房,但空间过小,限制了企业做大做强;更多的小微工业企业只能使用违章搭建的非正规厂房,自开展"三改一拆"以来,该类企业的生产用房受到较大冲击,部分企业不得不关门歇业。

2. 小微汽摩配企业融资难

长期以来,小微汽摩配企业的投资主要来源于自我积累和民间借贷,虽然近年国家加大了对小微企业贷款的扶持力度,但政策实际落地后却并没有发挥出预期的作用,其中准入门

槛高是造成小微企业贷款难的主要原因。瑞安市现行的促进企业贷款融资政策大多局限于服务大中型企业,而小微企业往往因为"担保条件无法达到银行要求"和"财务状况差、信用等级不高"等问题,很难赢得银行的信任和支持。即便一些能贷到款的企业,在贷款时也大多面临利率上浮、存贷挂钩、附加手续费、搭售理财产品等要求,使融资成本大幅上升。

3. 行业竞争激烈

从产值的角度上来看,占汽摩配企业总数98.9%的小微汽摩配企业不得不共同角逐剩下63.1%的产值份额,竞争激烈程度可想而知。这一点在问卷中也可以得到佐证,在60家被访企业的问卷调查中发现,困扰瑞安小微汽摩配企业的三大难题分别为行业内竞争激烈、劳动力成本上涨和资金紧张,分别有65.5%、53.3%和51.7%的样本企业认为自己遭遇相应的困难,其中,行业内竞争激烈以65.5%的得票率高居榜首。

4. 劳动力成本上升

问卷调查显示,53.3%的小微汽摩配企业认为当前企业面临的最主要问题之一是劳动力成本上升。随着人口红利的减少,物价水平的上升,工人工资逐年上升。目前,部分有实力的企业正在推进"机器换人",希望机械化能减少劳动力成本,但实施起来难度较大,所需资金量较多,而且"机器换人"虽然减少了对普工的需求,却又增加了对技术工人的需求,而技术工人的待遇诉求和招工难度要远高于普工,劳动力成本实际下降程度有限,同时招工难的问题则加剧了。

三、瑞安市部分汽摩配龙头企业发展经验

通过被访者自主投票的方式评选出小微汽摩配企业家心目中的瑞安市最成功民间汽摩配企业——瑞安市胜华波集团有限公司(以下简称"胜华波")。通过调研走访胜华波和浙江环球滤清器有限公司(已获得《浙江制造认证证书》,以下简称环球)两家企业及汽摩配协会,总结了汽摩配龙头企业的发展经验,为瑞安小微汽摩配企业选择发展道路提供一定的参考依据。

(一)对接知名企业,建立销售渠道

瑞安市民间龙头企业普遍兴起于20世纪80年代末至90年代初,当时国内汽车总量较少,汽摩配市场需求量并不像如今这么庞大,如何确保销量是当时所有民间汽摩配企业的头等难题,在这个问题上,胜华波的做法很有借鉴意义。1995年,胜华波与山东文登农机开展了产销合作,这是胜华波发展历程中最重要的里程碑。通过拓展销售渠道,找到了稳定的销售对象,后来与哈飞、长安、通用等国内外汽车制造商的合作,都是这一销售方式的延伸。稳定的销售渠道,带给企业稳定的收益,支撑着企业稳步发展。

(二)产品由专到精,打造企业名片

瑞安市既是汽摩配之都,也是滤清器之都,2013年,中国汽车工业协会授予瑞安市"中国汽车零部件(滤清器)制造基地"称号,环球更是瑞安市滤清器行业的佼佼者。环球从创建之初就专注于生产滤清器,目前已经发展成为中国最大的滤清器生产企业之一。多年的滤清

器生产经验,让环球完成了由专到精的转化,其旋装式机油滤清器产品获得了《浙江制造认证证书》这一行业金名片。这一认证说明环球的该项产品在汽车行业内获得了广泛认同,使其在同行业竞争中取得更多优势。

(三)重视产品质量,强化售后追踪

产品质量是企业的生命线,尤其是汽摩配产品,产品质量直接关系到客户的生命安全。一家汽摩配企业产品质量好不一定能客似云来,但产品质量差必定无人问津,胜华波的成就源于对产品质量近乎苛刻的要求。出厂的一万架雨刮器在三个月使用过程中,最多只允许一架出现问题。而且一旦售后出现问题,将会逐步排查生产销售的整个流程,追查出现问题的原因,及时找出解决方案,确保今后不再出现同样的问题。

(四)创新合作模式,产学研一体化

过去的产学研合作大多停留在某一个项目或技术开发上,属于短期、松散的"一锤子买卖",不利于形成产学研协同创新的良性循环。胜华波和环球都有自己的研发机构,每年投入营业收入的3.0%以上用于新产品、新技术的研发,并形成了一套高效的研发体系。拥有专业的研发团队,极大地提高了企业的新产品研发效率,比如环球目前根据滤清器的市场需求变化,快速调整生产方向,正在研发适用于另外一种车型的专业滤清器。

四、促进瑞安小微汽摩配企业发展的几点建议

(一)借鸡生蛋,做精自有产品

从一些龙头企业的发展经验中可以看出,"专、精"的经营策略有利于尽快打响品牌知名度,促进本企业发展。小微汽摩配企业通过政府牵线或主动联系的方式对接本地龙头企业,为其生产零部件,比如可以为胜华波生产雨刮器零件、为环球生产滤清器零件等。这些龙头企业在产品"专、精"方面均已取得一定成绩,为其生产零件,必然要符合其制造标准,这就倒逼小微企业必须要改进生产技术,生产专、精产品。这种方式主要有四方面的好处:一是解决了小微企业生存问题;二是倒逼小微企业做专做精产品;三是为龙头企业提供了多个零件加工厂,为其节约生产成本;四是自然淘汰落后产能,为瑞安市汽摩配行业转型升级减轻负担。

(二)择优录取,建立小微产业园

瑞安市土地稀缺、企业众多导致土地供求矛盾十分突出,尤其是"三改一拆"以来,许多违法厂房被拆除,小微汽摩配企业用地形势更加严峻。要扶持小微汽摩配企业健康发展,就必须要加快小微汽摩配工业园区的建设步伐。设置企业入园门槛,从诸多小微汽摩配企业中选取优质企业进驻产业园,让有限的土地资源发挥出最大的效用,做到最优化资源配置。参考"浙江制造"标准,邀请本市、本省其他地区著名汽摩配企业中已经获得"浙江制造"认证的汽摩配企业组成资格评议团,一方面为政府择优录取小微企业提供参考依据,另一方面为龙头企业与小微企业提供面对面的交流平台,为以后的供需对接打下基础。

(三)遍地开花,全面推行"互联网+"

瑞安市大多数小微汽摩配企业对于"互联网+"的认识,还停留在互联网在销售领域的应用上,其实"互联网+"在制造业中的应用已经广泛涉及生产、研发、销售、企业管理四大领域。政府可以和汽摩配行业协会牵头组建互联网融合发展公共技术服务中心,为企业进行互联网融合改造提供标准化的基础技术服务和培训,有效降低单个企业引进相关技术的成本,全面提高瑞安小微汽摩配企业对于"互联网+"的整体应用水平。

(四)开源节流,完善汽摩配人才培养和储备

开源,就是要培养人才。无论是"互联网+",还是"机器换人",都需要专门的技术人才。在外来务工人员逐年减少的大环境下,更需要考虑小微汽摩配企业同本地劳动力之间的有效对接。鼓励瑞安市各龙头汽摩配企业与高等院校开展产学研合作,将瑞安市本地的汽摩配专业中专毕业生输送到这些院校中就读,毕业后反哺瑞安汽摩配行业。

节流,就是要留住人才。培养人才靠学校,留住人才靠政府。政府应着力改善居民居住、生活、工作环境,提升瑞安市城市软实力,增强对人才留瑞工作生活的吸引力。参考衢州巨化集团经验模式,建设工业区周边的职工生活圈,改善职工居住、交通、购物、娱乐、子女就学等环境,提升职工的地区归属感,继而留住人才。

后 记

《浙江省中小企业发展报告》又有了新一年的探索。我们继续坚持以数据为支撑,结合重点工作和发展热点,深入一线调研,并汇聚有关单位的研究成果,形成了年度报告。在内容的选择上,除了保持篇幅较大的数据分析部分外,更加突出当前中小企业发展重点、热点、难点问题的专题研究。本报告数据主要来源于浙江省经济和信息化厅(以下简称省经信厅)、浙江省统计局、国家统计局浙江调查总队及其他相关部门,调研文章汇集了政府、研究机构、高校院所等单位的研究成果,在此对参与研究编写和提供稿件的单位和个人表示感谢。

《2018浙江省中小企业发展报告》的编撰工作由省经信厅中小企业与民营经济发展处牵头负责,浙江省工业和信息化研究院(以下简称省工信院)、浙江省中小企业发展促进中心具体落实,并专门成立了发展报告编写组。浙江工业大学中国中小企业研究院对报告的编写工作做出了重要贡献,池仁勇教授、刘道学教授是本报告的编委成员。编写工作得到了省经信厅办公室、经济运行处、产业转型升级处、企业服务体系建设处等处室,以及浙江省统计局、国家统计局浙江调查总队、浙江省企业发展服务中心、浙江省经济信息中心、宁波财经学院等部门和单位的大力支持。

省工信院刘鹏、王田绘、陈李英、曹婷参与了第一章第一至第四节的撰写,第五节由国家统计局浙江调查总队刑田华撰写。第二章第一节由国家统计局浙江调查总队陈丽丽撰写,第二节由浙江商务厅商贸发展处供稿,第三节由国家统计局浙江调查总队蒋怡撰写,第四节由国家统计局浙江调查总队尚国强、计伟杰撰写。第三、四章由浙江工业大学池仁勇、刘道学、金陈飞、胡倩倩、陈洁、傅钰、文浩人、叶梦佳、范润钰、闫倩倩、廖雅雅、傅钰、颜铠晨、赵帅、郭迎迎、於珺分析数据并撰写。第五章由省经信厅中小企业与民营经济发展处供稿。第六章由省经信厅中小企业与民营经济发展处和宁波财经学院新经济研究院李书进团队供稿。第七章第一节由中小企业与民营经济发展处、工信院供稿,第二节由企业发展服务中心刘兵、彭杨、郦水清、陈思静等人撰写,第三节由国家统计局浙江调查总队蒋怡撰写。第八章第一节由省经信厅企业服务体系建设处供稿,第二节由省经信厅企业服务体系建设处和工信院共同供稿,第三节由国家统计局浙江调查总队周众帏、张全跃、傅一特撰写。第九章第一节和第三节由省商务厅电子商务处陈巧艳撰写,第二节由省商务厅章晗、彭玉波撰写。第十章第一节由省经信厅企业服务体系建设处供稿,第二节由国家统计局浙江调查总队陈敏撰写,第三节由企业发展服务中心供稿。第十一章第一节由国家统计局浙江调查总队陈丽丽撰写,第二节由省经信厅中小企业与民营经济发展处供稿,第三节由省工信院陈李英撰写,第四节由省经信厅经济运行处供稿,第五节由省经信厅办公室、产业转型升级处、省工信院供稿。第十二章第一节由国家统计局浙江调查总队占予沸撰写,第二节由国家统计局浙江调查总队陈丽丽撰写,第三、四节由省经信厅原融资担保处供稿。第十三章第一节由温州市经信局、省经信厅企业服务体系建设处、产业转型升级处供稿,第二节由绍兴市经信局供稿,第三节由台州市经信局供稿,第四节由海盐经信局王斌杰撰写,第五节由国家统计局瑞安调查队供稿。

所有稿件均由编写组成员根据章节重新编撰,邓懿萱、苏保涛、王田绘、刘鹏、陈李英、傅广敏、何叶田、曹婷承担了大量的编撰工作,最终由应云进、林洁、徐伟军、王国勇统稿。《2018浙江省中小企业发展报告》由浙江工商大学出版社正式出版。再次感谢所有支持本书工作的单位和个人!

编写组

2019年3月